対外戦争戦没者の慰霊

——敗戦までの展開——

今井昭彦
Imai Akihiko

御茶の水書房

高崎陸軍墓地（群馬県高崎市若松町・竜広寺）

福岡谷陸軍墓地（福岡県福岡市中央区・谷公園）

「名誉戦死者　故陸軍予備歩兵一等卒清水梅吉君弔魂碑」（明治28年12月建立、群馬県太田市本町・高山神社）

「越佐招魂碑」（明治31年11月23日建立、新潟県新発田市西園町・新発田陸軍墓地）

新田郡町村個人（群馬県太田市）の「征清紀念碑」（陸軍大将勲一等侯爵山県有朋書、明治29年1月12日建立、太田市本町・高山神社）

「歩兵茂木君之碑」
（陸軍歩兵上等兵茂木幸平君之碑〔明治 38 年 3 月 9 日戦死、26 歳〕、明治 38 年 9 月建立、群馬県太田市鶴生田町・慶雲寺）

桃野村（群馬県利根郡みなかみ町）の「忠魂碑」
（希典書、明治 40 年 4 月 18 日建立、旧桃野村役場）

采女村（群馬県伊勢崎市）の「日露戦役紀念碑」（希典書、明治 40 年 5 月建立、伊勢崎市境下渕名・境北中学校入口）

龍源寺（群馬県藤岡市藤岡甲）の日露戦役戦没者軍人木像

下触村（群馬県伊勢崎市）の「彰忠碑」（大正9年建立、陸軍中将白水淡書、伊勢崎市下触町・八幡宮）

境町（群馬県伊勢崎市）の「瑳珂比招魂殿」（大正 13 年建立、瑳珂比神社）

桂萱村（群馬県前橋市）の「彰忠碑」
（陸軍大将一戸兵衛書、昭和 3 年 11 月 10 日建立、前橋市上泉町・桂萱公民館）

北橘村（群馬県渋川市）の「英霊殿」
（昭和 7 年 10 月建立、渋川市北橘町・北橘幼稚園隣接地）

「軍馬忠魂碑」
（陸軍歩兵大佐谷弘書、昭和14年12月25日建立、群馬県高崎市乗附町・群馬県護国神社）

休泊村（群馬県太田市）の「忠霊」塔
（昭和 18 年 12 月建立、太田市龍舞町・休泊中学校隣接地）

相生村（群馬県桐生市）の「忠魂碑」
（陸軍大将男爵荒木貞夫書、昭和 15 年 11 月 10 日建立、
桐生市相生町・相生保育園隣接地）

水上町（群馬県利根郡みなかみ町）の「忠霊塔」
（陸軍大臣東條英機書、昭和 19 年 11 月 17 日建立、みなかみ町・忠霊塔公園）

はしがき

私はすでに『近代日本と戦死者祭祀』（2005）および『反政府軍戦没者の慰霊』（2013）の単著二冊を公にし、覚束ないながらも、戦没者慰霊研究における僅かばかりの成果ではあるが、研究者の机上に提供することができた。そして、牛歩ながらも「戦没者慰霊研究の三部作」の完成に向けて私なりに思索を重ねてきた。この三部作の完成は、畏れ多くもドイツの哲学者カントの「三批判書」に倣ったもので、大風呂敷を広げてしまった以上、この目標は還暦までに達成させたいと考えていた。しかしこれは叶わなかった。二冊目の刊行から早くも四年の歳月が経過し、私は今年一二月で六二歳を迎えようとしている。もっとも、カントの三冊目である『判断力批判』は六六歳の著作であったようであるから、憚りながらカントよりは先に三冊目を出すことができたということになろう。

最初の単著（2005）は、近代日本における内戦と対外戦争での戦没者慰霊に関して分析したもので、学位（博士）論文をもとに書き改めたものである。今読み返してみれば未熟な部分ばかりが目立つのであるが、次の二冊目（2013）は、一冊目で充分に論究できなかった、靖国（国家）祭祀の対象から排除された近代の内戦（戊辰上野の戦い・会津戊辰戦役・西南戦役）における反政府軍戦没者の慰霊について再検討したものであった。したがって三冊目である本書では、やはり一冊目で研究対象とした、基本的には靖国祭祀の対象となった対外戦争戦没者の慰霊に関して再度の検証を試みたしだいである。ただし、今回も「余計なこと」を書きすぎたかもしれない。なぜなら慰霊問題のみではなく、飽くなき「戦争」を続けてきた「近代日本」あるいは「近代日本の社会」そのものに深い興味・関心があったからである。

今年は「戊辰戦役百五十回忌」という節目の年にあたり、来年は「明治維新一五〇年」にあたる。この一連の三冊には、それぞれ重複する内容や写真も掲載されているが、総体的には順次バージョンアップされたものである。「東日本大震災」直後の平成二三年四月、高校の職場での突然の予期せぬ出来事〔大禍〕によって職を辞することになり、急転直下、「引き籠もり生活」に突入したが〔今井 2013:はしがき〕、私にとってはこの禍が福と転じて、既述の二冊目と、ここに目標とした三冊目の単著を発刊することができた。おそらくはホトケか祖霊の力による導きであったのだろう。

学位取得に関しては、新谷尚紀氏〔國學院大學教授・国立歴史民俗博物館名誉教授・総合研究大学院大学名誉教授〕にとりわけお世話になった。氏には『日本民俗学』二七九号に拙著〔2013〕の書評の労を取っていただき、重ねて感謝申し上げたい。この書評において氏からは、「慰霊」というのは日本独特の伝統的な観念であり、国際的な基準で言い表せる語ではなく、国際的な交流の場では「追悼」という語が理解されやすいというご指摘をいただいた。つまり「戦没者慰霊」ではなく「戦没者追悼」という語を使用すべきではないかということであった〔新谷 2014:91〕。これは拙著の学問的普遍性をより高めるための有益な助言と思われ、この指摘は正鵠を得ているものであろう。私自身ある研究会で、西洋史の専門家から西欧文化には「慰霊」という語や観念は存在しないとのことを教示されたことがある。したがって、この視点からすれば拙著の書名も本来は「追悼」という用語を使用すべきなのかもしれない。

この点に関して、私は次のように考えている。一般的に日本人が死者に直面した場合、生者に悲しみの情が溢れ、死者に対しては哀れみの情が込み上げて、まず何よりもその死者の霊を慰める、つまり慰霊という感情や行為から出発するのではなかろうか。碑文〔金石文〕でよく見かける「どうか安らかにお眠りください」、という文言がこれに相当するであろう。慰霊により「荒魂」を「和魂」に転換させていくことが、日本人にとって何よりも重要であった。

そして戦没者の場合は、これに「顕彰」という作用が加えられていくことになるのである。私の関心は日本社会における戦没者の問題であり、とくにその重点は戦没者の慰霊からいかに顕彰へと展開していくのかということにあった。そこには追悼という語では括りきれない局面や意味合いがあるように考えられる。追悼という語は、日本では死者の回忌を重ねるなど時間が経過していくことで、死者と関わりある人々の気持ちが徐々に落ち着きを取り戻し、やがて涙もかれて、生者が死者を冷静・客観的に見つめられるようになった段階での感情・行為のように思われる。例えば靖国神社は戦没者「追悼施設」であるよりも、そもそも戦没者「慰霊顕彰施設」なのではなかろうか。こうした私の見解に関しては今後議論されなければならないであろうが、いずれにしても、今回の拙著も日本的な「慰霊」という点に拘泥した結果の産物であり、拙著の命名もこの主旨に沿ったものとなったのである。

ところで浄土真宗の開祖親鸞は九〇歳の天寿を全うしたとされるが、親鸞が関東から郷里の京都に帰り、著述に専念するようになるのは六〇歳を過ぎてからといわれている。同宗の根本聖典とされる『教行信証』六巻の完成も、あるいは晩年であったのだろうか。同宗とは深い宿縁をおもちの、私の学部（成城大学文芸学部）時代からの恩師である森岡清美先生（東京教育大学名誉教授・成城大学名誉教授・大乗淑徳学園学術顧問）は、平成二八年一〇月、九三歳を目前にされて大著『真宗大谷派の革新運動――白川党・井上豊忠のライフヒストリー――』（吉川弘文館）を上梓された。先生は本書について、「当初は五年かかると予想していたが、三年でできた。生命が尽きる前に本願成就して幸いである。これでやっと余生が到来した」、と述べられている〔森岡 2016b:44〕。また本書では、これも有縁の成城学園の創始者である澤柳政太郎（慶応元年生まれ、信州松本藩士長男、後の文部次官）に関しても言及されている。

文部官僚であった澤柳は熱心な仏教帰依者でもあったが、日清戦役下の明治二八年二月、請われて三〇代で群馬県尋常中学校（後の県立前橋高等学校）の校長として赴任している。同校は長年学生騒動で混乱し続けていたため、澤柳の役割はこの事態を収拾させるためであった。彼の赴任後、同校は落ち着きを取り戻していったという。そして、日露戦役後には文部次官を経て東北帝国大学初代総長などを歴任し、東京に私立成城小学校を創設するのは大正六年四月であった。成城学園は今年で一〇〇周年を迎えたが、澤柳が僅か二年余でありながらも群馬の地を踏んでいたことは、三年間「漂流」して成城大学に救ってもらった私にとっても因縁深いものであった。

森岡先生の学者としてのご姿勢には圧倒されるばかりで、不肖な弟子としてはただただ頭が下がるのみである。先生からは学部の「宗教社会学ゼミ」以来、学問の手ほどきをしていただき、とくに資料収集にあたっては「ドブざらい」に徹することを教えていただいた。また文献資料のみではなく、金石文資料の発掘という新たな視点・手法をご教示いただいた。そして、私にとって研究の出発点となった森岡・今井（1982）以来、四〇年近くにわたり日常的にご指導いただくことになった。誠に感謝の念に堪えない。本書はこの御恩にささやかながら報いるためのものでもあり、遥か遠い導きの糸となって、私にさまざまな有縁を与えてくれた澤柳にも献ずるものである。

大学への出講等にあたっては、中島三千男（神奈川大学名誉教授）・後田多敦（神奈川大学外国語学部准教授）・落合延孝（群馬大学名誉教授）・伊藤純郎（筑波大学人文社会系教授）・濱口富士雄（群馬県立女子大学長）・熊倉浩靖（群馬県立女子大学群馬学センター副センター長）の各氏からご高配をいただいた。これと共に、神奈川大学外国語学部関係では安田常雄・坂井久能・游舒婷・友山美由紀・沢田吉美、群馬大学社会情報学部関係では山内春光・高山利弘・藤井正希・巻島隆、群馬県立女子大学関係では須藤明子の諸氏にお世話になっている。また、地元の高木侃（比較家族史学会）・伊藤栄晃（同前）の両氏にもご厄介になった。一方、群馬成城会関係では新井英司（金山同窓会の先輩でもある）・鈴木克彬・西基和・楢崎修一郎、群馬県立太田高等学校（起源は群馬県尋常中学校新田分校）金山同窓会関係では大熊哲雄・山脇孝雄・前澤哲也、埼玉県の高等学校関係では内田満・小谷野欽司・富田洋二、そして毎日新聞社編集局の伊藤智永の諸氏からもご厚誼をいただいている。さらに、歴史春秋社（会津若松市）、川本会津会、成城大学民俗学研究所、成城大学合唱団OB・OG会、成城学園同窓会、群馬県太田市立南中学校第二〇回（昭和四六年三月）卒同窓会、群馬県地域文化研究協議会、群馬歴史民俗研究会、群馬現代史研究会、桐生史談会、旧真田山陸軍墓地とその保存を考える会の諸氏からも、常に激励の言葉を頂戴している。その他、ご芳名は書ききれないが、多くの方々のご支援によって本書を発刊することができた。出版に際しては、前回に続き御茶の水書房にご厄介になった。とりわけ同社の小堺章夫氏にはお世話になり、お礼を申し上げたい。なお、掲載した写真は、断りのない限り全て私が撮影したものであるが、とくに神奈川大学日本常民文化研究所非文字資料研究センターと仙台市歴史民俗資料館のご協力を頂戴した。

郷里の群馬師範（群師）を出て教員生活（義務教育）を全うした、昭和二年九月生まれの父昭二が生きていれば、今年で九〇歳を迎えることになる。私の将来を大変案じていた父であったが、この三冊目も直接手渡すことができなかったことは誠に無念であった。最後に、今まで蔭で私を支えてくれた母美知子（八六歳）と、音楽活動（ピアノ）に精進している妹の清水美子に感謝するしだいである。

戊辰百五十回忌にあたる平成二九（二〇一七）年五月一五日

「戊辰上野彰義隊の戦いの日」に上州太田にて　**今井昭彦**

対外戦争戦没者の慰霊　目次

目次

対外戦争戦没者の慰霊

——敗戦までの展開——

序章　招魂・靖国・忠魂・忠霊——カミとホトケ

近代日本は戊辰の内戦（戊辰戦役）で幕を開けるが、明治一〇年の西南戦役（丁丑戦役）までは「内戦（内乱）の時代」ということができる。したがって近代日本の戦死者や戦没者は、戊辰以来の内戦の場合と、対外戦争との場合に大別できよう。かつて筆者は、戊辰戦役で「朝敵・賊軍の巨魁」とされた奥州会津藩（東軍）の「戦死墓」に象徴されるように、内戦において国家（靖国）祭祀の対象から除外された戦没者をとくに「戦死者」と呼んだ〔今井 2005：13～14〕。この点については佐藤雅也が検証しているように、「戦没者」は官軍（西軍）側の戦死者等をさす場合に多く使用されていたことは事実であったが〔佐藤 2017：2〕、両者の使い分けについては議論の余地を残すことになった。一方で対外戦争の場合では、その墓碑・慰霊碑等の金石文（碑文）の調査結果に改めて立ち戻ってみると、「戦没者」のなかに戦死者・戦病死者・戦傷死者などが含まれているのが一般的であった。これは『広辞苑　第六版』（2008）の記述にも合致するところである。現在、八月一五日に日本武道館で挙行される政府主催の行事も「全国戦没者追悼式」（対象者は「支那事変」以降の戦没者）となっている。したがって本書では前著（今井 2013）に続き、「戦死者」等を包含する語として「戦没者」の語を使用することにする。また、内戦戦没者の慰霊と対外戦争戦没者の慰霊とは連続性があり、両者は不可分の関係にあることを確認しておきたい〔高石 1990：182〕[1]。（以下、傍点筆者）

出征将兵たちの死の意味づけを分析した社会学者の森岡清美によれば、戦死が最大の親不孝であるにもかかわらず、例えば「皆々様始め村の人々へも恩返しが出来」るのであれば、戦死は孝行になるという。そのことは村の人々から「名誉の家」への賞賛と敬意となって跳ね返り、親孝行となったのである。「〇〇家より名誉のお国への道」は、このように「村の人々」を媒介として成立していったが、これには必然的にマクロ環境としての国民精神に関する国家の政策が反映されていた〔森岡 1991：133〕。これは近代日本の社会において根強く貫徹していく観念であったに違いなく、ムラやマチにおける無数の戦没者墓碑・慰霊碑・慰霊施設等を生み出していく原動力になったのであろう。

なお、歴史教科書では近代の戦いを全て「戦争」という用語で統一している。しかし、戦争という用語が使用されたのは「大東亜戦争」からであるといわれ、それまでは金石文や文献資料において既述のように「戊辰戦役」や「西南戦役」、「征台の役」（台湾出兵）、「日清戦役」「日露戦役」「支那事変」などと記載されているのである。このなかには現在では差別的な用語とされるものもあるが、国家や国民の意図・意思が反映された当時の用語に依拠することは、歴史研究上あるいは歴史認識上、重要であると考える。したがって本稿では敢えて当時の用語を使用することにしたい〔今井 2013：58、山室 2007：はじめに〕。[2]

1　軍人木像

現在の群馬県（以下、本県とする）は、幕末維新期の内戦においても例外的な地域ではなかった。幕命により出兵した上州**高崎藩**（譜代八万二〇〇〇石、城址は高崎市）は**下仁田《しもにた》之役**（下仁田戦争）、つまり元治元（一八六四）年一一月一六日の上州下仁田（甘楽郡下仁田町）での**「水戸天狗党との戦い」**で大敗し、藩士ら三六名が戦死した。このうち一〇代の戦死者は五名で、最年少は一五歳であった。現在、高崎清水寺（真言宗、高崎市石原町）の田村堂（明治一四年以降に建立）には、この戦死者の木像が安置され「ホトケ」として祀られているという〔二木 2004：127～128、時枝 2010：3～4, 10、群馬県史 1992：277、上毛新聞タカタイ 2014〕。その経緯は左記のとおりである〔上毛新聞タカタイ 2014〕。

下仁田戦争は、現在の**下仁田町**で起きた尊王攘夷を掲げる水戸藩天狗党と高崎藩との戦い。幕命を受け、高崎藩から二〇一人が出陣。一方の天狗党は九〇〇人を超える多勢で、高崎藩士三一人と五人の従者ら、一五～六〇歳の三六人が命を落とした。

戦いの翌日には藩が検分に向かい、清水寺（石原町）の田村仙岳住職も同行。遺体を各菩提寺に葬った後、身分の分け隔てなく慰霊しようと、住職は遺族に話を聞きながら木像を制作し、境内にお堂を建てて安置した。

同戦争から五〇年後、お堂を建て替えた。同寺が、征夷大将軍坂上田村麻呂によって京都東山の清水寺から勧請して開基したと伝えられることから「田村堂」と命名。（中略）長い年月の間大切に慰霊されてきた。白虎隊の木造は知られているが、一人一人の当時をほうふつさせるこの木造も、全国的に珍しい。

水戸天狗党の墓（甘楽郡下仁田町）

同寺は、坂上田村麻呂が蝦夷との戦いで戦没した人々を弔うために建立したといわれており、高崎藩兵出陣に際しては、同寺で「戦勝祈願の護摩供（護摩）」を修したことが機縁となって、木像安置に至ったらしいという〔群馬地域文化 2003：102、時枝

2010：10〕。ここには近代戦没者の共同祭祀の萌芽が確認できよう。

維新後の明治一一年一一月（実際は一二年四月）、高崎藩主大河内家の先祖たる源三位入道頼政を祀る**頼政神社**（当初は石上寺境内に建立。旧大染寺境内、高崎市宮元町）には、旧高崎藩士有志一七名により**「褒光招魂碑」**（旧藩主大河内輝聲篆額・大河内輝剛書）が建立されている。源頼政は平安時代後期に、以仁王を奉じて平氏打倒のため挙兵した人物である。同招魂碑の詳細については時枝務の論考（時枝 2010）を参照されたいが、既述の下仁田之役の戦没者の他に、「奥越之役」（奥越戊辰戦役）六名と「丁丑鎮西之役」（西南戦役）七名を加えた、内戦での同藩出身戦没者四九名を祀るためのものであった（遺骨なし）。その碑文では、藩士の「殉難報国横屍」者の「忠孝」は「聿金」であり「千載芳流」であると讃え、石碑を「祠壇之下」に建て「幽魂」を慰めるためのものであるという〔群馬高教研 2005：53, 58～59, 120、時枝 2010：2～5、近藤・丸山 1978b:128～129、朝尾他 2005：1011、現地調査〕[3]。

高崎藩士の「褒光招魂碑」（頼政神社）

一方、本県西部（西毛）に位置する藤岡市（旧多野郡藤岡町）は、近世には上州で最も盛んな「絹市の町」（藤岡絹市・十二斎市）として発展したが、現在、同市藤岡甲の**龍源寺**（曹洞宗）の山門には「明治三十九年奉祠日露戦役陣没者忠魂像」碑が建立されており、同寺**「勢至堂」**には一六二体の**日露戦役戦没者木像（軍人木像・忠魂像）**が安置されている。「忠魂」とは、前掲『広辞苑』によれば「忠義を尽くして死んだ人のたましい」とある。つまり、「国（天皇）のために戦没（戦死）した人々の魂」であった。このように今でも同寺で、対外戦争戦没者は共同祭祀の対象となり、

「カミ」ではなくホトケとして祀られているのである〔手島 2008：51、群馬高教研 2005：104、現地調査〕。同寺木像に関して、『群馬県報』第三四号（明治三九年一〇年二六日）は次のように伝えている〔手島 2008：53〕。

軍人木像彫刻

多野郡藤岡町**大戸作兵衛**ナル者、日露戦役ニ際シ多野郡全部及埼玉県児玉郡丹荘村外一ヶ村ヨリ、出征セシ軍人中戦死者若ハ病没セシ者ノ霊魂ヲ慰メントシ、各自ノ木像ヲ建設シテ、之ヲ藤岡町曹洞宗龍源寺境内ニ在ル勢至堂ニ安置スルノ計画ニテ、去ル三十八年六月ヨリ着手シ、其木像総数百四十六箇ノ内、既ニ完成ヲ告ゲタルモノ九八名分、今後彫刻ス〔ベ〕キモノ四十八名分ナリ。右ニ要スル経費ハ凡ソ自己一人ノ私財ヲ以テシ、

龍源寺「勢至堂」

龍源寺の軍人木像

敢テ他人ノ寄附等ヲ仰ガズ。其予算額金五百七拾貳円五拾銭ナリ、右木像ハ遺族又ハ篤志者ニ対シ、随時礼拝セシムルノ外、一般ニ対シテハ勢至堂縁日ヲ利用シ、毎月二十三日ヲ以テ礼拝セシム。

大戸作兵衛木像

日露戦役での多野郡出身戦没者は全て木像化されたというが、この軍人木像は日露戦役後、全国的に展開した戦勝紀〔記〕念事業とは異なり、大戸作兵衛という個人により制作されたものであった。地元出身の大戸は明治三七年三月に藤岡町長に就任し、個人的立場でこの事業を企画したというが、四〇年六月に急逝している。翌年、礼服姿で手に数珠をもち戦没者将兵を慰霊する姿の**大戸の木像**が作られ、軍人木像のなかに安置されたという〔手島 2008 : 53 ~ 54, 60〕。

手島仁によれば、同寺の本尊は釈迦如来であるが、智慧の力で衆生の迷いを除くといわれる勢至菩薩を祀る勢至堂の縁日は、毎月二三日であった。とくに女性が勢至菩薩を祀ると、産の面倒をみてくれる、あるいは女性を守ってくれるというので、女性の信仰が盛んであったという。これが「二十三夜様」あるいは「二十三夜講」といわれるものである。このように本来は月待講であったが、幕末開港以来、養蚕製糸業が盛んであった上州では、これに蚕神の信仰が加わったのである。とりわけ六月二三日の縁日は、近在の農家が夏蚕を済ませて麦刈り・田植えの繁忙期の間に一休みする時期で、青年男女が集い交流し配偶者選択の場でもあった。養蚕も女性によって支えられたから、同寺での戦没者慰霊供養も女性が担い手となり、私的な祭祀が行われたのではないかという〔手島 2008 : 56 ~ 57、古田他 1988 : 552〕。

また、民俗学の板橋春夫によれば、本県伊勢崎市赤堀今井町（旧佐波郡赤堀村）の宝珠寺（曹洞宗）にも、現在二〇体の対外戦争戦没者軍人木像（北清事変二名・日清戦役三名・日露戦役一一名・他四名）が同寺「位牌堂」に祀られているという。同寺の起源は、一〇世紀に鎮守府将軍藤原秀郷が「平将門の乱」の鎮圧を祈願して道場を建立したことに始まるとされ、秀郷の子孫である赤堀氏が、近世初期に中興開基した寺院である。江戸幕府からは朱印地一五石を与えられ、「赤堀村一番の名刹」といわれている。境内には秀郷三男により建立されたという、秀郷の供養塔（五輪塔）がある〔近藤・丸山 1978a:78 ~ 79、群馬高教研 2005：48、朝尾他 2005：913〕。同寺での軍人木像建立の経緯は左記のとおりである〔伊勢崎赤堀歴民 2010〕。

宝珠寺第二九世住職の宏道以一大和尚は、自身も日露戦争に出征し、筆舌に尽くしがたい辛酸な体験をしたという。僧侶として、その戦役で亡くなった人とその家族の苦しみを救済する方策を考える中で、同じ曹洞宗の藤岡市龍源寺の勢至堂壁面を覆う一六二体の軍人木像の制作情報を伝え聞いていたに違いない。

龍源寺では、明治三八年（一九〇五）六月から四〇年（一九〇七）にかけて制作されたという。宏道以一大和尚は、群馬県曹洞宗関係の役員であり、役柄から各地寺院に出掛けることも多く、各地の情報を知りうる立場にあった。それらのことから、日露戦争、北清事変及び日清戦争で戦病死した赤堀村出身の軍人一六人の木像を刻んで末永く追悼回向することを思い付いた。そして明治四四年（一九一一）五月に発願し、多くの村民から寄付一三〇余円を集めて制作に着手したのである。

このように軍人木像を造り、ムラやマチ（地域社会）において戦没者をホトケとして祀っている事例は、本県以外でもいくつか確認されている。例えば、静岡県藤枝市岡部町の**常昌院**（通称「兵隊寺」、曹洞宗）の**「英霊殿」**には二二三体の、岐阜県美濃市泉町の**善光寺**（浄土宗）の**「英霊堂」**には九五体の日露戦役戦没者木像が安置されており、今後の検討課題となろう〔村瀬 2008：27、樋口・弓矢 2009：107～108、現地調査〕。[4]

川村邦光によれば、現在「カッパ狛犬」で知られる岩手県遠野市の常堅寺（曹洞宗）の本堂には、戦没者を含めた夥しい数の遺影が掲げられているという。「戦争のフォークロア」としては、日露戦役時に「陰膳」が大変流行した

常昌院「英霊殿」の軍人木像

のであるが、この時期、兵士たちの間では未曾有の体験として、戦死という冷厳な現実が控えていることを共通の感覚として共有されていたのであろう。兵士たちは自らのイコン（形見）を残し得ることに多くの関心を払い、また、弾丸除け御利益で著名な寺社に写真を送って、「弾丸除けの祈願」をしてもらおうとしたのである。そして、もし戦死したならば、それをよすがとして面影を偲んで欲しいと何よりも願ったのであり、この思いは当然遺族においても同様であった。兵士が自己をイコン化し、必死の思いで面影を刻み込もうと念じられた遺影は、天皇の「御真影」に

善光寺「英霊堂」の軍人木像

対抗・対峙するものであり、さらにそれは既述の木像という形となって体現したといえよう。御真影がカミであれば、戦没者の遺影は大多数の遺族にとってホトケであったに違いない。こうした事象は戦死という特異な事態を生み出した「近代」において成立し、死者の「近代」を象徴しているといえるだろう〔川村 1996：113～114, 145、岩手県高教研 2001：89〕。

2 招魂社・靖国神社・明治天皇

近代日本の戦没者慰霊施設に関しては実に多種多様な形態があり、また既述の木像造立のような地域的な特色もあって、一概に語り尽くすことは非常に困難である。確かなのは、戦没者がピラミッド状に重層的に祀られたということであるが、そうしたなかで、その頂点に立つ公的慰霊施設としては、全国の戦没者を祭神とする周知の「靖国神社」があり、その実質的な地方分社（末社）たる各地の「護国神社」がある。とりわけ両者は日本の敗戦後後に「ミリタリー・シュライン」（軍国神社・軍国的神社）と呼ばれるようになる。あるいは、その下層に「ムラやマチの靖国」といわれる**「忠魂碑」**や**「忠霊塔」**などを挙げることができよう。とくに忠魂碑や忠霊塔は対外戦争の産物であり、何よりも戦没者の増大が、必然的にその個人祭祀から共同祭祀へと展開することになった（巻頭写真参照）〔今井 2005：282～286〕。

「日本民俗学の祖」といわれる柳田国男（明治八年兵庫県生まれ）は、明治期の旧藩主の始祖祭祀などによる地方神の増加を「人神思想」の第一次拡張と呼び、次いで「郷土の関係を離れて、人の霊を国全体の神として拝み崇めることになった」のが、日清・日露戦役という「愛国戦争」以降の「人神思想」の第二次拡張であるとしている。そして、靖国神社での祭祀がこれに相当するという〔川村 2007：210、新潮社 1991：1761〕。

明治天皇（睦仁、孝明天皇第二皇子、慶応三年一月践祚）が勅旨で造営させた、近代の典型的な「創建神社」たる**靖国神社**（千代田区九段北）の起源は**東京招魂社**であったが、同社は森岡清美のいう「非集落神社」であった。同社は「日本陸軍の父」といわれ、維新政府の軍務官判事であった長州藩士**大村益次郎**（周防村医嫡男、明治二年一一月没）らにより、明治二年六月に創建されている（本殿竣工は明治五年五月）。同社は戊辰の内戦における「官軍」（西軍）戦没者のみを慰霊・顕彰するための施設であり、彼らは神式によりカミとして祀られた。同六月二八日の第一回合祀者は官軍三五八八名であった。したがって、そもそも「朝敵・賊軍」という汚名を着せられた徳川軍・会津藩士らの反政府軍（東軍）戦没者は、同じ日本人であり国事殉難者でありながら、同社の祭神から排除されているのである。つまり

靖国神社

大村益次郎銅像（靖国神社）

近代以降、天皇軍に歯向かったとされ「朝敵・賊軍」といわれた人々は「罪人」と同様の扱いを受け、国家（靖国）祭祀の対象外に押しやられていった。同社の当初の例大祭は、兵部省によって一月三日（鳥羽伏見の戦い記念日）・五月一五日（上野彰義隊壊滅日）・五月一八日（箱館五稜郭落城日）・九月二二日（会津落城降伏日、後に二三日）、の年四回と定められた。これらは全て「官軍勝利の日」であり、裏を返せば「朝敵・賊軍の降伏日」に他ならなかった。とくに一月三日は明治維新の基を開いた日であるとして「大祭日」とされ、勅使参向と奉幣を行うことになったという。明治五年一一月までは旧暦であるが、双眼鏡を片手に「戊辰上野の戦い」を見据える同社の**大村銅像**（明治二六年二月竣工）は、明治以来何ら変わることなく、現在も「朝敵・賊軍」たる上野の彰義隊を睨み続けているのである。建

黒羽招魂社（栃木県太田原市）

「英霊碑」（黒羽招魂社）

立当初は台座のまわりに、韮山反射炉で鋳造した砲身が置かれていたという。また、この戊辰戦役を経て全国各地にも**招魂社**は創建されていくことになる。招魂社は昭和期に**護国神社**と改称されるが、現在でも旧称の招魂社の名で呼ばれている場合がある〔今井 2013：17～18, 31～32、笠原 2006：49、原・吉田 2005：77、村上 1974：45～57, 138、高石 1990：13～14, 23、靖国神社 1999：186〕(5)。

東京九段の高台（田安台）に建つ靖国神社は、皇居からすると戌亥（北西）の「神門」にあたる。したがって同社の祭神は、後に皇居に建立される「南朝忠臣の亀鑑」たる楠木正成銅像（明治三三年七月竣工）と共に、天皇を守護する配置に付いていることになろう。正成は、明治五年五月創建で最初の別格官幣社である湊川神社（神戸市生田区

岩村田招魂社（長野県佐久市）

「忠霊碑」（岩村田招魂社）

「満州開拓団　慰霊碑」（同上）

多聞通）に祀られる。また、一般的に神社は南面しているが、靖国神社の参道は北西一七度という微妙な角度に向いているという。その延長線上には、「朝敵平将門」の首桶があった筑土神社（江戸明神・田安明神、千代田区九段北）を経て、将門の胴体を祀ったとされる「江戸総鎮守」「江戸城鬼門（南西）の守護神」たる神田神社（神田明神、千代田区外神田）がある。さらに靖国神社から見て、冬至の日の出の方向に皇居の正面玄関である大手門が、冬至の日没の方向に明治神宮（大正九年一一月創建、祭神は明治天皇・昭憲皇太后、渋谷区代々木神園町）が位置しているという。このように靖国神社は緻密な計算のもとで創建され、方位学的にもその意図するところは意味深長であった〔今井 2013 : 33, 64 ~ 65、秦 2010 : 15、山田 2014 : 117 ~ 118、村上 1974 : 73、國學院大學 1994 : 627, 685、宮元 2006 : 10 ~ 14〕(6)。

こうした「人神信仰」を基盤として新たな祭祀空間を構築する靖国神社には、やがて対外戦争での近代日本の全国の戦没将兵が基本的に祀り込められていった。政府が意図した戦没者慰霊形態は、戦没者をカミとして祀る、靖国神社を頂点とする神式による祭祀体系であった。明治三年一月の「大教宣布の詔」を前にした東京招魂社の創建は、神道国教化政策を先取りしたものであり、その典型的なモデルを世の中に誇示したものといえよう〔今井 2013 : 3 ~ 4、村上 1970 : 98, 184 ~ 185、森岡 1987 : 266、靖国神社 2007 : 13〕。

日露戦役後の明治四四年一二月に刊行された『靖国神社誌』は、天皇・皇后および皇太子・同妃に献上されたが、その緒言では、

> 靖国神社は、皇上御仁徳の余沢と、国民尽忠の精神との結晶にして、明治の昭代に於ける精華

であると述べ、また、

忠魂を慰むる為に神社を建てて永く祭祀せしむ、益々忠節を抽んでよ、との最忝き叡慮により創建せられしと記されていた〔村上 1974：151～152、大江 1984：154〕。こうした靖国祭祀における「慰霊」とは、「人霊」が「招魂」の儀を経て「神霊」と化した「忠魂」を慰めることであり、同社はそのカミとなった忠魂を祀るための施設であることを明言しているのである〔大江 1984：165〕。

こうして国家神道下において、とくに対外戦争における軍人・軍属等の戦没者は、国家によって祀られ「忠魂」や「忠霊」あるいは「英霊」と呼ばれ、「国の神（カミ）」「護国の鬼」と位置づけられたのである。国家神道は、天皇の主権者としての政治的地位と現人神としての宗教的権威を神話によって根拠づける、民衆支配と国家統合のイデオロギーであった。それはまさに「天皇教」と呼べるものであった。現在、靖国神社の祭神数は二四六万六〇〇〇余柱にまで膨れ上がっている。[7]

3　ムラやマチの靖国

地域社会においても戦没者慰霊施設は続々と建設されていった。旧藩や道府県を単位とした招魂社（護国神社）の創建が挙げられるが、他方でムラやマチにおける、戦没者の氏名を刻んだ忠魂碑・忠霊塔の建立がそれであった。**表1**は、主として筆者の現地調査をもとに作成した、昭和二〇年代までの**本県での忠魂碑等建立一覧**である（建立年月日不詳も含む。以下の各表も同様）。巻頭写真を参照されたいが、表1によると金石文では、「忠魂」という言葉は日清戦役（明治二十七八年戦役）後に現れているが、碑としては**「招魂碑」**（四基）や**「弔魂碑」**（一基）が出現し、日露戦役（明治三十七八年戦役）後に、いわゆる「忠魂碑」（七三基）や**「彰忠碑」**（四三基）・**「表忠碑」**（七基）・**「誠忠碑」**（二

表1　本県での忠魂碑等建立一覧

年月日	題　号	題号の揮毫者	建立者	現在の建立場所	備　考
明治11・11（12・4）	褒光招魂碑	旧高崎藩主大河内輝聲	旧高崎藩士有志17名	高崎市宮元町・頼政神社	旧高崎藩士戦没者。下仁田之役（天狗党との戦い）36名、奥越之役（奥越戊辰戦役）6名、丁丑鎮西之役（西南戦役）7名
明治12・10	厩橋招魂祠記	陸軍大将二品大勲位熾仁親王	県人有志？	前橋市大手町・前橋東照宮（厩橋招魂祠）	厩橋招魂社は西南戦役官軍戦没者129名を合祀
明治15・9	伊勢崎招魂碑	参議兼陸軍卿陸軍中将正四位勲一等大山巌	旧伊勢崎藩主酒井忠彰	伊勢崎市華蔵寺町・華蔵寺公園	当初は三社神社（曲輪町）に建立。西南戦役・伊勢崎出身戦没者板垣圭次以下9名。昭和16年5月現地に移転
明治19・11	住野前川紀事之碑	陸軍中将山県有朋	群馬県知事佐藤與三	前橋市大手町・前橋東照宮	〔明治十七年秩父事件〕。戦没警察官2名の慰霊碑
明治21・11	拾弐士招魂碑	内務大臣陸軍中将従二位勲一等伯爵山縣有朋	邑楽郡内有志	館林市代官町・邑楽護国神社	邑楽郡平民出身の熊本（敬神党）之乱戦死者・陸軍砲兵軍曹大沼光雄以下11名
明治28・3	征清陸海軍戦死者忠魂追弔供養塔	？	？	邑楽郡大泉町上小泉・願成寺	小泉町
明治28・11・3（天長節）	征清役秋間村忠魂軍人銘	？	秋間村征清紀年会	安中市中秋間上黒後・秋間駐在所隣接地	
明治28・12	名誉戦死者　故陸軍予備歩兵一等卒清水梅吉君弔魂碑	耕月空史黛宅	町民有志	太田市本町・高山神社	清水は新田郡太田町出身。第二軍（第一師団歩兵第十五連隊）に所属し日清戦役「蓋平之役」で戦死。「咧如其姓芳以其名」とある
明治28?	征清軍人招魂碑	正四位子爵土岐頼知	？	沼田市下川田町・東善寺（西倉内町から移転）	〔明治二十七八年戦役陣没者〕。近衛砲兵一等軍曹茂木林平君以下11名。東善寺は旧沼田藩主土岐家の家宝である「勝軍地蔵尊」を祀る
明治31・5	忠孝碑	正二位勲一等伯爵東久世通禧	？	前橋市元総社町・総社神社	
明治39・3	日露戦役忠死之墓	？	菱村軍人報効義会	桐生市菱町・龍泉院	菱村
明治39・3	川内村出征軍人戦死諸士墓	？	川内村	桐生市川内町・天神山	同地に「忠霊塔」あり
明治39・4・28	明治三十七八年之役　忠魂碑	藤生高	大間々奉公義会	みどり市大間々町桐原・厚生会館	当初は琴平神社に建立。〔戦死・病死〕。故陸軍歩兵軍曹勲七等功七級中島宣太郎以下10名

明治 39・4・29	明治三十七八年戦役　忠魂之碑	上毛赤南藤生尚卿	七十四翁野口興八	みどり市大間々町大間々・野口原第十三区子供広場隣接地	〔戦没者芳名〕。11 名
明治 39・5・9	彰忠碑（前橋彰忠魂）	元帥大山巌	前橋尚武会	前橋市大手町・前橋東照宮隣接地	本県出身の日清・北清・日露戦役戦没者 1690 名。金属回収令により撤去され昭和 37 年 3 月再建
明治 39・5	忠魂碑（明治三十七八年日露戦役紀念）	広瀬久明	川田村入沢組	沼田市下川田町入沢	入沢地区戦死病死者 4 名。昭和 44 年現地に移転
明治 39・7・27	明治二十七八年戦役　明治三十七八年戦役戦死病没者之碑	？	高崎市北分会	高崎市若松町・高崎陸軍墓地（竜広寺）	
明治 39・8	彰忠碑	元帥侯爵大山巌	白沢村？	沼田市白沢町高平・しらさわ平和公園（旧忠霊塔公園）	白沢村。当初は白沢小学校に建立。〔明治三十七八年之役白沢村従軍者〕57 名、〔戦傷死者〕（戦没者）勲八等功七級歩兵伍長小野平吉以下 4 名、〔凱旋者〕一等主計鶴岡仙助以下 53 名。同地に「忠霊塔」あり
明治 39・9・11	忠魂碑（日露戦役従軍凱旋記念）	当山第二十七代住職有應	当寺檀信徒中	伊勢崎市境下渕名・妙真寺	「建設発起三品香山真翁」とある。戦死・戦病死 8 名、他 53 名
明治 39・11・3（天長節）	彰忠碑	希典	小泉町	邑楽郡大泉町・城之内公園	〔日露戦役病死者〕2 名、〔日露戦役戦死者〕9 名。日露戦役兵役免除者 5 名、日清戦役従軍者 9 名、北清事変従軍者 1 名、日露戦役従軍者 61 名、韓国暴徒討伐隊従軍者 3 名、在郷軍人 18 名。同地に「英霊塔」あり
明治 39・11	日露戦役陸海殉難　戦病死亡者供養塔	？	延命山十輪寺兼務住職藤生義随・当村青年一同	太田市新井町・十輪寺	
明治 39・12・4	彰忠碑	希典	西牧村尚武会	甘楽郡下仁田町西野牧・本宿公園	戦没者 6 名
明治 39・12	忠魂碑（山田金蔵碑）	勅選議員正四位勲三等金鶏間祇侯金井之恭	従軍者 8 名	佐波郡玉村町角淵・角渕八幡宮	山田は角渕村出身。旭川歩兵第二十六連隊に所属し日露戦役二〇三高地で戦死、24 歳

明治 40・1	根本埜大神（青木三兄弟碑）	渡邊清泉	願主実父青木信次郎	太田市丸山町・米山薬師	日露戦役戦没者・青木三兄弟（近衛歩兵一等卒勲八等青木和七郎・歩兵上等兵勲八等功七級青木徳次・近衛歩兵看護卒勲八等青木勝次）
明治 40・3・11	忠魂碑故近衛歩兵上等兵中島静作君碑	近衛師団長陸軍大将大島久直	（父親）中島二三郎	太田市龍舞町・休泊小学校隣接地	当初は休泊小学校に建立。中島は山田郡休泊村出身の日露戦役戦死者、23 歳。「忠魂萬古龍舞之郷」とある
明治 40・3	日露戦役忠魂碑	陸軍少将一戸兵衛	観照寺住職・檀徒総代	佐波郡玉村町上之手・観照寺	日露戦役戦没者 8 名
明治 40・3	忠魂碑	希典	原市町尚武会	安中市原市八本木・第二中学校隣接地	戦没者 10 名
明治 40・4・18	忠魂碑	希典	桃野村？	利根郡みなかみ町月夜野・ぴっころ福祉作業所隣接地（旧桃野村役場）	桃野村戦没者。〔日清役〕陸軍歩兵一等卒狩野市太郎以下 2 名、〔日露役〕陸軍歩兵伍長勲八等功七級林熊吉以下 6 名
明治 40・5・10	日露戦捷忠魂碑	？	？	利根郡片品村土出・大円寺	陸軍歩兵軍曹梅津又市郎以下 11 名
明治 40・5	表忠碑	希典	群馬県邑楽郡多々良村	館林市高根町・松波保育園	戦没者 9 名
明治 40・10・16	忠魂碑	希典	豊岡村	高崎市中豊岡町・JA 豊岡支所北	当初は豊岡小学校に建立。日清戦役病死者 1 名、日露戦役戦死者 6 名、明治三十四年没 1 名。昭和 20 年同校庭内に埋められる
明治 40・11	表忠碑（明治三十七八年戦役日露戦役小泉町従軍凱旋軍人）	香山虔	新義真言宗成就院	邑楽郡大泉町城之内・成就院	戦死者 7 名、従軍者凱旋者 64 名、負傷兵役免除 5 名
明治 41・5	義勇奉公碑	希典	伊参村団体	吾妻郡中之条町五反田・第四小学校向い地	戦没者 6 名。祭典は毎年 4 月
明治 41・11	旌表碑（皇太子殿下行啓記念）	勢多郡長横尾雄弥	綿打村？	太田市新田大根町・新田暁高校	脇に「皇太子殿下行啓記念」（陸軍大将子爵大島久直書）碑あり
明治 41	忠魂碑（宮澤宗平碑）	従二位伯爵通房	上陽村？	佐波郡玉村町樋越・上陽第二浄水場隣接地	宮澤は上陽村出身の日露戦役戦没者で近衛歩兵上等兵勲八等功七級、28 歳

明治42・3	英霊殿（高崎英霊殿）	?	群馬県招魂会	高崎市宮元町・高崎公園（旧大染寺）	明治維新以来の本県関係戦没者を合祀。現存せず
明治42・11・3（天長節）	日露戦役彰忠碑	希典	新屋村	甘楽郡甘楽町白倉・政府指定倉庫向い地	戦死者5名・病死者3名
明治44・11・12	英霊殿（現・大国魂社）	?	吾妻郡内四ヶ町村	吾妻郡中之条町中之条	昭和27年に大国魂神社（東宮）と改称。現在の祭神数2433柱
明治45・1・6	忠魂碑	陽恭	今村中	伊勢崎市稲荷町甲・今村神社	当初は本村北街道に建立。〔戦没者〕。明治三十七八年戦役2名、大正八年西比利亜事変2名。昭和7年1月「軍人勅諭下賜五十周年紀念」として現地に移転
明治45・1・6	表忠碑	希典	今村中	伊勢崎市稲荷町甲・今村神社	同上の忠魂碑と同じく現地に移転
明治45・2・11（紀元節）	忠魂碑	希典	群馬郡佐野村	高崎市上佐野町・佐野小学校	〔殉国英霊〕。上佐野町35名、下佐野町20名、下之城町23名、下中居町24名、上中居町35名、和田多中町7名、新後閑町12名、琴平参道町7名、双葉町5名、新後閑新田町7名。「昭和二十八年三月彼岸建之奉賛会」（再建）とある
明治45・7・7	日露戦役彰忠碑	?	桐生至誠会（日露戦役従軍者一同）	桐生市宮本町・桐生が岡公園	桐生町。出征者400余名、戦病死者39名。金属供出により撤去され現存せず。敗戦後、現地には「織姫平和像」を建立
明治45	忠魂碑	希典	六郷村民	高崎市筑縄町・JA六郷支所隣接地	当初は中川小学校に建立。〔戦没者芳名〕。（自日露戦争至大東亜戦争）久坂豊次郎以下189名。「昭和二十八年十月吉日再建（敗戦後八年間放置）」とある
大正2・3	彰忠碑	?	相馬村在郷軍人分会・相馬村尚武会	群馬郡榛東村広馬場・宮昌寺	〔戦没者芳名〕。9名
大正2・5	忠魂碑	福島安正	帝国在郷軍人会長野原町分会	吾妻郡長野原町長野原・諏訪神社	
大正3・3	彰忠碑	希典	長柄村？	邑楽郡邑楽町狸塚・長柄保育園	長柄村〔出征軍人〕。故陸軍歩兵上等兵勲八等功七級堀井伊八以下66名
大正3・9	護国碑	金賀阿闍藤波	三野谷村	館林市上三林町・館林第七小学校近く	

大正3・10	誠忠碑	陸軍大将伯爵寺内正毅	群馬県新田郡綿打村尚武会・帝国在郷軍人会綿打村分会	太田市新田上田中町・綿打中学校	〔戦役従軍者〕。明治廿七八年戦役9名、明治廿七八年・卅七八年戦役戦死者1名、明治廿七八年・卅七八年戦役13名、明治卅七八年戦役94名（うち戦死者1名）
大正4・9	招魂社	？	福岡村中	みどり市大間々町浅原・福岡記念館近く	同村戦没者は日清戦役1名・日露戦役12名・シベリヤ事変2名・支那事変13名・大東亜戦争94名。同地に「日露戦役紀念碑」および「慰霊之碑」あり。
大正4・10	彰忠碑	安正	帝国在郷軍人会岩野谷村分会	安中市大谷鶴巻・白石板金塗装隣接地	昭和27年5月2日再建
大正4・10	忠魂碑	希典	帝国在郷軍人会薄根村分会	沼田市町田町・薄根中学校隣接地（薄根神社）	当初は薄根小学校に建立。「為本村出身戦病没者建碑弔忠魂碑郷党賛其挙」とある。敗戦後地中に埋められ後に再建。本村出身戦没者171名を祭神とする薄根神社は昭和27年5月創建
大正4・10	忠魂碑	陸軍大佐吉木秀太郎	池田村	沼田市発知新田町・池田神社	当初は池田小学校に建立。敗戦後現地に移転。合祀者186名
大正4・11・10（天皇即位礼挙行日）	忠魂碑	陸軍歩兵大佐吉木秀太郎	飯塚青年会	佐波郡玉村町飯塚・光琳寺	飯塚村出身の西南戦役戦没者1名、日露戦役戦没者2名。後に日支事変戦没者1名追刻。
大正4・11・10（天皇即位礼挙行日）	忠魂碑	安正	帝国在郷軍人会坂上村分会	吾妻郡東吾妻町本宿・坂上支所近く	戦没者16名
大正4・11・10（天皇即位礼挙行日）	富国強兵（御即位紀念）	中澤吉之助	上佐鳥村青年会	前橋市上佐鳥町・春日神社	上佐鳥村青年会・顧問7名、会員47名
大正4・11	忠魂碑（御大典記念）	陸軍中将山田忠三郎	帝国在郷軍人会利南村分会	沼田市高橋場町・十王公園	当初は利南村役場に建立。〔明治十年戦役戦没者〕1名、その他15名。「今耿朝廷挙即位之大典因兼祝慶」とある。昭和30年代以降現地に移転
大正4・11	彰忠碑	安正	元総社村？	前橋市元総社町・総社神社	〔西南戦役戦死者〕1名、〔日露戦役戦病死者〕9名。〔出征軍人〕日清日露戦役17名、日露北清事変1名、日露戦役84名、日独戦役3名、在郷軍人75名

大正5・春3	彰忠碑	陸軍大将従三位勲一等功二級大迫尚道	群馬県新田郡尾島町尚武会・帝国在郷軍人会尾島町分会	太田市亀岡町・尾島小学校隣接地	当初は尾島小学校に建立？。〔日清日露戦役殉国者〕。日清日露戦役戦病死者19名、日清日露戦役従軍者26名、日露戦役従軍者・陸軍歩兵大尉勲六等川岸文三郎以下150余名
大正5・春	忠魂碑	元帥陸軍大将伯爵寺内正毅	帝国在郷軍人会小野村分会	藤岡市森甲・泉通寺	当初は小野小学校に建立。〔戦病死者氏名〕。西南役3名、日露戦役8名、西比利亜事変2名、支那事変22名、大東亜戦争157名。敗戦により撤去し昭和31年3月再建
大正5・4	彰忠碑	正三位勲四等伯爵徳川達孝	川場湯原村一同	利根郡川場村川場湯原・武尊神社	
大正5・9	義勇奉公碑	陸軍中将大島健一	帝国在郷軍人会千江田村分会	邑楽郡明和町田島・長良神社	戦没者1名
大正5・11・3（明治節）	彰忠碑	安正	帝国在郷軍人会後閑村分会	安中市後閑町・後閑会堂隣接地	
大正5・12	忠魂碑	陸軍中将田中義一	帝国在郷軍人会久呂保村分会	利根郡昭和村森下・南小学校近く	当初は久呂保村役場に建立。日露戦役戦死者3名、日支事変戦死者2名、支那事変戦死者12名。昭和22年現地に移転
大正6・3・6	忠魂碑	安正	帝国在郷軍人会月形村分会	甘楽郡南牧村大日向・南牧村役場隣接地	月形村戦没者
大正6・3	彰忠碑	安正	群馬県新田郡強戸村尚武会・帝国在郷軍人会強戸村分会	太田市石橋町・強戸小学校	〔忠勇武烈〕。西南戦役戦死者1名、日清日露戦役戦死者1名、日露戦役戦死者6名、日露戦役病死者2名。西南戦役従軍者2名、日清戦役従軍者4名、日清日露戦役従軍者13名、北清日露戦役従軍者1名、日露戦役従軍者57名、日独役従軍者4名
大正6・4	忠魂碑	陸軍大将正三位勲一等功二級男爵鮫島重雄	帝国在郷軍人会小坂村分会	甘楽郡下仁田町小坂・第十三区公会堂隣接地	
大正6・4	忠魂碑	安正	帝国在郷軍人会大箇野村分会	邑楽郡板倉町大高島・高島神社	
大正6・10	三波川招魂社	？	帝国在郷軍人会三波川分会	藤岡市鬼石・三波川碑の山公園	
大正6・11	忠魂碑	安正	帝国在郷軍人会青倉村分会	甘楽郡下仁田町青倉・表源寺橋口	

大正7・1・1	義勇奉公碑	陸軍中将田中義一	大字大輪住民一同	邑楽郡明和町大輪・長良神社	佐貫村
大正7・3	表忠碑	従七位勲八等岡崎正雄	宮郷村？	伊勢崎市田中町・諏訪神社	宮郷村
大正7・3	忠魂碑	元帥陸軍大将子爵川村景明	日野村・帝国在郷軍人会日野村分会	藤岡市下日野・地守神社隣接地	〔日露戦役戦没者〕。陸軍歩兵伍長勲八等功七級髙橋染次郎以下10名
大正7・3	忠魂碑	安正	美土里村	藤岡市本動堂・美土里公民館北	戦没者7名
大正7・3	彰忠碑	安正	駒寄在郷軍人分会・駒寄邨	北群馬郡吉岡町大久保・駒寄小学校隣接地	戦没者3名
大正7・4・3	彰忠碑	安正	九十九村	安中市松井田町下増田・九十九小学校近く	九十九村戦没者12名
大正7・4	彰忠碑	安正	松井田町？	安中市松井田町新堀・八幡宮隣接地	松井田町〔戦没者〕。西南之役1名、明治三十七八年之役3名。昭和51年春彼岸移築
大正7・10・15	招魂祠	?	美九里村	藤岡市神田・浅間神社隣接公園	台湾戦役から大東亜戦争までの戦没者。昭和58年4月3日に美九里地区戦没者慰霊の会が修復
大正7・10	剛正　長沼岩次郎碑	陸軍大将男爵福島安正	?	伊勢崎市境上渕名・渕名神社	日清・日露戦役に従軍し日露戦役で戦死、52歳
大正7・11	彰忠碑	安正	帝国在郷軍人会名久田村分会	吾妻郡中之条町横尾・吾妻神社隣接地	戦死2名、病死9名
大正8・1	忠魂碑	安正	帝国在郷軍人会千江田村分会	邑楽郡明和町千津井・密乗院	
大正8・1	忠魂碑	安正	帝国在郷軍人会富岡町分会	富岡市七日市・一峰公園	日清・日露戦役戦没者。昭和24年4月再建
大正8・3・10（陸軍記念日）	忠魂碑	安正	帝国在郷軍人会万場町分会	多野郡神流町万場・神流町役場近く	〔戦没者〕。日清戦役4名、日露戦役24名
大正8・3	忠魂碑	安正	上野村分会	多野郡上野村楢原・慰霊の園近く	〔戦没者〕。明治二十七八年之役1名、明治三十七八年之役3名。平成元年現地に移転
大正8・10	忠魂碑	陸軍中将田中義一	帝国在郷軍人会尾澤村分会	甘楽郡南牧村羽沢・森の学校（旧尾沢中学校）入口	〔明治三十七八年戦役〕。戦死者6名・病死者1名
大正8・10	彰忠碑	元帥子爵川村景明	桃井在郷軍人分会	北群馬郡榛東村山子田・柳澤寺隣接地	〔戦没者〕。西南之役1名、日清戦役1名、日露戦役7名

大正8	護国英霊殿	陸軍大将鈴木孝雄	北群馬郡渋川町	渋川市並木町・北小学校隣接地	昭和48年3月31日改修。現在の祭神数449柱
大正9・2・11(紀元節)	彰忠碑	従三位子爵英季	樋越一同	佐波郡玉村町樋越・神明神社	〔日露戦役戦没者〕2名。日清戦役従軍者6名、日露戦役従軍者27名、日独戦役従軍者3名
大正9・3	表忠碑	元帥子爵川村景明	小此木村建碑寄付者	伊勢崎市境町小此木・菅原神社	〔出征軍人芳名〕。日清役従軍6名、日露役従軍37名、日独役従軍8名。同社の狛犬には「御大典記念」とある
大正9・4	忠魂碑	陸軍中将田中義一	帝国在郷軍人会高山村分会	吾妻郡高山村尻高・高山村学校給食センター隣接地	〔戦没者〕。日清戦役1名、日露戦役9名、筑波艦爆沈1名
大正9・11	忠魂碑	陸軍大臣田中義一	帝国在郷軍人会美原村分会	藤岡市保美濃山・下久保トンネル入口	
大正9(紀元二千五百八十年)	彰忠碑	陸軍中将白水淡	八幡宮氏子一同	伊勢崎市下触町・八幡宮	〔従軍者〕。明治二十七八年戦役1名、明治三十七八年戦役10名、大正三・四年戦役1名、西比利亜派遣軍7名。「砲弾」が使用されている（巻頭写真参照）
大正10・5	忠魂碑	元帥陸軍大将正二位勲一等功一級子爵川村景明	帝国在郷軍人会新町分会	高崎市新町・新町第一小学校隣接地	昭和30年4月8日再建。現在の戦没者数は日露戦役・支那事変・大東亜戦争214名
大正10・5	英霊殿(現・大国魂神社)	?	吾妻郡内町村?	吾妻郡長野原町長野原・諏訪神社	昭和27年に大国魂神社と改称。中之条の東宮に対し西宮と称す
大正11・3	彰忠碑	元帥陸軍大将子爵川村景明	?	館林市羽附町・普済寺	赤羽村
大正11・9	忠魂碑	?	平川千鳥在郷軍人会・青年会	沼田市利根追貝	
大正12・2	忠魂碑	陸軍大臣宇垣一成	帝国在郷軍人会兼島村分会	渋川市金井・金島ふれあいセンター（旧金島小学校）	昭和28年3月再建
大正12・3・15	忠魂碑	元帥陸軍大将子爵上原勇作	島村尚武会・島村軍人分会	伊勢崎市境島村・諏訪神社	日露戦役戦没者・栗原好武以下5名（うち病死2名）、日独戦役戦没者・関口昇1名
大正13・3・10(陸軍記念日)	彰忠碑	?	箕輪町	高崎市箕郷町東明屋・箕輪城址	〔戦没者〕。日清戦役1名、日露戦役1名、日独戦役1名、西比利亜戦役1名、北海守備1名
大正13・3	忠魂碑	元帥伯爵東郷平八郎	帝国在郷軍人会一ノ宮町分会	富岡市田島甲・施無畏寺	当初は一ノ宮小学校に建立。昭和21年中秋に現地に移転再建

大正 13・4・10	忠魂碑	元帥陸軍大将子爵川村景明	長野村	高崎市北新波町・満勝寺	〔明治二十七八年〕陸軍歩兵一等卒紋谷幸五郎以下 2 名、〔明治三十七八年〕陸軍歩兵一等卒勲八等白石信次郎以下 5 名
大正 13・4	忠魂碑	陸軍大将伯爵寺内正毅	長尾尚武会・帝国在郷軍人会長尾村分会	渋川市中郷・子持総合運動場隣接地	
大正 13・4	忠魂碑	元帥陸軍大将正二位勲一等功一級子爵川村景明	帝国在郷軍人会小野上村分会	渋川市小野子字宮坂・小野上支所向い	戦没者 3 名
大正 13・4	忠魂碑	元帥陸軍大将正二位勲一等功一級川村景明	帝国在郷軍人会川場村分会	利根郡川場村湯原・川場小学校北	当初は川場小学校に建立。明治三十七八年戦役戦病死者 8 名、大正三年乃至大正九年戦役戦病死者 3 名、明治三十七年乃至大正八年殉難者 14 名。「川場之郷　樹碑勒続　忠魂永香」とある
大正 13・10	彰忠碑	元帥陸軍大将正二位勲一等功一級子爵川村景明	東村？	前橋市箱田町・東小学校隣接地	東村〔戦病死者〕西南役 1 名、日露戦役 6 名、大正三年乃至大正九年戦役 1 名。〔出征軍人〕西南役 1 名、日清戦役 3 名、日清日露戦役 70 名、大正三年乃至大正九年戦役 20 名。「講和成立昭和二十七年五月再建」とある
大正 13	招魂殿（瑳珂比招魂殿）	？	帝国在郷軍人会境町分会	伊勢崎市境・瑳珂比神社	招魂社とも。祭神は境町戦没者。一説に大正 9 年建立
大正 14・4	英霊殿	？	帝国在郷軍人会藤岡町分会会員・有志者	藤岡市藤岡・芦田城址	多野郡藤岡町。建設費 5000 円
大正 14・4	英霊殿碑	陸軍大将正三位勲一等功三級男爵田中義一	帝国在郷軍人会藤岡町分会会員・有志者	藤岡市藤岡・芦田城址	征清之役・征露之役・大正九年露国争乱による戦没者 12 名
大正 14・5・24	忠烈	元帥子爵川村景明	帝国在郷軍人会前橋市分会	前橋市大手町・前橋公園	〔合祀者名〕。陸軍砲兵特務曹長前島錦一郎以下 59 名
大正 15・3・10（陸軍記念日）	彰忠碑	元帥海軍大将伯爵東郷平八郎	帝国在郷軍人会沢野村分会	太田市細谷町・冠稲荷神社	当初は沢野小学校に建立。〔明治三拾七八年戦役戦病死者〕5 名、〔大正三年乃至九年戦役戦病死者〕3 名。西南戦役従軍者 3 名、明治二拾七八年戦役従軍者 8 名、明治三拾七八年戦役従軍者 2 名、明治三拾三年明治三拾七八年戦役従軍者 2 名、明治二拾七八年明治三拾七八年戦役従軍者 13 名、明治三十七八年戦役従軍者 88 名、大正三年乃至大正九年戦

					役従軍者29名、明治三拾七八年及大正三年乃至大正九年両戦役従軍者1名、大正三年乃至大正九年戦役従軍者7名、〔在隊中病死者〕2名。昭和30年頃現地に移転
大正15・10	忠魂碑	希典	豊秋村？	渋川市石原・豊秋小学校向い	豊秋村
昭和2・3	忠魂碑	希典	帝国在郷軍人会糸之瀬村分会	利根郡昭和村貝之瀬・武尊神社	
昭和2・5	忠魂碑	陸軍大将一戸兵衛	帝国在郷軍人会高田村分会	富岡市妙義町高田・高田小学校向い	昭和33年4月再建
昭和3・7・15	戔功燈奉	高崎聯隊区司令官陸軍歩兵大佐澤大元雄	北群馬郡渋川町？	渋川市並木町・護国英霊殿	北群馬郡渋川町
昭和3・10	彰忠副碑	？	桃井村軍人分会	北群馬郡榛東村山子田・柳澤寺隣接地	〔戦没者〕。大正三年乃至九年役1名、昭和六年乃至九年日支事変1名
昭和3・11・10（天皇即位礼挙行日）	忠魂碑（御大典記念）	陸軍大将一戸兵衛	黒保根在郷軍人分会	桐生市下田沢・忠霊塔公園	明治二十七八年戦役戦病死者・小倉米吉以下4名、明治三十七八年戦役戦病死者・監澤登四郎以下22名、西比利亜派遣戦病死者・山田福次1名。脇に「忠霊塔」あり
昭和3・11・10（天皇即位礼挙行日）	彰忠碑（御大典記念）	陸軍大将一戸兵衛	帝国在郷軍人会大川村分会・大川村	邑楽郡大泉町仙石・仙石公民館隣接地（旧大川村役場）	明治二十七八年戦役14名、明治三十七八年戦役日露戦役103名、明治四十年韓国暴徒事件1名、大正二年同四年ニ至ル大正九年戦役26名
昭和3・11・10（天皇即位礼挙行日）	彰忠碑	陸軍大将一戸兵衛	帝国在郷軍人会桂萱村分会	前橋市上泉町・桂萱公民館（旧桂萱村役場）	〔戦病死者〕日清戦役2名、日露戦役8名、北清事変1名、台湾守備1名、朝鮮守備1名、大正三年乃至九年戦役1名。〔従軍者〕西南戦役6名、日清戦役21名、北清事変1名、日露戦役129名、大正三年乃至九年戦役56名。同地に「英霊殿」あり
昭和3・11・10（天皇即位礼挙行日）	彰忠碑	陸軍大将一戸兵衛	帝国在郷軍人会上川淵村分会	前橋市上佐鳥町・上川淵公民館（旧上川淵村役場）	〔戦病死者〕日露戦役7名、大正三年乃至九年戦役1名、支那駐屯軍1名。〔従軍者〕日清戦役8名、北清事変2名、日露戦役71名、大正三年乃至九年戦役17名、済南事変1名

昭和3・11（天皇即位礼挙行日？）	彰忠碑	陸軍大将一戸兵衛	帝国在郷軍人会倉賀野町分会	高崎市倉賀野町・倉賀野児童公園	当初は倉賀野小学校に建立。〔日露戦役戦死者〕5名、〔大正三年乃至九年戦役戦死者〕1名。西南戦役出征1者、日清戦役出征者3名、日清日露戦役出征者7名、北清事変及日露戦役出征者2名、日露戦役出征者62名、大正三年乃至九年戦役出征者19名、済南事変参加者3名。（追記）「昭和七年以降九年二至ル日支事変参加者」17名。同地に「慰霊塔」あり
昭和3・11（天皇即位礼挙行日？）	彰忠碑	陸軍大将一戸兵衛	西横野村	安中市松井田町二軒在家・西横野小学校近隣接地	〔戦没者〕。日清戦役1名、日露戦役6名
昭和3・11（天皇即位礼挙行日？）	忠魂	陸軍大将白川義則	永楽村	邑楽郡千代田町舞木・長良神社	日露戦役戦死者7名・病死者1名・傷死者1名
昭和4・3	彰忠碑	陸軍大将一戸兵衛	（佐波郡）東村分会	伊勢崎市東町・あずま支所（旧東村役場）	佐波郡東村。昭和28年3月再建
昭和4・4・12	尽忠報国	菱園書	帝国在郷軍人会西谷田村分会	邑楽郡板倉町西岡・浄水場隣接地	〔戦没者〕。西南の役2名、日露戦役12名、大正三年乃至九年戦役2名
昭和4・9	忠魂碑	陸軍大将一戸兵衛	敷島村分会	渋川市赤城町津久田・北診療所（旧敷島村役場）	日清戦役戦没者1名、日露戦役戦没者13名、大正四年乃至九年戦役1名、日支事変1名、支那事変戦没者11名
昭和4	招魂社（現・英霊殿）	？	平井村	藤岡市緑埜・平井公民館西南	当初は平井小学校に建立。祭神は陸軍182名・海軍22名・軍属8名・学徒1名。敗戦後現地に移転
昭和5・4	忠魂碑	伯爵東郷平八郎	帝国在郷軍人会澤田村分会	吾妻郡中之条町下沢渡・JAガソリンスタンド隣接地	戦没者8名。祭典は毎年春秋の彼岸（2回）
昭和6・10	忠魂碑	陸軍大将一戸兵衛	黒岩村？	富岡市上黒岩・遍照寺向い大日堂	黒岩村。西南之役戦没者1名、台湾討伐戦没者1名、明治三十七八年戦役戦没者2名
昭和7・4・25	英霊殿	？	帝国在郷軍人会横野村分会	渋川市赤城町滝沢・住民センター（旧横野村役場）	脇に「軍馬　忠霊碑」あり。現在の祭神数204柱
昭和7・9・15	彰忠碑	陸軍大臣荒木貞夫	伊香保町尚武会・帝国在郷軍人会伊香保町分会	渋川市伊香保町伊香保・中子寮	戦没者1名

昭和7・9・18	彰忠碑	陸軍大将鈴木荘六	車郷村	高崎市箕郷町東明屋・箕輪城址	〔戦没者〕。日露戦役8名、明治四十一年八月戦病死1名
昭和7・10	忠魂碑	陸軍大将南次郎	高瀬村	富岡市中高瀬・高瀬公民館	明治二十七八年戦役戦没者1名、明治三十七八年戦役戦没者10名、大正三年乃至九年戦役戦没者1名。同地に従軍者氏名を刻んだ「記念碑」(昭和8年4月16日建立)あり
昭和7・10	英霊殿	?	勢多郡北橘村	渋川市北橘町真壁・北橘幼稚園隣接地	敷地は「壹段九畝拾参歩」とある。現在の祭神数287柱。同地に「戦役紀念碑」(大正6年3月建立)および「報国塔」(昭和31年4月建立)あり
昭和8・2	満州事変忠霊之碑	陸軍大臣荒木貞夫	高崎国民国防同盟会他	高崎市若松町・高崎陸軍墓地(竜広寺)	満州事変戦没者・高崎部隊金井一等軍曹以下50名
昭和8・2	無名祠	?	日野村・帝国在郷軍人会日野村分会	藤岡市下日野・地守神社隣接地	日清・日露戦役戦没者
昭和8・4	彰忠碑	陸軍大将鈴木荘六	宮城村軍人後援会	前橋市鼻毛石町・旧宮城村役場北	敗戦後は破損していたようであるが現在は所在不明
昭和8・5・8(新田義貞公挙兵六百年祭)	左中将新田公誠忠碑	正二位公爵徳川家達	新田公挙兵六百年記念碑建設会	太田市金山町・金龍寺	金龍寺は新田義貞の菩提寺
昭和8・5	忠魂碑	陸軍大将鈴木荘六	白郷井村・帝国在郷軍人会白郷井村分会	渋川市中郷・子持総合運動場隣接地	合祀者栄名13名
昭和9・3	忠魂碑	陸軍大将正三位勲一等功四級荒木貞夫	帝国在郷軍人会九合村分会	太田市飯塚町・九合小学校近く	当初は九合小学校に建立。明治二十七八年戦役戦死1名、明治三十七八年戦役戦死・病死7名、大正三年乃至大正九年戦役公病死1名、日支事変戦死・公死3名。また各戦役等の従軍者氏名も記す。敗戦後の昭和20年地下に埋められ、後に市役所および自衛隊第十二師団の協力によって掘り起こし38年3月19日再建
昭和9・6	彰忠碑(日支事変記念)	陸軍大将松木直亮	帝国在郷軍人会館林町分会	館林市代官町・邑楽護国神社	松本大将は元第十四師団長。「砲弾」の形に鵄が乗っている

昭和9・9	彰忠碑	陸軍大臣林銑十郎	帝国在郷軍人会宝泉村分会	太田市宝町・宝泉小学校	高さ一丈八尺で宝泉小学校校庭に建立。〔西南戦役以下各戦役戦死者〕陸軍歩兵一等卒高山房吉以下7名、〔各戦役傷病死者〕陸軍三等兵曹武内五郎以下6名。西南役従軍者2名、日清日露戦役従軍者10名、日清戦役従軍者7名、日露戦役従軍者99名、大正三年乃至大正九年戦役従軍者・日独戦争従軍者5名、西比利亜派遣従軍者19名、済南事変従軍者4名。〔追記〕〔支那事変・太平洋戦争戦没者〕陸軍139名・海軍43名。敗戦により校庭内に埋められ昭和28年再建。敗戦までの戦没者236名
昭和9・9	忠魂碑	元帥陸軍大将正二位勲一等功一級川村景明	帝国在郷軍人会吉田村分会	富岡市中沢甲・勧学寺	吉田村戦没者
昭和9・9	忠魂碑	?	帝国在郷軍人会東村分会	みどり市神戸・太郎神社	東村戦没者
昭和9・10・18	彰忠碑故陸軍歩兵上等兵勲八等功七級池森武雄君碑	巣鴨学園総裁文学博士遠藤隆吉	瑞巌寺二十四世発起人長谷川瑞圭	太田市矢田堀町・瑞巌寺	池森は山田郡毛里田村出身。高崎連隊に入り昭和8年6月満州で戦死。「尽忠報国を以て日本男児たるの一面を発揮する」とある
昭和9・11・3（明治節）	利根英霊殿	?	利根郡在郷軍人会	沼田市西倉内町・沼田公園（沼田城址）	現在の祭神数3095柱
昭和10・3・10（陸軍記念日）	忠魂碑	陸軍大将鈴木荘六	西牧村軍人分会	甘楽郡下仁田町西野牧・本宿公園	西牧村戦没者
昭和10・3・10（陸軍記念日）	義勇奉公	?	西牧村軍人分会	甘楽郡下仁田町西野牧・本宿公園	
昭和10・3・10（陸軍記念日）	忠魂碑	陸軍大将鈴木荘六	帝国在郷軍人会六合村分会	吾妻郡中之条町日影・瀧沢寺	〔戦没者〕。明治十年之役1名、明治三十七八年戦役8名、昭和六年乃至九年戦役1名
昭和10・11・3（明治節）	忠魂碑	陸軍大将鈴木荘六	帝国在郷軍人会新治村分会	利根郡みなかみ町新治・新治中学校隣接地	〔戦病没者氏名〕。日清役7名、日露役18名、日支事変3名。「日露戦役三十周年ニ當リ忠魂碑建設ノ議起キル」とある

昭和12・3・10（陸軍記念日）	尽忠報国	小野澤	西谷田村？	邑楽郡板倉町西岡・浄水場隣接地	西谷田村
昭和12・4	彰忠碑	陸軍大将井上幾太郎	帝国在郷軍人会藪塚本町分会	太田市大原町	現在は所在不明
昭和12・7	忠魂碑	陸軍大将井上幾太郎	片品村・片品村在郷軍人会・片品村軍友会	利根郡片品村鎌田・寄居山	戦没者
昭和13・12・10	英霊殿	？	多野郡鬼石町	藤岡市鬼石・鬼石神社	多野郡鬼石町の戦没者。現在の祭神数335柱
昭和13・12・21	忠魂碑	陸軍大将鈴木荘六	帝国在郷軍人会古馬牧村分会	利根郡みなかみ町後閑・みなかみ町役場（旧古馬牧村役場）	〔戦病没者氏名〕。日清戦役1名、日露戦役11名、支那事変11名、大東亜戦争130名。日華事変を機に忠魂碑建設協賛会発足。昭和29年10月追記。総工費3028円余（費用は寄付金と村からの補助）
昭和14・12・12	日支事変十三勇士忠霊碑	？	従七位蟻川潔（矢ヶ崎部隊中隊長）	吾妻郡中之条町西中之条・諏訪大明神隣接地	南京攻略入城時の矢ヶ崎部隊戦没者13名
昭和15・1	護国悠久霊験埜□（上野国総社神社御神徳記）	群馬県史蹟名勝天然記念物調査委員豊国義孝	？	前橋市元総社町・総社神社	〔栄芳名〕。西南之役1名、日露戦役10名、日華事変207名。「戦没者の英霊を合祀する為に昭和二十九年五月神社本庁の承認を得て総社神社境内末社御霊神社を創設す」とある
昭和15・4	忠魂供養塔	？	華蔵寺第四十五世以下12名	伊勢崎市華蔵寺町・華蔵寺公園	
昭和15・11・10（紀元二千六百年）	忠魂碑	陸軍大将男爵荒木貞夫	相生村	桐生市相生町・相生保育園隣接地	明治三十七八年戦役戦没者3名、公病死者1名、支那事変戦没者12名。昭和61年再建
昭和16・4	表忠碑	陸軍少将役山久義	川田村入沢組	沼田市下川田町入沢	昭和44年現地に移転
昭和16・5	英霊殿（伊勢崎英霊殿）	？	伊勢崎市？	伊勢崎市華蔵寺町・華蔵寺公園	現存せず。華蔵寺参道入口に「英霊殿」碑および鳥居（共に皇紀二千六百年記念建立）あり。
昭和19・4	英霊殿	？	帝国在郷軍人会川場村分会	川場村・川場中学校東	昭和26年1月8日に川場中学校から現地に移転。現在の祭神数163柱
昭和20・8・8（大詔奉戴日）	支那事変 大東亜戦争 忠霊碑	宇都宮師団管区司令官関亀治	高崎市	高崎市若松町・高崎陸軍墓地（竜広寺）	

?	忠魂碑	希典	岩鼻村？	高崎市栗崎町・岩鼻小学校（台新田町）近く	岩鼻村〔戦没者氏名〕。根岸佐太郎以下 170 名。昭和 25 年 3 月再建？
?	忠魂碑	鈴木義任	帝国在郷軍人会中川村分会	高崎市小八木町・中川公民館	当初は中川小学校に建立。敗戦後現地に移転
?	彰忠碑	陸軍大将一戸兵衛	八幡村？	高崎市剣崎町・宝積寺	八幡村。〔明治三十七八年戦役戦死者〕9 名、〔大正三年乃至大正九年戦役戦死者〕2 名。西南役出征者 1 名、明治二十七八年戦役出征者 12 名、明治二十七八年戦役従軍者 1 名、北清事変出征者 1 名、明治三十七八年戦役出征者 77 名、明治三十七八年戦役従軍者 14 名、大正三年乃至大正九年戦役出征者 31 名。同地に「忠霊塔」あり
?	彰忠碑	元帥陸軍大将子爵川村景明	群南村？	高崎市下滝町・慈眼寺	群南村。〔日露戦役病死者〕9 名。西南戦役従軍者 1 名、日清戦役従軍者 3 名、日清日露戦役従軍者 9 名、日露戦役従軍者 64 名、日露青島戦役従軍者 1 名、大正自三年至九年戦役従軍者 28 名。同地に「忠霊塔」あり
?	忠魂碑	元帥陸軍大将川村景明	里見村？	高崎市上里見町・下町公民館隣接地	里見村。明治三十一年台湾土匪討伐戦病死者 2 名、明治三十七八年戦役戦病死者 8 名、満州事変戦死者 1 名
?	忠魂碑	安正	倉渕村？	高崎市倉渕町川浦・五区公民館隣接地	倉渕村。戦没者 10 名
?	彰忠碑	陸軍大将男爵田中義一	久留間村？	高崎市高浜町・双葉保育園近く	久留間村
?	彰忠碑	元帥陸軍大将男爵上原勇作	群馬郡清里村・清里村軍人分会・清里村尚武会	前橋市青梨子町・清里小学校南	
?	彰忠碑	陸軍大将松木直亮	大箇野村？	邑楽郡板倉町大高島・高島神社	大箇野村
?	忠魂碑	元帥陸軍大将子爵川村景明	海老瀬村？	邑楽郡板倉町海老瀬小幡・権現山公園	海老瀬村。明治三十七八年戦役戦病死者 8 名
?	彰忠碑	元帥陸軍大将子爵川村景明	吉岡村	北群馬郡吉岡町北下・明治小学校	〔戦没者〕。日清戦役 1 名、日露戦役 6 名。昭和 32 年 4 月再建

?	表忠碑	?	三郷村	伊勢崎市波志江町・JA 波志江支所	
?	忠魂碑	安正	?	甘楽郡下仁田町吉崎・吉崎公園	当初は諏訪神社に建立。敗戦により下仁田小学校校庭に埋められ昭和 55 年 3 月再建
?	忠魂碑	?	磐戸村？	甘楽郡南牧村千原・南牧小学校近く	磐戸村
?	忠魂碑	安正	小坂村？	富岡市妙義町諸戸・妙義児童館近く	小坂村〔戦没者〕。西南之役 1 名、明治二十七八年之役 3 名、明治三十七八年之役 4 名、済南事変 1 名、日支事変 1 名、満洲事変 1 名
?	忠魂碑	?	小野村？	富岡市下高尾・すみれ保育園隣接地	小野村。西南戦役戦没者 1 名、明治三十七八年戦役戦没者 5 名

（註 1）参考文献としては群馬県（1940）、群馬県（1974）、海老根（2001）、歴博（2003）および各市町村誌等がある。以下の表においても同じ。

（註 2）「現在の建立場所」に関しては、市町村合併等により新たに移転している場合もある。以下の表においても同じ。

表2　太田市および隣接地域での戦役紀念碑等建立一覧

年月日	題　号	題号の揮毫者	建　立　者	現在の建立場所	備　　考
明治28・12・7	征清凱旋紀念碑	金井興忠	毛里田村有志者	太田市矢田堀・毛里田公民館（旧毛里田西小学校）	当初は桜林（後の毛里田中学校）に建立。〔明治二十七八年戦従軍者〕騎兵一等軍曹中島音吉以下31名
明治28・12	征清紀念碑	毛呂真	上田中村？	太田市新田上田中町・太奈荷神社	上田中村。歩兵第十五連隊凱旋者2名（堀越芳郎・小堀増太郎）。「石ニ勒シ之ヲ不朽ニ存セントス」とある
明治29・1・12	征清紀念碑	陸軍大将勲一等侯爵山県有朋	新田郡町村個人	太田市本町・高山神社	〔明治廿七八年戦役軍人氏名〕。太田町15名、九合村19名、沢野村22名、世良田村30名、木崎町8名、強戸村18名、生品村22名、宝泉村16名、鳥之郷村16名、藪塚本町27名、笠懸村25名。〔戦死病没者〕9名
明治29・5	日清戦役凱旋紀念碑	陸軍大将勲一等公爵山県有朋	桐生町有志	桐生市西久保町・桐生が岡公園	出征者81名、戦病死者8名
明治29・5	征清紀念碑	従二位勲一等伯爵通禧	福岡村従軍者等有志	みどり市大間々町塩原・貴船神社	
明治33・2	征清紀念碑	元陸軍大将大勲位功二級彰仁親王	？	太田市世良田町・八坂神社	〔明治廿七八年戦役軍人〕。新田郡世良田村29名（死亡者3名）、木崎町6名（死亡者2名）、笠懸村44名（死亡者1名）、強戸村18名、尾島町28名、宝泉村15名、生品村22名
明治39・3	日露戦役之碑	乃木希典	剛志村大字中島村一同	伊勢崎市境中島・飯福神社	〔明治参拾七八年戦役従軍者芳名〕。戦死・柿沼金作以下13名
明治39・3	日露戦役之碑	乃木希典	剛志村大字上武士村一同	伊勢崎市境上武士・武士神社	〔明治参拾七八年戦役従軍者芳名〕。森村房五郎以下16名。戦死・小泉□八、病死・森村弥蔵
明治39・3	日露戦役之碑	乃木希典	剛志村大字保泉村一同	伊勢崎市境保泉・勝山神社	従軍者30名。戦死1名、病死1名
明治39・3	日露戦役之碑	乃木希典	下武士村一同	伊勢崎市境下武士・三社神社	従軍者25名。戦死2名、病死1名
明治39・4・1	日露戦役紀念碑	元帥大山巌	群馬県山田郡毛里田村慰藉会	太田市矢田堀・毛里田公民館（旧毛里田西小学校）	当初は桜林（後の毛里田中学校）に建立。〔日露戦役出征軍人〕。戦死者11名・病死者3名。憲兵科1名・歩兵科60名・騎兵科16名・砲兵科41名・工兵科5名・輜重兵科38名・衛生部3名

明治39・4・29	明治卅七八年戦役紀念碑	希典	凱旋歓迎会・大間々奉公義会	みどり市桐原・厚生会館	〔凱旋軍士〕。〔戦死病没者〕10名
明治39・4	日露戦役紀念碑	謖堂松平定静	村中一同	太田市藤阿久町・稲荷神社	明治二十七八年日清戦役従軍者3名、明治三十年清国威海衛守備15名、明治三十七八年戦役従軍者1名
明治39・4	凱旋記念碑	元帥陸軍大将大山巌	梅田村	桐生市梅田町・護国神社	
明治39・4	日露交戦凱旋紀念碑	上毛藤生尚卿	七十四翁藤生尚卿	みどり市大間々町大間々・野口原第十三区子供広場隣接地	
明治39・5	明治三十七八年戦役　凱旋記念碑	陸軍大将正三位勲一等功三級男爵児玉源太郎	矢場区相場彦次郎他同区有志70名	太田市矢場町・住吉大明神社	〔日露戦役従軍者〕。陸軍歩兵一等卒勲八等神岡長藏以下10名
明治39・9	明治三十七八年戦役凱旋紀念碑	畊瑩岡戸岳	富永村？	邑楽郡千代田町下中森・長良神社	富永村
明治39・10・15	日露戦役紀念碑	？	有志	みどり市大間々町大間々・雨宮神明宮	〔明治三十七八年戦没兵士〕。須藤福太郎以下7名
明治39・11・3(天長節)	日露戦役記念碑	希典書	新里村尚武会	桐生市新里町・新里青少年ひろば隣接地	同地に「忠霊塔」あり
明治39・11	日露戦役紀念碑	元帥陸軍大将侯爵大山巌	新田郡尚武会	太田市本町・高山神社	
明治39・11	日露戦役紀念碑	希典	沢野村？	太田市細谷町・冠稲荷神社	〔従軍者〕。歩兵軍曹栗原藤十郎以下99名。戦死2名、病死2名、病不応召没1名
明治39・11	日露戦役記念之碑	幸陰處士毛呂貞	凱旋軍人加藤彦八以下7名	太田市粕川町・粕川会館	
明治39・12・16	日露戦役紀念碑	希典	（佐波郡）東村一同	伊勢崎市東町・あずま支所(旧東村役場)	〔戦病死者〕竹澤保次郎以下8名。〔出征軍人〕？
明治39・12・30	日露戦役紀念碑	對比地英三郎	東矢島村村内一同	太田市東矢島町・長良神社	戦死者・故陸軍上等兵野村豊作以下2名。従軍者・憲兵軍曹川原代三郎以下18名
明治39・12	日露戦役紀念碑	希典	山田郡韮川村軍人慰藉会	太田市安良岡町・韮川公民館	〔出征軍人〕。故陸軍歩兵軍曹小林頼三以下87名
明治39・12	日露戦役記念碑	元帥侯爵大山巌	休泊村軍人慰藉会	太田市龍舞町・休泊中学校隣接地	〔明治三十七八年戦役従軍之士〕。故陸軍歩兵伍長以下102名。同地に「忠霊」塔あり
明治39・12	日露戦役紀念碑	希典	邑楽郡高島村軍友会	邑楽郡邑楽町石打・旧稚蚕飼育場隣接地	〔明治三十七八年戦役従軍之士〕。故陸軍歩兵軍曹冬木準治以下78名。戦没者6名

明治40・1・15	日露凱旋記念衡門	髙橋多可雄	8名	桐生市川内町・三島神社	
明治40・1・23	日露戦役紀念碑	如山外史清水敦書	内ヶ島村尚武会	太田市内ヶ島町・伊勢神社	
明治40・2	日露戦役紀念碑	?	由良村尚武会一同	太田市由良町・飯玉神社	陸軍歩兵上等兵勲八等功七級井下田十七五郎以下21名
明治40・2	日露戦役紀念碑	對比地英三郎	西矢島村村内一同	太田市西矢島町・赤城神社	近衛歩兵上等兵勲八等功七級関口直作以下7名
明治40・3・10（陸軍記念日）	日露戦役紀念碑	丸田寿峰	外門中一同	みどり市笠懸町阿左美・生品神社	
明治40・3	日露戦役紀念碑	希典	山王道中一同	伊勢崎市山王町・日枝神社	
明治40・4・3	日露戦役紀念碑	希典	中江田村尚武会評議員	太田市新田中江田町・ひょうたん池（寺院跡地）	中江田村軍人石川嘉十以下20名
明治40・4	日露戦役紀念碑	希典	小金井村中	太田市新田小金井町・松尾神社	〔明治三十七八年従軍兵〕。陸軍歩兵特務曹長勲七等功七級見持鷲十郎以下29名
明治40・5	日露戦役紀念碑	希典	采女村	伊勢崎市境下渕名・境北中学校入口	〔明治三十七八年戦役従軍者〕。147名
明治41・3	日露戦役紀念碑	希典	名和村村中一同	伊勢崎市戸谷塚町・諏訪神社	
明治41・10	日露戦役紀念碑	希典	北今井村	伊勢崎市宮子町・宮子神社	
明治41・11	明治卅七八年　戦役紀念碑	希典	茂呂村大字茂呂	伊勢崎市茂呂・千本木神社	戦役者3名
明治42・3	日清日露戦役紀念碑	希典	豊受村	伊勢崎市馬見塚町・延命寺	「我郷子弟　勇躍従軍　雖不遂者　全不忍聞」とある
明治42・4	日露戦役紀念碑	陸軍少将従五位勲三等功三級新山良知	富沢佳衛以下16名	太田市高林南町・長勝寺	陸軍歩兵中尉飯塚朝吉以下27名
明治44・3？	日露戦役紀念碑	希典	境町尚武会	伊勢崎市境・瑳珂比神社	従軍者51名。戦死3名、病死2名
明治45・3	日露戦役紀念碑	?	宮郷村？	伊勢崎市連取町・菅原神社	宮郷村
明治45・4	日露戦役紀念碑	希典	大字韮塚村	伊勢崎市連取町・飯玉神社	
大正2・10・1	明治三十七八年役紀年桜	藤生尚卿	大間々鳶同盟	みどり市大間々町桐原・厚生会館	

大正3・4	日露戦役紀念碑	易澄	建設委員・勲八等歩兵一等卒鈴木佐吉以下5名	太田市本町・春日神社	〔明治三十七八年従軍者連名〕。海軍軍医中監従三位勲三等功四級岡栁平以下63名
大正3・11・7	青島陥落記念玉垣	華香章	綿打村？	太田市新田上田中町・綿打中学校	綿打村
大正5・9	日露戦役紀念碑	希典	福岡村	みどり市大間々町浅原・福岡記念館近く	〔戦没者〕。今泉善太郎歩兵軍曹以下12名。
大正5・11・18	日清日露戦役紀念碑	？	島村？	伊勢崎市境島村・宝性寺	当初は島小学校に建立。昭和21年7月に同小学校校庭に埋められ、後に宝性寺境内に埋める
大正5・11	戦役紀念碑	？	宮郷村？	伊勢崎市東上之宮町・倭文神社	宮郷村
大正9	日清日露戦役記念碑	陸軍大将正三位男爵鮫島重雄	菱村？	桐生市菱町・泉龍院隣接地	菱村
大正13・1	西比利亜　凱旋記念碑	正八位勲七等青木嘉之書	後援前小屋在郷軍人一同	太田市前小屋町・菅原神社（天満宮）	〔大正三年乃至九年戦役従軍者〕。陸軍歩兵曹長勲七等石川辰三郎以下8名。同社には「二等軍曹藤澤順吉君碑」（日露戦役戦没者、24歳、明治29年1月建立）もある。「村社菅原神社」碑は「皇紀二千六百年記念」（昭和15年11月）建立
昭和10・8	日支事変凱旋記念碑	歩兵第十五聯隊長役山久義	帝国在郷軍人会大間々町分会	みどり市大間々町大間々・神明宮	
？	日露戦役紀念碑	？	帝国在郷軍人会九合村分会？	太田市新井町・八幡宮	後備歩兵軍曹勲七等功七級小暮道太郎以下9名、病死者1名。「御大典記念　昭和三年改築　九合村分会第三班」とある
？	日露戦役紀念碑	希典	川内村？	桐生市川内町五丁目・八幡宮	川内村山田
？	明治三十七八年之役　凱旋紀念碑	岡郷藤生尚卿	久宮村一同	みどり市笠懸町久宮・久宮公民館	〔従軍二人〕
？	従軍記念碑	？	長野村？	高崎市北新波町・満勝寺	長野村。明治十年戦役従事2名、明治二十七八年11名、明治三十七八年53名
？	凱旋紀念碑	？	三野谷村？	館林市上三林町・館林第七小学校近く	

基）などの「忠」の文字が刻まれた碑の建立が一般化していくことが判明する。それは戦没者の個人碑から共同碑・集合碑の建立へ、つまり遺族らによる戦没者の個人祭祀から、公的組織による共同祭祀へと展開していく過程であった。

これと同時に、**「征清凱旋紀念碑」**や**「日露戦役紀念碑」**などが出現し、とくに後者の建立が盛んになる。**表2**は、現在の本県**太田市および隣接地域での戦役紀念碑等建立一覧**であり、これに関しても巻頭写真を参照されたい。表2はごく限られた範囲内での一覧であるが、全五八基のうち、日清戦役のみの紀念碑は六基（一〇・三％）であるのに対し、日露戦役のみの紀念碑は四二基（七二・四％）に達している。とりわけ戦役紀念碑は神社境内を中心に多数建立されており、県下全域では相当な数に上ることが推測できよう。(8)

また、**表3**は**本県での軍馬関係碑建立一覧**である。ただし、これも悉皆調査をしたわけではなく、手掛かりを掴めたものだけのランダムな一覧で、その数は氷山の一角にすぎないと思われる。松崎憲三によれば、本県と隣接する長野県では軍馬碑が少なくとも九九基はあるという。人間のみならず、「徴発令」（明治一五年八月制定）により多くの馬匹等も戦場に送られていったことが実感できよう〔松崎 2004：364、秦 1994：717〕。同時に、馬も人間と同様に慰霊・顕彰の対象にされていったことに注目したい。(9)

本県では後の**「軍馬忠魂碑」**（巻頭写真参照）の魁けとなる、日清戦役後の**「征清軍《ぐん》殨《し》馬碑」**（箱石村〔佐波郡玉村町〕）などの建立が確認できる。「殨」とは「獣が死ぬこと」や「鳥獣の残骸」を意味するが〔諸橋 2001：759〕、同碑に刻まれた碑文の要旨は次のとおりである〔戦争事跡 2011：17〕。

明治二七年八月、日清戦役起こるや日本軍は度重なる戦闘に勝ち、その都度、戦果と意義が明らかにされ、

表3　本県での軍馬関係碑建立一覧

年月日	題　号	題号の揮毫者	建 立 者	現在の建立場所	備　　考
明治28・4	征清軍殰馬碑	大東一書生準大講義松本洵	箱石住人4名	佐波郡玉村町箱石・貫前神社	箱石村日清戦役戦没軍馬
明治37・吉祥日	正観世音　馬頭観世音	?	小谷野新三郎	太田市別所町・円福寺	
明治38・7	馬頭観世音	?	新田郡宝泉村大字別所村渡邊名梲	太田市別所町・円福寺	日露戦役応徴軍馬
明治38・10	馬頭観世音	?	渡邊親三郎以下10名	太田市別所町・円福寺	「日露戦役際碑陰拾名所有馬匹応於徴発為記念建之」とある
明治39・11・3（天長節）	軍馬応徴紀念之碑	町長大井勝周	?	前橋市河原浜町・大胡神社	大胡町。軍馬応徴者氏名を記す
明治40・3・吉日	日露戦役　馬頭観世音	?	?	太田市脇屋町・正法寺	
昭和10・1・18	馬頭観世音	近衛騎兵聯隊長笠原幸雄	在郷軍人会上陽村分会第六班・上福島男女青年団並区民一同	佐波郡玉村町上福島・上福島公民館隣接地	昭和九年特別大演習の際に死んだ近衛騎兵連隊の軍馬「静歌北越号」慰霊碑
昭和13・7	日支事変　出征軍馬紀念碑	?	?	太田市藤阿久町・真光院	
昭和14・5	軍馬　忠霊碑	陸軍中将堀内文治郎	応徴者有志	渋川市赤城町滝沢・住民センター（旧横野村役場）	横野村英霊殿敷地内。「昭和十二年七月日　支那事変勃発其年九月馬匹」とある
昭和14・12・25	軍馬忠魂碑	陸軍歩兵大佐谷弘	?	高崎市乗附町・群馬県護国神社	当初は高崎連隊営庭に建立。「講和発効記念戦没者慰霊行事」の一環として昭和27年4月現地に移転。本県戦没軍馬3000有余頭
昭和15・4	馬頭観世音	高崎聯隊区司令官川上明	?	太田市石橋町・強戸小学校南	「支那事変徴発馬慰霊記念」。村民51名の氏名を記す
昭和16・4・13（紀元二千六百一年）	支那事変　陣没軍馬合祀之碑	?	宮城村	前橋市鼻毛石町・旧宮城村英霊殿	当初は宮城村役場北に建立。「英霊殿」は昭和28年9月15日建立
昭和20・4・7	馬魂碑	陸軍少将坂西平八	上陽軍用保護馬会・村内有志	佐波郡玉村町藤川・稲荷神社	上陽村。建設発起人7名・建設費寄付者171名

国民は新たな知識を開かれている。その間、軍馬徴発の布告があり、軍馬に適する馬を持った者は皆それに応じた。それにつき、国民の私たちが心底思うには、遠く、危険な朝鮮・満州の戦野で働く多くの軍馬の中には斃れたものもいるにちがいない。それ故、私たちはその死を悼み、永く弔い、その霊魂を祭る碑を建て、その功績を顕彰・記念することにした

箱石村（佐波郡玉村町）の「征清軍殰馬碑」

上陽村（佐波郡玉村町）の「馬魂碑」

忠魂碑と彰忠碑等との関係については後述したいが、こうした筆者の調査結果は、忠魂碑・忠霊塔研究の先駆者である籠谷次郎の関西における調査結果（籠谷 1994）とほぼ一致するところである。また、筆者とは観点が全く異なるが、神社界の立場から大原康男は忠魂碑に関して一冊（大原 1984）を成している。大原は同書において、忠魂碑はあくまでも記念碑であり、そこに宗教性は存在しないと主張しているが、果たしてそうであろうか。既述のように、「遺

骨ヲ納メナイ」忠魂碑と戦役紀念碑との建立は同時展開ながら、峻別されて建立されており、両碑は明らかに異なる性格や位置づけを付与されているのである。つまり、戦役紀念碑には戦没者のみならず、広く出征者・従軍者や凱旋者（生存従軍者）などの氏名も刻まれており、ムラ全体の戦役関係者を視野に入れているということである。一般的に、生者（生存者）と死者（戦没者）両者のための碑であった。そして内地では昭和期に入り、「支那事変」（日中戦争）を契機として「遺骨ヲ納メル」忠霊塔建設が本格化していくことになる〔今井 2005：282～286、粟津 2017：242〕。(10)

そもそも石碑（岩石）に霊的存在が宿るというのは、神道でいう「磐座」を起源とすると考えられよう。『神道事典』（1994）によれば、「磐座」（「磐境」と同義とする説もある）とは、

そこに神を招いて祭をした岩石。その存在は神聖とされた。（中略）神社の祭礼でも、祭神ゆかりの石として、その場に神輿を据えた御旅所としたり、献饌している例は現在でも多い。また磐座神社などと称されるもので本殿内あるいは背後にまつってあり、社殿成立以前にはこの石を中心に祭りが行われていたと思われる神社もある（椙山林継）

とある〔國學院 1994：176～177〕。石碑に霊魂が宿るとされる典型的な例は墓碑であり、新谷尚紀によれば、当初、墓碑の建立は子供や戦死者などの異常死者のためであったという〔新谷 2009：84〕。日本に仏教が伝来して以来、常民レベルにおいては先祖祭祀を核として、死者は一般的にカミよりもホトケとして慰霊・供養されてきたのではなかったか。

とりわけ日露戦役後のこうした建碑の動きは、どのように理解すればよいのであろうか。全国道府県神職団体の統

合組織である全国神職会の機関紙『全国神職会々報』第八三号（明治三九年）に、元第八師団司令部法官部付であった山崎有信なる人物の「日露戦役忠死者建碑に就て」と題する投書が掲載されているという〔大原 1984：24〕。このなかで山崎は、

夫れ生きて凱旋せし者は皆赫々たる名誉を負ひ、余生を楽しむを得べし。死者は月日を経るままに、或は世に忘れられんとするあらば、是決して国家の慶事にあらざるなり

と嘆じて、公刊戦史に名を残す将校とは異なり、殆どが無名のままで終わる下士卒の事績を留めるために、紀念碑を神社境内に建設することを強く訴えた。とくに神社境内に建てることで、「一層奉公ノ大義ト敬神ノ念ヲ深カラシムル」と考えられたのである〔大原 1984：24、湯浅 1997：186～189〕。すなわち、

一村より十数名の戦死者若くは戦地病歿者を出したる処は、その各自の紀念碑を建設するは或は困難ならん、此の場合には其の一村の有志并に戦死病歿者の遺族のもの共同一致して、一紀念碑を建設する尤も可なりと思考す、而して紀念碑を建設するにはその筋の許可を受けざる可からず、之が許可を受くるには出願の手続きを要す

というものであった。したがって、これらの手続きを「簡易明瞭に編成した」一書たる『日露戦役忠死者碑表建設幷招魂社合祀手続き』を著した所以であると述べている〔大原 1984：24〕。

こうした文面から、「忠死者碑表」と紀念碑とは同一のように読み取れるが、しかし既述のように戦没者碑と戦役紀念碑とは分別されて建立されていることから、両碑を安易に混同してはいけないということであり、神社境内での建碑は戦役紀念碑が主流であったということである。いずれにしても、元軍関係者による民間レベルでの建碑運動が、全国的な建碑運動に発展した一因であったことは確かであろう。

例えば、本県佐波郡剛志村大字小此木村（伊勢崎市）が県に提出した「碑石建設願」（大正九年一二月）は、その主旨を端的に表明していよう〔湯浅 1997：186〕。

> 去ル日清日露ノ戦役ハ有史以来ノ重大事変タルヲ以テ長々将来ニ紀念スベク、猶其ノ際国家及国民ヲ代表シテ出征セラレシ軍人諸氏ノ功労ヲ永遠ニ伝ヘントスルニアリ

内務省は忠魂碑・忠霊塔や墓碑・紀念碑などを「碑表」と呼んだが、筆者のいう忠魂碑とは、文字通り「忠魂」「忠魂碑」あるいは「忠魂之碑」と刻まれた碑表のみに限定している。忠魂碑に類似したものとして、既述の「彰忠碑」「表忠碑」「誠忠碑」など、「忠」の文字を刻んだ碑表も確認できるが、筆者はこれらを一括して忠魂碑の範疇に含んではいない。なぜなら表1を見れば明らかであろう。つまり、総じて忠魂碑は戦没者のためだけの碑であり、彰忠碑・表忠碑等のなかにも忠魂碑と同様の碑も存在するが、しかし、彰忠碑・表忠碑等は必ずしも戦没者のみの碑とはいえず、従軍者や凱旋者（生存従軍者）の氏名も刻み顕彰の対象にしている場合が一般的である。このように本県での調査では、忠魂碑と彰忠碑等とはその性格が異なるものであり、生者（生存者）と死者の両者の氏名を刻んだ彰忠碑等は、実体として既述の戦役紀念碑と同類であろう。したがって、「忠」の文字が刻まれた碑表を、安易に一括して忠魂碑とし

て議論することは厳密性に欠けるのであり、避けなければならない。例えば同じ内臓であっても、個々の臓器の働きや役割は異なっているのである。いつの時代に、どのような文字が碑表に刻まれたのか、詳細に分類し検証作業を進めて行かなければならないだろう。碑表建設には地域的な特色があるが、後述するように、靖国神社の祭神となった戦没者はあくまでも「忠魂」や「忠霊」「英霊」であった。ただし、碑表題号の揮毫者は大山巌や乃木希典などの陸軍将官や地元の名士等が中心で、この点ではとくに相違点は見当たらなかった。(11)

また表1から、忠魂碑等の当初の建立場所は、神社境内よりも村役場や小学校敷地内が中心であり、その建設には大正期から帝国在郷軍人会（明治四三年一一月三日発足）が関わり始めていった。一方、既述のように戦役紀念碑の建立場所は神社境内が中心で、建立者は主として町村あるいは町村民であり、帝国在郷軍人会による建立は少なかったことがわかる。つまり建立主体の棲み分けがあったようである。ただし明治期の建立に限っていえば、建立主体の明らかな相違を読み取ることはできないのである。このように建碑の全体像は今だにぼやけた部分を有している。

内務省は、忠魂碑や彰忠碑をあくまでも単なる「記念碑」であると位置づけ、そこに「宗教性」を認めようとはしなかった。大原康男が忠魂碑も単なる記念碑であるとする論拠はここにあったが、それはあくまでも政府の意図するところに過ぎず、国民一般の感覚や実態とは大きくかけ離れていたといえよう。神社が明らかに宗教施設であるにもかかわらず、政府が「神社は宗教にあらず」と主張し続けた矛盾や混乱と、何ら変わらなかったのである。内務省は「墓碑」も「碑表」とはいいながら、両者の区分に神経を尖らせたのであるが、既述のように忠魂碑は一般に戦没者のためだけの碑であった。実際に碑前で「忠魂祭」や「招魂祭」、あるいは学校行事において「忠魂碑礼拝」などが執行されていた。つまり常民レベルでは、遺骨がなくとも戦没者の氏名を刻んだ忠魂碑は、死者の魂が宿った「依代」または「墓碑」として人々に認識されていたのである。したがって筆者は、忠魂碑をいわゆる両墓制における「詣り墓」と考えてもよいのではないかと思っているが、どうであろうか。また既述のように、忠魂碑の前身たる招魂碑を起源として神社に発展した典型的な事例としては、**札幌護国神社**（前身は**札幌招魂社**）を挙げることができる。その起源は、明治一〇年の西南戦役（丁丑戦役）における屯田兵（政府軍・官軍）戦没者二六名を祀った「**屯田兵招魂之碑**」（明治一二年五月〔九月とも〕建立、遺骨なし）であった〔今井 2005：200～201, 210, 315～316、大江 1984：169～171〕[12]。

このように忠魂碑は、戦役および戦没者の記念碑であると共に、戦没者の魂だけを祀る宗教施設であることは明白である。したがって、靖国神社や護国神社は「巨大な忠魂碑」であるということができよう。記念施設であるということと、宗教施設であることとは何ら矛盾するものではない。とくに靖国神社は宗教施設であるとともに、戦争記念

注連縄が張られた中瀬村（埼玉県深谷市）の「忠魂碑」
（乃木希典書、明治 39 年 4 月建立、深谷市中瀬・中瀬神社）

「屯田兵招魂之碑」（札幌護国神社）

「札幌招魂社」碑（札幌護国神社）

札幌護国神社

施設であり、さらに陸海軍両省が管轄する軍事施設でもあったのである。忠魂碑には、遺骨はともかく戦没者の魂、つまり国のために命を捧げた「忠義なる魂」が宿り祀られた。あるいは単なる戦役紀念碑であっても、そこに戦没者の氏名が刻まれていれば、人々はそれを宗教施設として認識することにもなったのである。[13]

こうした忠魂碑に対して、既述のように内地では昭和期に一般化することになる忠霊塔には納骨が前提とされ、「墳墓」あるいは「墓碑」と規定された。その建設のスローガンとして、「国に靖国、府県に護国、市町村には忠霊塔」

が挙げられる。忠霊塔が戦没者の墳墓ということになれば、遺骨を納めぬ忠魂碑とは「大イニ其ノ実感カ違フ」ということになり、当然仏教との関わりが想定され、戦没者は国家が意図・強制したカミであるよりも「ホトケ」として人々に認識されるようになろう。そうすると、スローガンでは忠霊塔が靖国（国家）祭祀体系のなかに包摂されているように見えても、実態としては忠霊塔がこの祭祀体系から逸脱していく可能性を有することになる。また墳墓であるなら、忠霊塔と陸軍墓地や海軍墓地との関係も検討されなければならないだろう。このように忠霊塔は、従来の靖国・護国神社の神式による祭祀体系には含まれない、新たな別枠の慰霊施設ということになるのである〔今井 2008：52、粟津 2017：254〕。

本書が分析の対象とするのは、こうした屋外での公的な慰霊・祭祀にあり、「家（イエ）」での私的な慰霊・祭祀に関しては殆ど視野に入れていない。戦没者慰霊に関して、先祖祭祀とも絡むイエでの祭祀が欠落していては片手落ちともいえようが、この部分に関しては今後の宿題とし、とりあえず公的な領域における戦没者慰霊のささやかな研究成果として、世に提示するものである。

敗戦までの日本において、近代の徴兵制度に明示された兵役の義務は「国民の三大義務」の一つとされていた。徴兵制度そのものは、実に多くの免役条項を含み必ずしも国民皆兵制度とはいいがたい明治六年一月の「徴兵令」、そして明治憲法発布にともなう国民皆兵制度原則の実現として制定された明治二二年一月のいわゆる「新徴兵令」（改正徴兵令）、さらに第一次世界大戦後の国家総力戦体制づくりに相応する兵役制度創出をめざした昭和二年四月の「兵役法」（新徴兵令廃止）と、大きく三段階の制度的変遷を経ているという〔大江 1981：83、黒田 1994：197～198、秦 1994：718、岩波書店編 1991：118、神島 1980：315〕。したがって本書で対象とする対外戦争戦没者は、その数において、主として新徴兵令および兵役法により徴兵された人々ということになる。

註

（1）佐藤雅也氏（仙台市歴史民俗資料館）からは、いろいろとご教示をいただいている。とくに内戦において、「実際の戦没者という用語は、官軍側の戦死者等を指す場合により多く使用されていったのも事実」であるというが〔佐藤 2017：2〕、こうした点も含めて、用語の使用については再検討されなければならないだろう。

敗戦後の昭和二七年五月二日、戦後初の政府主催の「全国戦没者追悼式」が新宿御苑で開催された。その後、三八年八月一五日の日比谷公会堂での同式挙行を経て、毎年同日に開催されることになり、翌三九年には靖国神社で執行された。この時、同社社殿が見えないように境内に幕を張って開催され、政府は「神社とは関係ない」と説明し、同式はあくまでも「非宗教行事」であることを主張したという。しかし憲法議論が沸き起こり世論の批判を浴びることになって、翌年から会場を靖国神社近くの、東京五輪で建設された日本武道館に移すことになった〔高石 1990：149, 182, 188、上毛新聞 2017e〕。

（2）山室建徳は次のように述べている〔山室 2007：はじめに〕。

「同時代の言葉を使うことと、そこに込められている理念を肯定することとは別の事柄である。たとえば『出征』や『玉砕』や『凱旋』という言葉を使ったからといって、その軍隊の行動を支持するわけではない。あるいは、『軍神』や『勇士』と呼んだからといって、彼らを崇拝しているわけでもないのと同じである。当時の日本人をより深く理解するためには、例えば『大東亜省』という官庁名をそのまま使うのと同様に、戦争の呼称も当時の固有名詞を使うしかないと考えるのである」。

（3）「褒光招魂碑」に関しては、「高崎藩士の記念碑」として次のように記録されている〔群馬県史 1979：1221〕。

「高崎駅中有志の人々十七名の発起にて、同庁の鎮守頼政神社の社内へ先年国事に付戦死されし旧高崎藩士の紀念の為め、此度石碑を建立せんとて先月中其内二名上京し、谷中の広群鶴にて竪六尺七寸横三尺余の石を求め、碑文は旧知事大河内君が書かれ広群鶴が彫刻するよし、四月三日までにハ成功る見込みなりと云ふ、此間その敷石を板鼻駅より運送せしが、竪ハ六尺五寸横ハ六尺計りの石にて、量目ハ三千四百余貫余あり、人夫八十人にて曳込しハ余程盛んであったとのこと」。

（4）北海道江別市野幌町の天徳寺（浄土宗）にも、同じく木像三二体が安置されているという〔樋口・弓谷 2008：109〕。なお、本県の龍源寺および常昌院と善光寺の現地調査は、群馬県立歴史博物館（当時）の手島仁氏のご紹介により実施された。また、とくに静岡の現地を案内していただいた掛川西高校（当時）の村瀬隆彦氏からも、その後いろいろとご教示いただいている。

（5）森岡清美によれば、神社はもともと、地域集団の守護神を祀る施設であるから、共同でこれを維持する地域住民の「生活の秩序」

がしみついているという。森岡はこれを「集落神社」と呼んだが、近代の国家権力による制度的修正整備事業は、この点を多く顧みることなしに実施された。そして、地域住民の生活とは縁のない「非集落神社」が次々と創建されていったのである〔森岡 1987 : 266 ~ 268〕。

村上重良は国家権力による創建神社を四系統に分類している。つまり、①近代天皇制のための戦没者を祀る神社（靖国神社等）、②南北朝時代の南朝方「忠臣」を祀る神社（湊川神社等）、③天皇・皇后を祀る神社（橿原神宮・明治神宮等）、④植民地・占領地に創建された神社（朝鮮神宮等）、である。とくに天皇を祀る神社は「神宮」、皇族を祀る神社は「宮」と称した〔森岡 1987 : 258、村上 1974 : 78〕。

大村は大阪に鎮台や兵学校・海軍局などを設ける構想をもっており、大阪を重視していたという。戊辰戦役後、大村は九州で戦役がおこることを予測していたため、軍事の中心は西に置かなければならないと考えていた。大村が京都木屋町の旅館で襲われ重傷を負ったのは明治二年九月四日であった。襲撃したのは長州藩の不平士族約一〇名で、大村は一一月五日に大阪病院で死去している。詳細は今井（2013 : 68 ~ 69）を参照。

秦郁彦によれば、女性の靖国合祀者第一号は、戊辰戦役で後方補給の一員として「賊軍」の銃弾に斃れた秋田藩の農婦山城美与であるという。山城は第一回合祀者のうち、唯一の女性であった。戦没から僅か九ヶ月後でもあり、三八七名の秋田藩戦没者名簿に紛れ、女性と認識しての審査があったのか疑わしいが、結果的に「後方勤務の女性」もという先例を引き出したことになるという。さらに、明治一二年の水戸藩殉難者（天狗党の武田耕雲斎ら一三九〇名）の大量合祀に次ぐ、二四年の追祀者九二名のなかに、処刑・獄死した武田の妻ら天狗党関係の女性一四名が含まれたという〔秦 2010 : 88 ~ 89〕。

例えば下野黒羽藩（外様一万八〇〇〇石、栃木県大田原市）は、明治二年に**黒羽招魂社**（後の黒羽護国神社）を創建した。現在、同社境内には「**英霊碑**」や「鎮友魂」碑などが建立されている。また、信州岩村田藩（譜代一万五〇〇〇石、長野県佐久市岩村田）の**岩村田招魂社**（後の岩村田護国神社）は、明治三年一〇月に城内（上ノ城、城郭は未完成）に創建されている。現在、同社境内には「**忠霊碑**」や「**満洲開拓団　慰霊碑**」などが確認できる〔今井 2005 : 356、二木 2004 : 114, 287、現地調査〕。

（6）神田神社の由緒は諸説あるが、いわゆる「怨霊」「御霊」を鎮めるための神社であった。江戸時代に天海により、神田神社は「将門首塚」（千代田区大手町）を残したまま現在地に移転されたという。将門の首と胴は離ればなれになったのである。同社の神田祭は、関ヶ原の戦いで徳川家康が勝利した九月一五日に実施されるようになり、幕府にとっては重要な神社となった。神田祭は日枝神社（千代田区永田町）の山王祭と共に「江戸の二大祭」といわれた。日枝神社も「江戸城裏鬼門」に位置して江戸城の鎮守とされ、境内は赤坂山王台と称されて江戸の産土神とされた。明治七年、明治天皇が神田神社に参拝するにあたり、政府は朝敵将門を主祭神から排除したという。しかし一一〇年後の昭和五九年五月、将門を主祭神に戻すための遷座祭が執行されている〔山田 2014：96、宮元 2006：14, 27 ～ 28、國學院大學 1994：668 ～ 669、小野他 1986：212〕。

（7）靖国神社への合祀とは、「戦役事変ニ際シ国家ノ大事ニ斃レタル者ニ対スル神聖無比ノ恩典」として行われるものであった。具体的には、天皇が「霊璽簿」のもとになる「合祀者名簿」を靖国神社に送致し合祀するという形式がとられると共に、陸海軍両省告示などによって合祀者が公式に公示されていた。しかし昭和一九年春の合祀からは、軍事作戦の失敗を隠蔽する軍事政策的理由により特例的な措置が講じられて、「満州、支那事変並大東亜戦争ニ関シ死没シタル別冊人名ノ者本春靖国神社ヘ合祀仰出サル」（昭和一九年陸軍省告示第一四号）とされた。だが、この告示文中に記載されている「別冊」は全く公示されることはなかったという。この特別的措置としての靖国神社合祀者の非公開という違法的処置は、戦局の悪化により元に復されることなく敗戦まで続けられた。その結果、国民と多くの国家機関や地方機関は、「大東亜戦争の合祀者」を公的に知る手段を失うことになった。敗戦後、昭和天皇の参拝は八回しかなく、しかも「A級戦犯合祀」が判明してからは全く実施されず、今上天皇に至っては即位してから全く参拝はしていない〔檜山 2011b:39, 59〕。

（8）粟津賢太によれば、「紀念」も「記念」も共に「シルス」の訓をもつが、「紀念」は俗用とされ、「紀念碑」の文字は昭和三〇年頃まで使用されていたという。ただし、俗用とされる根拠は不明であるという。また、「記念」は翻訳語であったともいう。さらに、「紀念」には「かたみ」の意味があり、「紀念碑」には死者の依り代であるというニュアンスが込められているのではないかという〔粟津 2017：233 ～ 234〕。

　また粟津によれば、現在の米国の代表的な国家行事（祝日）である「メモリアル・ディ」（全戦没者追悼日、五月の最終月曜日）は、内戦である南北戦争を契機に設定されたものであるという。一方、英国や欧州において第一次世界大戦は「ザ・グレート・ウォー」（偉大なる戦争）といわれ、戦争記念碑建立の画期になった。この大戦を機に英国でも一一月一一日（大戦戦闘終了日）に「リメンブランス・ディ」（戦没兵士追悼記念日）が創設され、英国の中枢たるロンドンのホワイトホール（官庁街）に「セノタフ」と呼ばれる戦争記念碑が建立されて、戦没者追悼の中心的役割を担っているという。セノタフとは「空の墓」を意味するギリシア語に由来している〔粟津 2017：129 ～ 131, 200201〕。南北戦争は日本では戊辰戦役に該当するであろうし、「偉大なる戦争」は、日本にとって総力戦となった日露戦役に比定されるであろう。

（9）徴発令は「戒厳令」（明治一五年八月制定）の補完法令として、「太政官布告第四三号」として制定されたが、その後も法律とならず、昭和二〇年まで一字の修正もなく残置されたという。同令は、「戦時または事変に際し」て「其の所要の軍需を地方の人民に賦課して徴発するの法」、と規定されていた。その対象物は、馬匹・車両・人夫・船舶・鉄道列車等であった〔秦 1994：717、笠原・

安田 1999 : 131〕。
　松崎によれば、長野県では昔から農家にとって馬は「半身上」と称し、農家資産の半分の値打ちがあると見なされていたという。昭和一二〜一三年頃の軍馬徴用の値段は、一頭につき一九〇〜二五六〇円程度であったが、「二度徴発されもう農業をやる元気もない」と、当時の思いを語る人もいた。また、静岡県東部地方にも軍馬碑が多いという。例えば駿河小山市新柴の円通寺は、近隣の農耕馬や競走馬を供養するだけでなく、軍馬を供養する寺院として知られている。同寺に戦没馬の鬣を納めて供養する人が多く、位牌を作って奉納した例もあるという〔松崎 2004 : 243 〜 245〕。

(10) 忠魂碑の起源に関しても究明されなければならないだろう。村上重良は、近世の「楠公崇拝」から幕末の志士たちの招魂祭を経て、後の「靖国信仰」への道筋を説いている。具体的には、元禄五（一六九二）年に水戸藩主徳川光圀が摂津湊川に建立した「南朝の忠臣」楠木正成（楠公）の墓碑、「嗚呼忠臣楠子之墓」を重視している。同墓碑をもとに湊川神社は創建（鎮座祭）された。光圀が編纂させた『大日本史』（明治三九年完成）は、天皇支配の一貫性と正統性を日本史のなかで検証しようと試みたものであり、そこで強調された南朝正統論はその象徴とされている。一方、大原康男は最初に建立された忠魂碑として、現在、岡山城址本丸跡の池田家廟所にある「官軍備州忠魂碑」（明治元年一二月二八日、藩主池田章政建立）を挙げている〔村上 1971 : 14 〜 15、國學院大學 1994 : 684、原・吉田 2005 : 177 〜 178、朝尾他 2005 : 642、大原 1984 : 16 〜 17〕。

(11) 管見の限り、表1では忠魂碑の例外として二例確認できる。一つは伊勢崎市境下渕名の妙真寺に建てられている忠魂碑（明治三九年年九月一一日建立）で、「日露戦役従軍凱旋記念」とあり、文字通り日露戦役戦没者と共に従軍凱旋者も顕彰している。他の一例は新田郡九合村（太田市）に建てられた忠魂碑（昭和九年三月建立）である。同碑背には各戦役の戦没者氏名と共に従軍者氏名も記されている〔湯浅 1997 : 187、現地調査〕。
　例えば、乃木希典の揮毫に関しては次のようにある〔半藤他 2009 : 191〕。

　　『乃木将軍揮毫の碑』という二五〇ページに近い書籍があります。それを開くと乃木の書を刻んだ『忠魂碑』、『表忠碑』、『昭忠碑』、『日露戦役記念碑』などが各ページ二、三面ほど掲載されていますから、たいへんな数です。乃木の批判者が多ければ、こんなに依頼はなかったように思えるのですが」。

(12) 本県みどり市の「明治三十七八年之役　忠魂碑」（表1）が琴平神社境内に建立された際、碑前で「戦病死者忠魂祭」が実施されていた〔今井 2003 : 90〕。また、埼玉県での事例も挙げておこう。埼玉県榛沢郡中瀬村（深谷市）の**中瀬神社**境内に明治三九年四月、村民により日露戦役戦死者五名の**「忠魂碑」**（乃木希典書）が建立されている。日本の敗戦後には、同碑に同村出身の他の外戦争戦没者の氏名も刻まれていった。以前は同碑前で宗教行事を実施していたといい、現在では年末に碑に**注連縄**が巻かれるだけであるが、今でも地域社会の人々からは宗教施設として認識されているのである〔今井 2002：134〕。なお、民俗学の新谷尚紀氏のご教示によれば、現在、両墓制に関しては再検討が迫られており、「詣り墓」という用語の使用についても慎重を要するという。両墓制においては石塔の建立が重要な要素であるというが、詳細は新谷（2005）を参照。

屯田兵戦没者のうち東京招魂社に合祀されたのは「戦死」した八名のみであり、この八名と祭神から除外された「病没者」を地元札幌で祀るために建立されたのが「屯田兵招魂之碑」であった。その合計が三六名であったが、戦没屯田兵は総計四六名ともいわれており、全戦没者が祀られたわけではなかったのである〔今井 2005：208 ～ 210〕。

（13）本県勢多郡粕川村（前橋市）では、同村奨武会により村役場敷地内に同村の戦死者五名・従軍者一二九名（うち輜重関係四〇名）の「日露戦役紀念碑」が建立されている。明治四〇年四月三日の除幕式には、「軍人席」「一般会員席」の他に「神官席」と「各宗寺院席」が設けられていた。これは、戦役紀念碑も宗教施設として認識されていた証拠であろうが、同式で実際に神官や僧侶がどのように関わったのかは不明である〔粕川村誌 1972：742 ～ 745、粕川村百年史 1994：495 ～ 497〕。

第一章　明治期の戦役と戦没者慰霊

一　征台の役と内戦の終結

1　征台の役

明治四年七月一四日、廃藩置県の実施により旧藩主の藩知事は罷免され、これにより旧来の幕藩体制は文字通り完全に崩壊した。この断行は天皇親衛軍たる「御親兵」一万余名（異説あり）の武力を背景として行われたものである。翌八月二〇日には旧藩の常備兵は解隊され、東京・大阪・鎮西（熊本）・東北（仙台）に四鎮台が設置されて、旧藩の兵力はこれに吸収された。鎮台兵の合計は七九七四名となった。御親兵は後の近衛兵の前身にあたるが、六年一月一〇日に「徴兵令」が布告されて、日本には御親兵とは異なる常備軍として新たな国民軍が創設されることになった。そして、早くも明治新政府は近代における最初の対外戦争（海外出兵）を敢行している。それは翌七年五月からの**征台の役**（台湾の役・台湾出兵）であった。かつて一六世紀に日本は台湾を「高砂」、その住民を「高砂族」、台湾島を「高砂国」または「高山国」と呼称していた。また、近代ヨーロッパ人は台湾を「フォルモサ島」と呼んでいた。ポルトガル語で「麗しい島」「美麗島」という意味である。一七世紀には一時オランダ人が侵入し、同世紀後半以降、台湾は清国の統治下に再編されていた。ただし、清国の管轄ではあったものの実効支配はなされていなかったという（今

井 2013：267、大江 1981：52～55、加藤 1996：40、呉 2010：13, 112、毛利 1996：26、朝尾他 1996：650, 844、秦 1994：719］。[1]

廃藩置県後の明治四年一一月六日、台風により台湾南端に琉球船が漂着し、琉球宮古・八重山列島（先島諸島）の役人ら六九名（異説あり。三名は漂着時点で死亡という）が、誤って「牡丹社」と呼ばれた台湾先住民の集落に入り込み、そのうち五四名が殺害されるという事件がおこった（**牡丹社事件・琉球人遭害事件**）。生存者一二名は保護され、後に清国経由で送還された。後田多敦によれば、この琉球船は、従来は単なる「漁船」とされていたが、実は「公用船」（納貢船）であったという。さらに一年余後の六年三月八日には、日本の小田県浅口郡柏島村（岡山県倉敷市）の船頭ら

「大日本琉球藩民五十四名墓」
（台湾屏東県車城郷、撮影・後田多敦）

「台湾遭害者之墓」（那覇市若狭、撮影・後田多敦）

四名が台風により台湾南部に漂着したところ、先住民から積荷と衣類などを略奪され、清国政府に保護されるという事件もおきた（小田県人事件）。この二つの事件が日本の台湾出兵の契機（口実）となったのである。ただし、日本政府が琉球国王尚泰（第二尚氏王統十九代の王、後の侯爵、東京で没）を「琉球藩王」に任命し、華族に列したのは五年九月一四日のことであったから、牡丹社事件発生時、「琉球国」はまだ「日本」ではなかった。琉球藩の設置は天皇による「冊封」と見なしてよいであろうし、宮古・八重山島民が日本臣民であることを表明したものである。一方、日本は清国と国交を樹立すべく四年七月二九日、日清修好条規を締結していた。これは諸外国と不平等条約を結んでいた両国にとって最初の対等条約となるが、すでに日本は朝鮮半島の領有を視野に入れていたのであろう。つまり、間もなく政府内では征韓論争が沸き起こり、「維新随一の功臣」とされ、当時唯一人の陸軍大将であった西郷隆盛（旧薩摩藩士、参与、近衛都督、大山巌従兄弟）ら五参議が下野した「明治六年の政変」（廟堂大分裂）がおこる。さらに翌七年二月四日には、政府が最も懼れていた「不平士族の反乱」として、最初の大規模な役である**佐賀の乱**（佐賀の役）が勃発した。征韓論争で下野した元参議**江藤新平**（旧佐賀藩士、初代文部大輔・初代司法卿）らが蹶起し、後の神風連の乱・秋月の乱・萩の乱、そして西南戦役に至る烽火となった。江藤は政府軍（官軍）との戦いに敗れ、「除族の上梟首」となり、その晒し首の写真は内務省を始めとした中央官庁内に掲示され、また市販されたという。ただし、梟首はすでに廃止されていたのである。現在、首級の晒し場には**「千人塚供養塔」**（佐賀市・森林公園）が建立されている。こうして江藤ら**反乱軍**は「賊軍・賊徒」として、東京招魂社の祭神からも排除されていくことになるが、江藤らの「荒魂」は**「万部島招魂碑」**（佐賀市水ケ江）に祀られることになる。このように今だに政情は極めて不安定な状況であった〔今井 2005：145, 151, 160〜161、今井 2013：266、後田多 2014：84、後田多 2015b:42、村上 1974：94、毛利 1996: まえがき、2, 14, 99, 131, 139、朝尾他 1996：812, 1094、岩波書店 1991：48、呉 2010：13, 15, 112、秦 1994：66、笠原・安田 1999：125、

新潮社 1991：907、浜島書店 2004：200）。(2)

日本政府は佐賀の乱への対応に追われながらも明治七年二月六日、「我藩属」である琉球島民が殺害されたことに報復することは「日本帝国政府の義務」であるとして、「討蕃撫民の役」を実施することを決定する。時の太政大臣は三条実美（元尊攘派公卿、三条実万四男）であり、政府は「北洋の氷塊」と称された参議兼初代内務卿の大久保利通（旧薩摩藩士、明治一一年五月暗殺される）の独裁体制（有司専制）下にあった。同四月四日、西郷隆盛の実弟で陸軍大輔西郷従道少将（旧薩摩藩士、後の海軍大将・海軍大臣・侯爵・元帥・元老）を陸軍中将に昇進させ、台湾蕃地事務都督

佐賀の「千人塚供養塔」

江藤ら反乱軍の「万部島招魂碑」

（遠征軍総司令官）に任命し、陸軍の熊本鎮台歩兵一大隊・同砲兵一小隊と、海軍から日進・孟春などの軍艦五隻と運搬船一三隻がその指揮下に入った。遠征拠点は政情不安定な鹿児島ではなく長崎であった。しかし四月一九日、政府は英米の反対等を受けて台湾征討を中止し、長崎にいた西郷都督に出兵延期を命じた。ところが西郷はこの命令に従わず、翌五月一七日に独断で長崎から出兵してしまうのである。これにより台湾を領土と主張する清国との緊張関係は一気に高まった。既述のように、遠征軍は熊本鎮台兵を中核とした三六五八名で、五月二二日に西郷が台湾南部に上陸して総攻撃を開始した。付近の住民（高砂族）は武力で掃討されたのである。戦闘は翌六月五日には終結したという。こうして先住民で漢族に同化しなかった「生蕃」は制圧されたが、一〇月三日には英仏の調停で清国との間で日清両国間互換条款が締結され、日本軍は年末の一二月に撤兵している。日本軍は戦死者一二名・戦傷死者一七名・戦病死者五六一名の損害を出していた。実に戦没者の九五％が戦病死者であった。この六〇〇名近い戦没者は、近代初頭の「戊辰戦役の天王山」たる会津戊辰戦役（鶴ヶ城攻防戦）での官軍戦没者の約二倍に相当する数字であった。当時の遠征軍は気候風土に不慣れな上、軍事医療体制が貧弱であったため、軍隊内に伝染病や風土病、とくにマラリアが蔓延したのである。この出兵は、大久保と西郷従道が国家（実態は天皇および補弼の太政大臣）の中止意図を力ずくでねじ曲げて強行した「無名の師」であり、「官制の和冦」というべきものであった。また、日本の台湾植民地化の第一歩となり、近代における日中対立摩擦の発端でもあって、以後、清国は台湾を重視するようになる〔今井 2013 : 115, 267, 344, 359、後田多 2014 : 82 ~ 83、小川原 2010 : 40 ~ 42、秦 1994 : 195、秦 2010 : 33、村上 1974 : 98、高石 1990 : 30 ~ 32、檜山 69 ~ 74, 69、本康 2002 : 319、白井・土岐 991 : 253、岩波書店 1991 : 58 ~ 60、高橋・一ノ瀬他 2006 : 314、毛利 1996: まえがき, 128 ~ 133, 139 ~ 144、朝尾他 1996 : 351、笠原・安田 1999 : 127、新潮社 1991 : 833、呉 2010 : 112〕。(3)

2　東京招魂社への合祀

近代の「富国強兵」政策の精神的支柱ともいうべき東京招魂社では、当初の祭典は今だに流動的であった。また赤澤史朗によれば、戊辰・己巳戦役（箱館戦争）での官軍戦没者のうち、「戦死者」のみではなく「病死者」や「自殺者」なども同社の合祀対象になっていたというが、合祀基準が類型化されていたとは言いがたく、結果的には「個別具体事例の集積が、合祀基準と考えられ」ていたようであるという。同社に関しては序章で言及しているが、明治四年一月三日（鳥羽伏見の戦い記念日）の同社例大祭から天皇家の菊花一六弁の紋章付き紫幕の使用が許可され、以来、天皇と同社との結びつきは不動のものとなり、皇族以外の菊花紋の使用は禁じられることになる。明治天皇は、古代の「祭政一致」を理念として、三月には神話に基づく神武天皇聖忌に「神武天皇例祭」を執行し、五月一四日には、神社は全て「国家ノ宗祀」とした太政官布告（第二三四号）が発せられた。これにより全ての神社は国家管理の対象となり、天皇の祖先神（主神は天照大神）を祀る伊勢神宮（通称「神宮」）を本宗（頂点）とする社格制度・神官職制も定められた。神社は最終的に官社（官幣社・国幣社）・府県社・郷社・村社および無格社の五段階に序列化され、いわゆる国家神道体制が構築されていった。こうしたなかで、五月一五日（上野彰義隊壊滅日）の東京招魂社例大祭では、博覧会と共に境内で初めて懸賞競馬が開催され、相撲と花火の余興も行われたという。以来三〇年近くにわたり、同社の臨時大祭・例大祭では相撲と共に競馬が開催されることになる。同社の臨時祭や臨時大祭とは「合祀祭」のことで、とくに臨時大祭は合祀者多数の場合の合祀祭をさした。また同年夏には、同社の「戦没者祭神名簿」が簿冊形式から巻物形式に変更され、以後、合祀祭ごとに祭神名簿が納められるようになった。一方、宮中では八月に、京都御所の「御黒戸」に置かれていた仏像や位牌を、京都の泉涌寺（真言宗泉涌寺派総本山、京都市東山区）と般舟三昧院（通称「般舟院」、天台宗、京都市上京区）に移して、宮中から仏教色が一掃されていった。この二年前には、両寺院の他に社寺がみだりに菊花紋を使用することが禁じられていたのである。泉涌寺は中世以来、皇室の香華院（菩提寺）として「御寺」と呼ばれていた。また、般舟院は泉涌寺と同様に天台・真言・律・禅の四宗兼学の道場で、江戸時代には天皇死去の際に泉涌寺への埋葬後、法会が営まれた場所という。こうした宮中での廃仏によって、皇室有縁の寺院は経済的困難に陥り俄に没落していくことになった。翌九月、歴代の皇霊・神器が神祇省から宮中賢所（京都御所から移転）に遷されたのである。近代になり、天皇の死は「ケガレ（穢）」ではなくなったから、天皇のために死んだ戦没者もケガレの対象ではなくなったことになろう〔赤澤 2015：14 ～ 15、村上 1970：90 ～ 95、村上 1974：92、村上 1980：60、島薗 2010：21 ～ 22、高石 1990：17 ～ 21、山折 2004：450 ～ 456、古田他 1988：574, 807、小河原 2010：40 ～ 42、笠原 2006：49、高木 2006:189 ～ 190、岩波書店 1991：30、靖国顕彰会 1964：93 ～ 94〕。(4)

東京招魂社では、当初は千鳥ヶ淵沿いの一帯と富士見町界隈の土地も社地として用意されていたが、これらの用地の大半を売却して本殿の建設資金にあてたという。明治五年五月七日、銅板葺きの壮大な神明造りの本殿が竣工し、陸軍大輔山県有朋（旧長州藩士、後の陸軍大将・首相・公爵・枢密院議長）を祭主として正遷宮祭が執行され、同社の祭事と機構も大幅に整備された。この正遷宮祭の前日に、既述の巻物形式の祭神名簿が本殿内に奉安されている。そして「惟神之大道」を国民に宣布（教化）する目的で、すでに開始されていた大教宣布運動（明治三年一月「大教宣布の詔」発布）では、その中央機関となる大教院が六年二月一四日、徳川将軍家菩提所であった芝増上寺（浄土宗関東大本山、港区芝公園）の大殿に設置された。教部省は反対を押し切って、同寺大殿を大教院に献上させたのである。これに先立つ一月には、神話による初代神武天皇即位日と天長節が祝日となり、三月七日には、神武天皇即位日を「紀元節」と改称している。政府はこうした天皇崇拝中心の新たな神道教義を「大教」と称し、従来の諸流の神道教義と区別したのである。その真の狙いは「外教」キリスト教の進出を防ぐために、大教による国民の思想統一にあった。ただし、国民教化の実際においては経験の深い仏教側に依存するという結果となったのである。政府は欧米からの批判を受けて六年二月、キリシタン禁制の高札を撤去したが、これはあくまでもキリスト教布教を黙認したものであり、キリスト教公認を意味するものではなかった。大教院では日本武尊の故事が語られ、既述の台湾出兵は日本武尊が賊（蕃地）を平定していく遠征の旅に喩えられたという。このように同院は台湾出兵を積極的に支援し、外地での宣教も視野に入れていったのである〔今井 2013：267、森岡 1984：51、靖国神社 1999：45、村上 1974：85～86、村上 1980：58、高石 1990：23、山折 2004：454～456, 461～462、秦 1994：149、小河原 2010：40～42、古田他 1988：587〕。

3　内戦から対外戦争へ

明治六年四月一六日、陸軍野営演習観覧のために鎌倉に出向いた天皇は、鶴岡八幡宮（祭神は応神天皇、後の国幣中社）と鎌倉宮（明治二年七月創建、大塔宮、祭神は後醍醐天皇の子護良親王）に参拝した。鶴岡八幡宮は鎌倉を代表する神社であり、鎌倉宮は南朝関係の創建神社であった。とくに鎌倉宮への参拝は創建神社に対する天皇の初参拝であった。これから二ヶ月後、鎌倉宮は官幣中社に列格されている。これに続く天皇の東京招魂社への初参拝は、翌七年一月二七日の例大祭の折であった。明治六年からは太陽暦が採用されたから、例大祭が一月三日ではなく、同二七日に設定されたのはこの関係であろうか。この天皇の初参拝は同社への初「親拝」、つまり公式参拝となった。これはまた、「臣民」を祭神とする宗教施設への初参拝といえ、古代天皇制の成立以来、空前のことであった。翌二月、同社の社司・社掌ら職員の身分は官員となり、陸軍省第一局の所属となったのである。既述の佐賀の乱での官軍戦没者は二〇九名であったが、同社は創建時の戊辰戦役官軍戦没者三五八八名の第一回合祀に続き、七年八月二八日に第二回合祀（臨時大祭）を執行し、佐賀の乱官軍戦没者のうち一九二名を祭神とした。この臨時大祭は例大祭と同様の規模で開催され、翌八年七月までに官軍関係戦没者全員が合祀されたという。またこの間の八年一月には、天皇が京都東山の**霊山招魂社**（招魂祠、慶応四（一八六八）年七月創建、京都招魂社、後の**京都霊山護国神社**）の神霊を東京招魂社に合祀する旨の勅旨を下し、同一二日、太政官は内務省に合祀者の姓名の調査を、府県にその履歴の調査を命じている。霊山招魂社は**坂本龍馬**（土佐藩士）や**中岡慎太郎**（同前）らの尊王派武士等を埋葬した**「招魂墳墓に設けられた霊祠」**であり、同社境内は多数の戦没者墓碑が林立していた。新政府は当初、この霊山招魂社を全国の慰霊施設の本拠地として位置づけようとしていたのである。しかし東京遷都により、霊山招魂社ではなく東京招魂社が戦没者慰霊施設（祭祀体系）の頂点に位置することになった。東京招魂社は霊山招魂社とは異なり、墳墓から切り離された祭祀中心の新たな施設で遺体や遺骨は一切納められていない。同社では佐賀の乱の戦没者合祀を機に斎場設立の制が作られ、招魂式のたび

京都霊山護国神社社殿

対外戦争戦没者碑（京都霊山護国神社）

坂本龍馬・中岡慎太郎両名の墓所（同上）

招魂墓碑（同上）

に招魂斎場を設けて招魂を行うことになった。こうして、新たな戦没者が出るたびに祭神を無限に追加していくという、他に類例のない同社独特の祭祀形態が創設されていったのである〔今井 2013：27、佐藤 2017：3、村上 1974：91～98、大江 1984：109, 135、高石 1990：13, 32、國學院大學 1994：624, 656～657、靖国顕彰会 1964：93、朝尾他 2005：1044〕。(5)

台湾から撤兵後の明治八年一月二七日、東京招魂社では例大祭が執行されたが、翌二月二一日夜には激しい風雪のなかで、熊本鎮台司令長官を経て台湾蕃地事務局参軍として出征した陸軍少将谷干城（旧土佐藩士、後の中将・学習院長・子爵・農商務相・貴族院議員）を祭主とし、台湾出兵の陸軍軍人・軍属戦没者一二名の招魂式が開催された。続く臨時大祭は翌二二日に執行され、同大祭により「台湾之役殉難者」が同社に合祀されたのである（第四回合祀）。同大祭の祭主は台湾蕃地事務都督を務めた西郷従道であった。また同大祭の折、天皇が二回目の同社参拝を行い金一〇〇円を下賜している。臨時大祭への天皇参拝は初めてのことであり、以後慣例化していく。初の対外戦争戦没者合祀が如何に重要視されていたかが窺えよう。ただし六〇〇名近い戦没者のうち、同社の祭神となったのは僅かに一二名のみである。その内訳は、「戦死者」と「誤て銃死」の者と「進撃の際の溺死」者を加えた、全て軍人身分の者であった。「誤て銃死」とは銃の暴発による死亡ではないかという。これは既述のように「戦死者」のみの数字であり、戦没者のうち戦死者のみが祀られ、基本的には「戦病死者」等は除外されたことを意味していよう〔小川原 2010：40～42、村上 1974：98、高石 1990：17, 23, 30～32、靖国神社 1999：41、山折 2004：454～462、秦 2010：33, 92、檜山 69～74, 69、本康 2002：319、國學院大學 1994：141、赤澤 2015：17、笠原・安田 1999：126〕。

4　長崎佐古招魂社

征台の役戦没者の殆どは東京招魂社の祭神から除外されてしまったが、彼らが招魂社の祭神となるのは遠征拠点となった長崎においてであった。既述の戦死者一二名が東京招魂社に合祀された翌三月二二日、現在の**長崎県護国神社**（長崎市城栄町）の前身たる佐古招魂社（長崎佐古稲荷山、長崎市西小島町）に、同戦没者の九割にあたる五四七名が合祀されたという。長崎では、幕末の安政四（一八五七）年に長崎奉行所西役所（長崎県庁敷地）内に医学伝習所（長崎大学医学部の前身）が開設され、オランダ海軍軍医ポンペが、幕府の医官松本良順（佐倉藩医佐藤泰然二男、後の初代陸軍軍医総監・男爵）や長与専斎（大村藩医、適塾塾頭、後の東京医学校長・元老院議官・貴族院議員）らに近代西洋医学を講じた。同伝習所は日本における最初の西洋医学校であった。またポンペは、文久元（一八六一）年に洋式の診療所である小島養生所（長崎市西小島町、長崎市立佐古小学校敷地）を開き、一般の人々の診療にもあたった。当時、同地

長崎県護国神社

一帯は大徳寺および観音堂（江戸護持院末寺）の境内で、墓碑が林立していたという。征台の役では、この養生所が蕃地事務局（事務局長は参議大隈重信（旧佐賀藩士））所管の病院となり、多くの遠征軍傷病者が収容され、このうち百数十名が没している。そこで同地に招魂場を設け石祠を建立し（佐古小学校南方の仁田小学校側）、既述の五〇〇余名の戦没者も埋葬したという。ただし、土葬か火葬かは不詳である。このように佐古招魂社は墓地と招魂社が一体化している、いわゆる招魂墳墓であり、同祠から墳墓を見下ろす形になるという。こうして長崎に対外戦争戦没者のための新たな「慰霊空間」が形成されたのである。明治八年四月二四日には、太政官が招魂社・墳墓の経費・修繕費を国庫より定額支給する旨を、一〇月一三日には、内務省が全国の「招魂場」を「招魂社」と改称する旨を府県に通達し、招魂社制度は整備されていった。また、一一月六日の東京招魂社例大祭から、祭主は陸海軍両省交代で務めることになり、大祭では教導団楽団（軍楽隊）が奏楽を行うことになった。同社と軍との結びつきはさらに強化されていったのである〔本康 2002：319、檜山 2002：69、長崎高教研 1993：22、長崎高教研 2005：11、白井・土岐 1991：253、宮崎・安岡 1994：713, 921 ～ 922、毛利 1996：131 ～ 133、高石 1990：33、村上 1974：99〕。(6)

5　江華島事件

最初の対外戦争戦没者が新たに「カミ」として東京招魂社等に合祀されていくなかで、朝鮮半島では明治八年九月二〇日、斉物浦（仁川）に近い漢江河口にある江華島で日本軍艦「雲揚」が朝鮮守兵を挑発して江華島事件をおこした。日本海軍は江華島砲台を破壊し、海軍陸戦隊が上陸して永宗島を占領し民家を焼いて、雲揚は長崎に帰還している。そして翌九年二月二六日、朝鮮にとっては「不平等条約」である日朝修好条規（江華条約）が締結され、日本は朝鮮を開国させたのである。日本全権は開拓長官黒田清隆中将（旧薩摩藩士、後の首相・枢密院議長・伯爵）であった。この事件で戦傷死した海軍陸戦隊員の一等水夫松村千代松（雲揚乗員）は、九年一月二六日、東京招魂社例大祭の前夜に合祀されたという（第六回合祀）。この時祭主を務めた海軍少将伊東祐麿（旧薩摩藩士、実弟は伊東祐亨、後の中将・子爵・元老院議官・貴族院議員）は、勅使を兼ねて祭文を捧げたという。海軍の一「水夫」の合祀に勅使が参向することは極めて異例であった。そこには、国内世論を朝鮮に対する強硬策に向けさせる狙いがあったのであろう。こうして征台の役と共に江華島事件は、後の日清戦役（明治二十七八年戦役）の遠因となっていくのである〔今井 2013 : 278、村上 1974 : 99 ~ 100、岩波書店 1991 : 64、朝尾他 1996 : 355, 814、笠原・安田 1999 : 128、秦 2010 : 33, 166、檜山 2011 : 75 ~ 76、新潮社 1991 : 662、福川 2001 : 288〕。(7)

6　西南戦役と戦没者

このように近代日本の海外出兵は台湾と朝鮮で開始されたが、内戦においても最後の山場を迎えることになった。既述の**西郷隆盛**（号は**南洲**）らが蹶起した明治一〇年一月の**西南戦役**（丁丑戦役）は、明治期の「最後で最大の内乱」（不平士族の反乱）となった。かつて西郷は、御親兵の後身で「天皇の軍隊」たる「近衛兵」（明治五年三月発足）の総指揮官である、第二代近衛都督（初代は山県有朋）に就任したが、征韓論争で野に下り蹶起直後に官位を剥奪され、西郷に率いられた**薩軍**（反政府軍）は「賊軍・賊徒」と位置づけられた。政府軍（官軍）は陸海両軍六万余の大軍を投入し（谷干城は熊本鎮台司令長官に再任）、半年以上の歳月を費やして九月二四日、漸くこれを鎮圧した。この日、西郷も遂に故郷の**鹿児島城山**で戦死する。享年五一歳であった。被弾した西郷は側近に自らの首を斬らせたのである。官軍戦没者は既述の長崎佐古招魂社にも埋葬されたという。戦没者数は両軍双方約七〇〇〇名であったが、官軍戦没者のみが東京招魂社に合祀されたのである。同社では一一月一二日夜、西南戦役戦没者六五〇五名の招魂式が開催され、この戦没者が翌一三～一五日の臨時大祭で合祀された（第八回合祀）。最終合祀死者は七〇八七柱に達している。また官軍戦没者遺族には、この合祀と密接に関連する「陸軍武官傷病扶助料及ヒ死亡ノ者祭粢並ニ其家族扶助概則」（明治八年四月）および「陸軍恩給令」（明治九年一〇月）が適用され、とりあえず「戦病死」の概念が明確化されたという。しかし、戦病死の合祀に関しては依然として曖昧な状況であった。他方の西郷ら薩軍戦没者は、佐賀の乱の江藤らと同様に「賊軍・賊徒」ゆえに同社の祭神から排除されていった。ただし、西郷ら薩軍戦没者は南洲神社（大正二年六月に祠堂から昇格、**南洲墓地**隣接地）に祀られることになり、同社はやがて対外戦争出征部隊の参拝（武運長久）の対

「南洲翁終焉之地」碑（鹿児島市城山町）

西郷ら薩軍戦没者を埋葬する「南洲墓地」（鹿児島市上竜尾町）

象となって、靖国神社と同様の位置づけを与えられていくことになる〔今井 2013 : 275, 297, 345、351 ~ 352、高石 1990 : 36、高橋・一ノ瀬他 2006 : 315、秦 1994 : 66, 700、佐藤 2013 : 291、本康 2002 : 319、赤澤 2015 : 18 ~ 24、群馬県 1940: 附録 6〕[8]。

西南戦役官軍戦没者が東京招魂社に合祀されたことで、同社の祭神数は一挙に倍増し一万四七二二柱となり、同社の性格は一変していく。西南戦役下の一〇年二月一五日、陸軍現役将校の修養団体として発足した偕行社は、同社境内の一部約一六三二坪を本部建物敷地として借用している。翌一一年六月三日には、靖国神社は飯田町の隣接地を買収し、官有地と合わせて五六七三余坪を牛ヶ淵附属地として、非常用附属地（火除地・避難地）とした。同地には非常の場合に備えて、同社を遷座するための「権殿」（仮宮）が建立され、その建設場所以外は公園として一般に開放されたという。既述のように、同社は明治七年一月の例大祭以降、天皇の親拝という「殊遇」を受けることになった。臣民たる同社の祭神は、天皇の「属神」としての地位を確立し、皇居を守護することになるのである。当時、同社を所管していたのは陸軍省第一局であった。政府は、中央の招魂社たる東京招魂社を完全に神社化し、依然として旧藩意識の強い各地の招魂社をその傘下に組み入れ、国家神道の大支柱として確立する必要性を感じていた。これは東京招魂社を官社並に強化し、整備・機能拡充を図ろうとする陸軍省からの要望でもあった〔今井 2013 : 329 ~ 330、村上 1974 : 100 ~ 107、大江 1984 : 151、高石 1990 : 30、秦 1994 : 680、靖国神社 1999 : 47, 106、川村 2007 : 103〕[9]。

7 「近衛砲兵の反乱」と軍制改革

西南戦役では、政府軍兵士は万死をおかして奮戦し多大な犠牲者を出したが、その労苦にもかかわらず、彼らには俸給削減の措置がなされた。そのため政府軍内部に不満は鬱積されていった。とくに鎮台兵に比べて長期服役義務（六～八年）のあった近衛兵は、宮闕（宮城）守衛以外の任務には使用しないと法規に定められていたが、実際には戦役に投入されたため、兵士の不満は限界に達していたといえよう。こうした状況のなかで再び反乱が勃発する。西南戦役終結から約一年後の明治一一年八月二三日深更、皇居北側に隣接した竹橋（東京都千代田区・北の丸公園）に置かれた近衛部隊で、砲兵大隊の兵士二〇〇名以上が蜂起した「近衛砲兵の反乱」（近衛砲兵暴動）、つまり竹橋事件（竹橋騒動）が勃発している。反乱軍兵士は、制止する大隊長の陸軍少佐宇都宮茂敏と陸軍大尉深沢巳吉を殺害し、大砲を二発発砲して廐に火を放った。そして隣営の近衛歩兵第二連隊に協同を呼びかけたが、近衛歩兵は殆ど応じなかったという。歩兵連隊には総数一九二〇名の将兵がいたから、もしこれも蹶起していれば、反乱はさらに大規模なものになっていたであろう。そこで、反乱軍は大蔵卿大隈重信（後の憲政党総裁・首相・侯爵）邸などに発砲し、天皇に直訴するため当時仮皇居となっていた赤坂離宮に向かったところで、翌日に鎮圧されたという。また、市ヶ谷の東京鎮台予備砲兵第一大隊もこの反乱軍に合流する予定であったというが、これも不首尾に終わっている。同事件は「砲殺刑」五五名・自殺者一名・処罰者二六三名を出し、「近代日本初の政府軍反乱」として特記される。軍当局は完全に足元を掬われるかたちとなった。反乱兵士の殆どは二二〜二四歳の農民出身者であったという。そもそも国民皆兵を意図した明治六年の徴兵令は免役条項が多く、主として農民に対する賦役的性格を有していたことと無関係ではなかったのである。同事件は、大規模な反乱には至らなかったが、軍隊内での将兵の不満鬱積の根深さを世間に知らしめる結果となった。また、従来の反政府軍の反乱ではなく、何よりも政府軍の反乱という点で、軍・政府当局を震撼させる極めて重大な事件であった〔今井 2013 : 345, 374 ~ 375、高橋・一ノ瀬他 2006 : 315、竹橋事件 1982 : 8 ~ 19, 22 ~ 25, 157、大江 1981 : 76、大江 1990 : 32、岩波書店 1991 : 76、秦 1994 : 700、新潮社 1991 : 325〕。(10)

竹橋事件は、政府に軍人統制の引き締めを強化させる転機となった。そして軍事力を国内政治から隔離し、将兵を対外軍事力としての任務に専念させることが緊急の課題となった。これを具体化すべく竹橋事件直後の八月中に、陸軍卿かつ陸軍中将となっていた山県有朋の名を以て「軍人訓誡」が発せられ（明治一一年八月三〇日）、同年一〇月には各中隊に一部ずつ配布することが通達された。これは四年後の「軍人勅諭」の雛形となる。軍人訓誡は「忠実・勇敢・服従」を「軍人精神の三大元行」に掲げ、軍隊の天皇直属を強調し、軍人の政治議論を禁じて、日本陸軍の役割が内戦ではなく対外軍事力としての任務にあることを明示した。山県は、軍隊の内戦への任務は西南戦役を以て終了したと考えていたのである〔大江 1990 : 32 ~ 33、秦 1994 : 149、岩波書店 1991 : 76〕。

明治一一年一二月五日には、軍人訓誡と密接な関係を有する「参謀本部条例」が制定された。佐賀の乱の際に急遽設置された陸軍参謀局は廃止され、プロシアに留学していた同局諜報提理の陸軍中佐桂太郎（旧長州藩士、後の大将・首相・公爵）の主導により、プロシア式の参謀本部が設置された。軍隊の編成・維持管理を担う軍政機関（陸海軍両省）から軍令機関を独立させたのである。これにより軍隊の指揮命令である軍令事項は、軍事行政の長官である陸軍卿の権限が及ばないものとされ、内閣の権限外となってしまい、いわゆる文民統制（シビリアン・コントロール）の原則は最終的に崩れていった。これは統帥権独立の端緒となった。こうして軍事作戦に対する政治の介入は阻止できたのである。初代参謀本部長（後の参謀総長）には山県が就任した。これと同時に陸軍職制が制定され、「帝国日本の陸軍は一に天皇陛下に直隷す」と規定され、憲法で定めるべき条文を陸軍内を律する法令で先取りすることになった。軍部内では「山県の陸軍」あるいは「長（州）の陸軍」といわれる強固な藩閥体制が確立されていく。「山県閥の豪横驕専月に日に加わり」、と記録されることになった。他方、薩摩閥は海軍を支配し「薩（摩）の海軍」と呼ばれるようになる。山県は明治一三年の時点で「海軍参謀本部不要論」の立場から、「陸軍は首兵なり、海軍は応用支援の兵なり」と説いていたという。以来、陸軍と海軍は予算を奪い合うライバル同士となった〔秦 1994 : 43, 149, 691、大江 1984 : 16、大江 1990 : 23, 31 ~ 37, 44、半藤他 2009 : 34, 53 ~ 58、半藤他 2011 : 150、笠原・安田 1999 : 129、高橋・一ノ瀬他 2006 :

316～318]。[11]

8　靖国神社の成立

西南戦役から二年後の明治一二年四月四日、日本政府は「琉球処分」により「琉球王国」の領域を強制的に日本の領土に組み入れ、新たに沖縄県を設置した。後の「韓国併合」に先立つ「琉球併合」であった。二ヶ月後の六月四日には東京招魂社が別格官幣社靖国神社と改称し、内務・陸軍・海軍三省の管轄となって装いを新たにした。最初の別格官幣社は既述の湊川神社（明治五年四月創建、祭神は「南朝の忠臣」楠木正成）であったが、別格官幣社は官国幣社の次に位置づけられ、実際には官幣小社と同一の待遇を受けることになる。ただし、靖国神社に対する処遇はまさに「別格」となっていく。これにより靖国神社の宮司以下（宮司一名・禰宜一名・主典四名）は、陸海軍両省が補任することになり、通達ではその「祭式ハ神社祭式ニ準シ」、「陸軍海軍二省ノ官員之ニ臨ミテ執行スヘシ」と明記された。実際には、同社の建築修繕を始めとした一切の経理は陸軍の専任事項となったから、実質的には陸軍の管理下になったと考えてよかろう。つまり「陸軍の軍事施設」となったのである。初代宮司には長州の神官出身で山県らとも親しく、招魂社祭事掛となった招魂社雇の青山清（長州萩の椿八幡宮大宮司・旧長州藩校明倫館助教授）が就任した。以後、同社の祭典は神官が奉仕し、宮司が祭主を務めることになる。また、西南戦役を機として、全国各地の鎮台等で戦没者のための「明治紀念標」等の建立が開始されるというが、剣の形をした西南戦役近衛兵戦没者の慰霊碑である「近衛記念銅標」（剣碑）が一二年一二月、近衛連隊の兵営がある皇居北の丸の田安門の正面に建立された。三尖の銃剣を模し、台座には軍旗と銃剣が鋳刻されたといい、近衛兵の忠魂が改めて皇居を守護することになったのである（後に金属供出により撤去）。一四年三月には、九段坂南側の地一二二四坪も牛ヶ淵附属地に編入され、一〇月には、同社の守衛は警視庁から東京憲兵隊に移行している。そして、同社に西南戦役を始めとした戦没者の「忠節」を顕彰欽仰するためとして、陸軍省が当初「絵馬堂」「掲額並に武器陳列場」とした**遊就館**（総建坪は約二〇〇坪、一四年五月竣工）の開館式が、翌一五年二月二五日に挙行されている。同館の構想も山県の主唱によるもので、その管理は陸軍省総務局が担当し、初代館長には刀剣の鑑識眼を有した陸軍一等軍吏今村長賀（旧土佐藩士、後に中央刀剣会を設立）が就任した。建設資金は、西南戦役時に華族会館が拠金し陸軍に献金した病院義援金の残金と同社の積立金が充当されたという。このように当初の靖国神社は長土出身者によって管理されたのである。開館初年の入館者は三万六〇〇〇名を数えた。そして靖国神社から内務省が離れ、陸海軍両省のみの管轄となり、同社が完全な軍事施設となるのは二〇年三月一八日のことであった。同年一二月には、大阪砲兵工廠で鋳造された**青銅大鳥居**（高さ一五メートル、後の**第二鳥居**）が同社に竣工し、青銅器の鳥居としては日本一の大きさとなった。同鳥居は小学唱歌『靖国神社』で「青銅（かね）の鳥居の奥深く神垣高くまつられて」、と歌われるようになる。こうして同社は巨大な慰霊顕彰施設としての体裁を整えていくと共に、新たな対外戦争戦没者

遊就館

靖国の青銅大鳥居（第二鳥居）

を射程内に置きながら、戦役の展開に伴い靖国祭祀体系は益々膨張し続けていくことになる〔後田多 2015c:119、大濱 1981 : 104、高石 1990 : 38 ～ 48、今井 2013 : 275, 374 ～ 375、新谷 2009 : 226、靖国神社 1999 : 44 ～ 47, 240 ～ 243、靖国神社 2000 : 45、村上 1970 : 185 ～ 186、村上 1974 : 57, 78, 91, 108、下中 1996 : 392、笠原・安田 1999 : 129、朝尾他 2005 : 562、坂井 2013 : 87〕(12)。

9　軍人勅諭・徴兵除け・師団制・新徴兵令

「軍人ハ忠節ヲ尽スヲ本分トスベシ」で始まり、「義ハ山嶽ヨリモ重ク、死ハ鴻毛ヨリモ軽シト覚悟セヨ」と教え、「軍人永久の聖典」とされた「軍人勅諭」の渙発は明治一五年一月四日のことであった。それは天皇が直接、陸海軍卿に親授したもので、そこには「皇軍」たる内容が規定され、天皇による軍隊親率（統帥権）が明言された。既述の「軍人訓誡」の内容をさらに発展させたものである。後の「教育勅語」（明治二三年一〇月）と共に法令の形式をとらず、天皇の最高意志の表明である超憲法規範として、日本の敗戦まで陰に陽に国民生活を強固に拘束し続けることになった。この明治一五は軍備拡張の起点ともいわれている。それは同一月に参謀本部海防局が発足し、「陸軍を首兵」としていた山県も、清国を対象とする海軍拡張を視野に入れ始めることになるからである。また、一一月には陸軍大学校条例が制定され、翌一六年四月に参謀本部内に陸軍大学校が開校し、参謀将校の養成が開始される。また徴兵に関しては、同一二月二八日に徴兵令が改正され、徴兵免除のための二七〇円等の代人料は全廃されて代人制は廃止された。代わりに自弁の一年志願兵制度が採用されたが、これは富者のための現役在営期間短縮の特権に過ぎなかったという。これ以後、鎮台の壮兵は除隊し、全部が徴兵による軍隊となった。この頃より、国民の間には「徴兵除け」「徴兵逃れ」の神仏信仰が盛んになるという。一方、こうした動きに対して、フランス軍制を是とする農商務大臣谷干城中将や、東京鎮台司令官三浦梧楼中将（旧長州藩士、子爵、後の学習院長・貴族院議員・枢密顧問官）ら「四将軍」を中核とする勢力は、外征軍への転換に反対したが（国土防衛に限定）、山県はこれらの勢力をやがて一掃し（月曜会事件）、さらに独裁体制を強化していった〔大濱 1981：88～104、島薗 2016：150、新宮 2000：189、大江 1981：60, 85, 118、大江 1990：40～47、海野 2001：44、高石 1990：48、秦 1994：92, 138, 703、高橋・一ノ瀬他 2006：318～319、加藤 1996：46～47、笠原・安田 1999：132〕。(13)

「現人神」たる天皇によって制定された明治憲法発布前年の二一年二月三日、文部省は「紀元節歌」を学校唱歌として府県・直轄学校に送付した。「神国日本」の「偉大な歴史」が学校教育のなかで教え込まれていったのである。また同五月一四日、参軍官制・陸軍参謀本部条例・師団司令部条例等が公布され、日本陸軍は従来の鎮台制から師団制に移行していくことになる。従来の六鎮台（東京・仙台・名古屋・大阪・広島・熊本）は、第一～第六師団と改称され、軍隊は外征戦争に向けて具体的に改編されていくのである。ただし、各師団に対応し徴兵区でもある従来の軍管区はそのまま存続した。日本の当面の問題は朝鮮半島をめぐる清国との戦役であり、ロシアの東方侵攻への対応であった。これと共に翌二二年一月二二日、明治憲法発布直前に徴兵令が大改正され、戸主などの徴兵猶予が全廃されて、「国民皆兵主義」が法文上ほぼ実現したという。「法律第一号」として事実上の「新徴兵令」制定であった。この新徴兵令は、翌二月一一日の「紀元節」に発布された明治憲法の兵役義務（第二〇号）に則り、初めて一般兵役義務を国民の必任義務として確立することになった。これにより、後の日清・日露両戦役の大兵力の動員と、大兵力を以てする外征戦争の遂行が可能となり、新徴兵令の内容は昭和二年四月の「兵役法」制定まで根本的改正なしに存続することになった。そして翌二三年二月の紀元節には、神武天皇が東征の折、天皇の弓に「金色の鵄」が止まり敵方の目を眩ませたという神話に因んで「金鵄勲章創設の詔」が発せられている。この勲章は武功抜群の陸海軍人に下賜されるも

「大日本帝国・境界」標石〔模造〕（札幌市・北海道神宮）

ので、功一級から功七級に区分された。以後、国民に遍く知らしめる軍人顕彰の典型となり、「武功抜群者」の大量生産が開始された。さらに二ヶ月後の四月二日には、政府は「紀元（皇紀）二千五百五十年」を記念して、神武天皇を祭神とする官幣大社橿原神宮を大和朝廷発祥の地とされる奈良盆地に創建し、「神話の世界」を歴史的事実として世の中に広く認知させようとした。同社には、京都御所の温明殿が本殿として、同じく神嘉殿が拝殿として下賜されている。同社は、後の官幣大社明治神宮（大正九年一一月創建）と並ぶ、天皇を祭神とする創建神社の代表格となった。この間、造営中の皇居（新神殿）が落成し（二一年一〇月）、宮内省は「宮城」と呼称する告示を発した。こうした動きと共に二三年六月二一日、陸軍恩給令と海軍恩給令が統合されて軍人恩給法が公布され、軍人に対する保証制度が確立していく。こうして日本は欧米列強に伍するため**帝国主義政策**を基盤として海外進出を展開していき、外征戦争の所産としてすでに序章で言及した、戦没者慰霊顕彰のために「ムラやマチの靖国」が出現していくことになる〔大濱 1981 : 83, 88 ~ 104、秦 1994 : 686, 691, 718 ~ 719、高石 1990 : 40, 49、高橋・一ノ瀬他 2006 : 319 ~ 320、大江 1981 : 83、大江 1990 : 37 ~ 43, 90、今井 2005 : 277、荒川 2007 : 5、笠原・安田 1999 : 135 ~ 136、國學院大學 1994 : 623 ~ 624、小野他 1986 : 62 ~ 63, 249、岩波書店 1991 : 118, 122、上毛新聞 2015b〕。[14]

二　日清戦役と戦没者

1　東学党の乱と日清開戦

日清戦役（明治二十七八年戦役）は、日本にとって本格的な対外戦争で、当時としては日本史上「古今未曾有ノ大事件」となった。戦場も広範囲にわたり、「戦死者」以外の戦没者を多数生み出したからである。既述の軍人勅諭が発布された明治一五年から同戦役勃発までに、日本の軍備は六～七倍に増大したというが、当時の武器はまだ単発小銃であり、野戦砲も速射砲ではなかった。したがって同戦役は一九世紀の旧式装備の常備軍だけで戦われた、世界で最後の戦役であった。外征侵攻戦争としての特徴は、疾病による損害の大きさに明示されているという〔大江 1981：92、企画調整課 1990：969〕。

明治二七年二月、朝鮮で「東学党の乱」（甲午農民戦争）がおこり、これを契機に日本は朝鮮半島への派兵を決定した。この反乱は、異端の秘密結社である東学教団の反乱とされ、東学とは西学（キリスト教）に対する東方、つまり「朝鮮の学」という意味であるという。蹶起した農民軍は、反西学の立場から「逐滅倭夷」（日本人の駆逐）などのスローガンを掲げていたのである。同六月二日、外務大臣陸奥宗光（旧和歌山藩士、元海援隊員・枢密顧問官、後の伯爵）による、公使館・領事館および在留邦人の保護を名目とした出兵提案を閣議決定し、帰国中の駐清国特命全権公使大鳥圭介（旧幕臣、学習院院長、後の枢密顧問官）を軍艦八重山に搭乗させ、海軍陸戦隊四百数十名を帯同してソウル（漢城、後の京城）に帰任させた。大鳥のソウル入りは六月一〇日である。ただし、実に開戦理由のわかりにくい戦役であった。陸奥外相は「故なき戦争を起こす」と明言しているという。この間、六月五日には「戦時大本営条例」（勅令五二号、五月二二日公布）により、史上初の戦時大本営が陸軍参謀本部内に設置された。天皇が直轄する大本営の設置は「戦時」

にしかなされないもので、天皇が国軍を指揮する最高の統帥機構であった。これは天皇直属の幕僚部であり、当初の幕僚長は参謀本部の長たる参謀総長があたって帝国全軍の指揮命令権を握った。かつて東征大総督（戊辰戦役）や征討大総督（西南戦役）を歴任し、日清開戦時には参謀総長に就任していた陸軍大将有栖川宮熾仁親王（有栖川宮幟仁親王長子、明治二八年一月死去）が、陸海両軍の作戦を統轄したが、実質は参謀本部次長の陸軍中将川上操六（旧薩摩藩士、後の子爵・参謀総長・大将）が取り仕切ったという。陸軍では総大将よりも「参謀第一」の考え方が主流となっていく。一方、海軍の上席参謀は海軍中将樺山資紀（旧薩摩藩士、後の大将・台湾総督・伯爵・内相）であり、薩摩出身者が陸海軍の「大作戦」計画を主導したことになる。樺山は全体の作戦を川上に任せたという。直ちに陸軍中将野津道貫（旧薩摩藩士、後の大将・元帥・侯爵・衆議院議員）が率いる広島第五師団をもとに、八〇三五名からなる「大兵」で混成一個旅団が編成され第九旅団（大島混成旅団）とした。旅団長は陸軍少将大島義昌（旧長州藩士、後の大将・関東都督・子爵・軍事参議官）であった。また征清大総督には、会津征討越後口総督（戊辰戦役）や佐賀征討総督（佐賀の乱）を務めた陸軍大将小松宮彰仁親王（伏見宮邦家親王第八王子、後の元帥）が任命された。六月六日、日本は天津条約（明治一八年四月調印）に基づく出兵通告を行い、二日後の八日には、先遣隊として陸軍一個大隊八〇〇名に工兵一個小隊が付属した一〇二四名を、広島の宇品港から朝鮮半島に派遣している。とくに「神の末裔」「天皇の血族」とされた皇族からの出征者は、陸軍将官四名・同将校一名と海軍将校四名の計九名で（八名とも）、皇族といえども軍人として戦地に身命を賭さなければならなかった。これは「ノブレス・オブリージュ」の精神、つまり財産・権力・社会的地位の保持には義務がともなう、という考えに依っている。皇族たちは、大元帥天皇と徴兵される国民との間にあって、近代軍制の重要な支柱となった。同戦役で皇族戦没者は出ていないが、国民の間からは、義勇兵を組織して渡韓したいという申請が続々と提出されたという。一方、清国軍第一次派遣隊約二一〇〇名も、六月八～一二日にかけて朝鮮半島に上陸している〔原田 2004 : 55 ~ 60、海野 2001 : 58 ~ 60、前澤 2009 : 46、秦 1994 : 10, 33, 44 ~ 45, 496, 59, 182、新潮社 1991 : 351, 1110 ~ 1111, 1704、半藤他 2009 : 50 ~ 52, 86, 108、高橋・一ノ瀬他 2006 : 316 ~ 317、赤澤 2013 : 15、小田部 2009 : 101, 106, 209、小田部 2016a:131 ~ 132, 136、笠原・安田 1999 : 133、朝尾他 2005 : 359, 645, 725、近現代史 2000 : 119〕。(15)

朝鮮への出兵時、日本陸軍が保有していた常設師団は七個、つまり近衛師団および第一～第六師団であった。そして戦時編成により野戦師団七個が編成され、戦時動員は二〇万であった。このうち大阪第四師団は大陸の戦闘に参加せず、近衛師団は台湾占領の戦闘のみに参加した。後備軍は、歩兵第三大隊が澎湖島作戦に参加しただけであった。したがって日清戦役は、常備兵役にある兵士で編成された野戦師団だけが戦った戦役であったのである〔大江 1981 : 91、海野 2001 : 105〕。

日本の清国への宣戦布告は明治二七年八月一日であったが、大元帥たる明治天皇は宣戦に悩み続け、最後まで開戦に消極的であったという。開戦決定におけるこうした天皇の曖昧な判断は以後もみられ、あまたの兵士の命を預かる大元帥としては禍根を残すことになった。宣戦布告以前に、朝鮮半島ではすでに戦闘が開始されていた。同七月二三日未明、大島混成旅団はソウル市内に侵入して朝鮮王宮を武力制圧している。朝鮮軍死傷者は七七名であった。これは師団編成された日本陸軍の、「最初の海外での戦闘」であった。二日後の二五日には、海軍中将伊東祐亨（旧薩摩藩士、後の軍令部長・大将・元帥・伯爵）を司令長官とする日本海軍連合艦隊が佐世保から出港し、豊島沖で清国軍艦船を攻撃している（豊島沖海戦）。翌八月には、枢密院議長山県有朋大将を司令官とする第一軍（第三・第五師団、第三師団長は陸軍中将桂太郎）が、九月中旬には、陸軍大臣大山巌大将（旧薩摩藩士、後の元帥・参謀総長・公爵）を司令官とする第二軍（第一・第二師団）が編成されている。ただし、山県は大本営の意向に逆らい進軍したため解任され、

第二軍宇品港出発の光景〔亀井 1992：57〕

第一軍司令官は第五師団長であった野津道貫中将（二八年三月大将）に交代した。また陸相大山の出征により、海軍大臣西郷従通大将が陸相を兼任するが、実際に陸軍省の省務は、次官兼軍務局長の陸軍少将児玉源太郎（旧長州支藩徳山藩士、後の台湾総督・大将・参謀総長・子爵）が牛耳ったという。この間の九月八日、大本営は宮中を出て第五師団が置かれていた広島（旧広島藩三四万石）に「大纛進転」することになり、明治天皇は同一五日に広島に入った。大纛とは天子の車駕に立てる大旗のことで、天子の親征軍を意味した。翌一六日には、憲兵の守衛の下で**第二軍**が**広島宇品港**から**出征**していった。そして同年秋には、戦線は朝鮮領内から清国領内に拡大し、帝国議会（第九会議）は陸軍六個師団の増設を許可している。こうして準戦地の緊張と戦勝の報に湧く広島を拠点にし、天皇親征を中心とした「挙国一致」体制を作り出したのである。一方、同戦役で日本軍将兵を苦しめたのは「不潔」「におい」と「猛暑」「酷寒」であったとされ、日本国民にとって異文化衝突を大量に生み出した最初の国民的体験でもあった〔大江 1976 : 5、原田 2007 : 65 ~ 67, 73、小田部 2016a:154 ~ 155、海野 2001 : 60 ~ 68、二木 2004 : 512, 517、佐藤 2006 : 103、半藤他 2009 : 86、亀井 1992 : 57、近現代史 2000 : 120、秦 1994 : 43, 60, 111, 166 ~ 167, 195, 344, 441〕[16]

2　日清戦役戦没者と靖国合祀

本県群馬郡高崎町（明治三三年四月市制施行）には、第一軍管区東京第一師団管下の陸軍歩兵第十五連隊（明治一七年五月発足）が置かれ、同連隊は日清戦役で第一師団第一旅団に属し、第二軍に編入されている。第一師団長は陸軍中将山地元治（旧土佐藩士、通称「独眼竜将軍」、後の子爵）、第一旅団長は陸軍少将乃木希典（旧長州藩士、後の台湾総督・大将・学習院院長・伯爵、大正元年自決）であったが、乃木は同戦役末期の明治二八年四月に中将となり第二師団長に就任している〔高崎市 2004 : 122 ~ 124、秦 1994 : 35, 110 ~ 111, 152, 343〕。

出征者の生死は、「家（イエ）」の存亡に関わる重要な問題であり、それは常民のイエにおいてばかりではなく、皇族においても例外ではなかった。むしろ華族諸家では、先祖祭祀の維持は常民の常識では計り知ることのできない深さと広さと重さをもつものであった。本県が編集発行した『上毛忠魂録』（1940）によれば、日清戦役での靖国神社祭神数は一万三七〇一柱、そのうち本県関係者は一六九柱であった。それまでの同社の祭神数は一万五二一五柱（本県関係者は一四〇柱）であったから、合計二万八九一六柱となり、同戦役によって再び同社の祭神数はほぼ倍増することになる。もっとも、同戦役の当初の合祀者は僅か一七五三名に過ぎなかった。「戦時」で「戦地」での戦死・戦傷死・不慮災害死と、流行病感染を含まない、しかも適用範囲が明確でないごく一部の病死の場合だけが同社に合祀された。それまでの合祀基準（明治一一年六月二七日の太政官への伺い）では、「戦病死者」は靖国合祀の対象外であったから（内戦においても同様である）、祭神数と実際の戦没者数は一致していない。日清戦役戦没者の八六％に及ぶ戦病死者は「不名誉な犬死」と見なされていた。つまり、「征台の役」の場合と同様に、ここでも大多数の戦没者は靖国合祀から排除されたことになる。この点は留意すべきである。当時の合祀対象者は、賞勲局から授与される「従軍記章」（戦役の終了ごとに参戦者に与えるメダル）を受ける資格を有する者に限られていたという。戦病死者が天皇の「特旨」により「特別合祀（特祀）」として靖国祭神となるのは、明治三一年九月三〇日の陸軍大臣告示以降であった。また、海軍大臣告示は同一〇月六日であった。特祀者の総数は一万余名に達している。しかし、これは合祀基準の改定ではなく、あくまでも今回に限定しての一時的な処置とされたのである。靖国への合祀基準と軍人恩給支給基準を比べると、後者の公務傷病死裁定の方がはるかに範囲が広く、両者の落差は軍人恩給の成立によって以前よりも拡大したという〔森岡 2002：435、小田部 2009：106、高崎市 2004：122 ～ 124、秦 1994：35, 110 ～ 111, 152, 686、海野 2001：67、赤澤 2013：18, 24, 42, 48、今井 2014：47、大江 1980：124 ～ 126〕。(17)

序章で軍馬関係碑について言及したが、日清戦役では人間のみならず軍馬も貴重な戦力の一翼を担い、後に重要な兵器とされ「活兵器」と呼ばれるようになる。明治二〇年に軍馬育成所条例が制定され、仙台第二師団（前身は仙台鎮台、第二軍管区、徴兵区は宮城・福島・新潟三県）が置かれた宮城県には、鍛冶谷沢軍馬育成所（前身は明治一六年の軍務局鍛冶谷沢出張所）が、第四軍管区の兵庫県青野ヶ原には青野軍馬育成所が設置された。軍馬育成所はやがて軍馬補充部（明治二九年五月創設、本部長は陸軍大臣に隷す）に改組するが、人間と同様に功績のあった馬には「軍馬功章」が授けられたのである。とくに東北地方は軍馬の産地として知られ、明治天皇の愛馬「金華山号」も宮城県産であった。宮城でも馬は「半身上」とされたが、軍備拡張に伴い軍馬の需要は益々夥多となり、軍馬の育成に力が注がれた。

日清戦役での戦没軍馬は一万五〇〇〇頭といわれている。既述のように仙台第二師団は東京第一師団と共に第二軍に編入され、戦没者二八二三名を出した。既述のように大部分は戦病死者である。日清開戦当時の初代第二師団長はかつて仙台鎮台司令官を務め、台湾にも出征した陸軍中将佐久間左馬太〔旧長州藩士、後の大将・台湾総督・伯爵〕であった。同師団の歩兵第四連隊〔明治八年九月発足、榴岡〔榴ケ岡〕連隊、軍旗祭は九月九日〕は、朝鮮半島での明治一七年一二月の甲申事変〔朝鮮戦役〕で、すでに同連隊最初の対外戦争戦没者三名〔日本軍戦没将兵は計五名、異説あり〕を出していた。これは「日本海外駐留軍の最初の戦没者」でもあった〔佐藤 2006 : 103、佐藤 2014 : 49 ~ 50、仙台市史 2008 : 282 ~ 283, 296、仙台市歴民 2008b:8, 10, 15、仙台市歴民 2014 : 105、松崎 2004 : 181、秦 1994 : 63, 343, 693、荒川 2007 : 10 ~ 11、戦争事跡 2011 : 17、近現代史 2000 : 85〕。(18)

日本軍の日清戦役動員総兵力は約二五万名、うち戦地勤務者一七万八〇〇〇名で、既述のように戦没者の約九割が戦病死者であり、戦闘死は一五〇〇名にも達しなかった。戦地勤務者の三分の二にあたる一一万五〇〇〇名が戦傷病者に数えられている。日清戦役は「疾病との戦い」でもあったのである。軍馬の不足により、一五万四〇〇〇名に及ぶ大量の軍夫も動員され、彼らも事実上武装したという。軍夫だけで七〇〇〇名以上が戦没したと推定されるというが、そのうち靖国神社の祭神となったのは八七名のみである。戦没軍夫の大部分は靖国神社に合祀されることもなく、殆どが歴史の闇に葬り去られた全くの「犬死」であり、単なる「消耗品」に過ぎなかった。日本軍は同戦役で、近代軍隊として保持すべき兵站・医療・衛生・防疫体制等の不備をまざまざとさらけ出したのである。一方、同戦役を契機に、戦死広報と靖国神社への合祀者名簿が『官報』によって公示されるという形式が確立した。戦没者に関する情報は国民に共有され、その功績は氏名とともに不朽のものとして記録されていき、誰でも「国家の英霊」「戦役の英雄」として世間から注目されることが可能となった〔海野 2001 : 67, 78、原田 2007 : 77 ~ 80、赤澤 2013 : 19、檜山 2011b:118

〜121、大江 1976：169、大江 1984：124〕。

3　招魂・弔魂と記念施設

日清開戦直後の「金鵄勲章年金令」（明治二七年九月二九日）により、終身年金が支給されるようになり（功一級から功七級）、受章者第一号（明治二八年一月一六日）は有栖川宮熾仁親王・小松宮彰仁親王の皇族と山県有朋の三名であった。また、最初の兵士叙勲者（功七級年金一〇〇円）は、平壌会戦（明治二七年九月）で「玄武門に一番乗り」した第一軍の陸軍一等卒原田重吉（愛知県の小作農二男、豊橋歩兵第十八連隊）で、上等兵に進級している。以降、日清戦役では二二〇〇名の将兵が受章することになる。とくに有栖川宮ら三名に与えられた「功一級」は、天皇直隷部隊の将官たる司令官等で、特別詮議によって授与された。こうした動きに伴い日清戦役後、序章で言及したように、地域社会には戦没者の個人墓碑や「招魂碑」「弔魂碑」などが出現すると共に（表1）、「征清凱旋紀念碑」「征清紀念碑」「日清戦役紀念碑」「明治二十七八年戦役紀念碑」などが建立され（表2）、とくにムラやマチにおいて地元出身の「名誉戦死者」の顕彰が行われていったのである〔今井 2005：281〜282、秦 1994：119, 686、寺田 1995：183〕[19]。

仙台市（明治二二年四月市制施行）では、帰還部隊歓迎の諸行事が戦後の明治二八年四〜五月にかけて開催された。とくに翌二九年五月二〇〜二一日には、乃木希典師団長の主催により、榴ヶ岡の歩兵第四連隊屯営前の広場で同師団戦没者の「臨時大招魂祭」が執行された。神職数十名による神式の祭典で乃木が祭文を奏読し、師団兵が捧銃を行い「忠魂」を弔った。その後、僧侶四五一名による仏式の祭典（六宗法要）が実施され、宮城県知事勝間田稔（旧長州藩士）を始め、遺族等約一万名が参列したという。また、この前後には仙台市周辺各地の町村でも招魂祭が開催されている。一方、二九年二月には、市内の川内追廻練兵場（旧藩馬場）または宮城野原練兵場（旧藩主専用の狩場）に、招魂社を創建する計画が持ち上がったが、実現しなかったという。その経緯は不明であるが、その後三二年に地方有志および第二師団有志が「昭忠会」を組織し、同師団の戦没者慰霊活動を担うことになった。同会の母体は、明治二〇年代の軍官民合同の招魂祭における招魂祭典委員の組織で、それ相当の規模で永久に「忠魂」を慰めることを目的としていた。従軍者や戦没者遺族からも、慰霊主体としての何らかの組織化が叫ばれたのであろう。同会には天皇から金一〇〇円が下賜され、同会は三五年一一月二二日、翼を広げた金鵄が止まる**「昭忠碑」**（昭忠標・金鵄塔、揮毫は小松宮彰仁親王）を仙台城本丸跡の天主台に建立し、同碑に第二師団関係の戦没者が祀られた。具体的な対象者は、明治七年の佐賀の乱以降、日清戦役二八二三名と台湾戦役に至る戦没者であった。翌二三日の同碑前での臨時招魂祭では、神式と仏式による祭典が執行され、以後毎年四月に招魂祭が開催されている。従来の招魂祭は式場を既述の練兵場に設けていたから、後に日露戦役中の三七年八月、この昭忠碑の後方に一万三〇〇〇余坪を有する**天主台招魂社**（常設招魂祭殿・仙台招魂社・宮城県招魂社、後の宮城県護国神社）が創建されるまで、昭忠碑は第二師団における慰霊センターの役割を果たすことになる。後に昭忠碑では仏式の慰霊祭が、天主台招魂社では神式の慰霊祭が中心となる。また昭忠会は、後に**宮城県護国神社**（現在の祭神数は五万六〇九一柱）の奉賛団体として改組される。一方で地域社会においては、戦没者は飢饉・伝染病・地震津波の犠牲者等と同様に「横死者霊魂」としても認識され、慰霊供養の対象となっていた〔佐藤 2006：116 ～ 118, 175、佐藤 2014：55 ～ 56、佐藤 2017：14 ～ 15, 20 ～ 21、仙台市史 2008：282 ～ 283、仙台市歴民 2008a:38 ～ 39、仙台市博物館 2014、靖国神社 1999：57、靖国神社 2007：85〕[20]。

日清戦役の戦利品は続々と天皇に献上され、靖国神社の遊就館にも展示されて盛況を呈したという。砲・銃・剣などの二三〇〇万余の戦利品は、全国の軍・学校・寺社などにも配布された。また、皇居にも戦役記念館である「御府」が建設された。なかでも「三府」の一つとなる「振天府」（明治二九年一〇月竣工）は、「征清将兵の尽忠を知らしむ」

仙台城址の「昭忠碑」〔仙台市歴民 2008a：39〕

宮城県護国神社〔仙台市歴民 2008a：38〕

べく建立され、天皇は皇族、とくに幼少者や文武諸官など一定の資格者に戦利品を拝観させた。その目的は、何よりも臣民に「忠君愛国の精神」を発揚させることにあったのである。既述の仙台でも、戦利品が陳列されて、太神楽や剣舞などが奉納されたという。後に、皇居内には北清事変（明治三十三年戦役、義和団事件）のための「懐遠府」（明治三四年一〇月竣工）や、日露戦役のための「建安府」（明治四三年四月竣工）などが建立されることになる〔原田 2007 : 65 ~ 67、海野 2001 : 64 ~ 72、小川原 2010 : 127、小田部 2009 : 110、大濱 1981 : 105 ~ 106、仙台市史 2008 : 279, 283、二木

2004 : 512〕。(21)

陸軍では戦役後に師団増設が計画され、明治二九年三月一六日に陸軍管区表改正公布によって、従来の平時七個師団（近衛および第一〜第六師団）から一三個師団（平時一六万名、戦時五四万名）に拡大した。増設された六師団は旭川第七・弘前第八・金沢第九・姫路第十・善通寺第十一・久留米第十二であった。この軍拡で歩兵連隊は四八個（東京駐屯の近衛師団四個連隊は除く）となり、ほぼ一道三府四三県の数と一致した。各道府県に一個の歩兵連隊（平時三〇〇〇名）を置くことが可能となり、県庁所在地かその周辺に連隊の兵営が設けられた。例外は沖縄県で、アジア太平洋戦争末期になるまで連隊以上の部隊は置かれなかった。徴兵される兵士は、連隊区という徴募の区割りで入営連隊が決められ、四八個歩兵連隊制になった時点で行政区画と重なることになった。こうした連隊が既述の「郷土連隊」「郷土部隊」と呼ばれるもので、地域社会の人々からの近親感を高めるべく宣伝されたのである。青年たちは国家試験ともいえる徴兵検査で合格とされる「甲種」には憧れたが、一方で、入営する現役兵を選ぶ抽選には外れることを望んだという。そのため既述のように、「籤逃れ」に強いとされる神社が各地に存在することになった〔原田2007 : 142〜143、岩波書店 1991 : 146〕。

三　戦地における戦没者の埋葬

1　埋葬規則・埋葬規定

日清戦役の戦利品が内地に続々ともたらされた一方で、日本軍戦没将兵の遺体は現地に埋葬されていったという。そして明治二八年四月一七日の下関講和条約（日清講和条約、日本側全権は伊藤博文・陸奥宗光）の調印により、遼東半島・台湾本島および附属島嶼と澎湖列島の領有権が日本に移譲された。ここに憲法が定めた領域外の土地と人民を取り込んだ、新たな国家体としての「大日本帝国」が誕生したのである。とくに台湾に関しては、同六月七日に日本軍が台北を占領し、植民地化を不満として台湾独立派が急遽建国した「台湾民主国」は崩壊したが、島民の抵抗は依然として根強く、新たに「台湾戦役」（台湾征討の役）が開始された。四ヶ月で、日本軍は一六〇名以上が戦死しているという。ただし遼東半島に関しては、独・仏・露によるいわゆる三国干渉によって（四月二三日）、日本は同地を清国に還付する結果となった（一二月四日）。こうしたなかで、各地の日本軍埋葬地は現地住民によってひどく荒らされる事態が発生するという〔原田 2007 : 65 ~ 67、大原 1984 : 118、檜山 2011a:4、朝尾他 2005 : 494 ~ 495、笠原・安田 1999 : 139、上毛新聞 2015h〕。

当時の日本軍戦没者の埋葬実態はどうであったのか。原田敬一によれば、陸軍省は、実質的な戦役がすでに開始されていた明治二七年七月一七日に「戦時陸軍埋葬規則」（陸軍省令第一六号）を制定し（全六条）、左記のように指示している〔原田 2003 : 119〕。

第一条　戦時戦地ニ於テ死去シタル軍人軍属ハ此規則ニ依テ取扱フモノトス
　但此規則ニ規程ナキモノハ陸軍隊附准士官下士卒埋葬規則ニ依ル
　軍属タル高等官ハ将校ニ判任官ハ下士ニ其他ハ兵卒ニ準ス
第二条　死体ハ陸軍埋葬地共同墓地若クハ特ニ撰定シタル土地ニ埋葬ス
　但場合ニ依リ火葬シ又ハ合葬スルコトヲ得
　海上ニ在テハ水葬スルコトアルヘシ
第三条　墓標ハ木柱ヲ以テ之ヲ製シ　将官ハ高サ五尺方一尺上長官ハ高サ四尺五寸方九寸士官ハ高サ四尺方八

寸トス　但地方ノ情況ニ依リ材料ヲ変更シ又ハ尺度ヲ伸縮スルコトヲ得
第四条　埋葬諸費ハ総テ実費ヲ以テ官ヨリ支払フモノトス
第五条　戦役終ルノ後親族故旧ヨリ改葬ヲ願フトキハ之ヲ許スコトアルヘシ
第六条　埋葬ヲ了シタルトキニハ之ヲ所属各部各隊ヨリ直チニ其遺族ニ通達スルモノトス

とくに第二条により、遺体は陸軍埋葬地共同墓地の他、「特ニ撰定シタル土地ニ埋葬」することになったが、「場合ニ依リ火葬シ」という記述から、陸軍において、当時は戦没者の土葬が一般的であったのではないかと考えられる。また海上においては、水葬も可能であった。第三条では、将官等の埋葬に関して初めて墓標の大きさが規定されている。「上長官」とは佐官のことであろうか。ただし、敵兵の遺体埋葬や軍馬の処理等については言及されていない〔原田 2003 : 120〕(22)。

明治二七年一一月二一日、第二軍第一師団主力によって旅順口が陥落したが、占領後、後に国際問題となる「旅順虐殺事件」が発生している。翌一二月二一日の「旅順陥落一周月」には、**第二軍**は遼東半島の「金州及旅順ニ於テ名誉ノ戦死ヲ遂ケタル士卒ノ為メ」、**金州城東門外の「戦没者共葬墓地」**において**招魂祭**を執行した。方五〇余間の墓地の三面に入口を設け、その中央に祭壇を築き、「招魂碑」と記した大方柱を建てて、神酒・神饌および山海の諸物を供した。各部隊より慰霊のために献備した旌旗がその周囲にはためき、午前一一時から第二軍司令官大山大将らが順次参拝している。この時、祭主の河田弘次郎が祝詞を、第一師団長**山地中将**が**祭文**を朗読した。参列者は「之ヲ聞キテ瞑目セサルヘケンヤ環視スルモノ皆感泣聲ヲ呑マサルハナシ」と記録されている。祝詞が朗読され、仏式による儀式は確認できないから、靖国神社の祭式に準じた神式による祭礼であったのだろう。「国家ノ為メニ忠死シテ異域ノ鬼トナル者」への祭典であった。また同日、旅順口においても混成第十二旅団が旅団長長谷川好道少将（旧岩国藩士、後の元帥・伯爵）の下で招魂祭を執行している。会場となった練兵場の祭壇の門には「鎮魂祭」と記された大旗が掲げられたという。従軍した写真家亀井茲明（旧津和野藩主亀井家養子、伯爵）がこれを記録している〔高崎市 2004：124～126、亀井 1992：246～248、秦 1994：35, 114, 152〕[23]。

金州城東門外の第二軍戦没者祭場（戦没者共葬墓地）〔亀井 1992：246〕

祭文を朗読する山地中将〔同上〕

祭場で演奏する軍楽隊〔同上〕

一方、海軍省でも開戦後の明治二七年九月二一日、「戦時海軍死亡者取扱規則」（海軍省達第一五七号）を発し、既述の陸軍省令とほぼ同様の指示を出している。また、下関条約調印後に発せられたと推測される、陸軍軍人・軍属に関する「台湾埋葬規定」（明治二九年四月一四日付『大阪朝日新聞』）には、左記のようにあった〔原田 2003：120 ～ 122、岩波書店 1991：141〕。

今後台湾島及び澎湖島に駐屯する陸軍々人軍属にして死亡する時は陸軍隊付准士官下士埋葬規則に依る外左の規則に依り埋葬することに定められたり

一　死骸は陸軍埋葬地共同墓地若くは選定したる土地に埋葬し内地に送還せず　但海上に在ては水葬することあるべし

一　墓標は地方の状況に依り適宜の材料を選定し概ね将官は高さ五尺、方一尺、上長官は高さ四尺五寸、方九寸、士官は高さ四尺、方八寸とす　但し軍属たる高等官は将校に　判任官は下士に　其他は兵卒に準ず

として、

例えば澎湖列島では、一〇〇〇名近い兵士と軍夫がコレラのため死亡し、遺体は火葬されて現地に埋葬され、「日本軍戦亡者千人塚」なるものが造成されている。既述の埋葬規則により、とくに伝染病による戦病死者であったため「場合ニ依リ火葬」されて、現地に埋葬されたのであろう〔仙台市歴民 2001：20、波平 2003：498〕。(24)

上野彰義隊墓碑（東京・上野公園）

このように、対外戦争による戦没者の増大が新たな埋葬規則等を必要としたのであるが、既述の資料から「内地に送還せず」とあるように、日清戦役時、日本軍将兵の遺骸は原則として現地に埋葬されたのである。ところが、現地人によって日本軍埋葬地が荒らされるという事態が発生する。これを知った陸軍当局は、当時の守備隊長遠山規方中佐（後の歩兵第四十六連隊長・少将）に命じて半島各地に散在していた遺骨を残らず回収させ、これを内地に送還したという〔大原 1984：118、福川 2001：492〕。

2　遺骨回収

三国干渉により、遼東半島を還付する旨の詔書が発せられたのは明治二八年五月一〇日であったが（遼東半島還付条約調印は一一月八日）、陸軍省は同七月に左記の通牒（送乙第二七七六号）を発して、大規模な遺骨収集作業を実施している〔原田 2003：122～123、岩波書店 1991：142～144〕。

今回ノ戦役ニ付遼東半島、山東並朝鮮国ニ於テ埋葬シタル軍人軍属ノ墳墓ハ総テ発掘シ死体ハ火葬シ其遺骨若クハ遺髪ヲ還送セシメ候條到着ノ上ハ改葬区分表並ニ戦時陸軍埋葬規則ニ拠リ埋葬方取計フヘシ

明治廿八年七月廿六日　　陸軍大臣　伯爵大山巌

この作業は、おそらく遠山中佐らによる遺骨回収作業を指すものではないかと考えられ、それは遼東半島だけではなく、山東半島や朝鮮半島でも回収作業が実施されたことがわかる。ただし、回収された遺骨の数量は定かではない。これには真言宗特派従軍布教使の小林栄運なる人物も関係していたという。日清戦役にあたり、真言宗は顕著な従軍慰問活動を展開し、五名の従軍僧を派遣していたというが、小林はその一人であったのだろう。小林は遼東半島での遺骨を持ち帰るために明治二八年九月四日、「大祭典を執行し、墓標及遺骨を火葬」したという。そして、小林は京都東寺（教王護国寺、真言宗東寺派総本山）に供養施設を建立する企画を立てており、それは

立派の招魂碑を建て、其中に納めて、彼の**上野彰義隊の碑**が年中香花の絶間なきが如く、高祖の威霊と共に永く征清忠死者の英霊をして、香煙の絶えぬ様に

する、というものであった〔羽賀 2010 : 236、小野他 1986 : 76、小川原 2010 : 113〕。

このように、戊辰戦役の上野彰義隊墓碑をモデルにしていることは興味深く、同墓碑は当時、年中香花が絶えない状態であったことが窺い知れるが、いずれにしても日本軍将兵の遺骸は、当初は土葬により戦地に埋葬されていたことが明らかとなった。(25)

四　日清戦役と宗教界の動向

当時の宗教界の動向はどうであったのか。神道界では、靖国神社が日清開戦後の明治二七年九月、「皇国の御為め身を殉せし候御神霊」を祭神とする神社として、「海外へ出陣の我軍隊の健全大捷」のため祈祷を実施したいと称した。日本軍が凱旋するまで毎月二〇日に神殿の扉を開け、丹誠込めて祈念したい旨を申請して許可された。本県では妙義山（上毛三山〔赤城・榛名・妙義〕の一つ）の郷社妙義神社（昭和九年四月県社）に、碓氷・北甘楽両郡の村民が村ごとに戦勝（戦捷）祈願に参拝したという。地元の人々にとって、同社は妙義山上を祖霊降臨の場と考える妙義山信仰の中心と考えられていた。また、青森県西津軽郡木造村の郷社三社では二七年六月、「皇軍前哨兵士健全祈願ノ為メ」として合同で出陣神籬行事を執行している。教派神道関係では、日清戦役に際して神道本局（後の神道大教）の管長稲葉正邦が、「在韓兵士の無恙健康」や「国威の発揚」を「天地神明に祈祷」することを諭した。また、神宮教（後の神宮奉斎会）は宣戦詔勅渙発を受けて臨時大祭典を執行し、「遣外軍隊の勝利及健全を祈祷」することを毎日励行する指示を出している。神道界としては当然のことながら、「国家の宗祀」として主に戦勝祈願を中心に国民統合と戦意昂揚を画策していったのである〔小川原 2010：126、群馬県史 1991：371、群馬高教研 1991：181、近藤・丸山 1978b:156、檜山 2011b:53、薗田・橋本 2004：1073、國學院大學 1994：465～466, 468〕。[26]

仏教界も積極的に戦意昂揚・戦勝祈願に関り、その意気込みは神道界以上であったという。とくに神仏分離・教導職制度・寺院制度の激変によって大きな打撃を被った仏教教団が、社会団体として復興し、社会的に認知される契機となったのは日清戦役であるという。多くの仏教者はこの戦役を、欧州の侵略によって植民地化しつつある中国に対し、日本がアジアの指導者として覚醒を図るための「義戦」と認識していた。これは、それまで容易に進捗しなかった日本仏教の「大陸布教」に道を開くものでもあった。また、キリスト教の拡大という脅威に対抗するという意味もあったという。当時の仏教界におけるオピニオンリーダーであった曹洞宗の大内青巒（旧仙台藩士子息、後の東洋大学学長）は、宣戦詔勅から一ヶ月後に『戦争と仏教』と題する詔勅解説書を刊行し、この戦役を道徳的・儒教的または仏教的観点から正当化した。各教団は、戦役支持の法話や説教・従軍家族への援助・従軍僧侶の派遣などによって、戦役への協力を精力的に展開したのである。とくに「戦時法話」は、伝道とともに出征遺家族等への義捐金集めの目的をもって行われ、教団の資金集めの場でもあった。なかでもいち早く戦役協力体制を確立したのが真宗本願寺派（西本願寺、現在の浄土真宗本願寺派）であったという〔小川原 2010：107～115、檜山 2011b:52～53、新潮社 1991：311、白川 2015：183、新野 2014：62〕。

真宗本願寺派は、幕末の文久三（一八六三）年の時点で、尊攘派の法主大谷光沢（第二十世広如）が「勤王の直諭」を発して朝廷に与する態度を鮮明にし、戊辰戦役時、光沢は自ら寺僧を率いて京都御所紫宸殿外の警固にあたったという。維新後の明治一〇年には、法主大谷光尊（大谷光沢五男、第二十一世明如）が大阪鎮台（後の第四師団）で精神訓話をして以来、西南戦役の官軍戦没者慰霊像のために和歌を寄せるなど、軍と浅からぬ関係を有していた。そして日清戦役にあたっては、宣戦布告前日の七月三一日、執行長島地黙雷（周防専照寺住職子息、後の本願寺執行・勧学）らの名で訓告を発し、「王法為本」の宗義に基づいて「尽忠報国」の誠を尽くそうと門徒に呼びかけた。真俗二諦の立場から、忠孝を重んじ職業に務め、国家に貢献し、戦時下において信徒は奮然として国家と教法の深恩に応えるよう求めたのである。このように、近代日本の仏教が戦役（戦争）を肯定する「戦時教学」を形成していく過程で重要であったのは、この真俗二諦の問題であったという。二七年八月七日、同派は臨時部を設置して全国に使僧を派遣し軍資献納を奨励した。光尊も「皇国ノ忠良トナリ死シテハ安養ノ往生ヲ遂ヘキ」と門徒に檄を飛ばしている〔小川

原 2010：109 ～ 110、古田他 1988：109, 412、新潮社 1991：339 ～ 340、新野 2014：59, 62 ～ 64、瓜生津・細川 2012：225〕。[27]

真宗大谷派（東本願寺）も明治二七年八月六日、法主大谷光瑩（旧尊攘派の大谷光勝五子、第二十二世現如、後の伯爵）が垂示を発した。門徒は帝国臣民として「義勇君国」を奉じ、真俗二諦の宗義に倣って朝廷と国民のために念仏し、「報国の忠誠」を尽くすよう求めた。本山に臨時奨義局が発足し、法主みずから師団を訪れて説教などを実施している。同派では、すでに戦役を肯定する仏教的根拠として「一殺多生」も説かれていた。この言葉は「一人一殺」と共に、後に昭和期の血盟団のスローガンとなるが、ここでは、自らが犠牲となる行為は「愛国の公議公徳」であり、この俗諦に属する価値観を仏教は否定すべきではない、というものであった。こうした教説がどれほど真宗教義を損ない得るかには一顧も与えていないという〔小川原 2010：112、古田他 1988：108、新潮社 1991：339、新野 2014：70 ～ 71、森岡 1984：130〕。[28]

曹洞宗は永平寺（福井県、山号は吉祥山・越山）と総持寺（横浜市鶴見区、山号は諸岳山）の両大本山で天皇康寧・軍隊の健全・戦勝祈願を行い、海軍に布教使を派遣した。日蓮宗は、報国の義気を奮って国民の本分を尽くすためとして報国義会を結成し、総本山の身延山久遠寺（山梨県）で国威振張・武運長久の祈祷を実施している。また、近代日本の日蓮主義の創始者とされる、在家仏教者の田中智学（江戸日本橋の日蓮宗徒医師三男、東京一之江妙覚寺で出家）は、明治一三年四月に蓮華会（後の立正安国会・国柱会）を創設していたが、日清戦役を「正義公道のための戦い」と捉えていた。田中は開戦直後に組織の全力を挙げて一大報国運動を起こすと宣言し、天皇が日蓮宗を支持することによって国家救済が成し遂げられるとする、戦勝祈願の大国祷修法を執行している〔小川原 2010：109 ～ 114、新潮社 1991：339, 340, 1091、山折 2004：480、西山 2016：41 ～ 44、檜山 2011b:52 ～ 53、羽賀 2010：218、古田他 1988：76, 212, 292, 585、島薗 2010：168〕。[29]

キリスト教界も日清開戦以来、戦争協力の姿勢を打ち出していた。社会的な公認を獲得することで信徒を得て、その教えを日本社会に定着させようとする意図があったという。本多庸一（旧津軽藩士嫡男、東京英和学校校長〔青山学院院長〕、後の日本メソジスト教会初代監督）・植村正久（旧幕臣嫡男、明治学院神学部教授、後に東京神学社創設）・井深梶之助（旧会津藩士嫡男、明治学院総理）などの著名な指導者が、「清韓事件基督教同志会」を結成し各地を遊説している。また、内村鑑三（旧高崎藩士嫡男、後の『万朝報』英文主筆）・柏木義円（越後の寺院生まれ、後の上州安中教会牧師）らも、主戦論の立場にあった〔小川原 2010 : 115 ~ 117、森岡 2005 : 16, 23 ~ 24, 32, 40、新潮社 1991 : 205, 250, 266, 456, 1578、群馬地域文化 2003 : 43, 75〕。

内村や柏木と有縁の本県では、高崎連隊の出兵前から、とくに小学生を対象とした「日清戦役幻灯会」が県内各地で開催された。本県は日本で最初に廃娼布達を出し（明治一五年四月）、廃娼運動はキリスト教信徒を中心として展開され、これが上毛青年連合会（明治二二年発足）に結集されて、その先駆的・人道的意義は大きいとされている。しかし、同連合会も日清戦役に際しては既述の幻灯会を主催している。当時は積極的な戦争協力を展開しているのである〔高崎市 2004 : 127、森岡 2005 : 166, 225、群馬地域文化 2003 : 285〕。

五　忠魂祠堂の建設と戦没者

1　ホトケとして祀る

白川哲夫によれば、「戦死者追弔行事」は法話や説教の場として有力だったが、これにとりわけ積極的であったのが浄土宗であったという。既述の旅順口陥落と共に、慶應義塾大学の学生は明治二七年一一月二六日に東京で「旅順口陥落祝賀カンテラ行列」を実施し、以後同塾の名物になった。翌一二月九日には東京市主催の「第一回戦捷祝賀会」

が上野不忍池畔で開催された。これに合わせ東京の浄土宗寺院は、上野公園の中央に祭壇を設け「戦死者追善大法要」を挙行している〔白川 2006：38、白川 2008：59〕。これに関しては、宗門雑誌『浄土教報』の社説（明治二七年一二月一五日付）に次のようにある〔白川 2006：38〕。

果して然らは今日市民の祝捷を為すことを得る、須く幾多戦死者の忠魂英霊を弔慰することは、第一の道なりと云ふも過言にあらざるなり、（中略）更らに今日を機会とし各地に忠魂祠堂を建立し、以て戦死者の弔祭を怠らす軍人化益の機縁を深ふし、以て最終の大目的を貫徹するに努力あらんと切望するなり

このように浄土宗では「忠魂祠堂」なるものを全国に建設し、新たな戦没者慰霊施設にしようと考えたのである。『佛教大事典』（古田他 1988）によれば、「祠堂」とは「祖先の霊を祀る祠や社、または寺院の位牌堂のこと」とあり、ここでは「戦没者の霊（忠魂）を祀る位牌堂」ということになろうか。日本では塔と金堂（本堂、仏殿）が寺院の中心であり、塔は仏塔崇拝を表しているという。仏塔とは釈迦の遺骨などを納めた墳墓である。したがって忠魂祠堂は、靖国神社に「カミ」として祀る戦没者を、仏式により「ホトケ」として祀ることを意味していよう。その建設の動きは、日清戦役後の明治二九年には具体化しているという。まず、東京での建設にあたり「事務規程」が作成され、さらに師団が置かれた広島・熊本・仙台・大阪での建設事業に事務委員が任命されている。同年九月の段階で忠魂祠堂の建設計画がなされている場所は、東京・仙台・新発田・名古屋・大阪・大津・広島・熊本・弘前・**金沢**・姫路・松山・小倉および呉・**佐世保**・横須賀の一六ヶ所であり、これらは全て陸軍の師団・連隊や海軍鎮守府が置かれた「軍都」とされる都市であった。この軍都には**陸軍埋葬地（墓地）**や**海軍埋葬地（墓地）**が設営されていたが（埼玉・沖縄

両県はのぞく)、祠堂に付随して、軍人等が集会できる会堂を境内またはその近くに設置する計画であったという。ただし、第九師団の地元金沢では忠魂祠堂ではなく「忠魂堂」が建立され、「仏式ノ招魂社」と認識されるようになるという〔白川 2006：38、白川 2015：146、本康 2002：299～301、羽賀 2010：218、古田他 1988：405, 864、小野他 1986：103〕。[30]

既述の事務規定とは、明治三一年一〇月に浄土宗宗務所から発せられた左記の「忠魂祠堂ニ関スル事務規程」であろう〔白川 2015：146～147〕。

金沢野田山陸軍墓地（石川県戦没者墓地）

一　忠魂祠堂ハ阿弥陀仏ヲ本尊トシ専ラ明治二十七、八年ノ役ニ依リ戦死又ハ病歿者ノ忠魂ヲ奉祀ス
将来国家殉難ノ忠魂ヲ合祀スル場合ニハ其都度管長ノ允許ヲ請フヘシ
前二項奉祀ノ式ハ宗務所ヨリ別ニ之ヲ指示ス

一　忠魂祠堂ニ於テ日次月次法要ノ外毎歳春秋二季ニ吊祭法要ヲ施行シ且軍人軍属ヲ慰諭ス（中略）

一　忠魂祠堂ノ維持及諸般ノ経費ハ其ノ共立区内ノ寺院住職並ニ信徒ノ喜捨金ヲ以テ之ニ充ツ　祠堂維持金ニ編入シタル喜捨金ノ元資ハ何等ノ理由アルモ之ヲ消費スルコトヲ得ス

佐世保東山海軍墓地

このように忠魂祠堂は「阿弥陀仏を本尊」とし、戦死・病没者の「忠魂を奉祀」するものであったから、まさに「仏式ノ招魂社」であった。また、その維持経費等は寺院・信徒の喜捨金で賄うことになっていた。ただし、この段階では納骨に関しては触れられておらず、その意味では日露戦役後に一般化する「忠魂碑」に類似するものであった。この三一年は、浄土宗が伝道講習所を設置し、大規模な伝道活動を展開する時期でもあったというから、祠堂の建立は伝道活動にも大きな役割を果たすものと期待されていたのであろう〔白川 2015：149〕。

しかし宗派内からは、単に儀式を行う場所としてだけでは忠魂祠堂が一般の人々からの理解を得られないという指摘がおこり、これを受けて次のように意見集約された〔白川 2006：41〕。

我等は此際、忠魂祠堂が靖国の紀念にして国民が永く之を追膽感銘せんことを求むるが為に堂内に宝龕を安置し、戦死者の髪爪歯若くは遺物の一片を分つて茲裡に領納し、吊祭追恩の対象と為さんことを勧告す

忠魂祠堂は「靖国の紀念」として、つまり「地域の靖国」として受け入れられ、靖国祭祀体系内に位置づけられるために、宝龕を安置して戦没者の遺体の一部や遺品を納める、いわば「納骨堂」としての施設にすべきである、という方針に変更されていくのである。ところが納骨堂ということになれば、当然ホトケ（仏教）の世界となり、霊魂のみを祀った神式の靖国祭祀体系からは必然的に逸脱していくことになろう。

例えば名古屋での建設にあたっては、建立寄付金を集めるにあたり、愛知県に提出されたその趣意書は次のように要約されるという〔羽賀 2010：218～219〕。

死者の「英魂」を神道的に〈慰霊〉するための招魂社はあるが、彼ら戦死者は仏教徒であり、葬儀は仏式で執行されているのだから、「戦死者ノ霊ヲ常恒ニ且ツ永遠ニ追善供養スル」ための宗教施設＝「忠魂祠堂」を建立し、戦死者の霊魂を〈供養〉するとともに、彼らの国民への奉公の気持ちを〈顕彰〉することが目的である

ここでは靖国神社による神式の「慰霊顕彰」形態とは異なる、仏式による戦没者の追善供養を中心とした「供養顕彰」施設として、忠魂祠堂を位置づけていることに注目したい。名古屋では明治三四年三月、地元経済界の全面的な支援を受けて、浄土宗第四教区宗学教校（東海学園）内に忠魂祠堂が建立された。教育施設内に忠魂祠堂を建立した理由としては、法要の実習の場として考えられていたからだというが、他方で、慰霊施設を建立することで、設立間もない教校の収入源として期待されていたという。堂内には『征清殉難忠魂霊名録』（以下、霊名録とする）が奉納されたが、これと共に納骨がなされたのか明らかではない。霊名録は明治三〇年に酬四恩会が刊行し、浄土宗管長で知恩院門跡日野霊瑞が序文を書いている。「四恩」とは国王・父母・衆生・三宝の恩であるが、その序文で、忠魂祠堂は国王と衆生の恩に応えるものであり、戦死者の「英魂」を慰藉するために祠堂を建立した旨が述べられているという〔羽賀 2010：218～219、檜山 2011b:120、白川 2015：148～149〕。[31]

忠魂祠堂建立の本拠地たるべき東京では、増上寺に隣接する芝公園（港区芝公園）に忠魂祠堂が建立され（建立年月日不詳、現存せず）、二万一四二四柱の戦没者が祀られたという。その氏名は霊名録三冊に記載され、その内訳は戦病死者一万六七〇柱、軍属・軍夫および捕虜一万七四五柱であった。そこに敵軍（清国人捕虜）も祀られていたことは特記されよう〔羽賀 2010：218、現地調査〕。

また、明治三五年に建設された大阪の忠魂祠堂に関しては、次のように伝えられている〔白川 2006：49〕。

> 今や正に忠魂義魄の菩提を弔ひ、兼て籍を軍隊に安く者をして死後の栄誉と慰安とを感知せしめ、将来青年に国家の干城たるを希求せしむるに至らは是吾曹宗家の報国の一分ならん哉、第四師団管下我大坂忠魂祠堂は（中略）処を天王寺上の宮町の畛域に卜し（中略）近く四天王寺五重の塔に面して聖徳太子の遺烈を仰ぎ、遠くは北白川宮殿下の易簀し玉ひし台湾島を望みて故殿下の尊霊を慰め奉り、背後には第四師団の本営を控へて、豊国公の英霊、現役の将卒に援護せられ、鎮へに忠魂を吊はんが為に建設せられぬ

大阪でも、祠堂の建立場所は同宗が経営する上宮学園内であった。大阪は陸軍第四師団の膝元であり、聖徳太子が創建したとされる四天王寺（和宗総本山、荒陵山四天王大護国寺、大阪市天王寺区四天王寺）があり、その念仏堂は「法然二十五霊場」の第六番とされている。かつて同寺は難波の海に面し、浄土を観想する修行僧が集まったといわれ、「大阪の仏壇」と称されていた。また同寺西門近くには、法然を開山とし二十五霊場七番の一心寺（通称「骨寺」、坂松山高岳院、浄土宗、荒陵新別所）も創建されている。念仏道場として発展した一心寺境内には菩薩堂と呼ばれる納骨堂があり、一般庶民の納骨で骨仏を造り「骨仏参詣」で近畿一円に知られていた。さらに日清戦役後の明治二八年一〇月二八日、日本の新領土となった台湾で戦病死し（コレラ病死、異説あり）、「台湾で死んだ宮様」として有名になった、陸軍中将で第二代近衛師団長**北白川宮能久親王**（四九歳、仁孝天皇養子、死後大将）

北白川宮銅像（東京千代田区・北の丸公園）

に言及している。戊辰戦役時、北白川宮は東軍（反政府軍）の旗印たる奥羽越列藩同盟の盟主に就任して、「会津のミカド」と呼ばれたが、「朝敵・賊軍」の烙印を押されることになった。そして謹慎処分の後、プロシア陸軍大学校に留学している。日本は下関講和条約調印（四月一七日）後、新たに台湾戦役を開始し、戦役はなお台湾で継続していった。北白川宮に率いられた近衛師団が中国大連から台湾に派遣され上陸したのは二八年五月二九日で、その際、既述の神宮教は三名の布教使を従軍させている。そのうちの一人が山口透（後の台湾神社初代宮司）であった。この泥沼の戦いは大正四年まで続くことになる。また、台湾での忠魂祠堂建立にあたっては、その本部が大阪源正寺（大阪市阿倍野区阿倍野元町）に置かれたという。その建立費用を集めるため、同寺住職の祖父江聖善は機内周辺各地を訪問し、陸軍と協力して郡役所を通じ公的に資金を集めている。北白川宮との関係においては、増援軍として台湾に派遣された仙台第二師団も因縁が深かったといえよう。浄土宗にとって、大阪は海外への戦死者追弔活動の進出拠点でもあったのである。他方で、大明神として祀られる「豊国公の英霊」、つまり豊臣秀吉のカミとしての霊力（遺徳）にも肖ろうとしていたのである〔白川 2006：49～50、白川 2008：65、白川 2015：166～167、村上 1974：140、佐藤 2006：107～108、海野 2001：84～85、古田他 1988：42～43, 405、森岡 2002：398、今井 2013：23, 70、原田 2008：282、秦 1994：51、仙台市史 2008：282、大阪府 2007：28、小川原 2010：128、石上 2001：43, 216〕。(32)

とりわけ「皇族最初の戦没者」であり「初の師団長戦病死者」でもあった、北白川宮「故殿下の尊霊を慰め奉」ることは重要課題となった。大阪と台湾とが連携することで、両地における日本軍将兵の「忠魂を吊」うことの必然性が説かれていったのである。既述のように、近代日本最初の海外出兵たる征台の役は、「日本武尊の遠征」に喩えられていたという。したがって、征台の役から二〇年後の台湾戦役に際し、皇族北白川宮は「悲劇の英雄」として、また「現代の日本武尊」として位置づけられ、その死の意味が特別に重要視されるようになったのである。台湾平定のために派遣された日本軍は、二個師団を基幹とする約七万六〇〇〇名（軍人四万九八三五名・日本人軍夫二万六二一六名）で、日本軍死傷者は一万一二〇三名（戦死者四五三名・戦病死者一万二三六名・負傷者五一四名）であり、清国人兵士と台湾住民を合わせて一万四〇〇〇名が殺害されたといわれている〔小川原 2010：47, 129、今井 2013：70、原田 2008：282〕[33]。

広島市東練兵場での「軍神祭」〔亀井 1992：256〕

このように日清戦役を契機として、浄土宗による戦死者追弔活動は全国的に展開されたのであり、仏教界からも戦没者およびその遺骨をめぐる議論が沸き起こってきたという点で、注目されるべき時期であった。

2　カミとして祀る

大本営が置かれていた**広島市**では、明治二八年三月三〇日に日清休戦条約が調印されると、翌三一日に「**軍神祭**」が執行されている。同市**東練兵場**で神宮

台湾護国神社〔津田・渡邉 2015：38〕

樺太護国神社〔津田・渡邉 2015：86〕

教布教師権大教正甲斐一彦らの発起によって開催され、神式により戦勝祝賀行事が執行された。式場は一〇〇間四方を画して祭壇を設け、文武の高等官や市内の有志者が多く賛同し、午前一〇時より開式となった。陸海軍部隊および師範学校・小中学校の教員・生徒等も参拝し、盛況であったという〔亀井 1992：17, 264 ~ 265〕。

靖国神社では年末の明治二八年一二月一五日午後八時、将官で初めて威海衛で戦没（戦傷死）した、歩兵第十一旅団長大寺安純少将（旧薩摩藩士、後に男爵追贈）以下、日清戦役戦没者一四九八名の招魂式が執行された。そして翌一六～一八日までの三日間は、空前の盛況を呈した臨時大祭が開催され、大寺少将以下が合祀された。ただし、既述のように戦没者のうち「戦病死者」は直ちには合祀されず、後に「特祀」として別途に祀られることになる。同大祭初日には勅使の差遣があり、国庫から特別寄附金として一万円が交付され、天皇が参拝し幣帛料として二〇〇〇円を下賜したという。この時から祭典委員長は勅裁により任命されることになり、参謀本部次長川上操六中将が委員長を務めた。陸海軍高等官のなかから若干名の委員を置いて事務に当たらせ、以後慣例となる。大祭期間中は競馬・相撲・舞楽などが奉納され、戦利品の陳列や花火などが催されて、同大祭は以後の例大祭・臨時大祭のモデルになったといわれている。さらに翌二九年五月五日の同社合祀祭・春季例大祭には、皇后が初参拝して金二〇〇〇円を供進し、同年末には同社の社務所が新築されている。このように靖国神社と皇室との関係は益々強化されていった。一一月二八日には、「神宮司庁官制」（勅令第三七一号）公布により、神宮の職制が制度的に確立している。国家神道の本宗である神宮は、祭主が親任され、皇族を祭主とすることで天皇と直結し、大宮司を通じて内務省の直接の管轄下に置かれることになった〔秦 1994：34, 45、村上 1970：163、村上 1974：140～141、高石 1990：58～59, 171、山折 2004：509、靖国神社 1999：56～58〕。[34]

明治三一年九月三〇日、陸軍大臣は「戦病死者」の靖国神社への「特祀」の旨を告示し、翌一〇月六日には、海軍大臣も同一の旨を告示した。これにより、一一月四～五日の靖国神社臨時大祭で特祀が行われた。ただし、あくまで今回に限っての天皇の「特旨」による「特祀」であったのである。また同年には、東京赤羽工兵隊内に天照大神・歴代皇霊・天神地祇を祀った社祠が設けられ、将兵に拝礼させることにした。これがいわゆる「営内神社」あるいは「隊内神社」の最初とされ、軍隊内にも神社が創建されていくことになる。内務省は神職制度の確立を背景に三三年四月二七日、同省寺社局を廃止し神社局と宗教局を新設して、国家神道の基盤となる神社行政を独立させた。とくに神社局は内務省各局のなかで最高位に置かれ、神社行政は同省にとって最重要の所管事項となった。また台湾には三三年九月、「台湾全島の総鎮守」として、北白川宮等を祭神とする官幣大社台湾神社（後の台湾神宮、台北市）が創建された。このように外地（植民地）においても、いわゆる**海外神社**（植民地神社・侵略神社）が創建され、国家神道による人神信仰の拡大が図られていくことになる〔高石 1990：60、坂井 2016：557、大江 1984：124～126、村上 1970：165、村上 1974：141、山折 2004：515～516、原田 2007：93、赤澤 2013：12、本康 2002：254～259、中島 2013：15〕。[35]

六　内地における忠霊塔の出現

1　東京音羽護国寺の多宝塔

既述の遼東半島から日本に送還された戦没者の遺骸は、その後どうなったのであろうか。五代将軍徳川綱吉の生母桂昌院の開基とされ、かつて「将軍家の御祈祷寺」（寺領一二〇〇石）であった東京音羽の**護国寺**（文京区大塚、真言宗豊山派大本山、敷地は四万七〇〇〇坪）境内には、明治六年五月二七日、近衛その他の在京部隊のための陸軍埋葬地として**音羽陸軍兵隊埋葬地**（後の**音羽陸軍墓地**、敷地は一万一四坪余）が造営された。同地には埋葬地番人一名が置かれていたという。また、同寺境内には三条実美（明治二四年二月没、五五歳）の墓が建立されて以来、山県有朋・大隈重信・田中光顕（旧土佐藩士、陸軍少将・元老院議官・宮内大臣・子爵）や、駐清臨時代理公使として日清開戦を強硬に推進した小村寿太郎（日向生まれ、外務大臣・枢密顧問官・侯爵）などの元勲クラスや財界の有力者が埋葬されるよう

「音羽陸軍埋葬地英霊之塔」（護国寺境内の音羽陸軍墓地）

音羽陸軍墓地

になった。西南戦役後に**警視庁墓地**が設営され（明治一二年九月）、大久保利通や乃木希典などが埋葬された最初の公営墓地である**青山霊園**（青山墓地、明治五年七月造成）も陸軍埋葬地と呼ばれていたようであるが、護国寺境内はこの青山墓地などと共に、東京における代表的な墓地の一つとなっていく〔今井 2013：366、原田 2003：101～102, 140、古田他 1988：295、笠原・安田 1999：136、大濱・吉原 1993：156、東京歴教研 1993：53, 159、新潮社 1991：752、朝尾他 2005：413, 669〕[36]。

現在、同墓地入口に建てられている**「音羽陸軍埋葬地英霊之塔の由来」碑**には、左記のようにある〔原田 2013：86〕。

警視庁墓地（青山霊園）

この地は戦前、明治以降の近衛その他の在京部隊に在籍し、幾多の戦役等で身を挺して勇戦敢闘され、国に殉じた二千四百余柱の英霊を埋葬した墓地でしたが、戦後は護国寺が管理しています。

本英霊之塔は昭和三十二年十一月、護国寺第五十一世岡本教海大僧正の建立によるもので中央に英霊と仏像を安置した英霊之塔、その周囲に有縁墓地四十を配して、現在の姿に改装され、列国の英霊の眠る聖地となりました。毎年十一月には、その遺徳を偲び顕彰する慰霊祭が行われ、敬虔な感謝の誠が捧げられております

平成七年十一月十一日　社団法人　日本郷友連盟東京都支部

同地は「二千四百余の英霊を埋葬した墓地」とされている。実際にその数の戦没者が埋葬されたかどうかは別にして、そもそも近代の戦没者墓地の原型は、全国各地での墓地調査から、近世の「忠死者」を埋葬する東京高輪**泉岳寺**（港区高輪、曹洞宗、山号は万松山）の**赤穂義士墓所**に遡るのではないかと筆者は考えている。同義士墓所に関しては、谷口眞子の著書（2013）が参考になろう。日本で最初の陸軍兵隊埋葬地は、明治四年四月に設営された**大阪真田山兵隊埋葬地**（後の**真田山陸軍墓地**、大阪市天王寺区玉造町）とされ、また同地は、日本で最大規模の陸軍埋葬地（当初の敷地は約八五〇〇坪）といわれている。以来、陸軍埋葬地は全国で七〇ヶ所を数えることになるというが（海軍埋葬地は九ヶ所、異説あり）、これらは工兵隊によって設営された。護国寺には明治六年九月、二万余坪の豊島岡皇室（皇族）墓地（豊

赤穂義士墓所（泉岳寺）

大阪真田山陸軍墓地

小松宮銅像（東京・上野公園）

島岡御陵）も設営されている。この皇室墓地には天皇・皇后以外の皇族が埋葬され、既述の北白川宮も国葬の後に同墓地に埋葬された。また、有栖川宮熾仁親王（明治二八年一月病没、六一歳）や、**小松宮彰仁親王**（明治三一年一月病没、五八歳）も、国葬を経て同墓地に埋葬されている〔今井 2013：53～55, 70, 322, 400、佐藤 2006：107～108、小田・横山他 2006：4, 25, 31、原田 2003：101～102, 157、原田 2013：26～28、秦 1994：10、半藤他 2009：52～53, 94、宮崎・安岡 1994：619、大江 1984：124、岩波書店 1991：142、古田他 1988：564、現地調査〕。[37]

ところで、現在の音羽陸軍墓地には一つの**「多宝塔」**が建立されている。その「護国寺多宝塔の由来」碑（平成八年十一月十一日、大本山護国寺建立）には次のようにある〔現地調査〕。

この多宝塔はもと當山の薬師堂の西側に、明治二十五年十二月二十一日建立されたものである。明治二十七・八年の日清戦争で遼東半島の各戦場の野に戦病歿した、忠勇義烈の軍人の遺骨を蒐め本国に送還し、一時京都泉涌寺の舎利殿に假安置された。明治三十五年秋、多宝塔の正面に拝殿としての忠霊堂が完成、同年十一月二日當山に遺骨が移され塔下に埋葬、慰霊大法要が厳修された（以下、省略）

この碑文によれば、内地に送還された遺骨は、とりあえず数年間は京都泉涌寺の舎利殿に仮安置されていたという。既述の小林僧侶の企画によれば、京都東寺に供養施設を建立し、「彼の上野彰義隊の碑が年中香花の絶間なきが如く」しようとする予定であったはずである。だが、同じ真言宗ではあるものの、遺骨の送還先は東寺ではなく泉涌寺であった。その理由は明らかではない。そして明治三五年の秋に遺骨は東京護国寺に移され、同年一一月二日に「多宝塔」下に埋葬されたという。仏塔に納められたことになる。同塔は、その拝殿としての**「忠霊堂」**と対になっていた。忠霊堂という名称はここで初めて使用されるようであるが、この護国寺の多宝塔が「忠霊塔の元祖」であるといわれている〔大原 1984：118、古田他 1988：574、小田・横山他 2006：226〕。これらの寺院は同じ真言宗であったことで、遺骨の処遇に関しては容易に融通し合えたのであろうが、この時点での浄土宗の忠魂祠堂建立運動との関連は不詳である。宗派が異なるから、両派は独自の動きをしたものと考えられる。後に忠霊塔と忠霊堂（慰霊堂）は同一視（混同）されるようになる。

実際の遺骨搬送に関しては、泉涌寺に仮安置されていた遺骨は七個の大箱に納められ、それを乗せた四輪荷車が京

護国寺の「多宝塔」

護国寺の「忠霊堂」

都の在郷軍人会の手で引かれて、陸路を東京に向けて出発したという。明治三五年九月四日のことで、荷車には「明治廿七八年戦役戦病没者之遺骨」と大書した旗を掲げ、横には三本の白木綿が結ばれた。リレーしながら運搬され、途中各地の寺院で奉安・滞在した。「忠霊」を迎えるために国旗が掲げられ、慰霊供養の儀式が行われて、遺族や住民などによる焼香がなされたという。こうして東海道を二ヶ月かけて遺骨は東京に運ばれたのである。新聞紙上では「日清戦役忠死の遺骨　東海道を感激の継走」「覚めよ顕彰の精神　国民の感謝で築け」などと報道されている〔横山 2007：130、羽賀 2010：236、粟津 2017：278〕。例えば、当時の『大阪朝日新聞』（明治三五年一月三日付、正しくは同年一一月三日付と推定される）には、

> 京都より東京護国寺へ送り来りし、二十七、八年の戦死者の遺骨は、本日午前七時過、芝青松寺を発し、在郷軍人会其他五百余名にて護国寺に向ふ

とある〔細野 1932：242〕。最後の奉安・滞在地であった東京芝の青松寺（曹洞宗、港区芝愛宕町）を経て、荷車は目的地の護国寺に到着したことになる。

こうして明治三五年一一月には遺骨は護国寺に納められたのであるが、同寺境内には既述のように日清戦役と因縁深い北白川宮が埋葬され、また戦没者ではないが、同じく日清戦役と有縁の有栖川宮・小松宮の両皇族将官も埋葬されたから、同寺は当時、内地における日清戦役戦没者の慰霊センターとしての様相を呈しつつあったのである。それ故に同寺に多宝塔が建立され、大陸から送還された日清戦役戦没者の遺骨も納められたのであろう。だが、忠霊塔の建設が注目されるようになるのは、日本にとって総力戦となった日露戦役後であった。(38)

2　陸軍埋葬規則・北清事変

日清戦役後の明治三〇年八月一七日、陸軍省は全二十一条からなる「陸軍埋葬規則」（陸軍省令第二二号）を制定公布した。その一部は左記のとおりである〔原田 2003：123～125〕。

第一条　在隊在職陸軍軍人軍属竝在郷軍人召集中死亡シタルモノノ埋葬ハ本則ノ定ムル処ニ拠ル（以下略）

第二条　本規則ニ於テ将校以下ノ為メニ定メタルモノハ同相当官以下ニ適用ス

第四条　死体ハ陸軍埋葬地ニ葬ルヘシ　若シ遺言シテ陸軍埋葬地外ニ葬ルヲ願ヒ又ハ親族ヨリ引受ヲ願フトキハ之ヲ許スコトヲ得

第五条　死体ハ火葬スルコトヲ得　又海上ニ在リテハ水葬スルコトアルヘシ　但火葬又ハ水葬シタルトキハ必ス遺骨或ハ遺髪ヲ採取シ前条ニ拠り埋葬スルモノトス

伝染病ニ罹リ死亡シタル者ノ遺体ハ火葬スルヲ例トス

第七条　墓地ハ将校準士官下士兵卒等ニ区画ヲ定ムルモノトス　但各墳墓ノ坪数ハ第一表ニ依ル

第八条　墳墓ニハ墓標ヲ建設ス（以下略）

第九条　墓標ハ其表面ニ官位勲功爵氏名墓ト記シ　左側面ニ死亡ノ年月日ヲ記入スヘシ　但其後面竝右側面ニハ所要ノ碑文ヲ記スルコトヲ得

第十条　陸軍埋葬地ニ葬リタルモノト雖モ親族ヨリ改葬ヲ願フトキハ之ヲ許スコトアルヘシ　但伝染病ニ罹リ死亡シタル者ニ在テハ伝染病予防法ニ拠ル

第十六条　陸軍埋葬地ニハ親族故旧ヨリ灯籠水鉢等ノ建設ヲ願フモ之ヲ許サス　但寺院等一般ノ墓地ニ埋葬シタ

ルモノハ此限ニアラス

第十八条　死亡シタル者アルトキハ本人所属部隊校団等ヨリ其病状竝死亡時刻ヲ勉メテ急速ニ親族ヘ通報シ若シ死体ノ引受ヲ願フモノハ死亡ノ日ヨリ二日以内ニ死者所属ノ部隊及校団等ニ願出ツヘキ旨ヲ告ケ其期日内ニ願出サルトキハ陸軍埋葬地ニ葬ルヘシ

このように日清戦役後の時期に、改めて陸軍軍人・軍属等の「死体ハ陸軍埋葬地ニ葬ルヘシ」とされ、地上の戦没者は火葬されて埋葬されることが一般的となったのである。墓標建立上の規格・形態も指定されたが、軍隊は身分社会であったため、死後の世界までも墓碑の大きさ等で階級による格差が存在した。ただし、親族からの申し出があれば、遺骨（遺体）は肉親に渡され家（イエ）の墓に埋葬されたのであるが、その手続きは死後僅か二日間で処理しなければならず、どこまで可能であったのか疑問である。遺族が実際に遺骨を引き取ることは、現実的に不可能に近かったのではなかろうか。また一般の墓地におけるように、埋葬地に灯籠や水鉢を設置することは禁止されたことに留意したい。墓域は限られていたから、墓碑を林立させるなかで、付随的な施設は排除されていったのである。あるいは、階級を超えて特定の墓地が華美になったり、身分不相応な墓域が形成されることを当局は危惧したのであろう。現在、ムラやマチの共同墓地等でもよく見かける「陸軍歩兵一等卒勲八等功七級□□□□墓」などの墓碑は、この時点で規定されたものであった。

明治三三年五月一九日、陸海軍両省官制改正により「軍部大臣現役武官制」が確立し、陸軍・海軍両大臣は現役の大将・中将から任命されることになった。これにより、後の軍部独裁体制の基礎固めがなされたことになる。翌六月一五日、日本政府は「扶清滅洋」を掲げて蜂起した中国の義和団鎮圧のため、英国からの要請を受けて広島第五師団

「戦没馬慰霊」像（靖国神社）

を再び大陸に派遣した。この北清事変（明治三十三年戦役・義和団事件）での日本軍兵力は二万二〇〇〇名で、英・露など八ヶ国連合軍七万名の中心部隊となった。翌三四年九月七日に北京議定書（辛丑和約）が調印されたが、同議定書には、中国を半植民地として列強が支配するための全ての条件が盛り込まれたのである。日本は北京近郊における駐兵権を獲得している。この駐兵部隊が昭和期の支那駐屯軍の前身であった。以後、日本の軍事力に対する評価は高まり、日本は「極東の憲兵」と称されるようになる。同事変での靖国合祀者は一二七一柱（本県関係者は三柱）で、金鵄勲章受章者は二〇〇名であった。この戦没者を顕彰するため、靖国神社には戦場の様子を描いたパノラマが明治三五年五月に奉納され、このパノラマは牛ヶ淵附属地に建てられた遊就館附属の国光館で公開されたという。またこの頃、同社に軍馬慰霊碑を建立する計画がおこったが実現しなかったという。現在の**「戦没馬慰霊」像**の建立は、日本の敗戦後（昭和三三年四月）のことである。一方、ロシアは満州占領を継続し、シベリア鉄道の完成を急いでいた。これが日露戦役の一因となるのである〔秦 1994：694、海野 2001：102～103、一ノ瀬他 2006：327、靖国神社 1999：59, 256、朝尾他 2005：941, 958、群馬県 1940: 附録 6〕。(39)

3 招魂碑・第一軍戦死者記念碑

既述のように大本営が置かれた広島では戦役後の明治三〇年、第五師団管下の広島野戦砲兵第五連隊が日清戦役「戦病死者」のための「一大招魂碑」を広島市の比治山山上に建立したという。同地には明治五年一〇月に比治山陸軍埋葬地（後の比治山陸軍墓地、比治山公園）が設営されていたが、既述のように、「戦病死者」の靖国神社への特祀は明治三一年二月のことであった。藤田大誠によれば、この招魂碑開眼式は同三〇年二月二四日、真言宗法務所によって執行された。同碑は「大砲形」であり、「当隊は砲門を以て精神とす招魂の為め砲塔を建設」したという。ここでは「伝供散花前讃唱礼祭文読経後讃回向」という明確な仏教儀式が執行され、担当僧侶は「我宗は宗を利する為の布教に非ずして、国に報ゆる為の布教なり」、と述べている（藤田 2010：79、山辺 2003：647）。

さらに広島市西練兵場大手町筋入口には、各連隊を越えて第五師団「戦死者」三七二名のための碑である日清戦役「第一軍戦死者記念碑」が建立されたという。明治三三年の建立と推定されるが（異説あり）、ただしここでは「戦病死者」は除外されているという。また、第三師団が置かれた**名古屋**にも同一の記念碑が竣工している。日清戦役時、名古屋第三師団と広島第五師団により第一軍が編成されたが、砲弾の形をした高さ約二二メートルの**「第一軍戦死者記念碑」**（明治二九年三月九日、第一軍司令官陸軍大将伯爵

名古屋の「第一軍戦死者記念碑」

同上の基台と玉垣

野津道貫撰・参謀総長陸軍少将男爵小川又次書、とある）が、官庁街の中心である名古屋市南武平町交差点に建立された（現在は千種区法王町に移転）。これは既述の「明治紀念標」の流れをくむものであった。戦利品の清国兵器を溶かして東京砲兵工廠で鋳造されたものであるという（明治三三年六月竣工とある）。基台は石造の八角形で、その周囲には大小二四門の青銅砲の砲身（砲門）が玉垣として巡らされ、砲身には「明治十六年（〜二十三年）製」と記されている。同碑には「戦病死者」を除く第三師団「戦死者」三五一名の氏名が刻まれた。こうして師団レベルでは「戦病死者」は慰霊顕彰の対象から排除され、戦没者は絞られていくことになる〔笠原・安田 1999：142、原田 2007：92〜93、秦 1994：686、現地調査〕。[40]

このように、両記念碑の形状は広島比治山の招魂碑（砲形）との合体作ともいえようが、この戦死者記念碑の碑文には、

（前略）然リト雖モ逝者ハ終ニ還ラス、生者独リ国光ノ四表ニ発揚スルヲ楽ム、同軍ノ将士殊ニ痛恨ニ堪エサルモノアリ。乃チ相謀リ、碑ヲ第三第五両師団ノ首地ニ建テ、諸氏ノ姓名ヲ録シ、以テ聊カ忠魂ヲ弔ヒ遺烈ヲ永世ニ表彰ス

と刻まれた〔大原 1984：23〕。第一軍の将校団が建設を呼びかけ、募金予定額は三万円であったという。生者（凱旋者）のみが戦勝の喜びに浸ることは堪えられないと考えたのである。両記念碑に納骨はされていないようであり、「忠魂ヲ弔ヒ遺烈ヲ永世ニ表彰ス」とあるから、実体は戦没者の魂のみを祀る忠魂碑の原型といえるであろう。ただし比治山の招魂碑のように、慰霊祭等が仏式で執行されたかどうかは明らかではない。序章で言及したように、ムラやマチ

においては戦没者碑（死者）と戦役紀念碑（生者と死者）との分立が確認できるが、軍単位の局面ではどうであったのか。また、これらの戦死者と靖国神社の祭神とが一致するかどうかも検討を要するであろう〔原田 2007：92〕。

広島歩兵第二十一連隊第三大隊第二中隊には、後の「軍神」登場の前触れとなる「ラッパ手」の陸軍二等卒木口小平（岡山県の農家長男　死後一等卒）が所属していた。日清戦役緒戦の「成歓の役」の前哨戦である「安城渡しの戦闘」での戦没者であり、後に国定教科書で「シンデモ　ラッパヲ　クチカラ　ハナシマセンデシタ」と美談化され、讃えられた人物である。国家（天皇）への「忠勇義烈」を貫徹した兵士の代表として、広く国民に宣伝されることになったが、実態は作為された虚像に他ならなかったという〔海野 2001：75～76、秦 1994：48、中内 1991：98～100〕(41)。

七　日露戦役と宗教界の動向

1　日露戦役と戦没者

日清戦役後の明治三一年一月一日、北海道全域および沖縄県・小笠原島に徴兵令が施行され、これにより日本列島に在住する日本国男子は兵役の対象とされた。ただし、沖縄では多くの徴兵忌避者が生まれたという。「沖縄警備隊区徴兵検査概況」（明治四二年）によれば、徴兵を避けるために「普通語を故意に知らさる真似を為す者」が多かったと記録されている〔岩波書店 1991：154、後田多 2016：205〕。

日清戦役から一〇年後に日露戦役（明治三十七八年戦役）が勃発し、近代日本の命運を賭けた総力戦となった。一三個師団の戦時編成は、日清戦役時の三倍の兵員六〇万となった。日本のロシアへの宣戦布告は明治三七年二月一〇日であり、翌日、大本営は宮中に置かれ、従来の「陸主海従」の関係は撤廃された。ただし、日清戦役時と同様に明治天皇は開戦を躊躇し続けたという。敗戦による国家崩壊の懸念を捨て切れなかったのである。動員は宣戦布告前の二月五日、近衛・仙台第二・久留米第十二師団の野戦師団と甲軍司令部（第一軍司令部）に下令されたものを最初とする。韓国攻略を担当する第一軍司令官は、元帥・陸軍大将大山巌を義父とする陸軍大将黒木為楨（旧薩摩藩士、後の伯爵・枢密顧問官）であった。翌六日には、陸軍少将木越安綱（旧加賀藩士二男、陸士旧1回、後の中将・男爵・陸軍大臣・貴族院議員）を司令官とする、久留米第十二師団の日本陸軍先遣隊四個大隊二二〇〇名が輸送船三隻に分乗し、韓国仁川をめざして佐世保を出港していた。これを護衛したのが、海軍少将瓜生外吉（旧加賀大聖寺藩士二男、海軍兵学寮卒、後の男爵・大将・貴族院議員）を司令官とする第四戦隊（巡洋艦等六隻）であった。二日後の八日夜半には、先遣隊が仁川に上陸し、さらにソウル（京城）に入城していた。これと共に第四戦隊は、仁川港にてロシア太平洋艦隊所属の軍艦二隻とロシア汽船一隻を自沈させている。一方、同じく佐世保を出港した海軍中将**東郷平八郎**（旧薩摩藩士、六月に大将、後の軍令部長・元帥・侯爵）率いる日本海軍連合艦隊（第一・第二艦隊を併合）は、遼東半島の旅順に向かい、八日深更、旅順港外のロシア艦隊を奇襲攻撃している。日清戦役と同様、日本軍は宣戦布告前に奇襲攻撃を開始していたのであり、これは約四〇年後の「真珠湾奇襲攻撃」を彷彿させるものであった。さらに二月一六〜二七日にかけて、第一軍の第十二師団主力一万四〇〇〇名が仁川に上陸している。陸軍は日清戦役時の倍にあたる第四軍まで編成され、六月二〇日には満州軍総司令部が発足し、大山巌が総司令官に就任して全陸軍の指揮をとった。参謀総長は陸軍大将児玉源太郎である。満州攻略の担当部隊である第二軍司令官は陸軍大将奥保鞏（旧小倉藩士、後の参謀総長・伯爵・元帥・議定官）、旅順攻略の担当部隊である**第三軍司令官**は陸軍大将**乃木希典**であった。さらに独立第十師団を中心に再編された第四軍司令官は陸軍大将野津道貫であった。また皇族の出征者は、陸軍将官二名・同将校三名と海軍将官一名・同将校三名の計九名で、日清戦役時と同数であったが、このうち両戦役の出征者は六名と過半数に及んでいる。日清戦役時と同様に皇族戦没者は出ていないが、連合艦隊第一艦隊旗艦「三笠」の分隊長であった海軍少佐伏見宮博恭王（陸軍大将貞愛親王嗣子、妃は徳川慶喜子女、後の大将・元帥・軍令部総長）は、黄海海戦（明治三七年八月一〇日）で「名誉の負傷」をしている。表向きは「敵弾」による胸部負傷であった。ロシア政府は、中立を宣言した韓国への日本軍上陸や、宣戦布告以前の攻撃などが国際法に違反することを各国に訴えたが、世界の世論には届かなかったという。開戦宣言をせずに戦闘を開始することを禁止した国際条約が調印されるのは、日露戦役後の明治四〇年一〇月、第二回万国平和会議においてである〔大江 1976 : 65、海野 2001 : 105, 150 ~ 157、高崎市 2004 : 130、平塚 1999 : 150、笠原・安田 1999 : 144、小田部 2009 : 106 ~ 107、小田部 2016a:157 ~ 158, 190, 195、秦 1994 : 38 ~ 39, 48, 56, 111, 172, 213, 228, 496〕。[42]

徴兵などの兵事行政は、内務省の地方行政単位である道府県とは別に、近衛を除く各師団長のもとに師管区が置かれ、師管区は二旅管区、各旅管区は二連隊区（第一師管区のみ四連隊区）に分割されていた。原則として、一連隊区からの徴兵は同一歩兵連隊に入隊することになっていたのである。ただし、離島には警備隊区が置かれたが、とくに沖縄（沖縄警備隊区）からの徴集兵は歩兵に限られ、その兵員は第六～第十二師団の各連隊に分散させられた。このことは、大多数の同郷出身兵の集団に沖縄出身の異郷出身者を分散混入させることで、沖縄出身兵に対する兵営内での差別を助長する結果をもたらすことになった〔大江 1976 : 63〕。

東京第一師団管下の高崎歩兵十五連隊は第三軍に編入され、既述のように仙台第二師団は第一軍所属とされた。出征時の第二師団師団長は、乃木の後継の陸軍中将西寛二郎（旧薩摩藩士、後の大将・教育総監・子爵）であった。第一軍は朝鮮半島から西北に進軍した。このように、同戦役でも薩長藩閥勢力が牛耳る体制が確認でき、後に**「陸の乃木、海の東郷」**と讃えられ神聖化されるようになる。両者は戦没しておらず靖国神社の祭神ではないが（乃木は大正元年九月殉死〔六四歳〕、東郷は昭和九年五月病没〔八八歳〕）、それぞれ独自に**乃木神社**（県社・府社、大正期）および東郷神社（府社、昭和一五年五月）が創建され、カミとして祀られ「**忠魂**」「軍神」あるいは「**聖将**」として位置づけられた。ただし大江志乃夫によれば、そもそも乃木の第三軍司令官就任には無理があったという。また前澤哲也によれば、とくに乃木第三軍の旅順攻撃（七～一二月）での無謀で単純な攻撃パターンを露軍は見破っていたという。これが日本軍の損害を甚大にした一因であった。また、露軍の新兵器「機関銃」の猛威にも苦しめられた。丑木幸男によれば、当時の戦地からの兵士の便りを読み解くと、戦役を体験し戦地を見聞して、露兵を目の当たりにした青年出征兵士らは、強烈なナショナリズム意識をもつようになっていったという。開戦から一年余後の明治三八年三月一〇日、激戦の末に日本陸軍が満州の奉天（瀋陽）を占領し、五月二七日には、日本海海戦で日本海軍がバルチック艦隊を撃破したことで、辛うじて日本の勝利は確定したのである。日露戦役後の四〇年九月、宇都宮に第十四師団が新設されるこ

明治天皇桃山陵の西南（裏鬼門）にある京都乃木神社
（京都市伏見区桃山町）

第三軍司令部記念館（京都乃木神社）

「忠魂」碑
（陸軍大臣陸軍大将南次郎書、同上）

とになり（同師団関係の敷地総面積は約四七万七〇〇〇坪）、十五連隊は東京第一師団管下から第十四師団管下に編入された。以来、宇都宮は東日本有数の「軍都」として発展することになる〔大江 1990 : 100 ~ 104、白井・土岐 1991 : 244, 268 ~ 269、佐藤 2006 : 126、仙台市史 2008 : 284、秦 1994 : 56, 108, 343、丑木 2008 : 227、前澤 2009 : 136 ~ 137、194 ~ 195、海野 2001 : 154, 159、高橋 1990 : 17、朝尾他 1996 : 954、笠原・安田 1999 : 144〕[43]。

靖国合祀に関しては、日露戦役時から戦役ごとに陸海軍両大臣官房内に合祀に関する審査委員会が設置され、高級副官が長となり、出先の部隊長や連隊区司令官からの上申に基づき合祀審査が開始されたという。既述の『上毛忠魂録』（1940）によると、日露戦役は新たに八万六七八〇柱の未曾有の靖国祭神を生むことになった。皇族出征者からは負傷者・戦病者が出たものの、戦没者はいなかった。この祭神のうち本県関係者は一五〇六柱、また、第二師団の宮城・福島両県出身戦没者だけでも約三〇〇〇名といわれている。既述の無謀な作戦下で、壮絶な旅順要塞戦を体験

東郷銅像（鹿児島市清水町・多賀山公園）

東郷の「聖将之碑」（同上）

した陸軍中尉桜井忠温（第三軍松山歩兵第二十二連隊旗手）は『肉弾』を著したが（明治三九年春）、文字通り歩兵の肉弾戦が展開されたのである。「戦死」「戦傷死」者の軍人・軍属に関しては、靖国神社に合祀されているという。特別賜金の規則と「軍人恩給法」（明治三五年一部改正）も、明確に戦死・戦闘負傷死者優位の処遇であった。ただし、「戦病死者」等については日清戦役時とほぼ同様の扱いであった。つまり、「同戦役に戦死戦傷後死歿し前年合祀未済者（特祀）」や「同役業務に従事し傷病疾病等に因り死歿せる者並同役に死歿せる者（特祀）」の、合計二万四六五七柱の靖国特祀は明治四〇年五月に実施され、「靖国神社臨時特別合祀陸軍軍人軍属名簿」に記載されたのである。合祀の戦死者と特祀の戦病死者・戦時災害死者との間には、わざわざ「特祀」と記載し、合祀の年月を遅らせるなど明らかな差別があった。明治末期には、軍隊内においても、恩給法上の公務死裁定がそのまま靖国神社への合祀資格であると理解される場合があったという。また既述のように、日露戦役の頃から出征者の無事を祈る「陰膳」が広く流布するようになった。同戦役での金鵄勲章受章者は一〇万九六〇〇名に及び、日清戦役時の約五〇倍に激増している〔大江 1984：126～127、前澤 2009：137～138、寺田 1992：64, 85、仙台市史 2008：284、赤澤 2015：56～60、川村 1996：145、秦 1994：686〕。(44)

2　宗教界の動向

日本の宗教界は総じて日清戦役時と同様に、あるいはそれ以上に戦争協力に邁進したという。靖国神社では開戦直後の二月一二日、日清戦役の際と同じく、「戦勝祈願」のために毎月二〇日に祈祷を実施することを申請し許可された。全国各地の神社では出征兵士に戦勝祈願の祝詞をあげ、神職が村々をまわって戦役の意義や心得を説いていった。敵国降伏の祈祷も捧げられ、軍に戦勝祈願のための神符を献納した。例えば、日露開戦に際し艦隊が佐世保を出航すると、福岡県三潴郡では神職が三日間の「伏敵祭」を執行し、以後各神社で日々祈願が行われたという。また、福岡県で校長の職にあった大坪勇なる人物は、旅順陥落を受けて開催された戦捷報賽会で「日露戦役ト神社トノ関係」と題する演説を行っている。「我日本国は神国である、神様のお造り遊ばされたる国である」として、日本に生まれた以上は、どの宗教を信じていようと「日本の神を尊敬せぬと云ふことは一人もならぬ」と述べ、その神は蒙古襲来から旅順陥落まで、「人力の及ばぬ処を守りく下さる」のだと説いたという。福岡では、一九四校の生徒五万六〇〇〇名がお守り六万体を軍人に寄贈している〔小川原 2010：174、高石 1990：66〕。[45]

仏教界はどうであったか。多くの仏教者が「法為」や「東洋の平和」といった観点から戦役を正当化し、戦場で敵を殺しても殺生戒には反しないといった教説が流布していった。七〇〇余万の壇信徒を抱え、開戦が近いことを予測していた真宗本願寺派では、日清戦役時と同様に臨時部を設置し、「戦時奉公」の事務所として全国二二ヶ所に出張所を開設した。宣戦詔勅が出されると二月一〇日、法主大谷光瑞（光尊長男、第二十二世鏡如）は直諭を以て次のように達示している〔小川原 2010：162～163、新潮社 1991：339〕。

> 今回の事たる実に我が帝国未曾有の事変なれば、挙国一致して之に当らざるべからず、況や、本宗の教義を信ずる輩は、已に金剛堅固の安心に住する身に候へば、死は鴻毛よりも軽しと覚悟し、たとひ直ちに兵役に従はざる者も、或は軍資の募に応じ、或は恤兵の挙を助け、忠実武勇なる国民の資性と、王法を本とする我が信徒の本分とを顕はし、ますます皇国の光栄を発揚すべきこと、今此時に至り、此旨よくよく心得らるべく候

本願寺派から従軍した僧侶は、光瑞の弟大谷尊重（光明、従軍布教使総監督）を始め計五〇〇名に達し、日清戦役時

は一三名であったから、その三八倍に及んでいた。この数字だけからしても、同派の力の入れようが推し量れる。法主やその代理も内地の師団に積極的に出張している。布教僧の主な任務は、軍人や軍属に対する法話や教説、戦没者の葬儀・負傷者の慰問などで、大連・遼陽・奉天・台北などに設けられた慰問部や関東別院を拠点に、現地の部隊と行動を共にした。この従軍布教は、その規模において他宗派を圧倒していたといわれ、当時、従軍布教僧は殆ど本願寺の独占などと報じられているという。従軍僧は各師団（師団長は陸軍中将）に三名、兵站監部に二名以内、また独立旅団も各旅団（師団の次位の編成単位、旅団長は陸軍少将）につき一名を随行させることができた。とくに光瑞の妻籌子は、嘉仁親王（明治天皇第三皇子、後の大正天皇）の妻節子（後の貞明皇后）の姉であったから、皇室とは密接な関係にあったのである〔小川原 2010 : 164 ~ 168、秦 1994 : 738、原・吉田 2005 : 155〕。

真宗大谷派の法主大谷光瑩も直諭を下している。帝国臣民として報国の誠を尽くすのは勿論であり、「殊に本宗は予て申示したるが如く、二諦相依の宗義なれば（中略）進んで軍国の大事に従ふべきなり」、と真俗二諦の論理から戦役協力が正当化された。日清戦役時と同様に再び臨時奨義局が設置され、軍事援護事業に取り組んだ。また既述の「一殺多生」は、「多数の生命のため、一人を殺すを許された」と解釈されるようになった。そして、この言葉は仏教の慈悲と同一の概念と理解され、平和を乱す者を殺すことは慈悲の心からおこる折伏である、と主張されるようになったのである〔小川原 2010 : 169 ~ 170、古田他 1988 : 108、新野 2014 : 70, 78〕。

真宗門徒の出征兵には、大谷光瑞の親示として刊行された『出征軍人の門徒に告ぐ』などの小冊子が配布された。とくに門徒の多い石川・富山・福井三県の連隊から構成される金沢第九師団は、「日本陸軍の最精鋭師団」と謳われた。同師団の布教使となった佐藤厳英なる人物は、前線出動を控えた師団将兵に対して、この戦役が仏教の殺生とは矛盾しないこと、平和のための戦いであること、慈悲の精神から捕虜や非戦闘員を助けるべきこと、そして恐怖心が沸いた時には「南無阿弥陀仏」を唱えよ、と説いた。また、国家のために死ぬのは名誉であり、靖国神社に祀られるのは身に余る幸せであるとも説いたという。そこには、仏教徒として靖国神社に「護国の神」として祀られることへの疑念は見当たらず、国民を思いやる天皇の徳が強調され、天皇への忠義は阿弥陀仏への信心と重ね合わされたのである。仏教徒も国民である以上、天皇の「眷属」として認識された。実際に同師団所属の富山歩兵第三十五連隊は、第一回旅順総攻撃で大打撃を受けたが、その際、同連隊第二大隊は一斉に「南無阿弥陀仏」を唱えながら突貫したと伝えられている〔小川原 2010：164～166〕。(46)

日蓮宗では、宣戦詔勅が発せられると、管長久保田日亀が直ちに報国義会を設置して「報国尽忠の丹誠」を示すことを表明した。報国義会から戦地へ従軍僧も派遣された。また、立正安国会（後の国柱会）の田中智学は、領土拡張を目論むロシアを侵略的統一をめざすものとして批判し、日本が道義的に世界を統一すべきであると説いた。その実行者たる天皇は「インド神話上の王」「王中の王」であると位置づけている。西山茂によれば、日露戦役の頃から田中の活動は、それまでの日蓮教学（本化妙宗式目）の完成と普及に重点を置いたものから、日蓮主義に立脚した日本国体学の構築とその啓蒙宣伝に力が注がれるようになるという。愛国的なキリスト者である内村鑑三が常に「二つのJ」（Jesus と Japan）を愛したように、田中も「二つの日」（日蓮と日本）を常に意識していた〔小川原 2010：170～171、西山 2016：42～44〕。

曹洞宗は開戦とほぼ同時に、将兵の慰問と有事における報恩のために数十名の従軍布教使を各師団に配属させることを決めた。派遣された布教使は「大死一番大活現成」、即ち死地に飛び込んで迷いが消えた時こそ悟りを得ることができる、という禅語を用いて、楠木正成も広瀬武夫もその先達であったと解説した。そして彼らのように「七生報国」、つまり未来永劫にわたって国家（天皇）に忠誠を尽くすことを誓い、壮快な往生を全うすべきであると説いている〔小川原 2010：171、古田他 1988：395〕。[47]

キリスト教界も日清戦役時と同様に、大多数は戦役に協力する態度を示した。井深梶之助・本多庸一・小崎弘道（旧熊本藩士二男、東京霊南坂教会牧師・同志社英学校社長）・海老名弾正（旧筑後柳川藩士嫡男、安中教会牧師・熊本教会牧師、後の同志社総長）らの指導者たちは、大日本宗教家大会に参加し、日露戦役を「日本帝国の安全と、東洋の平和とを図り、世界の文明、正義人道の為に起れるもの」と受け止めて、その主旨の徹底と平和の回復を誓った。とりわけ海老名は、自由な解釈の下に国家主義を大幅に容認する立場にあって、日露戦役を積極的に肯定した。同戦役を「神の国」建設のため、神の意志を実現するための「義戦」と捉えていたという。また、海老名義妹の矢島揖子（旧熊本藩士子女、女子学院院長）を会頭とする日本基督教婦人矯風会も戦役支援体制に入り、慰問袋の送付や出征兵士宅の訪問等、幅広い活動を展開したという。他方、日清戦役時には戦役に賛同した本県有縁の内村鑑三や柏木義円は、日露戦役では周知の「非戦論」を展開した。その他、社会主義思想の影響下で、キリスト者のなかにも戦争反対を唱える者が現れ、日清戦役時とはかなり様相を異にしていた。「最初の良心的兵役拒否者」も出現しているのである。なお、牧師の従軍に関しては、とくに日英同盟を背景として英国の後押しがあったといわれ、同盟は意外な側面から戦役を支えていたことになる〔小川原 2010：177～181、森岡 2005：50～64, 89、末木 2008：205、新潮社 1991：296, 715, 1750〕。[48]

敵国の宗教となったロシア正教に関しては、三国干渉以来、同教に対する批判は日本国内で広く展開され、同教は極めて厳しい立場に置かれていた。ロシアは日露戦役を「キリスト教対異教徒の戦い」として宣伝していたから、それだけに日本の他のキリスト教会よりも積極的に戦役に協力したのである。ロシア正教のニコライ主教（後の大主教、明治四五年没）は、幕末（文久元年）に箱館（函館）のロシア領事館付司祭として来日している。そしてキリシタン禁制の高札撤去に先立つ明治五年二月、東京で日本ハリストス正教会を創設し、駿河台にニコライ堂（東京復活大聖堂、明治二四年三月竣工）を建設したが、主教は「露探」「売国奴」と罵られた。正教会では、『ハリストス教に対する疑惑の弁明』（明治三一年初版発行）で、日本国家への忠誠とキリスト教の信仰とが矛盾しないものであることを力説していたのである〔小川原 2010：137～144、朝尾他 2005：801、新潮社 1991：1306、小野他 1985：542、日本史広辞典 1997：1687、山折 2004：457, 500、群馬県史 1991：186〕。[49]

八　日露戦役戦没者と靖国祭祀

1　戦死者埋葬規則

陸軍は開戦にあたり再び戦時規則を制定するが、開戦から三ヶ月後の明治三七年五月三〇日、「戦場掃除及戦死者埋葬規則」（陸達第一〇〇号）を発している（以下、埋葬規則とする）。同規則は全二十四条からなるが、その条文の一部を抜粋してみよう〔原田 2003：130～131〕。

第一条　各部隊ハ戦闘終ル毎ニ速ニ掃除隊ヲ編成シ戦場ニ於ケル傷病者及死者ヲ捜索シ且其ノ遺留品ヲ処理スヘキモノトス（以下略）

第二条　傷病者ハ戦時衛生勤務令ノ規定ニ依リ之ヲ取扱ヒ死者ハ帝国軍隊ニ属スルト敵国軍隊ニ属スルトヲ問ハス身分階級ニ応シ其ノ死体ヲ鄭重ニ取扱フヘシ

第四条　帝国軍隊所属者ノ死体ハ火葬シ敵国軍隊所属者ノ死体ハ土葬スルヲ例トス　但シ敵国軍隊所属者ノ死体ト雖伝染病流行等ノ虞アル場合ニ在リテハ火葬スルコトヲ得

第九条　帝国軍隊所属者ノ死体ハ各別ニ火葬シ其ノ遺骨ヲ内地ニ還送スヘシ　但シ場合ニ依リ遺髪ヲ還送シ遺骨

ハ之ヲ戦場ニ仮葬スルコトヲ得
前項ノ場合ニ於テ下士兵卒等ニ在リテハ事情ノ許ササルトキハ遺髪ヲ還送シ死体ハ取纏メ火葬スルコトヲ得
第十条　前条還送ノ遺骨若ハ遺髪ハ陸軍埋葬規則第六条ニ基キ内地ノ陸軍埋葬地ニ葬ルヲ例トス　但シ遺族ヨリ其ノ引受ヲ願フトキハ之ヲ許スコトヲ得
前条仮葬ノ遺骨モ他日之ヲ内地ノ陸軍埋葬地ニ改葬スヘキモノトス
第十一条　第九条ニ依リ仮葬スル場合ニハ成ルヘク左ノ各号ニ依ルヘキモノトス
一　将校同相当官及准士官ノ遺骨ハ各別ニ埋葬スルコト
二　下士兵卒等ノ遺骨モ成ルヘク各別ニ埋葬スヘク若シ之ヲ為ス能ハサル場合ニ於テハ合葬スルコト
三　合葬ノ場合ニ於テモ准士官以上ノ墳墓ト下士兵卒等ノ墳墓ハ之ヲ区別スルコト
第二十三条　馬匹ノ死骸ハ之ヲ埋却又ハ焼却スヘシ　但シ死骸ヲ埋却スル場合ニ於テハ第十一条第三号及第四号ニ準シ衛生上一層ノ注意ヲ為スヘキモノトス

原田敬一によれば、日清戦役の「戦時埋葬規則」が開戦前の制定であったのに対して、今回の規則が日露開戦から四ヶ月も経過して制定されていることから、当初陸軍は日清戦役時の規定で乗り切ろうとしたものの、両国軍の戦没者の増大など予想外の展開となったため、新たに埋葬規則が設けられたのではないかという。一方、海軍は新たな埋葬規則を作成することなく、日清戦役時の規定で凌いでいるという〔原田 2003 : 130〕。

新たな埋葬規則によれば、各部隊では戦闘終了と共に「速ニ掃除隊ヲ編成シ」、「傷病者及死者」の捜索が実施されることになった。また、日清戦役時の「戦時埋葬規則」では敵の戦没者に関する規定はなかったが、この埋葬規則では、日本軍将兵と同様に敵の戦没将兵の遺体処理についても指示され、「死体ヲ鄭重ニ取扱フヘシ」としている。注目すべき点である。これに関連して、日本軍将兵の死体は火葬し、敵国軍将兵の死体は土葬するとされており、これはロシア正教に配慮してのことであろう。そして火葬された日本軍将兵の遺骨は、内地に送還して陸軍埋葬地に葬ることが原則となったことが読み取れる。戦没者の具体的な処理方法が明記されたのである。さらに人間のみならず、軍馬の埋葬にも言及していることは大変に興味深い。日露戦役に投入された総馬数は合計二二万三〇九一頭で、その消耗率は二〇・六％であったという。本県では、県内の各市町村から合計一万八〇五頭が徴発されており、徴発軍馬は県内の馬数の約三割に上った。これとともに荷車も本県から五九八三両が徴発されている。既述のように、陸軍では軍馬は銃器に次ぐ貴重な兵器であった。それは軍人・軍夫だけではなく、多くの軍馬をも失った消耗戦の激しさを物語るものであった。序章で言及したように、戦没将兵の「忠魂碑」と共に、全国に「軍馬忠魂碑」等の建立が散見されるのも、その故である。後に陸軍は支那事変（日中戦争）以降、一師団に八〇〇〇頭もの軍馬を引き連れて戦線に入ることになるという〔大江 1976：450、近現代史 2000：84、群馬県史 1991：177〕(50)。

2　軍神の誕生

近代日本における「最初の軍神**広瀬武夫**中佐」（三七歳）は海軍将校であり、「第二の軍神**橘周太**中佐」（三八歳）は陸軍将校であったが、両者とも日露戦役で「壮烈なる戦死」を遂げ、「名誉ある戦死」「帝国軍人の亀鑑」と位置づけられた。こうして「近代明治の軍神」が誕生したのである。ただし、両者に特別な武勲があったわけではなかった。国民の人気において、旧豊後岡藩士二男の海軍中佐広瀬武夫（海兵15期、実兄勝比古は海軍少将、朝日水雷長、戦死時は少佐）は、長崎の庄屋子息の陸軍中佐橘周太（陸士旧9期、戦死時は少佐）を凌駕していたという。広瀬は海軍の無謀

「福井丸」の決死隊員と戦死者の棺。前列右端の水兵が箱を手にしているが、向かって左の大きな箱には広瀬少佐の肉片が、右の小さい箱には杉野兵曹長の遺髪が収められている。中央のスノコに横たわっているのは負傷した栗田大機関士。

東京・青山斎場での広瀬中佐海軍葬。広瀬の遺体を砲車に乗せて斎場に向かう。

な第二次旅順口閉塞作戦に参加し、「**福井丸**」を沈没させる途中で頭部に被弾し、肉塊となった（明治三七年三月二七日）。後に郷里の大分県竹田（旧岡藩は外様七万四四〇石）には、広瀬を祭神とする県社広瀬神社（敷地は二二四七坪、竹田市竹田）が創建されている（昭和一〇年五月二五日鎮座祭）。一方、静岡歩兵第三十四連隊大隊長であった橘は、遼陽の戦闘で被弾し、部下の内田軍曹に背負われ下山途中に絶命したという（明治三七年八月三一日）。広瀬と同様、後に郷里の長崎県島原には、橘を祭神とする県社**橘神社**（雲仙市千々石町）が創建されている（昭和一五年五月）。「忠魂」として靖国神社への合祀とは別に、両者はそれぞれ九州の郷里で「カミ」として祀られ一社を成し、「地方の靖国」「地域の靖国」として役割を果たすことになる。また、広瀬銅像が郷里の竹田山下公園（銅像建立は明治四〇年五月）と東京万世橋（千代田区外神田、同建立は明治四三年五月二七日）に建立された。他方の**橘銅像**も同様に二体建立されている（大正八年二月）。一体は橘の郷里南舟津上山に建てられ、もう一体は第三十四連隊敷地内に建てられたが、後者は後に橘が校長を務めていた名古屋陸軍幼年学校に移転されたという。とくに彼らは、川村邦光のいう「大元帥・現人神天皇の統帥する皇国ナショナリズム」において、天皇の「属神」として顕彰されていくのである。この軍神創出の立役者は、広瀬と海兵同窓の大本営海軍参謀小笠原長生中佐（旧唐津藩主小笠原長行の長男、海兵14期、子爵、後の中将・宮中顧問官）と、同参謀財部彪中佐（旧都城藩士二男、海兵15期、岳父は山本権兵衛、後の大将・海軍大臣）であったといわれている（新谷 1992：266 ～ 267、新谷 2009：201 ～ 210, 210 ～ 211, 216 ～

再建された橘銅像（橘神社、撮影・同社）

226、山室 2007 : 61 ~ 69、二木 2004 : 618、白井・土岐 1991 : 296、長崎高教研 1993 : 113、秦 1994 : 91, 173, 208, 226、海野 2001 : 164 ~ 165、朝日新聞 1999、川村 2007 : 103、広瀬神社、橘神社〕。[51]

3 靖国合祀と陸軍埋葬地

靖国神社では戦役中の明治三八年五月二日夜、戦没者三万八八三名の招魂式が開催された。この時の招魂式では、現在の社務所付近にあった「招魂斎庭」を拝殿南側に新設し、翌三日～五日まで臨時大祭が執行された（第三十一回合祀祭）。この際、広瀬と橘の両者は早速合祀され、戦死の翌年には文字通り「軍神」となった。またこの折、嘉仁親王（後の大正天皇）が皇太子として初めて参拝している。この合祀祭から、従来の巻物の祭神名簿が帳冊の祭神名簿（後の霊璽簿）に改められたという。戦況は五月二七日の日本海海戦を経て、九月五日には日露講和条約（ポーツマス講和条約）が調印されたが、日本軍の死者・廃疾者は一一万八〇〇〇名に及んでいた。そして一二月一一日、平和克復奉告のため官幣大社中一二社と靖国神社に勅使が派遣されたのである。同年には、全国各地からの参拝者も急増している。また、戊辰戦役時に遠州報国隊員として討幕側に与し、明治二四年二月に第二代靖国神社宮司に就任した賀茂水穂（遠州金山彦神社神職の賀茂鞆音三男、後備海軍大主計）は、日露戦役直後、陸軍省の許可を得て満韓に向けて出発している。自ら戦没者の実態を見分するためであったという〔高石 1990 : 54, 67、秦 2010 : 64、靖国神社 2000 : 54、笠原 2012 : 294 ~ 295、佐藤 2008 : 151、坂井 2013 : 62 ~ 63, 78 ~ 80〕。[52]

仙台では既述のように、日露戦役中の明治三七年八月二八日、仙台城本丸跡の昭忠碑の後方に天主台招魂社（後の宮城県護国神社）が創建され、一一月三日には鎮座式と降神式が執行された。翌四日には、神式の「招魂大祭典式」および菩提所仮設による仙台市各宗協会により仏式の祭典も開催されたという。日露戦役後、同社の祭礼は靖国神社の祭典日に合わせて、春季は五月六～七日、秋季は一一月六～七日に設定される。宮城県下では石巻（石巻市）と白石（旧白石藩は外様一万八〇〇〇石、白石市）にも招魂社が建立されるというが、「県都」であり「軍都」でもある、東北を代表する都市仙台に靖国神社の分社（末社）が創建されたことで、第二師団関係戦没者は師団本部においても正式にカミとして祀られ、宮城県においても靖国（国家）祭祀体系が確立されていくことを意味した〔佐藤 2006：118、佐藤 2008：150、佐藤 2017：15, 20、二木 2004：36〕。

明治三九年一月、日露戦役の「奉天入城日」（三月一〇日）が「陸軍記念日」に、同三月には「日本海海戦日」（五月二七日）が「海軍記念日」と定められた。両軍とも講和条約締結日や平和回復の日ではなく、最も多くの将兵の血が流れた日を軍隊と国家の記念日として制定したのである。当初はそれぞれ部内の祝賀行事であったというが、やがて日本の敗戦まで広く国民の記憶のなかに強く烙印される特別な日となった。そして四月三〇日には、東京青山練兵場で日本軍事史上空前絶後といわれた「征露凱旋陸軍大観兵式」が実施された。一七個師団・軍旗約一二〇が参集し、天皇は馬車上から一六キロ、三万名に及ぶ陸軍将兵の隊列を閲兵したという。一方、海軍はすでに前年の一〇月二三日、東京湾上で海軍凱旋式による「大観艦式」を挙行していた。参加した艦艇は二〇〇隻、観衆は数万名であったという。三九年五月二一～四日には靖国神社で臨時大祭が執行され（第三十二回合祀祭）、前年とこの臨時大祭で合計六万八四三名の戦死者が合祀されている。この大祭初日の五月二日には、大観兵式に参加した陸軍部隊が同社に公式参拝した。「陸軍凱旋観兵式要領細則」によれば、「凱旋観兵式ニ出場若クハ参列セル軍人ハ靖国神社ニ参拝スルモノトス」、と定められていた。海軍も同日および翌四〇年五月二一～四日の臨時大祭（第三十三回合祀祭、合計二万四六五七名の特祀）の二度に分けて、部隊の靖国参拝を実施している。とくに四〇年の特祀では、日本赤十字社の救護看護婦二一二名が含まれていた。また、同社の秋季大祭は幕末の「会津落城降伏日」を新暦に換算した一一月六日で、春季大祭はその半年前としていたが、後に春季例大祭を四月三〇日（既述の陸軍大観兵式挙行日）、秋季臨時大祭を一〇月二三日（既述の海軍大観艦式挙行日）と定め、「日露戦役戦勝祝賀日」を祭典の重要日としたのである（大正六年一二月）。同社の意義は、天皇が戦勝を祝い、天皇と国家のために戦死した人々に感謝するものであったから、そのための祭祀であることを広く臣民に知らしめるための変更であった〔高石 1990：68～70、原田 2007：222～223、秦 2010：89、岩波書店 1991：184～186、靖国神社 1999：68〕。[53]

「日露戦役戦病没将士合祀之碑」
（会津若松市花見ヶ丘・小田山陸軍墓地）

凱旋した各師団では、管轄する数ヶ所の陸軍埋葬地に墓碑を建設する計画を立て、陸軍省に許可を求めた。例えば明治三九年二月の大阪第四師団長の申請書では、個人墓標ではなく合葬墓標としている。それは、墓標に規定のように「官位勲功氏名及死亡年月日等」を「一々刻印」すると多人数になり、石碑も「頗る異形」となって、彫刻費用も多大となる（同師団では約二万八〇〇〇円を計上）、としていた。したがって、彫刻を略して「別に合葬の原簿」を備えることで代用としたい、と提案している。遺骨に関しては不詳であるが、翌三月に陸軍省はこれを許可し、同時に全国の各師団に通達を発した。こうして全国の陸軍埋葬地には、一般的に将校・準士官（特務曹長）・下士・兵卒の四基の**日露戦役合葬墓**等が建立されるようになった。陸軍埋葬地には、すでに日清戦役合葬墓が建立されている場合もあったが、日露戦役合葬墓では戦没者の階級・氏名等の記入を略すことになった。未曾有の戦没者を生み出した結果、皮肉にも戦没者の「有名」から「無名」への道筋が加速し、出費を惜しむという「穏当でない」（陸軍省軍事課意見）理由により墓碑建設が決定されたのである。このように、主として財政的理由により陸軍埋葬地での墓碑建設は規制されていった〔原田 2007：221 ～ 222〕。[54]

天皇の祭祀、つまり宮中祭祀（皇室神道の祭祀）の主要な内容と形式は、明治四一年九月一九日の「皇室祭祀令」によって確定し、以後、神社祭祀の形式もこれに基づいて制度化されていった。同令は日本の敗戦後に廃止されたが、現行の祭祀も、実は同令に準拠しているという。靖国神社では、既述の賀茂水穂宮司が四二年三月一日に病没したことにより、同二九日、第三代宮司には再び長州出身の賀茂百樹（周防国の神職藤井厚鞆三男）が就任した。百樹は皇典講究所幹事や全国神職会顧問等を歴任したが、国学者賀茂真淵（遠江浜松荘伊場村の神職子息、本姓は岡部）の後裔の、岡部清子の養子となって賀茂姓を継いだもので、水穂との血縁関係は全くなかった。同一二月九日には、祭神の事蹟顕彰のため同社境内に図書館が竣工し（翌年七月遊就館附属として開館）、百樹は同社誌の編纂を推進したという。翌四三年四月二日、「靖国神社処務規定」（陸普第一四一七号）が制定され、神社に関する事務は陸軍省において管掌し、重要事項は海軍省と合議することになったが、陸軍省高級副官が神社の事務を統括することと定められた。八月の韓国併合宣言を受けて、翌九月一五日には同社で「韓国併合奉告祭」が挙行されている。また、既述の陸海軍記念日設定を受けて、四四年三月一〇日の陸軍記念日および五月二七日の海軍記念日には、同社で祭典を執行し、以後恒例となっていくという。編纂作業が進められていた『靖国神社誌』は、陸軍省副官の検閲を経て年末の一二月二六日に刊行され、序章で言及したように、同書は天皇・皇后および皇太子・同妃に献上された〔村上 1970：146、村上 1974：151、山折 2004：529、藤田 2007：220、高石 1990：64, 72 ～ 74、新潮社 1991：514〕。

『靖国神社誌』の序文は、陸軍大臣寺内正毅大将（旧長州藩士、伯爵・朝鮮総督、後の元帥・首相）によるものだが、そこでは祭神を初めて「英霊」と呼んでおり、日露戦役後に戦没者を一般に英霊と称するようになったと考えられる。

ただし、同戦役後に地域社会で建立されるようになるのは「英霊碑」ではなく「忠魂碑」であった。英霊と忠魂は同義であり、こうした戦没者碑と共に、「日露戦役紀念碑」「明治三十七八年戦役紀念碑」「明治三十七八年戦役凱旋紀念碑」などの建立が盛んになることは、これもすでに序章で言及している。既述のように、陸軍埋葬地にて戦没者の充分な慰霊顕彰がなされなかった分、これを肩代わりすべく地域社会に出現したものが忠魂碑等であった。戦没者の名誉顕彰は、極めて限られた場所で、かつ規制が多い陸軍埋葬地におけるよりも、多くの人々の耳目の的になるムラやマチの役場・学校・寺社などにおいて、その機能を発揮することになるのである。忠魂碑は忠霊塔と共に「ムラやマチの靖国」と呼ばれるようになるが、管見の限り、英霊碑の一般的な建立は日本の敗戦後のことであった〔村上 1974 : 152、今井 2005 : 282 ~ 286、秦 1994 : 96〕[55]。

九　埋葬・遺骨回収作業と忠霊塔

1　旅順戦場掃除

戦没者の埋葬作業等の実態はどうであったのだろう。本県群馬郡白郷井村（渋川市）出身で、日露戦役出征時は第三軍隷下の東京第一師団歩兵第一連隊（赤坂）野戦第六中隊の小隊長（見習士官）であった**猪熊敬一郎**（陸士15期、後の中尉）は、従軍体験を妻が口述筆記して『鉄血』として残している。同書には猪熊らによる「三〇　旅順戦場掃除」が記録されている。それは明治三八年九月の日露講和条約締結から二ヶ月後、一一月の記述で左記のようにある〔猪熊 2010 : 4, 161 ~ 166, 192〕[56]。

（前略）我が第三軍の各師団は旅順方面戦死者の遺骨遺灰を集めて新たに成った白玉山頂の納骨場に納むる為

め戦場掃除隊を派遣することになった。（中略）予はこの収集を命ぜられ下士三名と従卒を率い他隊の掃除隊と合して十一月一日鉄領を発し南下した。（中略）

翌十三日、予はそのかみの苦戦の跡を偲ばんものをと、先ず爾霊山に向かった。（中略）ただ彼方此方に白骨累々として見え、（中略）万感交々至り、俯仰低回去る能ず、やがて拙い一首をものして漸く山を下った。

そのかみの血しおの色は見えずなりてただあちこちに白き骨見ゆ

やがて海鼠山に登り、我が連隊にて整然と墓碑を建ておきしかの墓地に至れば、屍体はその儘にただ墓碑のみ掃除せられ、其隊の紀念林が植樹されてあった。この日、金州に赴いた下士によれば乃木中尉の遺骸は同地兵站司令官に於いて火葬し、遺灰は南山頂に葬り遺骨は一小甕に納めて今尚司令官の枕側に安置せられてあるということで、予等の来たのを幸い、帰路金州停車場で授受する約束をしてきたという。

「陸軍歩兵中尉　従七位勲六等　功五級猪熊敬一郎墓」
（渋川市伊熊の共同墓地、撮影・前澤哲也）

翌日より数十名の支那人夫を使役して海鼠山麓の発掘に従事し、十六日漸くこれを了して、火葬に附した。爾霊山戦死者の如きは、当時尚衣服の間に肉片点々と附着し、惨憺たる光景を呈していたのであった。翌十七日からは更に、我が連隊に多数の生死不明者を生じた鉢巻山の発掘を始めた。まず幾回となく敵の襲撃を受けた山頂の敵兵壕を発掘したところ一尺許りで敵味方死体続々として現れ出た。当時露兵と吾兵との骸骨の鑑別法は第一頭髪の紅か黒きか、第二髪なき時は鼻骨隆起の程度、第三頭蓋なき時は大腿骨の長短如何を以てするのであったが、この日最も愉快であったのは生死不明者二名の遺骸及び認識票金属製にて自己の隊号姓名を刻せるものを発見したことであった。二十二日まではかくの如く毎日支那人夫数十名を雇って鉢巻山を発掘し、都合十名の生死不明者を発見した。（中略）実にこれが為に迷える英霊も浮かぶのだと思えば、終日の労苦も少しも疲れを覚えず、ただ一個にても余計に発見するのを楽しみに営々として毎日発掘に従うのであった。しかし十有余名の生死不明者は遂に発見することが出来なかった。

（中略）

二十八日には遺骨遺灰を白玉山の墓地に納めた。墓地は地下に大なるベトン製の窖室を作り、師団毎に納骨し、その窖室の上に社殿を建て、その前方に大なる記念碑を立つる計画であるという。尚白玉山上には馬車にて登ることの出来る程の大道を開き参拝者に便する筈とのことで、恐らく旅順に於ける日本人の事業としては最大のものであろう。（以下略）

猪熊らの戦場掃除作業は、「白玉山頂の納骨場」に「旅順方面戦死者の遺骨遺灰」を集めて納めるためであったが、二週間余に及ぶ作業の後、明治三八年一一月二八日にその作業は全く終了したという。文中の乃木中尉とは、三七年五月の「南山の戦い」で戦死した、第三軍乃木司令官の長男の陸軍中尉乃木勝典（歩兵第一連隊小隊長）のことであった。また、猪熊と陸士同期であった希典二男の陸軍少尉乃木保典（後備歩兵第一旅団副官）も、同年一一月の「二〇三高地（爾霊山）の戦い」で戦死している。とくにこの戦いでは、**第三軍**が約三〇〇〇名からなる決死隊「**白襷隊**」を編成し夜間攻撃を実施したが、結局一つの堡塁も奪えなかった。同隊隊長は陸軍少将中村覚（旧彦根藩士二男）であっ

第三軍の「白襷隊」

陥落寸前の「二〇三高地」。日本軍は多くの死者を残して退却に入る。

た。この無謀な数時間の攻撃で、同隊の四分の三近くの将兵が戦没し、夜明けの山は白襷掛けの戦死者の遺体で真っ白になったという。白襷隊は「肉弾」と共に旅順戦の代名詞となったのである〔猪熊 2010：160, 166、前澤 2009：137～138、寺田 1992：64、海野 2001：157～156、半藤他 2009：190、秦 1994：105～106、岩波書店 1991：178180〕。[57]

このように埋葬規則に沿って、数万名に及ぶ日本軍戦没者の遺体は戦場各地で荼毘に付され、遺骨の大部分は内地に送還されて、内地の陸軍埋葬地に埋葬されるか、遺族に引き取られることになったのである。しかし、外地に残った遺灰は付近の清浄な地に埋葬されたが、埋葬地の大部分は戦役後、日本の管理下に置かれた南満州鉄道沿線付属地の外にあったため〔満鉄設立は明治三九年一一月〕、その保存・管理を続けていくことが困難になった。そこで日本軍はこれらを逐次、遼陽・旅順・大連・奉天・安東の各地に集約し、**「納骨祠」**を建立して遺灰を納めた。そしてこの納骨祠が「忠霊塔」に発展したという。つまり納骨祠には日本軍将兵の残灰が納められたのである〔大原 1984：119、朝尾他 2005：996〕。[58]

旅順白玉山「納骨祠」への海軍参拝（年月日不詳）〔辻子 2003：110〕

旅順白玉山の「表忠塔」（現・白玉塔）〔群馬県 1940：巻頭写真〕

2　満州の忠霊塔

横山篤夫によれば、満州に建設された忠

霊塔は管理者によって二分されるという。一つは日本側所管とされるもので、その数は一〇基と少ないが、その規模は巨大であるという。他は満州国民生部所管となるもので、後の満州国が日本側で造った忠霊塔を模して建設したものである。その正確な数は把握されていないが、相当数造られたらしい。ただし、その規模は大きくはなかった。既述の遼陽等に建設されたものは日本側所管で、横山のいう「第一期の部類」に相当し、これらは忠霊塔ではなく昭和初期まで「納骨祠」と呼ばれていたという。そしてこの「第一期の部類」は、さらに「前期の五基」と「後期の五基」に分類できるという。**表4は満州での忠霊塔建設一覧**である。明治期に遼陽以下五ヶ所で建設された納骨祠は「前期の五基」に該当し、「後期の五基」は満州事変以後の昭和期に建設された忠霊塔が該当するといい、両者は異質なものであるという〔横山 2007：128～130、横山 2014：66, 70〕。したがって、後期の忠霊塔に関しては後述することにしたい。

明治四〇年一一月の陸軍省による「納骨規定」では、「軍人軍属ノ遺骸ヲ成規ニ従ヒ火葬ニ附シ内地ニ送葬シタル後尚若干残ル所ノ残灰ヲ納ムル所トス」、とある。横山のいう前期の忠霊塔は、実際にはこの「若干残ル所ノ残灰ヲ納ムル所」として建設され、納骨祠が主体となる施設で塔が従属する形となった。納骨祠の屋根がドーム状の安東の場合（忠霊塔に納骨施設が含まれる）を除き、他の四基の忠霊塔では納骨祠が先に着工されている。また、納骨祠前には靖国神社型の鳥居や燈籠が設置され、神社としての位置づけがなされており、神職が配置されていたらしい〔坂井 2007：50、横山 2007：130～131〕。

例えば、**「奉天忠霊塔」**の神職佐々木常磐は、『満州忠霊記』で左記のように述べている〔横山 2007：130〕。

日露戦争に際し満州の各地に於ける忠死者は八万にして、其霊灰遺骨は関東軍に於いて保存し（後之を保存会に

表4　満州での忠霊塔建設一覧

建設年月日	名　称	塔　高	祭　神　数	備　　考
明治38・3（納骨祠）	遼陽忠霊塔	45m（改築前13.5m）	日露戦役1万4364名、満州事変510名	市街に近い高燥な大広場に移築
明治41・3（納骨祠）	旅順忠霊塔	65.4m	日露戦役2万4466名、シベリア戦役1名、満州事変116名	「納骨祠」と「表忠塔」から成る。納骨祠での納骨式は明治40年5月6日。表忠塔の竣工・除幕式は明治42年11月28日。「表忠塔」（現・白玉塔）は現存する
明治41・9（納骨祠）	大連忠霊塔	28.5m	日露戦役6029名、シベリア戦役等53名、満州事変6082名	市街中心部の中央公園丘陵上端に立つ
明治43・3（納骨祠）	奉天忠霊塔	24.3m	日露戦役3万4875名、シベリア戦役等13名、満州事変840名	当初は奉天城内の千代田広場にあったが、市街中心部に移転。対露を意識して北面する
明治43・6（納骨祠）	安東忠霊塔	？（写真によると数m程度）	日露戦役3129名、満州事変300名	市街背後の鎮江山中腹（8万坪の満鉄公園内）に立つ
昭和9・11	新京忠霊塔	35m	シベリア戦役等18名、満州事変1088名、その他	新京市街を一望する地に立つ。勤労奉仕4.5万名、総工費約25万円
昭和11・9	ハルビン忠霊塔	67m	日露戦役15名、シベリア戦役等108名、満州事変3289名（満鉄社員も合祀）	募金により総工費20万円
昭和11・9	チチハル忠霊塔	36m	日露戦役11名、シベリア戦役10名、満州事変962名	市街南郊に立つ。勤労奉仕3.5万名、募金により総工費約19万円
昭和13・5	承徳忠霊塔	？	2566名	
？	ハイラル忠霊塔	？	？	昭和18年12月印刷の教科書に忠霊塔の記載あり

※〔横山 2007b:129〕の表をもとに作成。

移す）永久の祭祀を行ふ事となり、納骨祠の祠を白玉山、大連、遼陽、奉天、安東に建て、概ね所縁の地を区域とし之に霊灰遺骨の一部を集塵して奉安せり

こうした状況から、納骨祠に納められた戦没者は「永久の祭祀」の対象として、神式により「カミ」として祀られていったと考えられよう。そして、カミとして祀られたという意味では靖国神社の分社であったが、しかしあくまでも遺灰が伴ったものであるから（靖国神社に遺骨はない）、どうしても「ホトケ」としての要素も払拭できなかったはずである。納骨祠の維持・管理は陸軍関係機関によって行われており、とくに大正一二年一〇月以降は、「南満州納骨祠保存会」（以下、保存会とする）によって維持・管理がなされていった〔横山 2007：130、横山 2014：67〕。

日本の中国侵略の中核部隊となった関東軍（大正八年四月発足）の前身は、日露戦役後に設置された関東都督府（明治三九年九月設置、都督は親任官で陸軍大将・中将が就任）が管轄した、遼東半島の関東州・南満州鉄道の守備隊である満州駐箚軍であった。その後、旅順には内閣総理大臣の監督下に置かれた関東庁が発足し、これと共に関東軍が設置されて、関東都督府は廃止された。初代関東長官は林権助（旧

大連忠霊塔〔辻子 2003：119〕

奉天忠霊塔〔辻子 2003：119〕

会津藩士子息、後の駐英大使・宮内省式部長官・枢密顧問官）であったが、関東軍最初の司令部も旅順に置かれた。関東軍初代司令官（後の総司令官）は、陸軍中将立花小一郎（旧筑後三池藩家老長男、旧陸士6期、後の大将・男爵・福岡市長・貴族院議員）である。保存会の事務所も同軍司令部内にあり、同会の会長は関東軍参謀長（昭和七年以降は参謀副長）、役員は関東軍と満鉄から選出された。経費は保存会および軍事費で支弁され、各納骨祠の建造物は陸軍省所管国有財産であった。つまり納骨祠は宗教施設であったが、軍事施設でもあったのである。この点も靖国神社と同様である。前期忠霊塔は関東軍が建設し、満鉄の協力を得て、一括して管理運営がなされていった〔横山 2007 : 130 ~ 131、朝尾他 2005 : 249 ~ 250、新潮社 1991 : 1396、秦 1994 : 90 ~ 91, 321, 683、笠原・安田 1999 : 145、二木 2004 : 578、近現代史 2000 : 26〕。

　既述の白玉山は旅順の東方に位置していたが、この「白玉山の納骨場」に「大いなる記念碑を立つる計画」によって、いわゆる**「旅順忠霊塔」**は完成したのだろう。つまり「陸の乃木、海の東郷」が発起人となり、戦没者の「勲功を、永遠に、無窮に後の世までも伝へ、忠死の霊を鎮めるために」記念として建立された塔である。その塔は**「表忠塔」**と命名された。現在は**「白玉塔」**と称する同塔は、高さ六五・四メートルの蝋燭状の巨大なもので、塔内に納骨施設はなく、二四三段の螺旋状の階段が設けられて、塔上の展望台に登ることができる構造になっていた。遺骨や遺灰は、同塔の東南約四〇〇メートル先に建てられた「納骨祠」（納骨堂とも）に納められた。既述のように、納骨祠には靖国型の鳥居と灯籠が設置され、実態は神社であった。こうして表忠塔と納骨祠とが合わさり忠霊塔が成り立っていたという。納骨祠では盛大な納骨式が四〇年五月六日に挙行され、参拝者は数千人に及んだ（納骨祠の完成は四一年三月三日とも）。また、寄附金募集のため、同地の黄金堂で慈善音楽会が開催されている〔大原 1984 : 119、横山 2007 : 130 ~ 133、横山 2014 : 73、細野 1932 : 244〕。

明治四二年一一月二九日付『大阪朝日新聞』は、「旅順の表忠塔とその除幕式」について、次のように伝えている〔細野 1932：244〕。

旅順表忠塔の竣工除幕式は愈二十八日を以て、白玉山に行はれたり。此の日大連より臨時汽車にて参列したる人々は、（中略）伏見宮殿下、北白川宮殿下先ず御着席あり、続いて委員たる乃木、東郷両大将、委員長伊地知中将其の他星野少将以下の各委員一同も亦着席し、（中略）遺族席には粛然として、感慨に耽る者多きが中にも、乃木大将夫人が白袴紋附の扮装にして伏目勝ちに控へたるは、殊更人の注意を惹けり、軈て定刻となれば伊地知中将登壇し、手綱を切り落とすや、伏見宮殿下御親筆の「表忠塔」の文字燦然として現れ、一同之に敬礼す。

続いて発起人である東郷大将の式辞と大山元帥の祝辞があった。この塔は、旅順で戦没した日本軍戦没者二万三〇〇〇余名の勲功を表彰し記念するためのものであり、大山の祝辞は、

忠勇義烈の志に対し感激殊に深し仍て一言して以て此の碑万古に不朽ならんことを祝す

と結んでいる〔細野 1932：244〕。

こうした記事から、当時の陸軍の錚々たる将師や関係者が一同に会し、除幕式が盛大に開催された様子が伝わってこよう。日露戦役時、日本軍には充分な砲兵火力がなかったため、白兵戦は苦渋の策であったともいわれるが、既述のように旅順戦は乃木大将の神格化をもたらすと共に、旅順攻撃の第三軍の捨て身の肉弾戦は「帝国陸軍の華」であ

ると宣伝されるようになった。つまり日露戦役での日本軍の戦い方自体が神聖化されたため、以後、日本軍は精神力や訓練のレベルアップに勝ち目を求めることになり、現実離れしていったといわれている。とくに陸軍がこうした忠霊塔建設を重視したのは、「帝国陸軍の華」を世間に幅広く顕彰していく必要があったからである〔半藤他 2009：191～192〕。

他方、二〇三高地の東側の小案子山東麓には、明治四一年に露軍戦没者のためのロシア正教風チャペルと、日本軍による慰霊碑たる「旅順陣没露将卒之碑」が建立され、同六月一〇日には日露両軍の代表者が参列して慰霊祭が執行されている。この慰霊祭には日本軍から乃木大将も参列しているが、チャペル内に納骨はされていないという。山田雄司によれば、現在は「ソ軍烈士陵園」となっており、兵士の墓碑が林立しているという〔山田 2014a:169、山田 2014b:1911～92〕。(59)

「旅順忠霊塔」には、毎年平均約一〇万名の旅行者が訪れたというが、後の昭和期に次のように記述された〔横山 2014：73〕。

> これ等の旅順戦跡巡りの人々は、誰でも必ず先ず第一に白玉山の上に足を運び、この表忠塔の後方なる清浄の地に建てられた納骨祠に詣でて恭しく頭を垂れ、幾多先輩の忠霊に対して、往時を追想しつつ、心からなる御礼を申し上げるのであります。(中略) 旅順口の場合に限っては、この表忠塔と納骨祠と、都合二つの堂塔を合わせ、ここに真の意味の忠霊塔が成り立つてゐる次第であります

しかし内地における忠霊塔建設は、既述のように昭和期を待たなければならなかったのである。(60)

十　忠魂祠堂から忠霊塔へ

日露戦役中の明治三七年六月二六日、仙台市新寺小路の善導寺（浄土宗）で、「日露交戦以来各方面に於て戦死したる敵味方海陸軍戦死者の追弔会」が午前中開催され、東京浄土宗大学院布教部より一名の僧侶が派遣されている。翌二七日の午後には、仙台市荒牧町の忠魂祠堂にて、「征露戦死者忠魂の英霊を追弔供養」する法要が執行され、その後、浄土宗紀念伝道部派出員五名による法話演説が行われた〔佐藤 2006：120〕。ここで留意すべきは、敵味方の戦没者が視野に入れられていることである。

また、名古屋の忠魂祠堂に関しては、『浄土教報』（明治三七年五月二九日付）で次のように言及している〔白川 2015：167〕。

> 名古屋忠魂祠堂に於ては今度九連城の陥落に際し又名古屋師団に臨時招魂祭あるを機とし去る七日第二回戦捷奉告に兼て戦捷祈願並に陸海軍戦死者追弔法会を挙行せり（中略）行旒の陸海軍旗六金色旗は門頭殿外に翻へり教務所員教校職員学生及び市内の寺院住職等出僧《ママ》総へて壱百四十余粛々たる経声は街衢に響きて聞くもの心を和らけさる無く当日の市中西に招魂祭あり東に此の法会ありて偶々成典の好一双を為したり

あるいは熊本の忠魂祠堂について、同じく『浄土教報』（明治三八年一月二二日付）では左記のように記している〔白川 2015：167～168〕。

（中略）第八教務所長は市内寺院より六名の委員を挙げて事の準備を嘱託するや元より、愛国扶宗の念に富める諸師は、直に市内寺院と協議して、東奔西走、少しも其の労を惜まず、大いに信徒を勧誘し、愈々去る八日をトして鎮魂式てふ名称の元に、一大法要を挙行せられたり（中略）託麿高等小学校谷川校長は教員已下生徒七百余名を引率して参拝せらる、橋本視教は特に此の生徒の為めに法要前一場の貇話を試みられ露西亜の強欲主義を説破して偽善の到底正義に打ち勝つ能はざる所以を説き約卅分間縷々武士道を鼓吹し大に感動を与へて降壇せられたり

このように忠魂祠堂においては、師団の招魂祭に合わせて、戦勝祝賀と戦勝祈願・追弔法会が盛大に開催され、あるいは児童・生徒に対して僧侶の説法が行われるなど、一大行事が実施されたのである。祠堂は地域の戦没者慰霊施設として、一定の役割を果たしていることが読み取れるが、その建設は明治四四年段階で、仙台・東京・横須賀・金沢・名古屋・大阪・広島・呉・小倉・熊本の一〇ヶ所で確認できるという〔白川 2015：168〕。

真宗では、日露戦役後の戦没者追弔会に関する記事（明治三九年四月二八日）において、

国家としては靖国神社に忠魂を祀りて、永く祀を無窮に伝ふ、栄既に余あり、加之、宗派としては本山に於て此の一大追弔会を修行せらる、実に未曾有の盛典たり、遺族諸氏須く深く慰むる所ありて可なり

とある〔白川 2008：59～60〕。靖国神社は国家祭祀としての役割を担うが、実際に個々の遺族を慰藉するのはむしろ仏教の役割である、としている。戦没者はカミとホトケの双方で祀られるという、現実的な祭祀形態を踏まえての発

言であった。

また、宗教新聞である『中外日報』（明治三九年四月二四日付）には、次のような記事も掲載されている〔白川 2008：60〕。

彼我の忠魂を合祀すべし　京都　奥村安太郎

忠死の英魂を追弔するは人道の上より観察して真に美挙と云わざるべからず、然るに之等神式仏式により挙行せらるる吊魂方法は何れも吾国同胞の忠魂のみを吊せるものなり、今一歩拡張し日露両国の戦病死者を吊祀する底の行為をも時々各所に行へば蓋し大国民の胸襟より出し行動として其等を得たるものと云ふべし、（中略）彼の赤十字事業より推反して所謂博愛慈仁の主旨よりせば蓋し別段の不思議は非ざるべし、唯前者は死者に対し後者は生者に対する別あるのみ

既述の仙台での事例と同様に、ここには「彼我の忠魂を合祀すべし」として、敵軍戦没者に対する配慮があり、博愛慈善を旨とする赤十字事業にまで言及している。この奥村という人物は、宗教界の人間ではないというが、さらに

戦捷紀念に或は招魂祭に又は碑石の建設に日露両国の霊を合祀し忠勇の巨福を祈る程の行為は国家の体面上より又人道の上より世界に美事美挙として驕るの価値あるべし、又此の挙あるを露の戦病死者の遺族にして之を知らんか尠くとも感情を害する様のことは万々なかるべし

札幌月寒の「忠魂納骨塔」

と続けている〔白川 2008：60〕。日露両軍戦病死者を共に祀る慰霊施設の建設が提唱され、露軍の遺族への目配りも忘れていない。そこには大帝国ロシアを破ったという戦勝国として、国際的な評価を強く意識し、「世界に美事美挙として驕るの価値ある」戦没者慰霊のあり方が主張されている。

愛媛県松山市では、真言宗の寺院が挙って捕虜の招魂祭を執行したという〔白川 2008：60〕。ここにも怨親平等の思想を垣間見ることができるが、それは日本にとって何よりもまず「勝ち戦」であったということが、敵軍に対しても配慮するというゆとりをもたらした要因であったのだろう。

さらに大正期に向かい、忠魂祠堂の建立はどうなったのであろうか。これについては、

> その間、忠魂祠堂はその奉祀も、日清戦役より日露戦役の戦没諸精霊とその数を増してはきたが、世運は国家的な各地の「招魂社」への合祀となって浄土宗としての全国八教区における忠魂祠堂への社会的関心が次第に薄くなり（以下略）

という状況であった〔白川 2008：65〕。また、大正一〇年一二月一一日付の『浄土宗宗報』六五号によれば、忠魂祠堂で祭典を実施していく上で、宗門経費からの祭典費の補助が削減され、資金不足が問題になってきたという〔白川 2015：184〕。

このように忠魂祠堂は、「大正三年乃至九年戦役」（第一次世界大戦およびシベリア出兵）頃までは公的な慰霊施設として機能していたが、その維持・管理に関しては全体として成功しなかったという。白川哲夫によればその要因として、人々に招魂社（神道）への認識が定着したという宗門側の見解は注目されるが、むしろ師団招魂祭の定着によって、仏教界に戦死者追弔の場が確保されていったことが挙げられるという〔白川 2008：65〕。それと共に、祠堂の維持管理をする上で資金不足という経済的な問題が浮上してきたからであろう。こうして浄土宗による忠魂祠堂の建立は、やがて一宗派を超えた全国的な忠霊塔建設運動に収斂されていくことになる、と理解してよいのではなかろうか。

現在、**札幌月寒**（札幌市豊平区月寒西、札幌陸軍墓地〔月寒平和公園〕）に立つ**「忠魂納骨塔」**（昭和九年四月二七日建立）は、地域の人々から「チュウレイトウ」と呼ばれているが、これは忠魂祠堂の名残を伝えるものではないかと推察される。また、同地には「軍馬忠魂碑」（昭和一〇年六月）も建立されている〔今井 2005：233～234、高橋 1993：210〕[61]。

註

（1）大村益次郎の構想による親兵は、常備軍としてのものであったというが、大村亡き後の、同じく長州の山県有朋案による親兵は天皇親衛軍であった。この山県の親兵創設構想の正否は、薩摩の西郷隆盛の動向にかかっていたという。当時、薩摩藩兵は最強の軍隊と目されていたから、西郷を説き伏せ、土佐の板垣退助が同意すれば、倒幕勢力であった薩長土三藩による親兵の創設が可能であった。こうして明治四年二月二二日、薩摩（歩兵四大隊・砲兵四隊）・長州（歩兵三大隊）・土佐（歩兵二大隊・騎兵二小隊・砲兵二隊）の三藩が供出する計六〇〇〇余名を以て、まず御親兵を組織することになり、四～六月にかけて各藩から部隊が上京したという。明治新政府直属の軍隊の誕生である〔大江 1981：52～53、秦 1994：700〕。

当初の徴兵令は、鎮台兵の徴集にだけに関係する法令として制定された。満二〇歳の男子を徴兵し、抽選によって三年間常備軍に服役させた後、四年間の後備義務（第一後備軍および第二後備軍）が課せられ、合計七年間の兵役服務義務を定めた。ただし、かなり広範な免役規定があった。徴兵検査の合格者が現役徴集を免れるためには、抽選にはずれる以外になかったのである。くじはずれは運まかせであった。合法的な徴兵忌避としては、他家の養子になる方法（いわゆる兵隊養子）や、徴兵令が適用されなかった北海道・沖縄県に本籍を移す方法などがあった〔大江 1981：54, 57, 118、加藤 1996：46～47、秦 1994：717～718〕。

（2）後田多敦によれば、牡丹社事件は大事件であったが、当時の被害者は「日本国属民」ではなかった。一方、小田県人事件の場合は、被害者四名は明らかに「日本国属民」であったが、小事件であった。したがってこの二つの事件が併記されることで、ことの重大さが主張されたのであるという〔後田多 2014：84～85〕。

明治六年九月、清国台湾視察から帰国した福島九成（旧佐賀藩士）は、長文の意見書を外務省に提出した。そのなかで福島は、台湾先住民を生蕃・土蕃・熟蕃の三種に分類し、凶暴な生蕃は「討」たなければならないが、従順な土蕃・熟蕃は保護して「撫」するがよい。そこで「速やかに処蕃の目的を立て、上下の人心を振起せよ」と論じたという〔毛利 1996：122〕

現存する史料で、琉球国の存在は日本の南北朝時代（一三七二年）から確認できるという。明治政府の処分官松田道之が首里城内で、尚泰王代理の今帰仁王子に琉球藩を廃して沖縄県設置を通達したのは明治一二年三月二七日であった。軍を率いての強行併合措置であった。琉球は日本と清に両属する王国の存続を求めていたというが、それは叶わなかった。以後、尚泰は華族として東京に居住することになる〔後田多 2015a:97、上毛新聞 2015d〕。

佐賀の乱における官軍戦没者は、東京招魂社に合祀された。また筆者は拙著（2005）にて、明治九年一〇月の熊本「神風連の乱」（敬神党の乱・熊本の役）での首領太田黒伴雄（旧熊本藩士）ら反乱軍戦没者は、明治百年を期して靖国神社の祭神になったと記述したが、これに関しては後の拙著（2013）にて再検討の必要性を説いた〔今井 2013：396, 401〕。詳細は拙稿「佐賀の乱における戦死者祭祀」（今井 2005）、および「神風連の乱における戦死者祭祀」（今井 2005）を参照。

（3）日本の出兵に対し、中国を統治していた清朝政府は、台湾は清国領であるから武力侵入は日清修好条規（明治四年七月締結）に違反するので、速やかに撤兵せよと、厳重な抗議を日本政府に申し入れた。日本政府は大久保を全権代表として北京へ派遣し交渉にあたらせた。その結果、日清両国間互換条款締結により、清国が事実上の償金五〇万両を提供するのと引き替えに、日本が撤兵することで落着したという〔毛利 1996: まえがき〕。

（4）東京招魂社創建直後の明治二年七月八日、政府は官制改革により「二官六省の制」を採択し、大宝令の古制に基づいて神祇官・太政官の二官を設置した。そして神祇官を官衙の最高位としたのである。しかし、二年後の四年八月に神祇官は廃され神祇省となり、太政官の下に置かれることになった。宣教政策推進のためには、太政官との連携が必要であると判断されたためだという。神祇省の主要な役割は宣教となったが、翌五年三月には神祇省を廃止して教部省を設置し、神仏合同の宣教体制を採用することになる〔岩波書店 1991：40、村上 1970：91、山折 2004：455、國學院大學 1994：143～144〕。

靖国神社の「合祀祭」に関しては次のようにある〔靖国顕彰会 1964：93～94〕。

「（前略）合祀神霊多数なる時は、之を臨時大祭と称し、少数なる時は、之を臨時祭と云ひ、臨時大祭には祭典委員長及委員を設けられ、（中略）合祀祭の前一日清祓式あり、其夜招魂式あり、後一日直会あり。招魂式とは、（中略）神霊を招祭し、幣帛及神饌を供し、（中略）其の招祭せる神霊を本殿に遷し鎮祭するを云ふ。而して其翌日臨時の祭典を行ふ。これを合祀祭と称す」。

泉涌寺は元仁元（一二二四）年に勅願所となり、仁治三（一二四二）年の四条天皇の葬儀と山陵築造以降、同寺では室町時代前期の後光厳天皇から幕末期の孝明天皇までの葬儀が執行され、後水尾天皇以下の天皇・皇后らの遺骸が埋葬された。主として火葬の場であったが、一七世紀中期以降から土葬に変わったという。この土葬への転換で、同寺は名実ともに皇室の寺院になったという。ただし、表向きの儀式は仏教式の火葬の儀式を執行してきたとされている。明治四年一月五日に社寺領上知令が発せられ、境内地を除く社寺領地が強制的に収用されて、宮中の神仏分離が推進された。新たに国教となった神社に比して、経済的基盤を奪われた寺院は深刻な打撃を受けたのである。泉涌寺の寺域には、孝明天皇・英照皇太后が埋葬された後月輪東山陵等の多数の仏式の墓所があったが、この墓域は上知令で官収され、皇室との関係は絶たれることになった〔原・吉田 2005：64～65、新谷 2015：15～17、村上 1970：94、村上 1980：59～60、山折 2004:454〕。

高木博志によれば、「山陵御穢ノ審議」（慶應四年閏四月七日）において、山陵は「ケガレ」ではなく「幽宮」、すなわち奥深い御殿とみなされ、天皇は生死にかかわらず「聖」なる存在であることが決せられたという。したがって山陵も永遠不滅に「聖」なる場所であるとされ、山陵と神社が同列視されていったという〔高木 2006：189～190〕。

（5）奥羽越で戊辰の激戦が展開され始めた慶応四年五月、太政官は鳥羽伏見の戦い以来の官軍（西軍）戦没者を神式によって京都東山に祀る布告を発し、霊山招魂社の基盤がつくられた〔今井 2013：27〕。詳細は拙著（2005、2013）を参照。

（6）長崎では、幕末期以来二つの招魂社がほぼ隣接して立地していたという。一つは佐古招魂社であったが、もう一つは梅香崎（梅ヶ崎）招魂社（長崎市西小島町）であった。後者の起源は、初代長崎府知事沢宣嘉が社殿を建立し、戊辰戦役での長崎府振遠隊（官軍）戦没者の鬼塚麟之介以下四三名を祀ったことにある。長崎での最初の招魂祭は、振遠隊生存者の凱旋を待って明治元年一二月二六日、戦死・戦病没者一六名の遺髪を納めた棺を奉じて、当時の本籠町大楠神社前で執行された。続く明治二年の己巳戦役（箱館の戦い）で戦没した二六名は、当初箱館七面山に埋葬されたが、同年六月八日に全ての遺髪を長崎の振遠隊墓地に埋葬し、新たに社殿を新設して大楠神社と合祀し梅香崎招魂社と称したという。これも招魂墳墓であった。明治一六年、両社は勅祭招魂祭を執行し官祭招魂社となるが、土地狭隘により梅香崎墓地の埋葬者も佐古に合祀されたという〔本康 2002：319、白井・土岐 1991：253〕。

一方、赤澤史朗によれば、征台の役の戦没者は梅ヶ崎招魂社（場）に埋葬され、明治八年三月に一大招魂祭が執行されて五三一名が祀られた。このなかには多くの「軍役夫」も含まれているという。その後、この五三一名は佐古招魂社に合祀されたという〔赤澤 2015：19～20〕。

長崎では当初、内戦戦没者と対外戦争戦没者を分けて祀ろうとしたと考えられるが、征台の役官軍戦没者の出現により埋葬地が確保できず（土地狭隘）、この方針が崩れたのではなかろうか。なお、佐古周辺の事柄に関しては、大学時代からの畏友である中山覚慈氏（長崎市丸山町出身で佐古小学校卒業、高松市在住）からもご教示いただいた。

（7）太政官は明治九年四月二〇日、減額中の東京招魂社社領五〇〇〇石を同年七月以降、金額に改めて年額七五五〇円と定め、「寄附金」と称することにした。当時、神社界の頂点に立つ伊勢神宮への国庫支出金は年額九〇〇〇円程度であったから、これに次いで東京招魂社の経費は巨額であり、政府の同社への期待度を物語っていよう〔村上 1974：100〕。

（8）明治五年三月九日の近衛条例で、旧来の御親兵掛を廃して近衛局を設置し、御親兵を近衛兵と改称して、陸軍大輔山県有朋を陸軍中将に任じて初代近衛都督に、陸軍少輔西郷従道を陸軍少将に任じて初代近衛副都督とした。近衛都督は天皇直属で、平時は宮城を守護し、行幸には前後を守備して、道路を警備することを掌ると定められた。さらに七年一月に近衛条例が改定され、近衛歩兵第一・第二連隊が編成完結し、天皇から軍旗が親授された。同時に騎兵一大隊・砲兵二小隊・工兵一小隊が編成され、総員は約三九〇〇名になった。近衛兵は天皇護衛を専務とし、給奉は鎮台兵よりも高く優遇されたが、服役年限は長かったという〔秦 1994：149, 195, 700〕。

恩給に関しては、武官は文官に比して優遇されていた。陸軍恩給令による最初の受給者は、神風連の乱の官軍戦没者である陸軍中佐高島茂徳の遺族であった。文官の恩給制度は、明治一七年一月の官吏恩給令によって創設されている〔秦 1994：690～691〕。

近代日本の軍隊に関して、「編成」と「編成」については次のようにある〔秦 1994:731〕。

「軍令に規定された軍の永続性を有する組織を編成といい、平時における国軍の組織を規定したものを平時編成、戦時における国軍の組織を定めたものを戦時編成という。例えば大本営、師団、連隊、連合艦隊の編成などで、それぞれの組織の内容について定めた制度を示す。

ある目的のため所定の編成をとらせること、あるいは編成にもとづくことなく臨時に定めるところにより部隊などを編合組成することを編成という。たとえば『第〇連隊の編成成る』とか、『臨時派遣隊編成』など」。

厳密性に欠けるかもしれないが、本稿では複雑化を避けるため基本的には「編成」の用語で統一したい。

「西南戦役における戦没者の慰霊」に関しては、拙著（2013）を参照されたいが、この拙著に関する最新の「書評」としては原田敬一氏にお書きいただいたもの（原田 2017）がある。氏はそのなかで、例えば「『反政府軍戦没者の慰霊』を考えるにあたって、ここまで詳しい戦争・戦闘経過が必要なのだろうか」として、「西南戦争そのものの戦闘経過など、それぞれの戦争の戦闘経過もそれだけで十分なほど克明だが、それだけ『慰霊』部分が薄くなっていないだろうか」、と指摘されている〔原田 2017：95〕。確かに、戦争過程を詳述することで、焦点となる「慰霊」部分が希薄あるいはぼやけてしまう嫌いはあるだろう。筆者の意図する核心はもちろん「慰霊」にあるのだが、本書の「はしがき」で言及したように、その前提として、「慰霊」すべき多くの戦没者を生んだ「戦争そのものの実態」を明らかにしたいという思いも重きをなしていた。したがって対外戦争の場合はともかく、とくに近代初期の「内乱・内戦」に関しては、その戦役の実態は殆ど知られていないから、いったいどのような戦いであったのか、その部分にも光をあてようと試みたのである。

（9）西南戦役前年の明治九年三月、政府は各地の招魂社の敷地のうち、民有地の部分を買い上げて社域を安定させた。西南戦役で戦没者が増大すると、戦没者の出身地では招魂祭が盛んに営まれ、招魂社の規模も拡大する傾向が目立ってきた。そこで内務省は一二年一月二〇日、招魂社の敷地を官幣小社との振り合いで一五〇〇坪以下に制限する旨を通達している〔村上 1974：106〕。

（10）竹橋事件での五〇名を超える刑死者の数は、日本の政治史・軍事史上において異例なことで、西南戦役の刑死者でさえ二四名であり、後の二・二六事件でも一八名に過ぎなかった〔竹橋事件 1982：25〕。同事件で「右の死刑に処せられしものは、前三時三十分に仮囚獄より人力車に乗せ、越中島刑場へ護送され、砲殺の十字架は五本宛三組に立て並べ、一時に十五人宛処刑になり、前五時比より始まり九時比に畢はり、死体は桶に入れ青山陸軍埋葬地へ送られたりといふ」、とある〔博報堂 1975：267〕。「銃殺」ではなく「砲殺」とあるから、小グループごとに大砲で処刑したと考えられよう。死体の破損状態は大きかったと思われ、なかには肉片になった者もあったろうから、桶に収まる形態であったのだろう。これも山県有朋の指示によるものなのか、見せしめのための極めて残虐な処刑であったといえよう。

砲殺された五五名とは、近衛砲兵大隊の兵卒四七名・東京鎮台予備砲兵第一大隊の兵卒五名・近衛歩兵第二連隊の兵卒一名と、さらに一二年四月に処刑された東京鎮台予備砲兵の兵士二名であった。彼らは自殺した近衛歩兵大隊の砲卒一名と共に、東京青山墓地の「旧近衛鎮台砲兵之墓」（五六名）に埋葬されたが、東京招魂社の祭神にはなっていない。一方、反乱兵士により殺害された宇都宮少佐ら軍人四名は、「戦死者」として同社に合祀されたという〔今井 2013：345, 357, 374～375、竹橋事件 1982：25、村上 1974：104〕。

明治一八年七月、近衛兵は全国適齢の壮丁より、身幹壮大・品行方正にして学識および財産ある者を選抜して入営させることになった。郷土別編成の原則における例外で、近衛兵に選抜されることは「家門の誉れ」とされたのである〔秦 1994：700～701〕。

（11）山県は長州藩の足軽以下の家に生まれたが、大正一一年二月一日に八五歳で没すると、同九日に日比谷公園で国葬が営まれた。東京音羽護国寺にある山県の墓碑には「枢密院議長元帥陸軍大将従一位大勲位功一級公爵」と刻まれているという。山県は軍人勅諭を作り、そして、自らこれを破っていったともいわれている。山県の下に蝟集した代表的人物は桂太郎・児玉源太郎・寺内正毅・田中義一らで、いずれも陸軍大将になっている〔半藤他 2009 : 53 ～ 58, 64、岩波書店 1991 : 250〕。

（12）後田多敦は次のように述べている〔2015c:119 ～ 120〕。

「『琉球処分』は、琉球国の王権や王宮を奪い、国王を連行し、統治機構を破壊して琉球社会やその財源を奪った侵略行為そのものだった。『琉球処分』が明治日本の侵略行為であるという視点や認識は、現代でも沖縄人の意識の基層にあるといっていいだろう。（中略）それは近代日本による琉球国の武力併合であり、東アジア秩序崩壊の始まり、アジア侵略の端緒だった。そして、沖縄に『日本の問題』を押し付けつづける現代日本の骨格そのものを形作った基礎だといってもいいだろう」。

湊川神社以来、国内の別格官幣社は豊国神社（祭神は豊臣秀吉）・東照宮（祭神は徳川家康）・藤島神社（祭神は南朝の「忠臣」新田義貞）など、二七社を数えた〔森岡 1987 : 268、下中 1996 : 391〕。

青山清は、文久三（一八六三）年七月に神葬祭等実施の「建白書」を長州藩に提出し、翌元治元年五月には「七卿落ち」の一人で錦小路頼徳を祀る安加都麻神社創建の祝詞を読んだ。また慶応元（一八六五）年八月、下関の桜山招魂場（元治元年創設、後の桜山神社）に社殿が完成すると、青山は同六日の鎮座祭で奇兵隊が居並ぶなか祝詞師を務めた。同年一〇月二五日の吉田松陰祭に関しては、「招魂場にて吉田先生祭執行、青山、高杉、山県、福田、伊藤春介、小生等也、帰路伊藤春介ニて馳走有之」（『白石正一郎日記』）、と記録されている。青山は長州における志士の一人として、戦没者の神葬祭を担う人物であった。青山の靖国神社宮司就任にあたっては、山県の意向が反映されたのであろう。東京招魂社を創建し、武装神職隊であった駿府・遠江系の報国・赤心両隊の庇護者たる大村益次郎が暗殺された後、明治四年七月を境にして、東京招魂社の担い手は駿遠系から長州系に大きく転換していくという〔坂井 2013 : 87 ～ 88、村上 1974 : 57 ～ 59〕。

神官とは、一般に神職の別称として使用されており、広義には神職の一部であるが、厳密には神官と神職は異なっているという。明治四年の社格制定と共に官国幣社以下神官職制が定められ、神官の制度が確立した。神官は社格のある神社に奉仕する官吏の身分を与えられた神社職員として、宮司・権宮司・禰宜などの職階に分かれたが、明治二〇年三月に神宮を除く官国幣社以下神社の神官を廃止し、神職の称を使用することになった。敗戦後の昭和二一年二月以降、戦前の神祇関係法規は全廃され、現在は神宮を含め神官は存在しないという〔國學院大學 1994 : 150 ～ 151〕。

本康宏史によれば、例えば金沢兼六園には「明治紀念之標」（日本武尊像、明治一三年一〇月）が、大阪中之島には「明治紀念標」

（明治一六年三月）が建立されているという。後者の場合は、大阪城での招魂祭の後、この紀念標前で靖国神社の春季大祭日に合わせて、毎年五月に招魂祭が執行され、大阪護国神社の起源のひとつになったという〔本康 2002：138 ~ 139〕。

遊就館名の由来については、『荀子』勧学篇の「遊必就士」から採り、その意味は「高潔な人物に就いて交わり学ぶ」、ということであるという〔靖国神社 1999：234〕。また、「古今内外の武器等の宝庫にして、（中略）、有栖川宮殿下の御染筆の扁額あり。同館は明治十四年に、お雇ひ教師カベルチー氏の設計にて、イタリーの古城の型を模して建築」したとある〔石井 1997：533〕。西南戦役後、山県の主導により、神霊の威徳を尊び、古来の武具などを展示する施設として考案された。額堂とは絵馬堂の別称である。明治一二年五月六日に着工し、施工監督は陸軍工兵第一方面提理の陸軍大佐中村重遠らであった〔靖国神社 1999：240〕。

（13）陸軍大学校が設立され、プロシア陸軍少佐メッケルを教官として招聘することになった。外征軍創設のためプロシア軍制を模範にするためであったが、この過程で陸軍内部は大論争となった。山県らの方針に対して、四将軍といわれた谷・三浦・元老院議官鳥尾小弥太中将（旧長州藩士）・参謀本部次長曽我祐準少将（旧柳川藩士）や、近衛歩兵第一旅団長堀江芳介少将（旧長州奇兵隊士）らが反対した。軍部内にはヨーロッパ陸軍兵学の研究団体として「月曜会」が結成され、同会には陸軍将校の大多数が参加し大きな影響力をもっていた。とくに曽我は同会の幹事長であったので、同会は反主流軍人の組織と見なされたのである。明治二一年に三浦・鳥尾・曽我が、翌二二年に谷が現役を追われて予備役となり、同年に月曜会も解散させられたことで、山県の勝利に終わったという。実のところ山県は四将軍と天皇との密接な関係等をかなり危惧していたといわれ、むしろこれが排除の主因であったとされている。こうして、日本陸軍の軍人は本来の専門に属する兵学研究の自由を奪われることになり、以後、独創的な戦略論が生まれることはなかったという。陸軍の現役将校全員は、既述の官制の将校クラブである皆行社に加入させられたのである。陸軍を追われた将官たちの多くは、谷のように貴族院議員となって政界での活路を求めた〔秦 1994：82, 100, 128, 703、大江 1990：46 ~ 50、高橋・一ノ瀬他 2006：318 ~ 319、加藤 1996：134、朝尾他 2005：182, 1087〕。

山県の意図する外征軍隊について、三浦は「軍隊を駆りて軍紀中の模型中に入れ、あたかも機械的にこれを鋳造せんとす」るものである、と批判した。三浦の批判は的中したという。なぜなら以後、昭和二〇年の日本帝国陸軍解体まで、徴兵軍隊は国民を「軍紀の鋳型」に填め込み、「人格なき殺人道具」に仕立て上げる組織として機能し続けたからであるという〔大江 1990：49〕。

大江志乃夫によれば、徴兵除けの神仏信仰は、明治一六年の徴兵令改正で兵隊養子（徴兵養子）の道が著しく狭められた頃から盛んになり始めたという。史料的に確認できるのは、同年の『自由新聞』の記事に、愛知県三州八名郡の某村で三日三夜の村会議の結果、「遂に凡慮のおよばざるところは神仏に祈りて免役になるべき信託を蒙るがよからんとの発議に続々賛成者ありて、夫れには半僧坊さまが灼然なれば同所へ祈願すべしと一決し、村中挙って吾も吾もと参詣に出たるよし」、とある。半僧坊とは、静岡県引佐郡奥山（引佐町）の臨済宗方広寺に属する奥山半僧坊で、方広寺開山（一三八四年）の無文元選に随従して神変奇異の働きをし、開山入滅後に山の守護神として寺域に祀られたと伝えられる。柳田国男によれば、同県の秋葉山三尺方や秋田の三吉大権現とともに「山鬼」の類であろうという〔大江 1981：118 ～ 119〕。

(14) 軍管区に関しては、第一軍管区東京・第二軍管区仙台・第三軍管区名古屋・第四軍管区大阪・第五軍管区広島・第六軍管区熊本とし、各軍管区を二～三師管区に区分した〔秦 1994：688〕。

法律第一号は帝国議会の審議に付されていなかったから、法律の形式ではあっても明治憲法第三七条に定義された意味での法律ではなかった。同第一号は、「憲法ニ矛盾セサル現行ノ法令ハ総テ遵由ノ効力ヲ有ス」（同憲法七六条）の規定により、憲法発布後も有効となった〔加藤 1996：112〕。

徴集とは、志願ではなく、徴兵検査に合格した者を現役兵または補充兵として兵役の義務に就かせる措置であり、召集とは、すでに兵籍のある帰休兵・予備兵・補充兵などを戦時・事変・平時教育などの際に軍隊に編入するために招致する措置である。陸軍でも志願兵（満一七歳以上）はあったが、海軍は徴兵制に依らず、明治六年に「海軍志願兵徴募規則」を制定して志願兵のみで構成した。しかし明治二二年の改正で徴兵に依ることとしたが、昭和期まで主力は志願兵に依存し、不足分を徴兵で補充していった。太平洋戦争期には徴兵人員が増大したため、陸軍と競合するようになったという〔加藤 1996：12 ～ 13、秦 1994：719〕。

(15) 東学は民間信仰をもとに、儒教・仏教・仙道の教えを取り入れた独自の教学を形成した。さらに、「人乃天」という人間平等の思想を据えることにより、封建的な支配体制を否定し、人間を解放する近代的価値観に迫りつつあったという。それゆえ、東学の運動は民衆の反封建・反侵略の意識に支えられて活発化し、当局からの厳しい弾圧にさらされることになった〔海野 2001：59〕。

皇族は徴兵令の適用外で、徴兵検査もなかったが、明治天皇は皇族が軍務につくことを奨励し明治六年一二月九日、「年長者の外自今皇族は陸海軍に従事すべき」（『明治天皇記』）との勅旨により、有栖川宮熾仁親王ら五名の親王を陸軍へ、有栖川宮威仁親王ら二名の親王を海軍に入るよう命じたという。こうした慣習は明治四三年三月の皇室身位令で義務化された。つまり「皇太子皇太孫は満十年に達したる後陸軍及海軍の武官に任ず。親王・王は満十八年に達したる後特別の事由ある場合を除くの外陸軍又は海軍の武官に任ず」、というものであった。その結果、陸海軍では皇族を特別扱いするようになったという〔秦 1994：699718〕。

幕僚という用語は明確さを欠くという。広義には、中央の参謀本部・陸軍省を含め、軍令事項と軍政事項を管掌する将校を合わせて幕僚と呼んだ。狭義には、参謀将校と同じ意味で幕僚という用語が使用された。「幕僚ファッショ」の場合は前者、「幕僚統帥」という使い方の場合は後者の用法である〔秦 1994：726〕。

熾仁親王は明治一八年一二月に参謀本部長となり、参軍官制が公布されると参軍となる。しかし二一年三月に参軍官制が廃止され、陸軍参謀本部と海軍参謀部に分かれた。陸軍参謀本部は陸軍省から独立した機関のままであったが、海軍参謀部は海軍大臣に属するようになり、熾仁親王の職名も参軍から参謀総長に変わった。ただし、熾仁親王は皇族であったためお飾り的存在であった。二六年五月に海軍軍令部が設置され、平時では参謀本部と軍令部は並列し天皇に直隷したが、戦時大本営条例によって、戦時には「帝国陸海軍ノ大作戦ヲ計画スルハ参謀総長ノ任トス」と規定された。これにより海軍軍令部は参謀総長の指揮下に入り、参謀本部次長と同格のようになって、海軍の不満は残ったという〔半藤他 2009：52〕。

日清開戦当時の日本の強硬派は、陸奥と川上であったといわれている。川上が大本営陸軍上席参謀兼兵站総監となり「大作戦」を遂行したのだという。また、閣議決定による出兵に向けての「混成旅団」は、平時編成の歩兵二個連隊（計三〇〇〇名）を基幹とする通常の旅団をも超えていたという。戦時編成の歩兵二個連隊（計六〇〇〇名）に、騎兵・砲兵一大隊（山砲）・工兵・輜重兵隊・衛生兵・野戦病院・兵站部が加わった大兵で、独立して戦闘できる部隊構成になっていた〔半藤他 2009：106～108、秦 1994：182、原田 2007：58〕。

原田敬一によれば、明治二七年六月一九日の広島市での義勇軍組織申請を皮切りに、新聞は連日、義勇兵組織化を報道したという。八月一日までに全国で五二件の申請を数え、北海道から長崎まで一道三府二六県という広範な地域に及んだ。旧仙台藩の家臣が旧藩主を担ぎ出そうとした事例などに次いで、国権派や侠客などが申請した。こうした動きは、政府の派兵を支持する運動ではあったが、徴兵制に基づく正規軍を混乱させる可能性があった。そこで八月七日に「義勇兵ニ関スル詔勅」が出されると、義勇団運動は姿を消したという。そのエネルギーは献金運動に転換したり、軍夫としての従軍志願に変更されていった〔原田 2007：61〕。

(16) 明治天皇が開戦に消極的であった理由としては、次のようにある〔小田部 2016a:154～155〕。

「天皇は日清親善と東洋平和への思いのみならず、戦争を利用する第三国（当事国以外の国）に利益を奪われる懸念を抱いていた。大元帥として戦争を果敢に指揮することにより、立憲国家の元首としての国際感覚が先にあった。また、戦争のもたらす諸方面への影響を視野に入れていたことは、有能な大元帥としての決断ともいえた。（中略）自らの決断ではなく閣僚らの上奏でやむを得なく決意したという、不徹底な心境にあった」。

原田敬一によれば、日本軍兵士たちが朝鮮半島に上陸して感じたのは、まず「不潔」と「におい」であったという。こうした体験は、後の戦役等においても多くの従軍日誌にしばしば見られるという。「糞尿」に覆われ、家畜が右往左往する街の状況に驚いている。こうした体験の向こうには、必ず「遅れた文化」を見据えていた。そして彼らは優劣を腑分けし、戦闘と殺戮を正当化する意識操作が開始されたのである。ただし、衛生に対する完全な知識が日本軍兵士たちに備わっていたかといえば、必ずしもそうではなかった。また、多くの部隊は七～八月に出兵し、当時の異常気象（猛暑）に苦しめられたという。最高気温は摂氏五一・七度を記録している。一方、冬の朝鮮半島から北京方面の寒さは厳しく、部隊の七～八割は凍傷になったという〔原田 2007：72～75〕。

（17）森岡清美によれば、「明治期の華族社会では、祭祀の義務を託された者がこれを断絶させることは最大の不孝とみなされ、先祖祭祀の維持は何にもまさる家存続の報酬と考えられた」、という。それは「先祖こそ『家』戦略の内なる準拠点であるからであり、外なる準拠点に従属するようでいて、実はこれをも吸収する潜勢力をもつ原点であったからである」、という〔森岡 2002：435〕。

赤澤史朗によれば、特祀は日清戦役従軍死没者への経済的手当が全て確定した後に、いわば恩賞の総仕上げとして企画されたものと考えられるという。「戦死者」以外の莫大な犠牲者を出した「古今未曾有」の戦役という位置づけが重要であった。明治三一年二月九日、陸軍少将大蔵平三を委員長とする「靖国神社特別合祀者調査委員会」が発足し、合祀者の審査にあたった。特祀者は、「戦役に従事したる陸海軍々人軍属にして左の事項に因り死歿したる者」で、かつ「従軍記章を受くべき資格のある者に限る」として、左記の四基準が提示されたという〔赤澤 2015：38～41〕。

「一、戦地に於て公務若くは災害の為めに死歿せし者

二、戦地に於て伝染病若くは流行病に罹り、又は公務の為め傷痍を受け若くは疾病に罹り、戦地若くは帰朝後終に死歿せし者

三、戦地に於て死因不明の者、若くは生死不明、若くは公務に起因せる自殺、又は平病の為め死歿せし者

四、戦地に非ざるも出征事務に関し、公務若くは災害の為め死歿し、又は身上有害なる感動を受くるを顧みること能わずして勤務に従事し、為めに疾病に罹り若くは傷痍を受け、終に死歿せし者」

委員会の審議報告は陸軍省副官宛に提出された。特祀基準は複雑であるが、最初に事故災害死者が挙げられているのは、特祀が西南戦役時の追加合祀基準の延長線上に構想されたことを示しているという〔赤澤 2015：38～41〕。

従軍記章は、戦役や事変に参加した軍人・軍属や文官（占領地の司政官や警察官など）に与えられる記念メダルである。その正式発行は、明治七年（征台の役）・明治二十七八年・明治三十三年・明治三十七八年・大正三年乃至四年・大正三年乃至九年・昭和六年乃至九年・支那事変の八回であるという。また「ノモンハン事件従軍記章」は、満州帝国から「国境事変記念章」として発行されている。さらに「大東亜戦争従軍記章」は、大阪造幣局で製造途中に敗戦を迎えたため、占領軍に鋳つぶされて「幻の従軍記章」になったという〔寺田 1992：184～186〕。

（18）宮城県では牛馬の生産が勧業政策上重視され、軍馬供給と密接な関係にあった。明治七年、陸軍省は仙台に軍馬局第二厩を置いた。金華山号は玉造郡鬼首村（宮城県大崎市）の産馬で、明治九年の東北巡幸の際に見出されたものである。東北地方の軍管域は、

仙台第二師団管区と弘前第八師団管区（徴兵区は青森・秋田・山形三県）に区分された〔仙台市史 2008：296〕。

佐藤雅也によれば、明治一五年七月の壬午事変では、旧仙台藩医の子息らが討死し、九月に仙台で招魂祭が執行されたという。また一八年一月二五日には、朝鮮釜山港の本願寺別院で甲申事変戦没者の「魂魄祭」が開催されているという。内地では一八年二月四日、仙台第四連隊兵営が置かれた榴ヶ岡で甲申事変戦没者四〇名（日本民間人を含む）の招魂祭が執行され、一二月には同地に「朝鮮戦役紀念之碑（朝鮮戦死者紀念碑）」（篆額は元仙台鎮台司令官曽我祐準中将）が建立された。同碑文には「殺害した敵兵百四人、我兵死者三名、戦傷者九名」と刻まれたという〔佐藤 2006：74～75、佐藤 2014：50、佐藤 2017：11〕。そして、「甲申事変の戦死者祭祀は、その主体が、旧藩士・士族中心の将校と一般国民の徴兵から成立する兵隊に止まらず、軍主体から官軍主体、さらには官軍民合同へと拡大していく、きっかけとなった」という〔佐藤 2014：50〕。

一方、仙台の経ヶ峯（瑞鳳山）には仙台藩主伊達政宗の御霊屋瑞鳳殿が建立され、伊達家三代の御霊屋の地であった。同地には、戊辰戦役での旧仙台藩士ら旧幕府軍（東軍）戦没者一二六〇名の「弔魂碑」（明治一〇年一〇月）や、西南戦役戦没者一四九名の「西討戦没之碑」（明治一一年一一月）などが建立され、旧仙台藩士を始めとした内戦における戦没者の慰霊空間となっている。とくに戊辰戦役において、仙台藩は会津藩（三〇一四名）に次ぐ戦没者を出していた〔佐藤 2006：60～66、佐藤 2017：4〕。

(19) 武勲抜群者第一号となった原田一等卒は、戦役後、金鵄の年金により酒とバクチに溺れ、旅役者となったあげく遂には野垂れ死にしたという〔寺田 1992：183184〕。

(20) 例えば宮城郡原町（仙台市）では、明治二八年五月三〇日に宮城野八幡神社で招魂祭および凱旋慰労会が執行されている。同祭は神式での後に仏式でも営まれ、最後に生還者のための凱旋慰労会が開催されている。また、日清戦役で戦没した軍人・軍属のうち、原籍不明のため遺骨を遺族に渡すことのできない九八名分の供養に関しては、仙台市の曹洞宗宗務支局に依頼して一一月六日に招魂祭を執行したという〔佐藤 2017：15〕。

宮城県護国神社の新社殿は、昭和一七年五月二七日に竣工した。同二七～二八日に同社大祭の前儀を行い、同二九日～六月一日の四日間は大祭（招魂式・合祀式）を執行したという。県知事が会長となり、昭忠会が奉賛団体として改組されたのは同一〇月である〔佐藤 2017：21〕。

宮城県の事例では、近世の餓死者と戊辰戦役戦没者の共同供養碑（名号碑）が確認できるという。例えば、仙台市の深沼浄土寺の「追福碑」（明治三〇年七月建立）には、「六疫病亡者　外征名誉戦病亡者　三陸大海嘯横亡者　各霊追福」と刻まれている。六疫とはコレラ・赤痢などの伝染病、外征とは日清戦役、三陸大海嘯とは明治二九年六月の三陸地震津波であるという。また、同じく徳照寺の「名号碑」（明治三一年七月一五日建立）は、天保飢饉供養碑と並んで立っているが、「南無阿弥陀仏　戦赤帀為没者供養塔建立」と記されている。日清戦役戦没者と赤痢・コレラ犠牲者の共同供養塔であるという〔羽賀 2010：229〕。なお、これらの寺院は浄土系であろう。

(21) 振天府に関しては、「宮城内吹上御苑の中にあり。明治二十七八年戦役、および引き続いて台湾征討の役の記念品、戦利品、戦死者の写真名簿等、保存の御蔵にて、『振天府』の額の文字は、小松宮彰仁親王が、勅を奉じて揮毫せられしものにて、昭憲皇太后御製に『みるごとに涙ぐまれぬ海くがに命をすててえたるくさぐさ』」とある、という〔石井 1997：484〕。

例えば大阪府では、府内の官幣社八社・府社六社の全てと郷社二二社（全郷社の三割）が戦利品の貸し渡し許可を受けている。その申請にあたって神社側は、「敵兵から捕獲した物品を陳列して庶民に縦覧させれば、天皇の『御成徳』や帝国陸海軍勇卒の『偉勲』を示し、『忠君愛国ノ精神ヲ発揚』させることになると述べている」〔小川原 2010：127〕。

(22) 原田敬一によれば、陸軍・海軍両軍の埋葬地はもともと戦没者を埋葬するために設営されたものではないという。

「陸軍と海軍の埋葬地に対する考え方は、平時の死亡者をまとめて葬ること、という点では共通していたが、その他の部分では異なった墓地観を持っていた。陸軍は下士官・兵士の埋葬を原則とし将校の埋葬を例外と扱ったのに対し、海軍では、初めから将官以下の埋葬地として予定されている。軍艦というハコの中で、将軍から兵士まで終始生活と戦闘を共にする海軍に対して、兵営で生活するのは兵士と一部の下士官だけで、将校はほとんど営外居住となる陸軍との相違が反映したのだろうか。そうした違いがあるが、階級によって墓は大小の差があるべきだ、という点では共通している。陸軍はそれを墓表の大きさ海軍は墓域の広さ、と基準の相違は見られるものの、根底にあるのは階級差の維持という考え方である。陸軍も、後に墓域の大きさを規格化する（一八七七年〔史料33〕）」〔原田 2003：111〕。

日清戦役後の明治二八年六月二八日、旅順口から帰還途中の熊本第六師団所属の野砲兵第六連隊第二大隊を乗せた門司丸が、門司港で沈没した。将兵は救助されたが、軍馬五七頭が溺死したという。翌年、第二大隊長樋口匡直少佐らの呼びかけで、軍馬の遺骨を門司町の高玉山正蓮寺（真宗本願寺派）に葬り、「軍馬塚」を建立した。現在も同寺にあり、供養が続けられている。これは現存する一〇〇余基の軍馬塚の最初であるという〔原田 2013：115〕。

(23) 亀井茲明は欧州に留学し、写真術を学んだフォト・ジャーナリストの先駆者である。日清戦役では私費で六名の写真班を結成し、第二軍に従軍して戦場の模様を撮影した。そのなかには、第二軍が旅順占領時に引き起こした虐殺事件を撮影している。同軍混成第十二旅団が虐殺行為を行ったようで、その第一段階は、千葉県佐倉第二連隊と高崎第十五連隊第三大隊によるものであった。ある十五連隊兵士は、「旅順市中ノ人ト見テモ皆討殺シタリ」、などと記録している。占領後四日間で幼児・婦女子を含む六万名が殺害されたという。一一月二八日付の『ニューヨーク・ワールド』は、「日本は文明の皮膚を被り、野蛮の筋骨を有する怪獣なり」

と糾弾し、国際問題に発展した〔高崎市 2004：125 ～ 126、海野 2001：77、半藤他 2009：183、岩根 2008：139、一二木 2004：464〕。

（24）民俗学の波平恵美子は次のように記している〔波平 2003：498〕。

「檜山幸夫著の『日清戦争――秘蔵写真が明かす真実――』（講談社、一九九九年）のなかから日清戦争における遺体処理をみると次のようである。日清戦争においては戦死病死者の遺体は必ずしも火葬にされて遺骨が遺族の元へ送られてはいない。特殊な例であるが、金沢の第九師団歩兵第七連隊は八月二九日に金沢を出発し敦賀に到着しそこから汽車で広島に向かう予定であった。真夏に重装備をし一日約三六～四四キロメートルを行軍するというもので、途中熱射病のため三名が死亡した。彼らは死亡した土地の寺院に埋葬された。また郷里には墓碑が建立された（一〇四～一〇七ページ）。この場合は戦死ではないし、国内の、それも郷里からそれほど離れていない場所での死亡であったが、遺体は死亡した場所で埋葬されておりそうした処理の有り様は戊辰戦争時の戦死者の遺体処理と同様である。戊辰戦争時の戦死者の遺体は火葬されることもあったが遺骨は戦地に埋葬され遺族の元へは遺髪のみが届けられている（二六六～二六七ページ）。国外の戦場で戦死した場合、火葬されて遺骨が戦死した時の状況を記した中隊長の手紙と共に出身地の役場へ届けられた例もある（二六八～二六九ページ）」。

第七連隊には福井県敦賀まで一六〇キロを陸行せよとの命令が出ており、九月一日に敦賀に到着するまでに、猛暑のなかで日射病患者一二五九名・死者五名（翌日に一名没）を出しているという〔原田 2007：74〕。

（25）旧幕府軍彰義隊は戊辰戦役で「朝敵・賊軍」となり、戦没者二六〇余名は靖国神社の祭神から除外されている。現在、東京上野公園の彰義隊墓所（西郷隆盛銅像北）では、日蓮宗東京都北部宗務所による墓前（慰霊）法要が毎年五月一五日（戊辰上野の戦いの日）前後に実施されており、平成二九年五月一五日には「上野彰義隊第百五十回忌墓前法要」が開催された〔日蓮宗 2017〕。詳細は拙稿「戊辰上野の戦いにおける彰義隊士の慰霊」（今井 2013）を参照。

（26）日清開戦前の明治二七年一月、陸軍によって本土防衛の守備隊配置計画が作成され、開戦後、後備歩兵第九大隊一個中隊が伊勢神宮の守備にあたることになった。神宮の防衛は重要視され、神宮守備隊は日清終戦まで任務に就いたという。戦役後には平和克復報告会が開催され、神宮外苑には記念砲が献納されている〔小川原 2010：113〕。

神宮教は、明治一五年の神官教導職分離によって神宮司庁と分離した神宮教院・神宮教会を母体として成立し、日清戦役後の三二年に財団法人として「非宗教」化したことにより、神宮奉斎会が設立される。同会は「神宮の尊厳を欽仰し」、国礼の介助や神宮大麻・暦の頒布を中心とする活動を展開していくという〔武田 2016：7173〕。

（27）真俗二諦論は、仏教の教えである真諦（仏法）と、世俗の法や規範をさす俗諦（王法）とを峻別する思想であり、日本仏教において古くから採用されてきた。一説によれば、真宗が親鸞の教えよりも政治権力・体制倫理を優先させる契機となったのは、親鸞没後の教義解釈であるという。すなわち、本願寺第三世覚如とその子存覚によって提起された真俗二諦という項目が、同第八世蓮如へと継承されたと理解するもので、それが近世になって世俗的権威・王法・仁義への従属理論となった。さらに、幕末に至って天皇権力に俗諦の内容が移行し、真宗念仏者が天皇の忠臣として位置づけられ、真諦が喪失した状態にまで至ったとされる〔新野 2014：59, 79〕。

（28）「一殺多生」は仏教経典には存在しない熟語であるという。これに関しては、日清開戦より約一〇年前に本多良慧（生没年不詳）なる人物が、大谷派の機関誌『開導新聞』（明治一六年四月一日発行）において、「仏教ト社会ノ関係」と題する論説のなかで説いているという〔新野 2014：70 ～ 71〕。

森岡清美によれば、西本願寺や東本願寺などの各本山（法主家）は明治五年三月に華族に列せられた。したがって華族としては、例えば大谷光勝として名乗るようになったが、やがて住職としても東本願寺住職大谷光勝と称するようになったという〔森岡 1978：578〕。また、維新期から大谷派宗政の枢機に関わった執事渥美契縁の見解によると、大谷家・本願寺等については次のようになるという〔森岡 2016a:43 ～ 44〕。

「明治維新期に華族として称すべき家名を設定することとなり、本願寺住職は大谷姓を名乗った。大谷家は民法に規定され、本願寺は寺院関係法の下に立つゆえに、元来一体不可分であった本願寺と大谷家とに分別が生じた。しかし本来、本廟は大谷家の祖廟として大谷家のものであり、祖廟即本願寺ゆえ本願寺は大谷家のもの、大谷家戸主が当たる本願寺住職は大谷派法主、また教導職管長として本山を専領する」。

（29）田中は天皇を世界無比の聖王で、その本地は古代インド神話に登場する理想の帝王である転輪聖王であり、あるいは金輪大王であるとした。最後に天皇は「賢王」として地上に応現する上行菩薩（四菩薩）として開顕されるという。天皇を仏法真理の血統的継承者であると位置づけ、日清戦役はその旗下に敵を屈服させる戦いであるとしたのである〔小川原 2010：113、西山 2016：50〕。

（30）本康宏史によれば、明治二八年一月の段階で金沢市では仏教界を中心として忠魂堂建設計画がおこり、同年一一月には「金沢忠魂堂」の祝建式が執行され、浄土宗管長が願文を奉じているという。その建設場所は、旧加賀藩の戊辰戦役戦没者を祀る顕忠祠（顕忠廟、後の卯辰山招魂社）が創建され、旧藩の慰霊センターたる金沢市卯辰山の観音院上（旧観音院跡）であった〔本康 2002：110, 299 ～ 301〕。浄土宗のみによる建設ではなかったため、忠魂堂とされたのであろうか。

また本康によれば、金沢城の東にある卯辰山は「霊魂再生の地」であるというが、卯辰山招魂社に関しては『金沢古蹟志』に左記のようにある〔本康 2002：110〕。

「此の社は卯辰神社の下にあり。其の草創は明治元年戊辰年越後奥羽の諍乱に、吾金沢藩出兵戦没の者百三名、その霊魂を祀らん為め、同年十一月二日卯辰山庚申塚の地に仮殿を設け、初めて藩知事前田慶寧卿より祭奠を命ぜられる。是その濫觴なり。さて同三年十二月、卯辰山なる今の社地を卜して、招魂社を造立し、各々石碑を建てられ、知事公より祭祀料米一千俵を毎歳寄附せられ、春秋両度招魂祭を執行せしめらる。故に有志の輩狼烟を献備す。廃藩後は祭祀料を止められ、僅に予備金を以て両度の祭奠を修し、狼烟の式あるのみなりしが、明治八年四月諸府県の招魂社費に官金御下渡の旨後達相成、同年十二月豊国神社の神職に兼務を命ぜられ、是より毎歳官祭を執行する恒例とは成りたり」。

鎮守府とは、要港部（警備府）と並ぶ日本海軍の地方機関である。日清戦役時、鎮守府は横須賀・呉・佐世保に置かれていたが、同戦役後に舞鶴に、日露戦役時に旅順口に開設された。鎮守府司令長官は海軍大将・中将を以て親補され、天皇に直隷し、軍政に関しては海軍大臣、作戦計画については軍令部総長の指揮を受けた。また、鎮守府の所属機関としては海軍工廠・海軍病院などがあった〔秦 1994：718～719〕。

旅順では明治二八年一月一八日、清国兵の遺骸を日本と中国の僧侶十数名で火葬・改葬し、盛大な葬儀を執行しているという。そして下関条約締結後の五月には、日本軍の依頼を受けた真言宗・浄土宗・真宗大谷派が同じ仏教国の民として、清国人の戦死者追悼法要を営んでいる。敵の将兵まで視野に入れていることは、敵も味方も分け隔てなく祀るという仏教の怨親平等観を反映しているものといえよう〔小河原 2010：114～115〕。

(31) 陸軍第三師団が置かれた名古屋の忠魂祠堂は、大正六年一月に明治天皇と昭憲皇太后を合祀し、生徒に日々礼拝させる教育施設として「明昭殿」と改称され、学園施設の一部としてその性格を変えたという。奉安殿と同様の機能を有したと考えられよう。詳細は白川（2008）を参照。

(32) 北白川宮が七年間プロシアに留学したのは、実は遠島の刑ではないかとの説もあるという。後年台湾に派遣されたのも同じ伝で言えば、側室増員不可の政府方針に反して、侍女に手をつけて子を産ませつづけ、その後始末で政府を悩ませたことへの一種のペナルティの側面があったかもしれない、という〔森岡 2002：398〕。

近衛師団が台湾に上陸すると、六月一七日に台湾総督府が発足した。この際、山口は神宮教本部長となった。同師団は現地人の抵抗やマラリアなどの風土病に苦しみながらも転戦し、山口も従軍して講話や病人への慰問・戦没者弔祭などに関わった。北白川宮が死去すると、翌一一月に招魂祭が執行され、台湾総督樺山資紀らが参列している。神宮教内では、台湾での布教を求める声が高まっていったという〔小川原 2010：128〕。

北白川宮の死に関しては、一般に森鴎外の伝記による「戦病死（コレラ）説」が流布しているが、匪徒の襲撃による「虐殺説」も強く主張されている〔本康 2002：257, 271〕。例えば『台湾人四百年史』によれば、「台南市北辺の曾文渓を渡河してまもなく、草むらに潜伏していた台湾人ゲリラに襲撃され、竹竿の先に鎌を縛りつけた俄か作りの武器で首を傷つけられて落馬し、重傷を負ったのが病因となって、台南入城後、斃れたといわれている」、という〔原田 2008 : 282〕。

北白川宮の死は秘匿され、重体で帰国ということになった。白装束に包まれた遺体は、防腐のために朱と石灰がぎっしり詰まった座棺に納められ、巡洋艦吉野に護衛された西京丸で内地に送還され、一一月四日に横須賀港に到着した。この前日、宮内省は北白川宮を陸軍大将に任じ、功三級金鵄勲章に叙し菊花賞頸飾を賜う、と発表している。新聞各紙は六日、その死亡を報じたという〔本康 2002 : 257, 271、半藤他 2009 : 94、原田 2008 : 281〕。

仙台第二師団からは混成第四旅団が編成され、明治二八年七月に同旅団歩兵第十七連隊が先遣隊として、千人長細谷直英が率いる軍夫と共に台湾に送られた。翌八月には、同師団から歩兵第五連隊などの残留部隊も投入された。一旦仙台に帰還した後備兵も新たに召集された兵士と共に、後備歩兵第四連隊や後備歩兵第五大隊として再び台湾の地を踏み、過酷な戦闘を続けなければならなかった。第二師団が台湾から撤兵して仙台に帰還したのは二九年四月、後備部隊は翌五月であった〔仙台市史 2008 : 282〕。

(33) 第二師団留守部隊は、明治二八年一一月一〇日に仙台市公園地（西公園）の偕行社で、戦死病没者の追弔大法要を開催している。一般人参列者は三〇〇〇名で、楼上西方に仏壇を設け、故陸軍大将・近衛師団長北白川宮の霊位および日清戦役戦没者・病死者の遺体を安置し、これに百種の供物が献じられて禅僧による供養が営まれた。さらに翌二九年二月一二日は「北白川宮百日忌」にあたり、仙台市内の各寺院で追弔法要が開催されると共に、「外征軍人百余名の遺骨供養」が曹洞宗支局で営まれている〔佐藤 2006 : 107 ~ 108〕。

清朝時代から、台湾の先住少数民族を文明化の度合いにより「生蕃人」と「熟蕃人」と呼んでいたが、昭和一〇年の台湾総督府の戸籍調査規定によって、前者を「高砂族」、後者を「平埔族」と呼ぶようになった。台湾民政長官後藤新平の報告によれば、明治三一年から三五年までの五ヶ年間に「叛徒」一万九五〇名を処刑もしくは殺害したという〔海野 2001 : 85 ~ 86〕。

(34) 靖国神社臨時大祭にあたり、仙台では第二高等学校（後に東北大学に吸収）が休業となり、宮城県尋常中学校（後の仙台第一高等学校）では戦没者の忠魂を弔慰するため、運動場で靖国神社遙拝式を挙行した。また仙台市内の小学校では、「忠魂を弔慰せしむる由にて（中略）戦死者を弔ふ歌詞楽譜等夫々配布せられし」、とある〔佐藤 2006 : 108 ~ 109〕。学校行事においても、靖国神社の祭礼との関係が深まっていくのである。

既述のように特祀とは、「明治二十七八年戦役知友戦地ニ於テ疾病若シクハ災害ニ罹病又ハ出征事務ニ関シ死歿シタル」者を、新たに「乙号」として「特旨ヲ以テ戦死者同様ニ合祀」することを意味していた。そして、この特別扱いは日露戦役においても同様であった。一般に戦争での死者の多くは、戦闘での死者ではなく戦病死者であった。これは日本だけの特徴ではなく、南北戦争でも第一次世界大戦でも、戦病死者の問題は深刻であったのである〔大江 1984：125～127、高石 1990：60、檜山 2011b:119、赤澤 2013:12〕。

（35）坂井久能によれば、営内神社・隊内神社以外に陸海軍が軍施設内に設けた神社には、陸海軍諸学校の場合は「校内神社」、海兵団の場合は「団内神社」、軍の工場や研究所などの場合は「構内神社」、艦艇内には「艦内神社」などがあったという〔坂井 2016:557〕。

貴族院では明治二九年一月、北白川宮を祭神とする台湾神社の創建が建議され、三三年九月、総工費三五万円の巨費をかけて台北に官幣大社台湾神社が創建された。その祭神はいわゆる開拓三神を一座、北白川宮をもう一座とした。建設委員長は海軍少将が務め、「御霊代」（鏡）はわざわざ軍艦浅間により東京から運ばれ、「靖国鳥居」が建てられた。陸海軍から戦利品の大砲が奉納され、「二の鳥居」の前にその偉容を示す形で展示されたという。後に昭和一九年六月、海外神社は天照大神を奉祀すべしという方針に従い、同社は天照大神を合祀し台湾神宮と改称した。また北白川宮の死没地（台南市様仔林町）には、「故宮殿下本島御在営の最終地」として、明治三四年に廟所が造営されている。以後、台湾には台中神社（明治四四年創建）や台南神社（大正一四年創建）など、北白川宮を祭神とする神社は一一社に及んだという〔村上 1974：141、本康 2002：255～259、辻子 2003：148～150、小川原 2010：128～129〕。

明治三六年一一月には、台北に「圓山台湾総督府警察官招魂碑」が建立された。さらに昭和三年には、日本領有以後の台湾での戦没者・殉難者を祀る建功神社が創建され、同一七年五月には**台湾護国神社**が創建されている。現在、台湾の旧神社の多くの本殿が「忠烈祠」に転用されているという。忠烈祠とは、オランダ・日本との抗争や国共内戦で落命した人々を祀る施設である。台湾護国神社跡に建てられた忠烈祠は、中華民国の中心的な忠烈祠で、日本の靖国神社を彷彿させるものだという〔本康 2002：270～272〕。

中島三千男によれば、日本の敗戦以前にアジア地域に建てられた海外神社は、現在判明しているだけでも一六〇〇社を数え、二種類に分けられるという。一つは朝鮮神宮や台湾神宮などの、日本政府によりその地域のシンボルとして建立された「政府設置（奉斎）神社」であり、他は、海外に移住した日本人が厳しい生活の安穏を祈願するために建立した「居留民設置（奉斎）神社」である。満州事変の頃から海外神社は全体として、現地人の「皇民化」に大きな役割を果たした〔中島 2013：2〕。

（36）東京での兵隊埋葬地の候補地としては、上野・青山・元御殿山・護国寺・飛鳥山の五ヶ所が挙げられたとされ、いずれも徳川家有縁の土地が選ばれていることに注目したい。音羽兵隊埋葬地を設定したのは、事実上の土地買い上げである「上地被仰付」であったようで、明治五年九月に「音羽護国寺裏空地凡二万坪」と決定され、一〇月に東京府からまず一万坪が陸軍省に引き渡された。

その敷地は寺院西方の約南北三五〇メートル、東西一〇〇メートルの長方形であった。また、埋葬地の区画を将校・下士官・兵卒などに分ける設定作業には、陸軍省第四局（明治一二年一〇月に工兵局と改称）が従事した。大正期に、同寺は陸軍省に対して埋葬地五一七〇坪余の返却を申請しているという。膨張する東京市住民の墓地要求に応えるためであったが、陸軍省はこれを却下している〔原田 2003：100 ～ 102, 156 ～ 157〕。

徒刑人に関しては、海軍では海軍埋葬地に埋葬することが示されていたが、陸軍では、「陸軍徒刑人埋葬地ヲ定ム」（明治七年八月二二日、陸軍省第五局ヨリ本省へ伺）が発せられている。陸軍では、裁判所の管理下にある者は、青山墓地に「徒刑囚獄埋葬地」として二〇余坪の購入が認められ、それ以外の者は東京府に本隊がある者もない者も、音羽陸軍埋葬地に埋葬することになったという〔原田 2003：112〕。

（37）豊島岡御陵については、「明治六年九月十八日、緋桃権典待葉室光子所産の皇子即日薨去す。東京小石川音羽護国寺境内権現山と唱へ来れる地所を、自今豊島岡と名付けられ、同二十五日、右皇子を神葬す。これより豊島岡を、皇室の御陵墓と定めらる」、とある〔石井 1997a:387〕。

現在、真田山陸軍墓地の敷地は四五〇〇余坪に縮小している。同地には、五二九九基以上の個人墓碑と五基の合葬墓碑、そして四万三〇〇〇名以上の遺骨や遺髪などを納めた納骨堂（仮忠霊堂）が現存しているという。墓碑のなかには「生兵」と刻まれている者もあるが、生兵とは入営した初年兵が訓練を受けている期間の呼称で、「新兵」を意味している〔小田・横山他 2006：25, 31, 35〕。

明治八年七月三一日、陸軍省は全国各鎮台に二三〇〇～二八〇〇坪の陸軍埋葬地を設定するよう命じている（陸軍省達第三一号）。ただし、東京・大阪・広島にはすでに陸軍埋葬地が設営されていたから（広島比治山陸軍埋葬地は二八〇〇坪）、実際には仙台（二五〇〇坪）・名古屋（二三〇〇坪）・熊本（二八〇〇坪）での設営となった。鎮台により坪数が異なる理由は不明であるという。陸軍省は死没者への地価下賜を廃止し、陸軍埋葬地があることを前提とした埋葬扱いを原則とすることになる〔原田 2003：102, 112、原田 2013：91 ～ 92, 107〕。

仙台では鎮台設置と同時に、向山鹿落に陸軍埋葬地が確保された。しかし歩兵第四連隊が創設されると、埋葬地の拡張が求められて鹿落の埋葬地は廃止となり、明治二五年七月、新たに井戸沢陸軍埋葬地（当初は二三三一坪、仙台市青葉区小松島）に改葬された。これが現在の「常盤台霊苑」になったという〔原田 2003：103、原田 2013：91 ～ 92、佐藤 2017：23〕。「常盤台霊苑の由来」碑には左記のようにある〔原田 2013：92 ～ 93〕

「ここ常盤台霊苑はもとの陸軍墓地であり明治年間平時に病歿した第二師団将兵軍属の墓であった。後に日露戦争及び満州事変における戦歿勇士合葬の墓をそれぞれこの地に建立したのは当時世界列強の包囲と抑圧に耐えて我が民族の独立と生存を守り抜いた国民的心意気の発露であった。

昭和二十年八月大東亜戦争の敗戦と共に人心極度に昏迷し為にこの聖域は荒廃してこの戦争に殪れた勇士の遺品は仮の堂中に納められたまま永くその場所に安んずることができなかった。

サンフランシスコ平和条約成り我が国独立の恢復と共に県民の総意は再びここに大東亜戦争戦歿勇士合葬の墓を建立し聖域を補修し昭和二十八年十一月これを完成したのである。天主台の護国神社が戦歿英霊殿の神域であればここはその墓域である。その名も常盤台霊苑と改め不滅の遺芳を偲びつつ毎年毎月の祭りを絶やすことはない。日本民族無窮の生命は古来敬神崇祖の伝統に輝く。

ここに霊苑の由来を碑に刻んで永く後世に伝える所以である。

昭和四十四年三月　　文　島貫常行　」

陸軍埋葬地等の法令上の名称に関しては、「海軍では『海軍埋葬地』、後に『海軍葬儀場』と呼ばれる。陸軍では『陸軍埋葬地』、後に『陸軍墓地』（日中戦争開始後の一九三八年五月五日の陸軍省令第一六号『陸軍墓地規則』から）と呼ばれる。一九四六年頃の厚生省などでは、両者を総称して『軍用墓地』としている」、という〔原田 2003 : 98〕。

（38）日清戦役後の『奥羽日日新聞』（明治二八年八月三〇日付）によれば、「秋田県山本郡藤琴村第二師団歩兵第五連隊付兵卒潟路岩松」らの遺骨や遺髪は、「仙台兵站基地司令部に到着せしを以て遺族へ送付の筈」、と報じられているという〔佐藤 2006 : 104 ~ 105〕。

（39）軍部大臣現役武官制に関して、陸軍・海軍次官の補任資格は現役の中将・少将に限定された。現役としたのは、この頃に予備将官の数が多くなってきたことに因るという。しかし第一次護憲運動の圧力により、大正二年六月一三日に「現役」の文字が削除され、範囲が予備役まで拡大された。実際には予備役の軍部大臣は出現せず、制度的にも二・二六事件によって軍部の政治的指導権が確立した直後の昭和一一年五月一八日、現役武官制が復活した〔秦 1994 : 694〕。

（40）第三師団には病死者一〇四三名・変死者三四名の計一〇七七名が、第五師団には病死者一六一二名・変死者六六名の計一六七八名がいたが、これらの死者は全て碑文記名から除外されているという〔原田 2007 : 92 ~ 98〕。

原田敬一は記念碑建立に関して、次のように言及している〔原田 2007 : 94〕。

「錦絵などで強調された構図は、武士イデオロギーに基づくものだった。軍艦の砲撃場面を描くのに、指揮官の将校が刀で砲撃合図する錦絵、大砲の側で乗馬したままやはり刀で指揮する将校を描く錦絵など、刀と馬がキーワードとなり、シンボルとなった。騎馬民族である女真族からなる清国軍を相手としているという画家たちの想像力が現れている。各地で日清戦争記念碑が建立された時、『槍』を形象したものが少なくとも四基ある（図3—7）。武士イデオロギーの鼓吹は、次の戦争を呼び出す」。

西南戦役後、皇居田安門に建立された「近衛記念銅標」については言及したが、現在、**新発田陸軍墓地**（新潟県新発田市西園町、西公園）には、日清戦役の慰霊碑と考えられる槍の形をした**「越佐招魂碑」**（明治三一年一一月二三日建立、巻頭写真）が確認できる〔山辺 2003：677、現地調査〕。

（41）このラッパ手は、実は木口でも他者でもないという。つまり先に作られた美談・軍歌をもとに、戦死したラッパ手探しの結果、木口が浮かび上がっただけだという〔海野 2001：76〕。

（42）明治三六年一二月一八日、「改正戦時大本営条例」（勅令二九三号）が公布された。その主旨は陸主海従の関係を撤廃し、大本営において参謀総長は陸軍の、海軍軍令部長は海軍の幕僚長としての地位を確保することにあったという。また、「文官部」が廃止され、完全に武官中心の編成となり、機構上ほぼ陸海並立となった〔秦 1994：496〕。

旗艦三笠の損害は即死者二二名、負傷者は伏見宮や艦長以下一〇三名であったが、伏見宮は軽傷であった。「名誉の負傷」は九月七日付の『東京日日新聞』で大々的に報道され、戦意高揚に効果を挙げた。しかし事実は、伏見宮が指揮していた砲の砲身が破裂してはじき飛ばされたものだったという。つまり「名誉の負傷」の実態は、「敵弾」ではなく「自砲の破裂」によるものであった〔小田部 2016a:195 ~ 196〕。

（43）大江志乃夫は次のように述べている〔大江 1976：14〕。

「主として軍政を中心に『長の陸軍』を縦に継承する人脈の形成と後継者の育成が山県を頂点とする長州軍人の手でほとんど組織的といってもよいほどのあざやかさでおこなわれたこととは対照的に、形式上では実に見事といってもよいほどの人事における薩長の均衡が保持され続けた。すなわち、陸軍の最長老では、長の山県にたいする薩の大山巌、この二人の元帥を除く日露開戦時の大将は、長の佐久間左馬太、桂太郎にたいする薩の野津道貫、黒木為楨、それに福岡の旧小倉藩出身の奥保鞏であった。そして、日露戦時中の大将進級者は、文官職の首相に転じた桂と戦前すでに休職となって第一線を退いた佐久間、進級後まもなく病死した長の山口素臣を除けば、第一線級の大将が、長の岡沢精、長谷川好道、児玉源太郎、乃木希典、大島義昌の五人にたいして、薩が戦前からの野津、黒木にくわえて、西寛二郎、川村景明の四人、それに皇族の貞愛親王と、小倉の小川又次であった」。

また大江は、中将として休職二年八ヶ月の後、留守近衛師団長に復職した乃木の第三軍司令官就任に関して、「先任中将とはいえ、休職中将から留守師団長、軍司令官と、中将としての実役停年期間（実際に軍職についていた期間）がながい他の野戦師団長をとびこえての、無理な人事であった。起用の理由は、日清戦争で旅団長として旅順を攻略した経験者であるということであった」、と述べている〔大江 1990：104〕。軍幹部は一〇年前の功績にとらわれ、時代の変化に対応できていなかったのである。

前澤哲也によれば、旅順の露軍は、乃木第三軍の攻撃日時が「ある規則性」に基づいて設定されていることに気付いたという。本格的な攻撃は「二十六日もしくはその一週間前の十九日」に集中していた。また大本営もこれに気付き、第三軍司令部に回答を求めている。その回答は、「二、南山の陥落が五月二十六日であったので、将卒はこの縁起を祝う。三、偶数は割り切れるので兵卒は喜ぶ」、というものであった〔前澤 2009:136～137〕。

森岡清美は次のように言及している〔森岡 2002：42〕。

「日清戦争と日露戦争は多数の新授爵者を産出したばかりではなく、陞授者も相応して多く出したのである。とりわけ多かった一九〇七年には、日露戦争の軍司令官（奥・黒木・乃木）・海軍大臣（山本）・講和条約の主席全権（小村）はいずれも男爵から伯爵に二階級特進して陞等されている。また、一八九五年から一九〇七年の間に二度陞爵の沙汰のあった家が八家、したがって新華族の陞爵総数五五件に対応する家は四七家である。八家とは、男爵から子爵をへて伯爵への佐久間佐馬太（山口、陸軍大将）・児玉源太郎（徳山、陸軍大将）と林董（旧幕臣、外務大臣）、子爵から伯爵をへて侯爵への桂太郎（山口、陸軍大将・総理大臣）と野津道貫（鹿児島、陸軍大将）、伯爵から侯爵をへて公爵への伊藤博文（山口、総理大臣）・山縣有朋（山口、元帥陸軍大将・総理大臣）と大山巌（鹿児島、元帥陸軍大将）である。早期の授爵とあいつぐ陞爵によって、伊藤と山縣は旧主の毛利公爵家と、大山は旧主の島津公爵家と肩を並べるに至った」。

大正元年九月一三日の明治天皇大葬の当日、天皇の轜車《れいしゃ》が宮城を発する際に乃木は夫人静子と共に自邸居間にて自決した。乃木家墓所は青山墓地にあるが、乃木夫妻を祭神とする乃木神社は現在、栃木（那須塩原市、大正四年創建）・京都（伏見区、大正五年創建）・函館（函館市、大正五年創建、現在は東京乃木神社分社）・山口（下関市、大正八年創建）・東京（渋谷区赤坂、大正一一年一一月創建）の五社が存在する。とくに**京都乃木神社**は明治天皇桃山陵に対して、いわば「北面の武士」として鎮座していると云い、境内には静子夫人を祀る静魂神社がある。東京乃木神社は昭和二〇年五月の空襲により焼失した（敗戦後復興）。一方、東郷神社も昭和二〇年、別格官幣社列格寸前に戦災により焼失したという（敗戦後再建）〔白井・土岐 1991：244, 268～269、現地調査〕。

奉天占領の翌四月一七日、九州小倉（旧小倉藩一五万石）で第十四師団が編成されている。初代師団長には陸軍中将土屋光春（旧岡崎藩士四男、後の男爵・大将）が親補され、同師団は満州に出動し奉天以北の警備任務にあたった。この動員で同師団に戦没者は出なかったようである。三九年七月、第二代師団長に陸軍中将鮫島重雄（旧薩摩藩士二男、後の男爵・大将）が着任し、姫路第十師団の留守部隊として同地に臨時駐屯していた。翌四〇年九月一八日に陸軍管区表改正公布となり、それまでの一三個から一九個師団に増師され、これによって十四師団の宇都宮駐屯が決定したのである。こうした陸軍の改編により、この時点で歩兵連隊が置かれない県は、岩手・埼玉・神奈川・沖縄の四県のみになった〔髙橋 1990 : 2, 12 ～ 17、秦 1994 : 69, 95、岩波書店 1991 : 192、笠原・安田 1999 : 146、一木 2004 : 602、前澤 2009 : 194〕。

（44）仙台には二一一六名の露軍捕虜が、明治三八年三月末から数次にわたり収容され、宮城野原に収容所が建てられたという。また、第二師団の仙台への帰還は三八年一二月下旬からであったが、日清戦役を超える歓迎風景が展開された。三九年四月一～三日には、西島助義師団長主催による「臨時招魂大祭」（第二師団日露戦役死没者の霊祭）が宮城野原練兵場で開催されている。ここでも神仏両式による祭典が実施された。この際、九〇〇余頭の「戦死病没軍馬供養」の神祭・読経も行われている。翌四〇年には、日露戦役後の第一回目の昭忠会主催の招魂祭が執行されているが、この時以来、天主台招魂社での神祭と昭忠碑での仏祭が連続して実施されるという形態が成立したという〔仙台市史 2008 : 285, 297、佐藤 2017 : 15 ～ 16、秦 1994 : 343〕。

桜井は『肉弾』で次のように記している〔寺田 1992 : 86〕。

「肉弾また肉弾、英国新聞スタンダードの一記者は日本軍の喊声は露兵の心臓を貫けり、その腸をえぐれりといった。しかしその喊声は一日一日と薄れて、敵堡塁の前に山と死骸を積んだに過ぎなかったのである。（中略）肉弾となって敵陣を襲ったのであるが、全滅また全滅を重ねるのみであった」。

赤澤史朗によれば、特祀の合祀上申資格者の調査は、明治三九年八月の陸軍大臣寺内正毅名の通牒により開始されたという。「靖国神社臨時特別合祀陸軍軍人軍属名簿」に記載すべき者は、戦時時期の「明治三十七年二月六日ヨリ同三十八年十月十六日」の間、この「戦役に従事したる」軍人軍属で傷痍疾病により死歿した、左記の事項に該当する者である〔赤澤 2015 : 57〕。

「一、戦地に於て公務若は避くべからざる災害の為に死歿したる者
二、戦地に於て伝染病若は流行病に罹り、又は公務の為傷痍を受け、若は疾病に罹り死歿したる者
三、戦地に於て死因不明の者、又は自己の作為に因らざる傷痍若は自己の不摂生に因らざる疾病の為死歿したる者
四、戦地に在らざるも戦役事務に関し公務上伝染病若は流行病に罹り、又は避くべからざる災害の為死歿したる者
五、戦場にて負傷の為身体自由ならず、捕われて適地に護送されて死歿したる者、若は戦地に於て自殺したる者等にして、其の情状特別合祀と認むべき者」

陰膳に関しては、例えば皇族の梨本宮伊都子も、夫の守正が出征した際に陰膳を備えているという〔川村 1996 : 145〕。

「『普通の御留守とちがい、戦地へならせられるに付……翌日より御写真を御床の間にかざり、一日一回は必ず御かげ膳をそなえる（昔から、かげ膳をそなえて御汁のふたをとった時、ゆげでしずくが一ぱいたまった時は、その人の無事であるという事を聞いていた故）ことにし、只々御無事をいのる』（小田部雄次『梨本宮伊都子の日記』小学館、一九九一年）と、日記に記している。伊都子は夫の戦死によって、男子のいない梨本宮家が廃絶されるのを恐れていたのだ。

しかし、そればかりではない。（中略）国と家族のあいだで心は揺れていた。皇后は『国母』として超絶し、皇族妃は軍人皇族の妻・母として国民的モデルとなることが要請されていたが、たんなる妻、あるいは子どもをもつ母のひとりとして、夫の安否を懸念していたのである」。

明治二二年二月の明治憲法発布と共に制定された旧皇室典範には、「皇族は養子を為すことを得ず」（第四十二条）とあり、男系男子が絶えた場合、その宮家は亡くなり、祭祀のための華族家が置かれることになっていた。実際、この条文により有栖川宮・華頂宮・桂宮・小松宮の各宮家が廃止されている。このように皇族の戦死は宮家断絶の危機を内包していた。したがって天皇の配慮などにより、皇族軍人たちは次第に第一線から離れた任務に就くようになったという〔小田部 2016a:211 ~ 213〕。

（45）日露開戦の二月八日、名古屋第三師団から歩兵一個中隊が伊勢神宮守備のため派遣される旨が告示された。同師団が出兵した後は、三月に近衛後備歩兵第三連隊の一個中隊が守備に就き、一〇月には同第四連隊の一個中隊が任務を継承している〔小川原 2010:176〕。

（46）日露戦役の兵士の軍事郵便について分析した大江志乃夫によると、「多くの兵士が、自らが戦場で生き残ったことを神仏のおかげであると書き、神仏の念力や郷里の人々の祈りに支えられて勝利したなどと書き送っているものもいた」、という〔小川原 2010:175〕。

（47）明治三七年一〇月には『布教資料戦時応用教説』なる書物が刊行され、「御勅諭御主旨演達」（赤松連城）、「戦死者追弔会演説」（同前）、「戦時道徳」（江村秀山）、「新入営者教誨」（弓波明哲）といった、模範的な戦時教説を筆記したものがまとめられている。翌年四月には『戦時布教材料集』という本も刊行され、著名な僧侶の戦死者追悼文などが収録された。こうしたマニュアルを携えて、布教僧は戦線へ向かったのである〔小川原 2010：172〕。

（48）会津出身の矢部喜好は、「最初の良心的兵役拒否者」とされている。明治三五年、矢部は会津中学在学中にセブンスディ・アドベンチィストと出会い、伝道活動中に召集令状を受けた。入営を拒否した一九歳の矢部は裁判にかけられる。その法廷で、神は罪のない人間を殺してはならないと教えており、戦争は人を殺すものである以上、参加することはできず、戦争は戦争によって終わらせることはできないと明言した。結局、禁固二ヶ月の判決を受け、看護兵として入営したという〔小川原 2010：181〕。

仏教者として非戦論を主張した代表者は高木顕明であるという。高木は紀州新宮の浄泉寺（真宗大谷派）住職で、後に大逆事件に連座して無期懲役となり、刑務所内で自殺している。檀家に多くの被差別民を抱えていたため、社会問題に関心を高めていき、とりわけ内村鑑三に心酔していたという。他宗の戦勝祈祷会に対して、真宗にはそのような祈祷式も教義もないと主張した。高木は大逆事件により大谷派から擯斥されたが、名誉が回復したのは平成八年のことであった〔小川原 2010：181 ～ 182〕。

（49）日露開戦後、ロシア軍捕虜が内地に送られ全国各地に収容されると、日本政府は軍紀・風紀に反しない限りで捕虜の信仰の自由を認めた。明治三七年五月には俘虜信仰慰安会が発足し、翌月以降、正教会は司祭を各地の捕虜収容所に派遣し慰問事業を実施していった。これも日本国家に貢献することで、教会に対する疑惑を晴らそうとする試みであったといわれている。また、正教会は日本政府の捕虜優遇を称賛した。それはハーグ条約を遵守することで、日本が欧米列強なみの文明国であることを世界に示したいという日本政府の意図を実現しようとした、ともいわれている。明治四四年の時点で、日本国内の正教会の教会数は二六五、信者数は三万二〇〇〇名に達している〔小川原 2010:145 ～ 148、小野他 1985：542〕。

森岡清美によれば、イエ（家）は先祖祭祀の核となり内生的な宗教性を有するものであるが、識者は日露戦役における戦勝の要因の一つは、日本の「家族制度」にありとみたという。例えば井上哲次郎は、「戦争などの場合に挙国一致といふやうな事実がありますのは全くこの綜合的家族制度の賜物であります」、と述べているという。これはやがて「兵営は軍人の家庭」（軍隊内務書）などに現れた〔森岡 1984：13, 127 ～ 128〕。

（50）仙台では日露戦役後、篤志家の商人によって桜ヶ岡公園（西公園）に、第二師団軍馬九〇〇頭余の霊を弔うため「征露紀念馬匹銅像」が建立されている〔佐藤 2006：128、仙台市史 2008：296 ～ 297〕。

（51）広瀬は作戦決行中、行方不明となった兵曹長杉野孫七を探して船内を三度捜索したという、「家族愛」にもとづく美談が伝えられている。広瀬の棺は戦死の翌四月五日に東京に到着し、同一二日にはその棺が築地の海軍水交社に収められ、翌一三日に海軍省の公葬として**青山祭場で葬儀（海軍葬）**が営まれた。真榊が贈られていることから、神式によるものと推測される。儀仗兵は二五〇名に及び、勅使によって幣帛も下賜されている。勅使の差遣は勅任官以上が通例であったから、海軍中佐の葬儀としては空前のことであった。青山霊園（墓地）に埋葬されたが、その墓碑銘には「天下伝其英風称為軍神」と刻まれたという〔新谷 1992：266 ～ 267、山室 2007：20 ～ 32〕。

新谷尚紀によれば、小笠原は当時の海軍で、新聞などの報道関係者との交渉を殆ど担当していたという。世論の関心を閉塞作戦失敗に向けず、広瀬少佐の戦死をことさら美談に作り上げていった。新聞記者たちに広瀬の逸話や美談を語り、「軍人の亀鑑」や「或る人叫んで軍神と唱ふ」も小笠原の談話をもとにした記事ではなかったかという。小笠原が最も主張したかったのは、「中佐の功績は其死骸より生ずる武徳の威稜が別に後世子孫を威奮興起せしむる一事なり」、ということであった〔新谷 2009：213 ～ 215〕。

橘らを死傷させた一因は、友軍の誤射によることが論証されつつあるが、そのような作戦ミスを隠蔽するように、橘の軍神化が進められた。それに将卒の主従愛が加味されてストーリーが完成し、軍神は国民の敬仰の的になった。橘が内田軍曹に与えた最期の言葉は、「本日（八月三一日）は皇太子の誕生日である。その日に部下を失い、占領した敵塁も奪還されたのでは威信にかかわる。全員が死守しよう」、というものであった〔海野 2001：165〕。

竹田の広瀬銅像は、昭和期の金属供出の対象となり姿を消したが、東京の広瀬銅像は敗戦後に撤去された。他方、二体の橘銅像は金属供出の対象から除外されたという。とくに**島原の橘銅像**は、地元の人々により海岸の砂中に埋められて匿され、更には生家の庭に運ばれて柿の大木の根元に置かれていた。対日平和条約の調印にともない、銅像は橘神社境内に再建された〔広瀬神社、橘神社、朝尾他 2005：296〕。なお、橘神社からは銅像の写真を頂戴している。

敗戦後の昭和二三年四月（七月とも）、大分県直入郡遺族連合会は同郡内の戦没者ら「国家公共に尽した人の神霊」を広瀬神社に合祀することを決議し、翌年に第一回合祀祭が執行された。同社の例祭日は広瀬の誕生日にあたる五月二七日で、かつての「海軍記念日」でもあった。現在、広瀬以外の祭神数は一六二七柱である。広瀬は大分県内の戦没者を祭神とする大分県護国神社（前身の招魂社創建は明治八年一〇月、現在の祭神数は四万四四〇〇余柱）の祭神にはなっていないようであるが、広瀬神社は同護国神社と共に、現在も「地域の靖国」として機能しているのである（白井・土岐 1991：66, 296、靖国神社 2007：203、広瀬神社）。

（52）遺族の急増により、靖国神社の参拝者は年々その数を増し、全国各地から集団参拝も盛んになった。同社の社頭収入は、日清戦役時の明治二八年度には五二万六六二三円であったが、日露戦役時の明治三八年度には二一七万九一二六円と四倍に急増し、翌年には二七〇万六五四四円と五倍に達して、翌々年までの三年間は二〇〇万円台の収入が続いたという。また招魂斎庭は昭和一三年、国防会館（後の靖国会館）の西側の現在地に再度移転している〔村上 1974：151、靖国神社 2000：54〕。

（53）陸海軍記念日が学校やメディアも含めて大規模化するのは、日露戦役二十五周年（昭和五年）や同三十周年（昭和一〇年）からのことで、周年行事の意味だけではなく、それぞれの時期の社会情勢と関係を密にして発展していく〔原田 2007：223〕。

明治四〇年の特祀では、日赤の医長・書記・看護人・患者輸送人（以上男性）と共に、看護婦が加えられた。また、陸軍看護卒、鉄道技師・鉄道作業局雇、船長・船大工などの職種者が散見されるという。外征戦争とはいっても、看護婦たちの多くは内地の陸軍病院や病院船で働き、いずれも伝染病などで死亡している。勤務中に病み郷里で療養中に亡くなった者もあり、線引きに苦慮したのか、三〇名の看護婦「該当者」のうち八名は合祀から除外されたという〔秦 2010：89〕。

（54）例えば静岡歩兵第三十四連隊では、陸軍省通達を受けて沓谷陸軍埋葬地に階級別の四基の合葬墓を建立したが、それでは収まらなかったという。連隊長・大隊長を始め将校・準士官四六名の戦没者を出したことを慰霊したいという、連隊将校団の強い要望があった。そこで将校団は拠金し、同地に四六基の個人墓碑を建立した。これにより将校団の同僚将校への痛恨の思いは表明されたのであるが、戦没した一一〇〇名以上の下士官・兵士への特別な哀悼の念は表されていない〔原田 2007：222〕。

(55) 英霊とは、「もともと霊魂の美称であるが、幕末に、水戸藩の藤田東湖が、『文天祥の正気の歌に和す』と題する漢詩で、『英霊いまだかつて泯びず、とこしえに天地の間にあり』とうたい、この漢詩が志士のあいだで愛唱されて以来、広く普及した言葉であった」、という〔村上 1974：152〕。

(56) 猪熊は地元の小学校を卒業後、陸士への進学率が高く「私立の幼年学校」あるいは「陸軍の成城」と称された東京牛込の成城学校（当時の第四代校長は陸軍中将川上操六、現在の成城高校）に入学した。校名の「成城」は『詩経』にある「哲人以て城を成す」からとったという。士官候補生を経て、明治三六年一一月に陸士を卒業する（同期生は七〇八名）。卒業後、約半年間は見習士官となるが、翌三七年二月に日露開戦となったため、第十五期生は見習士官のまま出征し、その直後に少尉に任官したという。なお、児玉源太郎も成城学校の第七代校長を務め、同校卒業生としては宇垣一成・寺内寿一・松井石根などが挙げられる〔猪熊 2010：192、新田 2006：187、新宮 2000：188〕。

明治三七年八月の第一回旅順要塞総攻撃の際、連隊旗手の陸軍少尉角田政之助（陸士14期、本県利根郡赤城根村〔沼田市〕出身）が負傷したため、猪熊が連隊旗手となった。猪熊の陸士同期生のうち一一七名が戦没するという激戦をくぐり抜けた（病死は除く）。戦死率は約一八％、とくに歩兵科に限定すれば戦死率は二六％であった。猪熊は三九年二月に凱旋したが、肺結核となり四四年八月、神奈川県茅ヶ崎のサナトリウムで病没している。二八歳であった〔猪熊（前澤）（2010）:192 ~ 197〕。

(57) 出征途次の希典は長男の戦死を広島で聞き、「カツスケノメイヨノセンシヲヨロコベ」と、妻静子に電報を送っているという〔半藤他 2009：190〕。また猪熊は、日本軍の戦没者が露軍によって丁寧に埋葬され、その墓の上に認識票が置かれていたことに感動し、「露軍の美事を我が国民に紹介せねばならぬ」、と記している〔猪熊 2010：165 ~ 166〕。

白襷隊は、暗闇でも敵味方を識別できるように、全員肩から純白のサラシ布を十文字に襷掛けしていた。前澤哲也によれば、本県出身の同隊戦死者は二三名、また、十五連隊では大久保連隊長以下約一一〇名が死傷しているという。同隊戦没者は、露軍の鉄砲火と日本軍の苛酷かつ無謀な命令との挟撃にあって、「殺され傷つけられた」といってよいという。「退ク者ハ斬レ」と命じた中村隊長は、膝を負傷して後送された。中村は何の責任も負うことなく、戦後の論功行賞で功二級金鵄勲章と爵位（男爵）を授けられ、後に侍従武官長・大将にまで昇進している〔前澤 2009：138 ~ 139、寺田 1992：64〕。

(58) 内地に遺骨を送還する場合、陸軍は「所属留守師団司令部若ハ官衙ニ送付スル」こととしていたが、遺族に直送していた場合もあり、さまざまなトラブルが生じていたという〔原田 2003：132〕。また、次のような示達（明治三七年七月二一日、満発第三〇三四号）も出されている〔原田 2003：132〕。

「過半来戦地ニ於ケル死亡者ノ遺骨若クハ遺髪ヲ新聞紙油紙若ハ『ハンケチ』等ニ包ミ或ハ煙草ノ空箱ニ収メ各部隊ヨリ小包郵便ニテ直接遺族ニ送付スル向キアリ、之カ為大ニ国民ノ感情ヲ害シ延テ軍隊ニ及ホス所ノ影響少カラサルヲ以テ第一師団兵站基地司令部へ到着セシ左記ノ状況書ヲ参考トシテ次官ヨリ各軍参謀長へ送付シ爾今充分ノ注意ヲ加フル如ク各部隊へ漏スナク示達方要求ス

遺骨遺髪還送取扱ニ関シテノ注意

歩兵第一聯隊ハ戦地ニ在テノ取扱トシテハ比較的鄭重ナリ（中略）

歩兵第二聯隊モ頗ル鄭重ナリ（中略）

歩兵第三聯隊ハ最モ行キ届ケリ就中第十二中隊ヲ最トス（中略）

歩兵第十五聯隊ハ各聯隊中最モ取扱方不十分ナリ戦況ハ之カ注意ヲ許ササリシヤ図リ難キモ小布片或ハ油紙ニ包ミ或ハ空缶ニ入レ或ハ『ハンカチ』風呂敷トナシタル遺物中ニ混入スル等一見不親切ヲ感ス加フルニ部隊或ハ官姓名ノ記載方区々ニシテ其明ヲ欠キ当部取扱上甚タ不便ヲ感セリ将来ハ第二、第三聯隊ノ如く其取扱ニ関シ充分注意アランコトヲ望ム」

実際にどの程度の遺骨が還送されたかについては、小幡尚が高知市での事例を紹介している〔小幡 2006：52～53〕。

「一九一六年、高知市において『日露戦役土佐武士鑑』（高地武揚協会）という書籍が出版された。これは、日露戦争に出征した『高知県出身ノ将士……ノ武勲功績ヲ後世ニ伝』えるために編まれたので、一人一人についてその『戦歴』が記されている（『序』による）。本文は、市町村別に分かれており、高知市の項には一五四名分の記載がある。そのうち、死亡したとされる者が九二名である。死亡者についての記述には、『遺骨ハ高知市忠魂墓地ニ葬ラル』等と、同墓地に葬られたことを示す文言が記されているものが多く、八三名が見出された。すなわち、第二回市葬の後も、日露戦争で戦死した高知市出身者の多くが市によって忠魂墓地に葬られていたと考えられるのである」。

(59)「露将卒之碑」建立の意図は、「戦時中は『仇敵』だったが戦後は『友邦者』となったのであり、自国に忠義を尽くし戦没した『英霊』が存するのであるから、もちろん敵国にも戦没した『英霊』がおり、その遺屍が『無頼土民の徒』に冒涜されないように改葬して弔い、その義烈を千載に伝えようとしたものであったとされている」〔山田 2014a:169〕。なお、山田雄司氏からはいろいろとご教示いただいた。

（60）太平洋戦争で海軍士官（水上特攻第三九震洋隊）として従軍し、海上で死線を彷徨した歴史家岩井忠熊氏から〔岩井 2008：133〕、遼東半島の忠霊塔に関して次のようなお葉書（平成二一年四月二七日付）を頂戴した。

「（前略）小生は小・中学生時を旧満州で過ごし、各地にあった忠霊塔を見ました。引率されて参拝した経験も数しらずあります。旅順・大連の忠霊塔は、戦跡を掘ればいくらでも出てくる誰とも判からぬ遺骨を祀ったものだったように記憶しています。小学生時に二〇三高地に遠足にいき、掘ればいくらでも出てくる骨にビックリしたことがありました」。

また、氏は海軍での戦没者の水葬について、次のように記している〔岩井 2008：139〕。

「海軍の主な戦闘部隊であった海上では、もちろんのこと『戦場掃除』の概念がありませんでした。海軍葬喪令（大正九年）とその施行規則という規則があります。（中略）『事由により海軍大臣の特に定むる場合に於ては海軍葬喪の一部又は全部を行はざることを得』となっていました。実際に海戦で戦死者が出た場合は、この除外規定によって、至極簡単な『水葬』がおこなわれたようです。著者は末期海軍に所属しましたが、艦船勤務の経験はありません。またこのような不吉な話題は、士気に影響しますから、あまり口にしないのが当然ですので、正式に説明を受けた記憶はないのです。しかし、ある時、水葬を経験した人からポツリと聞いたことがありました。戦死者の死体は吊床（ハンモック）でつつみ、舷側にならべます。艦長の簡単な葬辞があり、ラッパを吹き終ると、舷側の死体を一体づつ海の中に落としていくのだそうです。その時に弔銃が三発発射されます。非常に短い時間のうちに終ったといいます。軍艦は停止したら敵潜水艦のいい標的になってしまいますから、航行したままです。（中略）軍艦はつぎの任務のため航行しているので、実際は、まるで死体を海に捨て去るようにして行ってしまいます」。

横山篤夫によれば、例えば大連忠霊塔は現在、破壊されて現存しないが、基壇と忠霊塔公園内への整備された道路はそのまま使用されているという。また、瀋陽忠霊塔跡地にはビルが建てられ、全く痕跡を留めていないという〔横山 2007b:137〕。

（61）第一次世界大戦期においても、戦死者追弔行事に関しては日露戦役時に引き続き積極的に取り組まれたという。浄土宗・真言宗では「日独戦病死者追弔」が開催され、敵味方を区別せずに慰霊供養している。また、東京浅草本願寺（真宗）では「日英独軍戦病死者追弔法会」が執行されている〔白川 2015：177〕。

明治二九年五月、札幌月寒に第七師団が創設され（後に師団本部は旭川に移転）、同地に陸軍埋葬地（後の札幌陸軍墓地）が設営された。同塔には「忠魂納骨塔由来」（札幌歩兵第二十五連隊長氷見俊徳撰文）が記されている。当初、忠魂納骨塔には月寒連隊（歩兵第二十五連隊）の戦没者一五〇四名が合祀され、現在は戦没者の遺骨や約三八〇〇名分の名簿が納められているという〔今井 2005：233 ～ 234、北海道新聞 2010〕。

第二章　満州・「支那」事変と戦没者慰霊

一　兵役法成立と満州事変勃発

1　帝国在郷軍人会・青年教育・天皇即位

明治六年一月の「徴兵令」布告当初の元勲山県有朋らの意図は、義務教育と徴兵との中間にある青年層を軍事的に組織し、学校教育を軍隊教育に直結させることにあったという。日露戦役直後に発せられた「文部省訓令第三号」（明治三八年一〇月一八日）では、まず第一に、「忠君愛国ノ精神」に関しては「向後一層国民ノ努力ヲ要スルモノアリ」としていた。つまり、忠君愛国精神教育の一層の強化を目標に掲げていたのである。こうした方針は日露戦役後の地方改良運動の一環として強力に推進され、以後の軍備拡張政策の試金石となっていった。そしてこの実現に向けての第一歩は、明治四〇年三月に小学校令を改正し、義務教育年限を四年から六年に延長して、義務教育と徴兵とを繋ぐ青年団組織の結成を推進させたことである。これに伴い、小学校で新たに使用された教科書（第二期国定教科書）には、天皇への忠節を基本とする家族主義的および軍国主義的な教育内容が盛り込まれ、国家的祝祭日の学校行事も強化されていった。六年制への移行は、徴兵忌避絶滅対策の一つとしても大きな意味があった。徴兵制度の歩みは徴兵忌避の歴史でもあったのである。一方で、今後の満州をめぐるロシアの動向を念頭に置いた陸軍は三九年二月二六日、「明治三十九年度日本陸軍作戦計画策定ノ件」を決定した。その特色は、「日本帝国の守勢作戦計画を改正して帝国作戦の本領を攻勢とせり」というもので、日本が望む時期に、望む場所において軍事攻撃を行い戦役を開始するという方針への転換であった。さらに翌四〇年四月には「帝国国防方針」が決定されている。これにより陸軍は戦時五〇個師団、海軍は戦艦八・巡洋戦艦八隻で編成されるいわゆる「八八艦隊」の創設をめざして、軍備大拡張が開始されたのである。こうしたなかで陸軍主導による在郷軍人の組織化は、既述の政策を補強していくものであった。在郷軍人の軍事的意味は陸軍戦力としてのものであり、全国各地の尚武会等を基盤として組織されていったのである〔大江 1980 : 193 ~ 196, 281 ~ 283、大江 1981 : 134、高橋・一ノ瀬他 2006 : 338、後田多 2015 : 244、海野 2001 : 224〕。

帝国在郷軍人会設立の中心人物は日露戦役後に陸軍将官（明治四三年一一月に少将）となった、長州閥の田中義一（旧長州藩士三男、陸士旧8回、後の陸相・男爵・大将・立憲政友会総裁・首相）で、模範としたのはドイツ帝国在郷軍人団であった。田中は、「軍隊の背後に国民の熱烈なる後援があると云うことが」重要であると考え、在郷軍人会の役割に多くを期待していたのである。日本の帝国在郷軍人会は皇族が総裁となることで明治四三年一〇月三一日に認可されたが、当初は法人組織となることなく任意団体として発足している。そして陸軍大臣を監督権者とする同会の発会式は、翌一一月三日の「天長節」（後の明治節）に合わせて開催された。これより約二ヶ月前には、日本の韓国併合宣言が発せられている。同会本部は陸軍士官学校内の東京偕行社内に置かれ、総裁には陸軍大将伏見宮貞愛親王（小松宮彰仁親王・北白川宮能久親王の弟、陸士旧1期、後の元帥）が就任し、会老には陸軍元帥山県有朋と同大山巌、会長には実質的な主導者である陸軍大臣寺内正毅大将が就いた。また、各地の支部長には連隊区司令官が就任し、陸軍の指揮命令系統が貫徹されていった。例えば、仙台では四四年一月一日、仙台偕行社で発会式が挙行され仙台支会が発足している。ただし、海軍は在郷軍人会設立に参加していなかった。これに伴い連隊区司令部は五二から七二に増設さ

表5　太田市での帝国在郷軍人会分会創立記念碑建立一覧

年月日	題号	題号の揮毫者	建立者	現在の建立場所	備考
大正3・10	創立記念碑	帝国在郷軍人会高崎支部長□田□	帝国在郷軍人会綿打村分会	太田市新田上田中町・綿打中学校	
大正5・3（陸軍記念日？）	帝国在郷軍人会尾島町分会　創立記念碑	高崎支部長陸軍歩兵中佐従五位勲三等功四級横田佐吉	帝国在郷軍人会尾島町分会	太田市亀岡町・尾島小学校隣接地	当初は尾島小学校に建立？。「尽忠報国」とある。分会名誉会員・陸軍歩兵大尉川岸文三郎以下3名、特別会員33名、役員19名、会員200名の氏名を記す
大正6・3（陸軍記念日？）	帝国在郷軍人会強戸村分会　創立記念碑（明治四十三年十一月三十日創立）	高崎支部長横田佐吉	帝国在郷軍人会強戸村分会	太田市石橋町・強戸小学校	「致身報国」とある。分会名誉会員2名、特別会員36名、役員17名、正会員157名の氏名を記す
大正15・3・10（陸軍記念日）	明治四十四年三月十日　分会創立記念碑	高崎聯隊区司令官官部乙彦	帝国在郷軍人会沢野村分会	太田市細谷町・冠稲荷神社	当初は沢野小学校に建立。分会顧問・歩兵少佐飯塚朝吉以下11名、名誉会員21名、役員・分会長以下33名、正会員210名の氏名を記す。昭和30年頃現地に移転

れ、軍の兵事行政の実務を管掌する地方機関としての役割を拡大させていった。「帝国在郷軍人会設立ニ関スル趣意」には、「以テ在郷軍人ヲシテ地方良民ノ模範タラシムルト同時ニ益々軍人精神ノ鍛錬ト軍事知識ノ増進トヲ図リ」とあり、地域社会を、そして全国民を軍事的に組織化していくことにあった。同会本部は機関誌として『戦友』を発行し、市区町村の分会には「分会旗」の作成が求められたという。こうして軍旗に酷似した旗が全国津々浦々に翻ることになるのである。**表5**はランダムな集計ではあるが、本県**太田市での帝国在郷軍人会分会創立記念碑建立一覧**である。このように地域社会では慰霊碑と共に、**分会「創立記念碑」**も建立されていく〔大江 1980：193〜196, 324〜325, 334〜337, 347、大江 1981：134、秦 1994：83, 96, 124, 680, 701、加藤 1996：156、岩波 1991：204、仙台市史 2008：293、仙台市歴民 2002：74〜75、藤井 2009：36〜43、64〜65、現地調査〕[1]。

帝国在郷軍人会の具体的な事業内容等を抜粋すると左記のとおりである〔大江 1980：334 ～ 335〕。

第七条　本会ハ軍人ニ賜ハリタル勅語ノ精神ヲ奉体シ、在郷軍人ノ品位ヲ進メ親睦ヲ醇ウシ相互扶助シ軍人精神ヲ振作シ体軀ヲ練リ軍事知識ヲ増進スルヲ以テ目的トス

第八条　前条ノ目的ヲ達スル為本会ハ左ノ事業ヲ行フ

一、本部ニ於テ雑誌ヲ発行スルコト

二、毎年三大節ニ於テ遙拝式及勅語奉読式ヲ行フコト

三、陸軍記念日（三月十日）ニハ最寄地方ニ於テ祝典ヲ行フコト

四、毎年少クモ一回最寄地方ニ於テ戦役死亡者ノ祭典ヲ行フコト

「帝国在郷軍人会尾島町分会　創立記念碑」
（太田市亀岡町）

「明治四十四年三月十日　分会創立記念碑」
（太田市細谷町）

五、廃兵及戦死者遺族ヲ優遇スルコト
九、会員ニシテ死亡シタルトキハ会葬シ時宜ニ依リ其ノ遺族ニ弔慰金ヲ贈リ又ハ其葬祭ヲ行フコト

「三大節」とは、元旦の「四方拝」（新年節）と「紀元節」「天長節」であり、陸軍記念日での祝典執行も重視された。また、「戦役死亡者ノ祭典ヲ行フコト」も重要な活動の一つであった。陸軍のいう「良兵即良民」とは、軍隊教育の経験者が「最良の国民」であり、これが地域社会の指導的立場に立つべきであるという意味であった。帝国在郷軍人会は国家教育の重要機関として、国民精神の統合を推進し、ムラやマチに軍隊組織の楔を打ち込んでいくことになる。同会は大正元年に強制加入となり、翌年には小学校教員も正会員となった。とくに四年一一月の同会設立五周年は画期であった。つまり同一一月三日、同会に天皇から勅語と内帑金一〇万円の下賜があり、これに先立つ一〇月には海軍が同会への参加手続きを終了していた。そして一四年には規約を大改正して組織と任務を明確化し、同会は半官製の軍部外郭組織として位置づけられたのである。「在郷軍人会事業概要」が掲げられ、同会の権威は高まっていった。なかでも同事業概要の「精神的事業」においてい「②忠魂碑の建設、戦病死者の墓地手入れ・保存、祭祀、遺族公傷病者の救護」が明記されている。こうして同会の重要な役割として、戦没者の慰霊・顕彰活動の具体的な内容が明示された。兵士に渡された『軍隊手帳』には、大元帥として統帥権を有した天皇の勅諭などと共に、在郷軍人として身を律すべき心構えが記されていたという〔大江 1981：134 ～ 135、笠原・安田 1999：147, 150, 158、仙台市史 2009：389、仙台市史 2008：293、仙台市歴民 2002：74 ～ 75、秦 1994：701、朝尾他 2005：488 ～ 489、浜島書店 2004：219〕。

青年団のあり方をめぐっては、青年団を修養団体とする陸軍省と対立していた内務・文部両省が、大正四年九月に「青年団ノ指導発達ニ関スル件」（共同訓令）を発したことで、ほぼ全面的に陸軍省の意向が貫徹されることになった。

青年団は徴兵検査に備えての壮丁予備教育の場となり、「忠勇なる兵士」の予備教育組織と位置づけられ、これを制度化したものが一五年四月の「青年訓練所令」公布であった。同令は、小学校を卒業した青年に対する教育機関である実業補習学校（明治二六年一一月規定公布）の上に、満一六歳から満二〇歳までの青年を対象とする青年訓練所を設置するというものであった。いずれも、小学校の施設を夜間中心に利用するのであるが、同訓練所の目的は、「青年の心身を鍛練して国民たる資質を向上せしむる」ことにあった。同訓練所は同年七月から全国の市町村に開設され、その教育内容は軍事教練を主体とする軍事教育機関に他ならなかった〔大江 1981 : 134 ~ 136、秦 1994 : 690、加藤 1996 : 190、藤井 2009 : 173、岩波書店 1991 : 187〕。

軍事教練そのものは、すでに大正二年一月の「学校体操教授要目」で兵式体操が軍事教練として公式的に導入されていたが、一四年四月から「陸軍現役将校学校配属令」および「学校教練教授要目」によって、中等学校以上に現役将校が配置されることになった。こうして公立学校での軍事教練が正課として開始されたのであるが、私立学校には強制しなかった。その目的は、「学生生徒の心身を鍛練し国体観念を涵養し以て国民の中堅たるべき者の資質を向上し併せ国防能力を増進」させること、と規定されていた。教練の検定合格者には在営年限を一年（師範学校卒は五ヶ月）に短縮し、予備役幹部候補生の資格を与えるという特典があった。その反面、成績不良校に対しては協議して将校配属を取消し、卒業者に特典を与えない制裁があった。そのため、結果的には多くの私立学校でも軍事教練を取り入れることになったという（配属将校は昭和一九年に陸軍軍事教官と改称）。他方、青年訓練所では四年間に四〇〇時間（全課程は八〇〇時間）の軍事教練が課され、合格者の在営年限は一年半に短縮された。学校教育とは無関係という建前に立ちながら、事実上の学校教練・青年訓練の義務化が図られたのである。同訓練所は昭和期に既述の実業補習学校と統合され「青年学校」となり（昭和一〇年一〇月発足）、その数は全国で約一万七〇〇〇校に及んだ。このように、日露戦役後から大正期にかけて学校教育における良兵育成の制度が確立されていき、「皇国」の「富国強兵」政策の理念は一段と現実味を帯びてきたのである〔大江 1981：133、笠原・安田 1999：149, 157、秦 1994：690、佐藤 1998：105、柳井 1999：51、朝尾他 2005：587、岩波書店 1991：303〕[2]。

皇室に関する基本原則は、明治憲法発布（明治二二年二月一一日）と同時に制定された「皇室典範」により定められ、**即位礼（式）**・大嘗祭は京都にて挙行することなどが規定されていた。同典範は明治憲法と並ぶ国家の最高法規として、天皇自らが制定する法典として非公式に発表されたものである。また、皇室祭祀を主宰する天皇の権限に関しては、同典範制定から二〇年近くを経て、「皇室令第一号」として公布（明治四一年九月一八日）された「皇室祭祀令」により規定された。そして、糖尿病等を悪化させて五七歳で死去（明治四五年七月三〇日（実際の死去は二九日））した**明治天皇**は、一五歳で即位し主権者として**「富国強兵」**を国是とし、実質的な絶対主義国家体制の構築に邁進し君臨してきた大元帥であった。「神」となった天皇に死はあり得なかったはずであるが、東京青山練兵場での神式の葬儀たる「大喪の儀」（九月一三日）は、人々の心にその「御稜威」を改めて焼き付ける演出となった。その遺体は葬儀の翌日、青山仮停車場から霊柩列車で遠く京都に運ばれ、旧伏見城本丸跡地に新たに造営された**京都伏見桃山陵**（京都市伏見区桃山町）に埋葬されたのである。その陵墓は上円下方墳とされる復古的な古墳の造形で、後の大正・昭和の近代天皇陵のモデルとなった。明治天皇は先祖代々が眠る京都への埋葬を強く希望していたというから、これは先帝の遺志によるものであった。大正四年一一月一〇日、皇位への就任儀式に関わる「登極令」（明治四二年二月公布）に基づき、京都御所で**大正天皇**（嘉仁、明治天皇第三皇子、皇太子時代に陸軍中将及海軍中将）の即位礼と大嘗祭が挙行された。当初、即位礼は大正三年に予定されていたが、皇太后美子（左大臣一条忠香三女、後の昭憲皇太后）が同年四月一一日に数え六五歳（実際は六六歳）で死去したため、同礼は一年延期となったのである。皇太后の遺体も桃山東陵（旧伏見城名古屋丸跡）に埋葬された。明治天皇の死により、皇太子が自動的に大元帥となり、明治天皇の遺志は継承されていくことになった。陸軍はこれに先立つ同二日、東京青山練兵場で「大礼観兵式」を、海軍は同四日、横浜港外で「大礼観艦式」を執行している。御所の中核で、「高御座」が設置された紫宸殿での即位礼当日、大正天皇は「朕ハ汝臣民ノ忠誠其ノ分ヲ守リ、（中略）倍々国光ヲ顕揚セム」との勅語を発した。祭典後の一六〜一七日、二条離宮で「大饗」が開催され、内閣総理大臣大隈重信が奉答文を捧げ、外国使節を代表してロシア大使が祝辞を述べたという。大礼費用は総額五三〇万円を超える巨額なものであった（村上 1980：157〜161, 185〜186、島薗 2010：27〜28、新谷 1992：268〜269、新谷 2015：20〜22、山折 2004：539、原・吉田 2005：81〜86, 155, 314, 325〜327、笠原 2012：294、小田部

京都伏見桃山陵

「富国強兵（為御即位紀念）」碑
（大正 4 年 11 月 10 日建立、前橋市上佐鳥町・春日神社）

2009：126～128、小田部 2016a:129, 160、笠原・安田 1999：147、岩波書店 1991：212、上毛新聞 2016f、山本 1995a：203～205、現地調査[3]」。

2　大正三年乃至九年戦役

『上毛忠魂録』（1940）によれば、「大正三年乃至九年戦役」（第一次世界大戦およびシベリア出兵）での靖国祭神数は四七八五柱、うち本県関係者は一四二柱となっている。大正三年八月一五日の御前会議では、元老山県有朋を嫌っていたという大正天皇が質問や意見を述べることなく、対独宣戦が決定されたという。この際、海軍は大本営を設置する意向であったが、陸軍の反対により大本営は設置されなかった。また、**シベリア出兵（西比〔伯〕利亜戦役・西比〔伯〕利亜事変）**に関しては、七年八月二日に日本がチェコスロバキア軍救援を名目に出兵宣言をした。そして同四日には、日米英仏などの連合軍によるウラジオ（浦塩）派遣軍司令部が設置され、同司令官には陸軍大将大谷喜久蔵（士族四男、旧陸士2期、後の教育総監兼軍事参議官・男爵）が任命されている。日本からは宇都宮第十四・久留米第十二・旭川第七・名古屋第三師団などが派遣された。以来四年余の間に、日本軍は連合軍のなかで突出した七万三〇〇〇名の将兵を東シベリアに送り込んだのである。九年三～五月には黒滝江口のニコラエフスク（尼港）で、八〇〇名余の日本人が死亡するという**尼港事件**がおこっている。日本軍はバイカル湖以東を制圧し、欧米からの批判にもかかわらず「理由のない駐兵」を続け、日本軍戦没者は三五〇〇名以上に達した。それは第一次世界大戦での日本軍戦没者数の三倍近くに及んでいる。日本軍の撤兵完了は大正一一年一〇月二五日であった。この出兵で、日露戦役後に高崎十五連隊が所属した宇都宮第十四師団では、師団創設以来「最初の戦没者」を出している。それは八年五月、ハバロフスク南方の戦闘で被弾し即死した、宇都宮歩兵第五十九連隊の陸軍一等卒大塚柾作（栃木県芳賀郡芳賀町出身）であった。翌六月、ハバロフスクの同師団司令部前の広場には「忠魂碑」が建立され、海軍軍楽隊が「国の鎮め」を演奏するなか、同師団初の戦没者慰霊祭が執行されたという。同師団の最終的な損害は、戦死者五五〇名・戦病死者一一〇名・傷病者三三〇名で、この数字は師団兵力の約一割に相当した。また、同師団所属の水戸歩兵第二連隊の地元、水戸堀原練兵場（後の水戸市運動公園）には一三年三月に「尼港殉難者記念碑」が建立されているという〔群馬県 1940：附録6、小田部 2016b:8～9、仙台市史 2009：385、成田 2013：77～78、梅田 2010：119、生田 1987：105、高橋 1990：24、笠原・安田 1999：152～155、今井 2015b：129～130、朝尾他 2005：801、秦 1994：33～34, 497〕(4)。

「西比利亜　凱旋記念碑」
（太田市前小屋町・菅原神社）

「尼港殉難碑」（札幌護国神社）

3　靖国神社鎮座五十年・明治神宮

皇居には、第一次世界大戦の記念館たる「惇明府」が建立されたというが、靖国神社では、大正八年一月一九日に

靖国神社の「第一鳥居」（中央遠くに見えるのは大村銅像）

フランス飛行将校四一名が参拝し、これは外国軍隊の同社初参拝となった。さらに半年後の七月三一日には、白系ロシア将校団一七名が参拝している。同社は国際的に知名度を高めていったのである。この間五月一～二日には、「靖国神社鎮座五十年記念祭」が盛大に執行され、二日には大正天皇の二回目の行幸と皇太子裕仁（大正天皇第一皇子、後の昭和天皇）の行啓があった。この五十年祭を期に同社の例大祭を「国祭日」とする提案がなされたが、実現しなかったという。翌九年、五十年記念として同社外苑入口に鳥居を建設することになり募金活動が開始され、天皇・皇后より一万円が下賜されて、「空を衝くよな大鳥居」と歌われる日本最大級の**「第一鳥居」**（高さ二二メートル）が、参道入口に一〇年五月に竣工している（昭和四九年一〇月再建）。また九年九月には、東京帝大文学部に神道講座が新設される（担当は田中義能）と共に、一一月一日には、明治天皇と昭憲皇太后を祭神とする「大東京の巨大な鎮守」たる、官幣大社明治神宮（敷地は約二二万坪、渋谷区代々木神園町）の竣工鎮座祭が東京代々木で執行された。「英主明治大帝」への国民の思慕を吸い上げての一大カンパニアとして、大正天皇即位礼の費用にほぼ匹敵する五二二万円の国費と六年の歳月を費やした、世紀の造営事業の結果であった。国民の献金はこの総工費を上回る六〇〇万円に達していた。同社地の内苑は皇室の南豊島御料地、外苑は明治天皇大葬の祭に斎場が設けられた青山練兵場であった。森岡清美によれば、政府は国民感情を巧みに操って官設創建神社の集落神社化さえ図ったといえるという。この鎮座祭の折、市民五〇万名が詰めかけたというが、大混雑のなかで死傷者三八名を出すことになった。このように「帝都」東京には、靖国神社と共に明治神宮という、近代の「人神信仰」の典型たる巨大な神社が出現した。両社は近代天皇制を象徴する巨大な宗教的モニュメントでもあった〔小田部 2009 : 110、高石 1990 : 81 ~ 83、原・吉田 2005 : 82, 183、森岡 1987 : 269、村上 1970 : 191 ~ 192、山折 2004 : 545、靖国神社 1999 : 86, 266、靖国神社 2000 : 33、新潮社 1991 : 18361、現地調査〕[5]。

こうしたなかで民本主義の旗手となる、キリスト者の東京帝大教授吉野作造（宮城県生まれ、宮城県尋常中学校卒、後に明治文化研究会を組織）は「神社崇拝の道徳的意義」（『中央公論』大正九年一二月号）を発表し、靖国祭祀を批判している〔仙台市史 2009 : 51、高石 1990 : 82、山折 2004 : 545、新潮社 1991 : 18361〕。その批判の趣旨は左記のとおりである〔高石 1990 : 82〕。

> 靖国神社が道義上問題のある者も天皇のための戦死者というのみで神として祀り国民に礼拝を強いることは、国民の道徳を混乱に陥れるものである

吉野は、人格・道徳・生前の所行に一切関わりなく、国家（天皇）のために戦死したという一点のみでカミとして祀られ、国民の崇敬の対象とされるという、創建以来内包されていた靖国祭祀の本質的矛盾を鋭く指摘していたのである。これは明らかに不合理なことであった。一方で、同社の社域も確定されていく。靖国神社関係土地は、国有財産法（大正一〇年四月）および国有財産法施行令（大正一一年二月）の公布により、大正一一年四月一日から陸軍省高級先任副官が管轄するところとなり、現在の社域が最終的に確定した。これと共に同社への国庫支出金は増額され一万二〇〇〇円となっている〔高石 1990 : 84、村上 1974 : 160 ~ 161〕。

4　兵役法制定

徴兵に関しては、大正期の世界的な自由主義の風潮のなかで、日本国内でも徴兵忌避が増加していったという。また、第一次大戦後の軍縮の潮流が国内外で強まる一方で、総力戦に対する認識も高まっていった。少数の不運な人間を長期間在営（精兵寡兵）させるよりは、短期の教育で多数の兵を育成（粗兵多兵）する方が、時代の趨勢に叶っていると判断されるようになったという。とくに大戦中の重化学工業の進展によって、多数の男子労働者が長期間在営することのマイナスも自覚されていった。したがって在営期間の短縮を実現しつつも、国家総力戦体制を構築すべく、青年訓練と学校教育の普及を前提として昭和二年四月一日、既述のように従来の「新徴兵令」（明治二二年法律第一号）を全文改定して、「兵役法」（法律第四七号）が公布されたのである（一二月一日施行）。昭和期の戦没者の大部分は、この兵役法により徴兵された人々であった。兵役は日本男子の必任義務とされ、同法では常備兵役・後備兵役・補充兵役・国民兵役の四種に区分された。徴兵については陸軍と海軍とで兵役年限に差異があったが、同法によって、徴兵検査を受ける適齢は満二〇歳と定められた。この兵役に服する者は、当初は主として満州を対象とする国外への開拓移民など特定の者を除き、内地および樺太に本籍を有する満一七歳（第二国民兵役に編入）から四〇歳までの日本人男子であった。ただし、既述のように青年層に対する在営期間の短縮措置があったが、これは有事の際に召集できる在郷軍人の数を増やすことに繋がった。またこの時点では、戸籍法の適用を受けない朝鮮人・台湾人は兵役義務の外に置かれていた。兵役義務と重要国策との調和を配慮した内容であったといえよう。こうして兵役法体制は、義務教育—青年訓練・学校教練—在郷軍人会と、日本国男子を一貫して軍事的に組織する体制として成立したのである。このように、軍事訓練を日常的に受ける層が格段に拡大することで、多数の兵員を迅速に動員するための制度が用意されたことになる。もっとも女子に兵役は課されなかったから、男女差別法であるという批判が出されたという〔秦

1994 : 728 ~ 729、大江 1981 : 132 ~ 133, 139、加藤 1996 : 189, 199、仙台市史 2009 : 389、坂井 2006 : 22 ~ 23、吉川弘文館 2012 : 4〕。[6]

5　山東出兵・済南事変・靖国神社創立六十年

日本政府は在留邦人の保護を名目として、昭和二年五月二八日に中国山東出兵を声明し、陸軍約二〇〇〇名を山東半島のチンタオ（青島）に派遣した（第一次山東出兵）。さらに翌三年四月には、閣議で再び山東出兵を決定し、熊本第六師団に動員下令された（第二次山東出兵）。そして翌五月三日、陸軍中将福田彦助（山口県出身、陸士7期）を師団長とする熊本第六師団と関東軍混成第二十八旅団は、中国統一を念願する蔣介石（浙江省奉化県出身、日本の陸士留学）を総司令官とする国民政府軍と山東省の済南で交戦している。これが済南事変（済南事件）で、一一日に日本軍は済南を占領した。日本軍は名古屋第三師団を派遣増員し、青島に上陸させている。これにより派遣総兵力は約一万五〇〇〇名となった。以来、中国における日本権益の擁護をめぐり新たな戦役拡大の危機が予兆されたのである。当時の首相で陸軍大将田中義一にとって、「国家を保護し国権を維持するは兵力に在れば」という「軍人勅諭」の文言は、充分信頼に値するものであったという〔朝尾他 2005 : 428、角川 2001 : 450、高石 1990 : 90、生田 1987 : 126 ~ 129、秦 1994 : 83, 123、笠原・安田 1999 : 160、福川 2001 : 627、吉川弘文館 2012 : 5 ~ 11〕。

済南事変がおきた昭和三年は、国家神道においても注目すべき年であった。靖国神社では同六月二三日、同社社務所後庭に仮宮を設け、「済南事変未合祀戦没者ノ霊」が祀られたという。昭和期における新たな「忠魂・英霊」の創出である。以来、戦没者の氏名が公表されるたびに、仮宮に併祀奉斎し、合祀の際は「昇神祭」を執行したという。同二九日には、「靖国神社創立六十年祭」（数え年で計算）が開催され、これは同社初めての「創立記念日祭」となり、以後恒例となる。さらに一二月五日には、同社の火除地であった牛ヶ淵附属地の約一二〇〇坪を「軍人会館」（後の九段会館）建設用地として帝国在郷軍人会に貸与することになり、建設奉告祭が執行された。この間、大正一五年一二月二五日に葉山にて四六歳で病没した大正天皇に代わり、「皇孫」たる昭和天皇（裕仁、大正天皇第一皇子）は登極令により昭和三年一一月一〇日、京都御所で盛大な即位礼を挙行した（表1・表8参照）。参列者は二〇〇〇余名に及んだという。即位の勅語が出され、内閣総理大臣田中義一が賀詞を奏し、その発声で全員が万歳三唱した。さらに天皇は一四日夕から一五日暁にかけて大嘗祭を「親祭」し、続いて大饗が催された。この即位礼と大嘗祭は、大正天皇のそれを上回る、近代天皇制国家の絶頂期を象徴する盛儀であった。昭和天皇は皇太子時代は陸海軍大佐で、大正天皇とは異なり将官の経験なしに大元帥となった。海軍は翌一二月四日、横浜沖で「大礼特別観艦式」を挙行し、「御召艦榛名」以下艦艇一八六隻・飛行機一三〇機・飛行船二隻が参加して、日本海軍未曾有の観艦式となった。また既述の軍人会館は、この「御大礼（典）」記念事業として帝国在郷軍人会が建設するもので、その竣工は六年後の九年三月であった。この大礼は、同年の三・一五事件（三月一五日、日本共産党員の大検挙事件）などの、社会運動への弾圧を地ならしとして行なわれたとされるが、新天皇への忠誠・奉行というイデオロギーの貫徹と不可分であった〔村上 1980 : 187 ~ 188、高石 1990 : 90、笠原・安田 1999 : 160、原・吉田 2005 : 159, 183, 315、小田部 2016a:129、小田部 2016b:93、靖国神社他 1999 : 106, 186、吉川弘文館 2012 : 5 ~ 11〕(7)。

靖国神社では昭和四年二月四日、同社非常時の際の赴援隊派遣は近衛歩兵第一連隊の任務とし、同隊に事故ある時は同第二連隊が代わることと定めた。四月二四日夜には、同社で明治維新前後の殉難者一五名・日清戦役戦没者二一名・済南事変戦没者一三一名の招魂式が実施され、これらの戦没者は翌二五~二六日の臨時大祭で合祀された。この大祭の折、昭和天皇は即位後同社に初参拝し、昭和天皇と同社との新たな結びつきが始まっていくのである。他方で、日露戦役以来、各地の陸軍埋葬地等は人々から忘れられた存在になっていたという。帝国在郷軍人会は五月一九日、「満鮮弔魂旅行団」を編成し、六月四日まで旅順・大連・遼陽・奉天・安東などの主要会戦地を巡り「弔魂祭」を執行した。主要会戦地等の日本人墓地等が現地の人々によって荒らされるという状況もあり、現地の日本政府当局はこれを重大視していたのである。靖国神社では「陸軍記念日二十五周年記念祭」が翌五年三月一〇日の陸軍記念日に開催され、天皇より菊花紋章入角型釣灯籠一対が下賜され、二四日には皇族一三家からも釣灯籠一対が奉納されている〔高石 1990 : 91 ~ 93、笠原・安田 1999 : 160、靖国神社 1999 : 186、吉川弘文館 2012 : 11〕(8)。

6 満州事変・満州武装移民

昭和五~六年頃からは、「日本の生命線満蒙」という言葉が強く叫ばれ始めるようになった。人口増加と資源不足に悩む日本にとって、当時の満蒙は希望を託し得る唯一の土地であった。こうしたなかで六年九月一八日、満州事変（日支事変）は勃発した。これは周知の如く、日本の本格的な中国大陸侵略への第一歩となったのである。これにより日本は国際世論から厳しい非難を浴びることになるが、無謀な「十五年戦争」あるいは「アジア太平洋戦争」に足を踏み入れる契機となった。いわゆる「満蒙特殊権益」を保持するために、日本軍は「自衛権の発動」を掲げて武力行使に及んだのである。ただし、実態は戦役（戦争）であっても、あくまでも宣戦布告のない「事変」とされた。宣戦布告をすると「戦時国際法」が適用され、交戦国は第三国から軍事物資を調達しにくくなるため、日本の不利益を考慮しての対応であった〔生田 1987 : 131 ~ 132、半藤他 2010a:224、高橋・一ノ瀬他 2006 : 358、高石 1990 : 93、白川 2015 : 280〕。

陸軍中将多門二郎（静岡の医師子息、陸士11期、陸大校長）率いる仙台第二師団は、駐劄師団として平時編成の約三分の二の兵力で渡満し、京都第十六師団と任務を交代することになった。昭和六年四月中旬、第二師団は大阪港から海路で遼東半島の大連港に上陸し、各部隊の任務地（守衛地）に分散していったのである。師団司令部は遼陽に置かれていた。事変勃発時の日本軍兵力は約一万二〇〇〇名、対する中国軍は東方辺防軍司令の張学良（後に台湾に渡りハワイで没）率いる約四四万八〇〇〇名（異説あり）であったという。張学良の父で奉天軍閥首領であった張作霖は、すでに関東軍により爆殺されていた（昭和三年六月四日、満州某重大事件・張作霖爆殺事件）。満州事変最初の日本軍戦没者は六三名、つまりこの「アジア太平洋戦争の最初の戦没者」は、九月一九日に長春（新京）近郊での戦闘で戦没した、仙台第二師団管下の歩兵第三旅団歩兵第四連隊の将兵三〇名（負傷者七二名）と、鉄道守備隊（関東軍独立守備隊歩兵第一大隊）の将兵三三名（負傷者四七名・行方不明者二名）であった。鉄道守備隊の戦没者も東北各地の出身者であったという。前章で言及したように、とくに第四連隊は明治一七年の朝鮮戦役で日本海外駐留軍の最初の戦没者を出していたから、仙台および東北地方は内戦だけではなく、対外戦争戦没者との因縁も非常に深かったといえよう〔福川 2001：467～468、仙台市史　2009：391、佐藤 2017：24～25, 30、朝尾他 2005：692、角川書店 2001：597, 599〕。

満州事変の引き金となったのは九月一八日午後一〇時二〇分、中国東北部（満州）の奉天北郊柳条湖での南満州鉄道の爆破であった（柳条湖事件）。この爆破事件は、奉天独立守備歩兵第二大隊第三中隊の陸軍中尉河本末守ら数名によりおこされ、これを張学良ら中国軍の仕業とし、関東軍が中国軍攻撃の口火を切ったのである。これは「満州占領」という大きな野望の下で、関東軍高級参謀板垣征四郎大佐（旧南部藩士子息、陸士16期、後の陸軍大臣、A級戦犯刑死）と、関東軍作戦主任参謀石原莞爾中佐（旧庄内藩士子息、陸士21期、後の中将・東亜連盟協会顧問）による謀略であった。とくに石原は、いわゆる「賊軍出身」であることにかなり拘っていたといわれ、「陸軍の異端児」とされていたが、二年前から周到に準備された作戦計画が実行に移されたという。板垣・石原は共に仙台陸軍地方幼年学校（後の仙台陸軍幼年学校、前身の陸軍地方幼年学校は明治三〇年設立）の出身で、「一夕会」のメンバーであった。「泣く子も黙る」と畏怖されるようになる関東軍の司令部は旅順にあり、事変勃発の一ヶ月前に赴任したばかりの同軍司令官本庄繁中将（兵庫県の農家長男、陸士9期、後の大将・男爵、敗戦後自決）は、板垣らの謀略を全く知らなかったという。翌一九日には、同軍は奉天を占領し司令部も同地に移っている。一方、朝鮮軍司令官林銑十郎中将（旧金沢藩士子息、陸士8期、後の大将・首相・大日本興亜同盟総裁）は、関東軍を見殺しにできないと、陸軍刑法（明治一四年一二月制定）に反して独断で朝鮮軍を越境させてしまう。後に、林は「勇猛果敢な司令官」として「越境将軍」ともてはやされることになる。実は第四連隊での最初の戦没者発生も、第三旅団長長谷部照伍少将（埼玉の養蚕業子息、陸士15期、ロシア留学、後の満鉄嘱託）の独断攻撃による結果であったという。そもそも軍隊において、兵士は人間ではなく、単なる消耗品に過ぎなかったのである〔半藤他 2010a:98～100, 120～121、半藤他 2010b:50～52, 98～100, 345、半藤他 2011：50～54、半藤・保阪 2015：120～121、原・安岡 1997：409～410、加藤 2007：2, 106, 118～119、角川 2001：597～599、岩波書店 1991：286～290、川田 2011：17、秦 1994：16～18, 86, 114, 117, 130、秦 2010：113、仙台市史 2009：391、佐藤 2006：131～132、一戸・佐藤他 2011：149、仙台市歴民 2008b:90、仙台市歴民 2014：107、桑島 1992：12, 34、新潮社 1991：1091、生田 1987：133～134〕[9]。

　板垣・石原の両者は、ことをおこすにあたって関東軍の一部の者に計画を打ち明け、役割分担を決めていた。とくに石原が日蓮主義思想（国柱会）に心酔していたことは周知のところであるが、その信仰の核心は日蓮の予言に対する信仰であったという。石原は「予言は宗教の尤も重大なる条件なり」と語っている。また、後に「大東亜共栄圏」と共に流布する「八紘一宇」という言葉は、大正三年に国柱会を創始した田中智学の考案である。同事変では「肚の板垣、知の石原」といわれ、「勝てば官軍」であった。つまり、軍律違反を行った指揮官でも成果を収めればそれで良しとされ、軍部内で出世をしていったという。以後、このような風潮が陸軍内に蔓延していくことになる。また、天皇も祖父明治天皇の時代に得た「領土」の喪失を恐れ、結果的には軍による既成事実を追認していくことになった。陸海軍軍人を臣下・部下として信頼する大元帥と、一方で大元帥を立てながらも、自らの政治的軍事的野心を実現しようとする陸海軍軍人との駆け引きが始まっていたのである。こうして、近代初頭に「朝敵・賊軍」という烙印を押された東北地方出身者らによって十五年戦争は開始され、最初の戦没者も同地方出身者であったことは、何を意味するものであったのか。戊辰戦役や薩長藩閥政府への「揺り戻し」がおこっていくようである〔半藤他 2010b:50 ~ 52、半藤他 2011 : 50 ~ 54、西山 2016 : 58、小田部 2016b:110 ~ 113、新潮社 1991 : 1091、朝尾他 2005 : 640〕(10)。

満州事変下の関東軍は、当初の計画に従って全満州を掌握下に置こうとし、また満州国樹立の方針を決定する。東京の陸軍中央では、それを阻止しようとする首脳部と、関東軍の方針を容認する陸軍省軍務局軍事課長永田鉄山大佐（日赤諏訪病院長三男、陸士16期、後の軍務局長、死後中将）らの「一夕会」系中堅幕僚グループとの、激しい攻防が展開していた。その結果、非長州系の永田を中心とした勢力が陸軍を牛耳っていくことになるが、当時の第二次若槻礼次郎内閣は直ちに事変の「不拡大方針」を決定し、昭和六年九月二四日にはそれを表明するが、大陸での関東軍の暴走はもはや誰にも止めることができなかった。翌一〇月八日には、関東軍飛行隊一一機が張学良の本拠地錦州を爆撃した。投下爆弾は二五キロ弾七五発であったが、とくにこの爆撃は国際世論を喚起し、国際連盟は日本の軍事行動を重大視するようになり、同連盟での日本の立場は悪化していく。この時期は、例えば朝日新聞社にとっても挫折的な「社論転換」期であったといい、国益を守れという世論に乗り、実質的に侵略を追認する方向へ社論を転じた時期であったという。満州事変以降の日本の対中国侵略戦争は、「民族自決権」を認めていこうとするワシントン会議での九ヶ国条約（大正一一年二月）に、明らかに反するものであった。したがって昭和七年三月、関東軍によって誕生した傀傀国家たる**満州国**は、表向きは日本人が直接統治するのではなく、独立国家の形態をとったのである〔三月一日、建国宣言発表〕。その執政〔後の皇帝〕となったのは「清朝最後の皇帝」溥儀〔姓は愛新覚羅、後の戦犯〕であった。これから半年余後の一〇月には、日本から「満州試験移民」として在郷軍人四二五名が渡満している。このうち本県出身者は四一名であったが、これは「第一次満州武装移民」であり、昭和期の満州開拓移民の魁けとなった〔川田 2011 : 3、秦 1994 : 105、岩波書店 1991 : 286 ~ 290、角川 2001 : 597、朝日新聞 2011、吉田 2007 : 18、朝尾他 2005 : 601 ~ 602, 896, 917 ~ 918、高橋・一ノ瀬他 2006 : 360、笠原・安田 1999 : 164 ~ 165、生田 1987 : 134 ~ 135、桑島 1992 : 15 ~ 16、原・吉田 2005 : 206、吉川弘文館 2012 : 17、群馬県史 1991 : 707 ~ 711、新潮社 1991 : 476〕。

「満蒙開拓の父」といわれたのは、拓務省を代表し日本国民高等学校〔旧官立友部種羊場の一部、茨城県東茨城郡下中妻村内原〔水戸市内原〕〕の校長であった**加藤完治**〔東京本所の薪炭商生まれ、後の**満蒙開拓青少年義勇軍**訓練所〔内原訓練所〕所長〕であり、また、既述の第一次武装移民団を結成したのは関東軍司令部付〔吉林軍顧問〕の陸軍大尉東宮鉄男〔本県勢多郡宮城村〔前橋市〕村長子息、群馬県立前橋中学校卒、陸士27期、昭和一二年戦死、後の大佐〕であった。両者は石原莞爾の仲介で知り合ったという。この第一次移民は日本国民高等学校で訓練を受け、昭和七年一〇月一四日に満州の佳木斯〔チャムス〕に到着したが〔後の弥栄村〕、同日夜には早くも中国抗日遊撃部隊〔匪賊〕の襲撃を受けている。これは中国人民が日本移民団を絶対に歓迎しないという意志表示に他ならず、当時、満州での抗日遊撃部隊の勢力は三六万名に達していたという。やがて同移民団の戦没者は数年間で二〇名以上になる。さらに九年三月には、関東軍による日本人移民用の土地強制買収と武器回収に抵抗して、依蘭県の中国人農民が一斉に蜂起した土龍山事件が発生している。この際、関東軍管下の姫路第十師団松江歩兵第六十三連隊の少数部隊が急行したが、陸軍記念日にあたる三月一〇日、同連隊長の陸軍大佐**飯塚朝吉**〔本県新田郡沢野村〔太田市〕出身、群馬県立太田中学校卒、陸士18期、死後少将、五二歳）以下一九名が戦死し、二三名が負傷するという事態になった。満州事変勃発以来、大佐連隊長の戦死は初めてで、関東軍でのそれは後にも先にも飯塚大佐唯一人であったという。これは満蒙移民たちの前途多難な生活を暗示させる事件であり、武装移民は一一年の第五次まで続くことになる。最終的には「王道楽土、五族協和」の掛け声の下、国策により昭和二〇年まで総計三二万名余ともいわれる移民が満蒙に送られたというが、「楽土」とは大いなる虚構に過ぎず「槿花一朝の夢」に他ならなかった。飯塚の墓碑である**「陸軍少将　従四位勲三等功三級飯塚朝吉墓」**（陸軍大将荒木貞夫書）は、戦死の翌一〇年三月一〇日の祥月命日に、親族により郷里の本県太田町**長勝寺**（真言宗、太田市高林南町）に建立された。戒名は「常勝院真鑑明正義徹大居士」である（伊藤 2008：43、朝日新聞

満州開拓青少年「義勇軍之碑」
（加藤完治書、群馬県護国神社）

飯塚少将の墓碑（長勝寺）

飯塚少将の墓碑脇に並ぶ戦没者墓碑（同上）

2011、桑島 1992 : 16, 27 ~ 29, 32, 84 ~ 85, 130 ~ 131, 205, 210 ~ 212、新潮社 1991 : 476、秦 1994 : 99、前澤 2011 : 51、群馬県史 1991 : 707 ~ 721、朝尾他 2005 : 995、上毛新聞 1934、現地調査〕[11]。

二 満州・第一次上海事変と戦没者慰霊

1 満州事変戦没者の慰霊

戦地では、既述の満州事変最初の戦没者である仙台歩兵第四連隊戦没者の祭壇が、同連隊本部のある長春の将校集会所に設営され、昭和六年九月二七日には、仙台野砲兵第二連隊第一大隊の将兵らが「戦死者ノ遺霊」に参拝している。以後、同大隊では代表者を派遣して毎日参拝させたという。また翌一〇月四日には、軍官民合同の「長春に於ける歩兵第四聯隊戦死者の慰霊祭」として、第四連隊および独立守備歩兵第一大隊（公主嶺）所属の将兵の慰霊祭が、長春西公園野球場で開催され数千名が参列している。このように、戦没者の出現に伴い戦地での戦没者慰霊活動が開始されていったのである〔佐藤 2006 : 132 ~ 133、一戸・佐藤他 2011 : 148 ~ 149〕。

チチハル方面等での戦没者慰霊祭も記録されていった。昭和六年一二月四日の午後、第二師団長・遼陽時局委員会主催で、「護国の鬼と化した」第二師団等の戦没将士一一七名の慰霊祭が、遼陽白頭公園で盛大に開催された。また同九日の午後には、第二師団管下の若松歩兵第二十九連隊の沖ノ原特務曹長以下一〇名の「納骨祭」が、奉天忠霊塔で執行されている。一〇名の「英霊」を刻んだ一基の位牌は供物や花輪で埋められ、祭壇の前には祭主の平田連隊長や政府・軍幹部が列び、市民や児童・生徒・学生も多数参列した。中央には二十九連隊全員が戦場を馳駆する姿のまで整列し、祭典は奉天神社山内神官等および奉天七ヶ寺の僧侶二一名によって、神仏両式でしめやかに行われた。この納骨祭では、戦没者はカミでありホトケであった。本庄司令官以下の焼香があり、遺骨の一部は忠霊塔に納められ、永く「護国の英霊」として祀られることになった。さらに翌一〇日の午前には、第四連隊および独立守備隊八勇士の慰霊祭が、長春西公園広場で挙行され三〇〇〇名が参列したという〔佐藤 2006 : 133、秦 1994 : 130〕。

戦没者の遺骨はやがて内地にも送還されるようになった。遺骨還送に関しては、陸軍省副官発の「遺骨輸送ニ関スル件陸軍一般へ通牒」（昭和七年二月一日）や、関東軍司令部制定の「満州事変戦病死者遺骨還送規定」（昭和七年二月六日）などによって、遺骨還送が実施されたのである。これらによると、満州事変戦病死者の遺骨は広島の宇品陸軍運輸部および大連出張所に届け出て、宰領者を付して大連経由定期船により内地に還送することになっていたという〔坂井 2006 : 80〕。

宮城県では、戦没者が発表された直後から「陸奥国一ノ宮」で「東北随一の大社」とされた国幣中社塩竈神社（塩竈市一森山）への祈願等を皮切りに、県内の各社への参拝者が急増した。仙台では出征将兵の武運長久を祈願する「八八幡がけ」といわれる「八社参拝」が行われ、以後毎月実施されるようになった。また、片倉製糸紡績仙台製糸所の女工一二〇〇名が大崎八幡宮（仙台市青葉区）に集団参拝している。同八幡宮は、かつて伊達政宗が仙台城下の鎮護を目的として、現在地に起工したものである。気仙沼町では町出身兵士に「お守り札」を送ることを決議し、大崎地方の各小学校では、毎朝授業開始前の一時間を戦勝祈願の作業（お守り作り）にあてたという〔佐藤 1998 : 92、佐藤 2006 : 134、仙台市史 2009 : 392、宮城高社研 1995 : 26 ~ 27、白井・土岐 1991 : 161〕。

仙台での公式な第一回慰霊祭としては、昭和六年一〇月一二日午前一〇時から、川内追廻練兵場で宮城県・第二師団・昭忠会主催による「第二師団戦死将兵三一名の合同慰霊祭」が挙げられる。同祭は神式により盛大に執行され、留守部隊や諸団体・児童・生徒など五万名の人々が参列したという。ただし、戦没者の通夜では仏式法要が営まれている。同祭の祭主は第二師団留守司令官安田郷輔中将（長州出身、陸士12期、後の留守第五師団長）が務め、同祭は午前中で終了した。その後、正午の休憩時に戦没者の遺骨は弾薬車で仙台停車場（仙台駅）に運ばれ、各遺族に引き渡されて、各家（イエ）の菩提寺に納骨されたのである。この際、天皇・皇后の下賜金一封等が渡されたという。二ヶ月後には、第二師団の戦没者は合計一〇三名を数え、一二月一八日にも戦没将兵一九名の合同慰霊祭が開催され、以後数回に及んだ。この間、一二四名の補充将兵が在仙各隊から出征して盛んな歓送が行われ、同時に「慰問袋」の送付や遺族・留守家族に対する弔意・見舞・救護活動が実施されて、県内での献金運動が盛んになった。仙台連隊区司令部には慰問品が山と積まれ、とくに「弾除け」として「千人針」が贈られるようになった。以後、千人針は太平洋戦争に向けて大流行するようになる。第二師団は八年一月に帰還するが、この折には多数の市民が沿道に列んで歓迎したという。仙台駅から川内に向かう南町通は、凱旋した多門師団長にちなんで「多門通」と称されるようになった。他の連隊衛戍地における慰霊祭の記事も紙面を埋め尽くしていくようになる。仙台青葉山公園入口（青葉区川内）には「満州事変軍馬戦没之碑」（昭和八年）も建立されている（仙台市歴民 2008a:41、仙台市史 2009：392、佐藤 2006：133～134、佐藤 2017：39～41、福川 2001:740）[12]。

こうした新たな戦没者の出現を背景に、靖国神社は最大の発展期を迎えることになる。満州事変に先立つ昭和六年三月一日、靖国祭祀と関わりが深い旧津和野藩士で国学者福羽美静の孫である福羽真城から、自邸内にある小祠（文久三年七月創建）が靖国神社に献納された。この小祠は幕末に初めて招魂祭が営まれた招魂祠とされ、「最初の招魂社」といわれていた。後に**「旧招魂社」**または**「元宮」**と呼ばれるようになり、現在は同社本殿の南側に置かれている。また、同三月に「靖国神社奉賛会」が発足している（創立総会は六月）。翌四月三〇日には靖国神社例大祭が挙行されたが、これより参拝遺族に汽車・汽船の割引券二枚が交付され、参拝者が激増しているという。人々のなかに靖国神社の存在が改めて印象付けられていったのである。満州事変勃発後の一〇月には、同社の遊就館が満二年を費やし、鉄筋コンクリート二階建ての「近代東洋式」（帝冠様式）に再建され竣工した（開館は翌七年五月）。同館は大正一二年九月の関東大震災で大半が崩壊し、仮修復がなされていたが、既述の昭和三年一一月の「御大典」を期として、再建の気運がおこったのである。同社と天皇との結びつきを改めて認識させるものであった。同館の収蔵・展示品は質量ともに急速に充実し、戦役顕彰博物館として、国民精神作興に多大な貢献をなすものと考えられた。翌七年一月四日には、同社で「軍人勅諭渙発五十年記念祭」が挙行され、記念殿が建設されたが、天皇は同八日、満州事変における関東軍の行動を「自衛」「東洋平和」のための戦いとして嘉賞する勅語を下している。これにより、現地の日本軍は天皇の「御墨付き」を得られたことになった。そして同二八日には第一次上海事変が勃発するが、翌月にはレコードによって普及した最初の軍歌「満洲行進曲」が発売され、国民の満州への関心は益々高まっていった〔靖国神社 1999：37, 246〜247、高石 1990：95〜97、村上 1974：7〜8, 168〜170、山折 2004：562、笠原・安田 1999：165、吉川弘文館 2012：20、現地調査〕[13]。

靖国神社の「元宮」（旧招魂社）

満州事変は、中国東北部各地での反満抗日運動の勃興をもたらし、それを討伐する関東庁警察官や領事館警察官の活躍も宣伝されていった。そのなかで、「匪賊」の襲撃により、昭和七年八月に戦死した川添シマが、民間女性としては極めてまれに靖国合祀された。彼女は夫と共に巡査派出所を守っていたが、匪賊の大軍に襲われて応戦し、拳銃で二八発も撃ち尽くした後、敵弾を七発受けて絶命したという。この合祀は、関東庁警察官の妻であったこ

「満州事変戦没者合祀碑」（鹿児島永吉陸軍埋葬地〔現・鹿児島戦没者墓地〕、鹿児島市永吉）

と関連しているという。川添を主人公にした映画「靖国神社の女神」が制作されるなど、軍人以外の顕彰も盛んになっていったのである〔赤澤 2015：83、秦 2010：90 ～ 92〕[14]。

陸軍省は昭和七年一月、陸軍大臣荒木貞夫中将（旧一橋家家臣長男、陸士9期、後の大将・男爵、A級戦犯終身刑〔後に仮釈放〕）の名で左記の**「戦死者等靖国神社へ合祀ノ件達」**（陸普第一二七号）を発していた〔赤澤 2015：79 ～ 80〕。

一　戦死又ハ戦傷ノ為死歿シタル者
二　事変地ニ於テ流行病ニ罹リ、又ハ自己ノ重大ナル過失ニ因ラズシテ傷痍ヲ受ケ若ハ疾病ニ罹リ、之ガ為死歿シタル者
三　事変地以外ノ地ニ於テ、事変ニ関スル公務ノ為、傷病ヲ受ケ若ハ疾病ニ罹リ之ガ為死歿シタル者
四　事変地以外ノ地ニ於テ、事変ニ関スル公務執行中、流行病ニ罹リ又ハ不慮ノ災厄ニ因リ死歿シタル者
五　事変ニ於テ自殺シタル者等ニシテ、其ノ情状合祀ヲ至当ト認ムベキ者

同達は、第一次世界大戦期の合祀資格の「戦地」を「事変地」と変更しただけの規定であるというが、ここに「事変地」なる新しい概念が登場し、これが日中全面戦争期まで一〇年にわたり使用されるという。また、敵陣での死没捕虜の合祀条項は復活していないという〔赤澤 2015：80、吉川弘文館 2012：20〕。

2　第一次上海事変

華北ではなく華中の上海で勃発した第一次上海事変は、日本陸軍が列強の目を北支満州からそらす目的で画策されたものとされている。すでに特務機関員として中国で諜報活動をしていた陸軍少佐田中隆吉〔島根の商人長男、陸士26期、後の少将・兵務局長〕らが仕掛けた、「中国人」による日本人僧侶襲撃事件などの謀略が契機となった。昭和七年一月二八日、上海に駐留していた日本海軍特別陸戦隊等一八三三名が、抗日意識の強い中国第十九路軍三万三五〇〇名と交戦するに至った。これにより海軍特別陸戦隊は多大の損害を出したため、翌二月二日に金沢第九師団と混成第二十四旅団の派遣が下令され、同二三日には、陸軍大将白川義則〔旧松山藩士三男、軍事参議管・陸相、後の男爵〔追贈〕〕を司令官とする上海派遣軍の編成・動員が決定された。常に陸軍と対抗関係にあった海軍も強硬であったという。満州では二月五日、仙台第二師団がハルビンに入城して全満州の武力制圧はほぼ終了し、翌三月一日には満州国建国宣言が発せられた。そして同国建国から二ヶ月後の五月五日には、上海停戦協定が調印されている。この約半年足らずの間に、日本軍は第一次上海事変で満州事変の三倍近い三〇九一名の死傷者を出すことになる。中国軍の死傷者は一万四三二六名であった。同事変でとりわけ脚光を浴びたのは久留米第十二師団であった〔高橋・一ノ瀬他 2006 : 360、別冊宝島 2016 : 178、岩波書店 1991 : 290、秦 1994 : 75 ~ 76, 85、生田 1987 : 135、笠原・安田 1999 : 165、加藤 2007 : 133、三國 1995 : 77、吉川弘文館 2012 : 20〕[(15)]。

3　肉弾三勇士と靖国祭祀

昭和七年二月二二日早朝、陸軍中将木原清〔旧幕臣子息、陸士8期、後の満鉄顧問・徳川家家令〕率いる第十二師団管下の久留米工兵第十八大隊〔混成第二十四旅団歩兵大隊とも〕の三六名は、上海北郊の「廟行〔廟巷〕鎮の戦い」で鉄条網爆破作戦に参加した。爆薬を詰め込んだ「破壊筒」（長さ約四メートル）を抱え、頑強に張りめぐらされた敵前の鉄条網に突入するというものであった。このうち一等兵三名、つまり江下武二・北川亟・作江伊之助の三名は、破壊筒を抱え「帝国万歳」を叫びつつ突撃し爆死したという。江下は佐賀の炭鉱夫、北川が長崎の小作農、作江も長崎の大工であったが、彼らはマスコミにより「上海事変の華」として、「肉弾三勇士」（『朝日新聞』）あるいは「爆弾三勇士」（『毎日新聞』）と絶賛された。「爆弾三勇士」の命名は荒木陸軍大臣であったという。同二七日には、三勇士は上等兵に昇進していたが、最終的に陸軍史上初めて、戦死時の一等兵から三階級昇進して下士官の伍長になったのである。本来なら、彼らは順調にいっても上等兵止まりであったという。三勇士は戦死の翌年四月、早くも靖国合祀されている。こうして、靖国神社の祭神となった多数の戦没者のなかでも異例の扱いを受けることになった。この「軍神」創成には、海軍中将となっていた小笠原長生が再び尽力することになる。小笠原はとくに旧藩主家の子孫として、かつての旧領内（譜代唐津藩六万石）から「軍神・三勇士」を誕生させることは、世界に知られることで、「欣快この上もない事と深く感激する次第である」と述べていた。ただし、この爆破作戦の実態は破壊筒の技術的失敗による不成功であったとされている。つまり、爆薬の火縄の寸法が短かったための単なる「事故死」に過ぎなかったのである。

また、それまで戦没者の報道は氏名のみで、紙上に写真が掲載されることはなかったが、この三勇士の軍服姿の写真（遺影）が初めて掲載された。「端午の節句」（五月五日）の人形にも「三勇士」が登場し、人気を博して飛ぶように売れ、「軍国男子の節句風景」を国民に演出したという。工兵第十八大隊の地元である久留米市公会堂前と東京芝**青松寺**境内には、三勇士の銅像が建立された。久留米では市役所内に国防義会が組織され募金運動を展開し、昭和八年五月に銅像は完成した。他方、青松寺での銅像除幕式は翌九年二月二二日に開催され、二〇〇〇名もの人々が参集している。

一方、同事変では陸軍少佐空閑昇（佐賀県出身、陸士22期）の靖国合祀問題などがおこり、靖国合祀に関して問題（矛盾）を提起する契機ともなっていた〔高橋・一ノ瀬他 2006：360、山室 2007：189～195, 241～250、秦 1994：9, 49、秦 2010：107, 121、川村 2007：99、中内 1991：75～89、寺田 1992：89、三國 1995：77、古田他 1988：311, 552、半藤他 2011：160～161、二木 2004：584～585、朝日新聞 2007〕[16]。

青松寺

青松寺〔港区芝愛宕町〕は太田道灌の開基で、泉岳寺〔港区高輪〕・総泉寺〔台東区橋場から板橋区小豆沢に移転〕と共に、かつての「江戸曹洞宗の触頭三か寺」の一つで、諸大名の菩提所ともなっていた。また同寺内には、後の駒澤大学の前身の一部となる学問所〔学寮「獅子窟」〕も置かれていた。既述のように、日清戦役戦没者の遺骨が京都から東京護国寺に搬送された際に中継地となっている。同寺での三勇士銅像建設は、東京慈恵会医科大学〔慈恵医大〕学長で貴族院議員の金杉英五郎が中心となり、会員は全て貴族院議員からなる「肉弾三勇士銅像建設会」〔総裁は西郷従徳〔従道三男〕〕によってなされたものである。青松寺は赤穂義士墓所で有名な泉岳寺と張り合っていたため、東京での新名所を目論んでいたという。また現在、金森が勤務した慈恵医大は青松寺と道路を挟んで隣接している。こうした要因が青松寺での銅像建設に繋がったのである。銅像の台座には、遺族から分与された「三勇士の遺骨」が納められたという。そうであるならば、この銅像は単なる顕彰記念物に留まるものではなく、明らかに墓碑として位置づけられた宗教施設ということになり、忠霊塔とも関連することになろう。彼らは「昭和の軍神」として一世を風靡することになった〔高石 1990：95、山室 2007：189～195, 241～260、

古田他 1988：552, 874、東京歴教会 1994：202、秦 1994：346〕[17]。

満州事変を機に、日本は初めて欧米列強との全面的な対決を経験するが、この新たな国難を打開するのは三勇士が示した精神であると宣伝された。そこには「最初の軍神広瀬中佐」を生んだ日露戦役の栄光が、世の中に再び蘇えることになった。紙上では、「壮烈なる三勇士の悲壮極まる華々しき戦死は之を往年日露戦役当時の旅順決死閉塞隊に比すべきもの」とされた。このように満州事変の前後から、東京万世橋の広瀬銅像は再び日露戦役の英雄を偲ぶ厳粛な場所となり、多くの人々が参集するようになったのである。ただし、三勇士がそれまでの「明治の軍神」と異なっていたのは、彼らは職業軍人でもなく、特別に傑出した人物でもなくて学歴や階級の低い一般の兵士であり、「ごく普通の人々」であって、具体的な行動によって脚光を浴びたことであった。また、広瀬や橘のような中年世代ではなく、二〇代の若者であったことも国民の注目を集める要因となった。国民は、自分たちと同じような普通の人々による究極の自己犠牲を目の当たりにして、感動し共鳴したのであった。三勇士の行動は一般国民の代表として、かつ「我大和魂の精華、武士道の精華、忠君愛国の精華」として、「日本民族の精神」と結びつけられ、次第に神懸かったものとなっていく〔山室 2007：201～213, 258～259, 267、寺田 1992：89、中内 1991：80〕[18]。

靖国神社では昭和七年四月一三日、「大祭日」を全国的な休日とすることが定められ、その祭礼が全国の人々に周知されるようになる。同社では四月二五日夜に、済南事変戦没者二六名・「台湾霧社事件」死没者二八名および満州・上海事変戦没者四七七名、合計五三一名の招魂式が実施され、翌二六～二七日に臨時大祭が執行され戦没者が合祀された。翌二八日には直会の儀があった。この大祭には天皇・皇后が参拝したのである。五・一五事件がおこる前月であった。さらに九月一八日には、「満州事変一周年記念陣没者慰霊祭」が同社境内の大村益次郎銅像前広場で開催され、一一月二八日には同社で「徴兵令発布六十周年記念祭」が執行されている。天皇と軍事記念、それに靖国神社の祭礼とが一体化していくのである〔佐藤 2006 : 137、高石 1990 : 97 ~ 98、村上 1974 : 168 ~ 170、吉川弘文館 2012 : 22〕[19]。

こうした靖国神社への戦没者合祀と同社の慰霊・軍事施設としての機能拡大に伴い、同社の分社たる全国各地の招魂社でも合祀祭が執行されていった。昭和六年の時点で、全国の招魂社は私祭を含め一三七社に達している。例えば仙台では、宮城県昭忠会（会長は宮城県知事）が七年四月二九日午後七時、仙台城本丸跡の天主台招魂社で、吉澤騎兵中尉以下七九名の戦没者合祀祭を執行した。同社の祭神は、「靖国神社に合祀せらるることに確定したるもの」とされた。つまり靖国神社の祭神を以て、地方招魂社の祭神とされたのである。そして翌三〇日の春季招魂祭では、神式祭礼終了後に「昭忠碑」前で、仙台仏教連合主催による追弔法要が開催されている。カミとホトケの両面からの祭典が執行され、将兵や生徒が参拝した。こうして既述のように、天主台招魂社では神式で、昭忠碑では仏式による祭典が定着していくようであるが、とくに仏式の法要が執行されることで、人々の気持ちは最終的に安堵していったのではなかろうか〔佐藤 2006 : 137 ~ 138、靖国神社 2007 : 85、村上 1974 : 171〕[20]。

4　上智大学軍事教練事件と靖国神社

既述の昭和七年四月の靖国神社臨時大祭の折に、軍事教練の一環として配属将校・教員に引率されて靖国参拝をした東京市内の学生・生徒のうち、カトリック系の上智大学および暁星中学の一部の学生が信仰上の理由で参拝を拒否する事件がおきている。これが上智大学軍事教練事件である。文部省は「宗教ではない国家神道」による宗教教育を強行する一方で、「私立学校令」（明治三二年八月公布）および「文部省訓令第一二号」（同上）により、私立の小学校・中等学校・高等女学校での宗教教育・宗教儀式の実施を禁じていた。これにより、例えば青山学院や明治学院は中学校の資格を返上し、立教中学校は寄宿舎でキリスト教教育を実施したという。また、同志社は訓令に従って普通学校を設立している。ただし、「大学令」（大正七年一二月公布）によって設立された私立大学に関しては、文部省は公式に介入できなかった。同省の本音としては、私立大学の宗教教育等も禁止したいと考えていたのである。また従来、神社への集団参拝は、小学生の場合だけ「敬神崇祖」の教育訓練の一部として認められていたが、中等学校以上の生徒の場合には「信教の自由」に関するものとして、その強制は認められていなかった。日本の近代以降、「神社は宗教か否か」という議論は、常に燻っていた大きな問題であった。誰の目から見ても神社は明らかに宗教であったが、大学にとっても軍部と衝突することは、大学の存立に関わる重大問題であり、できるだけ避けたいところであった。この参拝拒否事件を受けて、上智大学は天主公教会（ローマ・カトリック教会）の東京大司教アレキシス・シャンボンを通して、神社は宗教か否かに関して文部省に質問した。換言すれば、国家神道は宗教か否かを問うことになったのである。これに対し文部省は、学生の靖国神社参拝拒否に関して内務省神社局と協議の上、七年九月三〇日に「学生生徒児童ノ神社参拝ノ件」（文部次官回答雑宗第一四〇号）を発した。それによれば、神社参拝は宗教行為ではなく、教育上の愛国心と忠誠心を養うための「敬礼」であるとの公式見解を表明し、東京大司教に回答している。これに対して天主公教会側も結局、神社参拝を「非宗教的な儀礼」として容認し、全国に八万名近い信徒を有するカトリックは、国家神道に完全に屈服することになった。以後、宗教上の理由で神社参拝を拒否することはできなくなり、学生への神社参拝強制は一般化されていく。二年半後の一〇年四月二五日には、カトリックの全日本教区長会議において、神社参拝を許容した「日本主義転向声明教書」が発表された。他方で、プロテスタント系キリスト教徒の神社参拝拒否は続発したという。仏式による慰霊祭が市民権を獲得していく一方で、戦局の拡大とともに、国民に対する神社参拝への国家統制が急激に強化されていく時代に突入していったのである〔高石 1990 : 97 ~ 98、大江 1984 : 40 ~ 43、山折 2004 : 514, 547, 564 ~ 566、村上 1970 : 132, 200 ~ 201、村上 1974 : 168 ~ 169、岩波書店 1991 : 161, 237〕[21]。

この間の昭和八年三月、創立十周年を迎えた富国徴兵保険互助会社（社長は根津嘉一郎、後の富国生命）は、靖国神社に銅製灯籠一対を奉納する旨を願い出た。その趣旨は「尽忠靖国ノ士ヲ追慕シ其ノ遺烈ヲ景仰」し、「義勇奉公ノ念ヲ新ニ」して「後動ノ士ニ望ム」ためであった。徴兵保険への加入者も増大していったのである。この銅製灯籠は後に石灯籠に変更されるが、一対の**「日本一の大灯籠」**（高さ一三メートル、重さ約五六〇トン）が竣工したのは、二年余後の一〇年一二月であった。青銅製の「第二鳥居」（明治二〇年一二月竣工）手前のこの石灯籠台座には、陸海両軍の日清戦役から上海事変までのレリーフが彫られている。社殿に向かい右側の**海軍レリーフ七面**のなかには、**「日露戦役　第二回旅順口閉塞の広瀬中佐」「日露戦役　日本海海戦戦艦三笠橋の東郷元帥」**や**「上海事変勃発　海軍陸戦隊」**が刻まれ、左側の**陸軍レリーフ七面**のなかには、**「日清戦役　広島大本営」「日露戦役　奉天入城式」**や**「上海事変　爆弾三勇士」**が刻まれた。八年四月二五日夜には、同社で満州事変戦没者一六九八名・維新前後の殉難者一三名の招魂式を実施し、翌二六〜二七日に臨時大祭を執行した。この際、既述のように三勇士も合祀されたのである。

満州事変は、五月三一日の塘沽停戦協定成立を以て一応終結したことになったが、同時に満州における日本の支配を既成事実として中国側が黙認することになった。「日本の生命線満蒙」は確実に日本の手中に帰したのである。また、停戦協定成立は日本の中国侵略戦争そのものの停止を意味するものでもなく、後の盧溝橋事件に繋がっていくことになる。七月七日には、陸軍省が満州事変で死んだ軍用犬「那智号」と「金剛号」に初の軍用犬功労章甲号を授与し、人間のみでなく**軍用動物の慰霊顕彰**も実施されていく。またこの七月には、靖国神社境内に日本刀鍛錬所が竣工し、鎌倉期の備前刀を模範とした日本刀の製作が開始された。製作された日本刀は下賜刀や例大祭などの宝刀になったほか、全国の皆行社から将校の軍刀として頒布された。これが「靖国刀」で、刀匠は「靖国刀匠」と呼ばれた。日本の敗戦までに、一三名の靖国刀匠を中心に八一〇〇振りが鍛錬されたという。陸軍省は七月二〇日、満州事変勃発以来

海軍レリーフが刻まれた靖国大灯籠（右側）

「日露戦役　第二回旅順口閉塞の広瀬中佐」

「日露戦役　日本海海戦戦艦三笠橋の東郷元帥」

「上海事変勃発　海軍陸戦隊」

の損害として、戦没者二五三〇名・負傷者六八九六名と発表している〔前澤 2011 : 51、吉川弘文館 2012 : 26、高石 1990 : 48, 99、朝尾他 2005 : 675、靖国神社 1999 : 106, 254、靖国神社 2000 : 44 ~ 45、現地調査〕[22]。

翌昭和九年においても靖国神社の施設・設備の拡張が進んだ。既述の牛ヶ淵附属地での軍人会館竣工は同年三月二〇日であったが、これに伴い権殿は新築され、軍人会館の屋上に移されたという。同会館敷地にはこれに先立つ二月二六日、**「西伯利亜出兵田中支隊忠魂碑」**（陸軍大

陸軍レリーフが刻まれた靖国大灯籠（左側）

「日清戦役　広島大本営」

「日露戦役　奉天入城式」

「上海事変　爆弾三勇士」

将男爵大井成元書）が、同支隊生存者の山崎千代五郎等により建立されている（昭和四三年二月二七日再建、平成八年九月三日境内外苑〔現在地〕に移設）。既述のようにシベリア出兵では、陸軍中将井上成元（長州出身、陸士旧6期、後の大将・貴族院議員・内閣参議）率いる久留米第十二師団も出征したが、同師団所属の歩兵第七十二連隊（明治四一年五月に宮崎都城で編成）の第三大隊長田中勝輔少佐（山口県出身）が編成した田中支隊が、約二〇倍の敵と対戦してユフタで全滅している。田中少佐は被弾し自刃した（死

「殉役軍馬之碑」
（旭川市・北海道護国神社）

「軍犬慰霊像」（靖国神社）

「軍用動物供養塔」
（会津若松市花見ヶ丘・小田山陸軍墓地）

「鳩魂碑」（靖国神社）

後中佐）。同碑は、この全滅した田中少佐以下の将兵（忠魂）約二六〇名を祀り顕彰するためのものであった。同四月一〇日には、既述の東京帝大での神道講座新設に続き、京都帝大に同講座が開設されて、東西を代表する両帝大から国家神道思想が新たに発信されるようになった。同二二日には、靖国神社に遊就館付属の「国防館」（後の靖国会館）が竣工している。これは東京在住の三谷てい子が、亡夫の遺志で国防献品費として同社に五〇万円を献納し、陸軍は国民に軍事知識・国防思想を普及させる目的で、その半額を同館の建設資金に当てたものである。江戸時代の武器庫を模した国防館には、当時の兵器・現代戦のジオラマ・爆撃機の体験装置などが展示され、戦争正当化を鼓舞する博物館としての遊就館の機能はさらに強化されたのである。三年後には、国防館の収蔵品は一七〇〇点に上ったという。そして四月二五日夜には、同社で満州事変戦没者一六六八名の招魂式が実施され、翌二六〜二七日に臨時大祭が執行された。また八月には、陸軍一等憲兵補蔡達黙が「朝鮮人として初の金鵄勲章」を受章し、外国籍日本兵の顕彰も始まった。既述の富国徴兵保険互助会社に続き、保有契約が五億円に達していた第一徴兵保険互助会社（社長は太田清蔵、後の東邦生命）では、靖国神社に正面左右の扉に金色十六弁の菊花紋章を付した**「神門」**（二層平屋建て、扉の高さ六メートル）を献納し、一〇月一八日に竣工している。この紋章は直径一・五メートルもあり、戦艦や空母に付けられていた紋章の倍近い大きさであったという。こうして真新しい天皇家の金色の家紋が光彩を放つようになる同社は、完全に天皇家を象徴する施設ともなり、天皇の「御稜威」を光背とした至

「西伯利亜出兵　田中支隊忠魂碑」（靖国神社）

靖国神社の「神門」

高の「巨大な忠魂碑」として、改めて人々の眼前に立ち現れることになった〔新人物往来社 1990：235、秦 1994：30, 83、前澤 2011：51、靖国神社 1999：84, 106, 246～248、靖国神社 2000：36, 45, 54、高石 1990：100、村上 1974：170、生田 1987：105, 140、吉川弘文館 2012：32、岩波書店 1991：298、現地調査〕[23]。

5　仏教界の動向

仏教界の動向はどうであったか。満州事変を経て、仏教界では事変勃発日（九月一八日）前後に「事変〇周年記念法要」を実施するようになった。例えば『浄土教報』（昭和八年八月二七日付）の記事には、

> 陸軍省としては来る十八日の満洲事変第二周年を期して各師団に於てこの戦歿のため大招魂祭を執行すべく指令を発するところがあつたが、一方仏教各宗派本山末寺に於てもなるべく一斉に追悼法要を修行し、併せて時局講演会等も開催せられたき旨十六日各本山宛に依頼状を発せられた

とある〔白川 2008：66〕。陸軍省は昭和八年の「満州事変二周年」を記念して「大招魂祭」を執行するとともに、仏教各宗派に対して追悼法要や講演会等の開催を要請したのである。これは靖国神社を頂点とした神式による国家祭祀とは別に、陸軍省主導による新たな仏式の戦没者慰霊活動の展開を予兆させるものであった。

浄土宗では、京都の清浄華院（浄土宗大本山、古称は浄華院）・永観堂（禅林寺、浄土宗西山禅林寺派総本山）・誓願寺（浄土宗西山深草派総本山）で法要が予定され、東山中学の全生徒が知恩院（浄土宗総本山、華頂山大谷寺）を参拝する、と伝えられている。とくに清浄華院は皇室との関係が深く皇族の墓が多かった。また大阪では、日蓮宗目安寺で、あるいは大阪仏教団により四天王寺で法要が開催されている〔白川 2008：66、白川 2015：186、古田他 1988：485, 578, 656、山折 2007：37, 296, 313〕。

真宗大谷派では、全国一〇〇の別院と三〇の教務所が講演会を計画し、『満洲事変の全貌』と題するパンフレットを数万冊用意したという。一方の真宗本願寺派では、とりわけ「肉弾三勇士」の追弔行事に精力的に取り組んだ。三勇士は全員同派門徒であったため、「この勇士を出したることを宗門の誉れであるとし、遺族に対して特派弔問使を派遣」して、特別扱いにより佐官級同様の染筆院号を贈っている。ただし、仏教界が「英霊に階級無し　斉しく院号法名下付せよ」と呼びかけるのは、後の支那事変勃発以降であるという。京都と東京では三勇士の母親を招待して法要を実施した。また、昭和七年三月一〇日の陸軍記念日に西本願寺で開催された「日支事変忠死者追悼大法要」と、一三日に東京築地別院で行われた「三勇士追悼法要」にも、三勇士の母親が招待されている。さらに、三勇士の地元での村葬に僧侶を派遣し、京都東山の大谷本廟（西大谷、京都市東山区五条坂）には三勇士の墓碑を建設すべく、全国に喜捨金の依頼状を発送した〔白川 2008：66～67、白川 2015：186～187、矢野 2006：101～103、古田他 1988：110、山本 1995a：163, 191〕。

翌八年三月、大谷本廟で建碑納骨式が執行され、同碑には左記のように刻まれた〔白川 2015：186～187〕。

（前略）世呼シテ肉弾三勇士ト称シ事天聴ニ達シ抜群ノ偉勲ニヨリ功六級金鵄勲章ヲ授ケラル而シテ三勇士ハ

実ニ我真宗ノ門ニ出ツ亦以テ宗門ノ栄誉ト謂フベキナリ因テ本山執行所職員等胥謀リ碑ヲ大谷祖廟ノ畔ニ建テ其偉功ヲ勒ス

白川哲夫によれば、本願寺派では「本廟」のことを「祖廟」という場合もあるという。また、同式での弔辞で第十二師団長は、

世の中で最も尊いものは、自ら損をして、人のために益することである。浄土真宗は親鸞聖人以来このことを深く教えられ、今に至るまで恩を報ずる、即ち報恩講といふものが行はれ、報恩思想の養成に努められてゐることは非常に有り難きことである

と称賛している〔白川 2015：187〕。このように、三勇士は真宗の宣伝に大いに貢献したのである。[24]
昭和九年には、日蓮宗が東京日比谷公会堂で追弔法要と記念講演会を開催し、管長や荒木前陸相らが講演している。京都でも、真宗は西本願寺（本願寺派本山）・仏光寺（仏光寺派本山）・興正寺（興正寺派本山）・東本願寺（大谷派本山）で一斉に法要を実施した。九月一八日はすでに記念すべき日とされており、その「記念」を追弔行事という形で担うのが、仏教界全体の役割であったのだろう〔白川 2008：66, 274, 855, 923、秦 1994：9〕。
山田雄司によれば、満州事変以降、日中両軍の戦没者に対して怨親平等思想に基づく供養が仏教界で盛んに実施されるようになるという。その背景には、仏教を共通の思想・文化とする中国との戦いであったため、中国人にも容易に理解されるであろうという日本仏教界の認識があった。さらに、占領地の住民に対する宣撫工作としての日本政府

の思惑もあったため、慰霊・供養は強調されるようになった。筆者の聞き取りによると、占領地には軍属の宣撫官が配置され、宣撫工作が実施されたという。文部省や内閣内に設置された興亜院（昭和一三年一二月発足、後の大東亜院に吸収）の支援により実施された訪日使節団や訪中使節団において、「日支親善」という名目の下に怨親平等の法要が執行されたのである。そこには、怨親を超越した恩讐の彼方に霊的提携ができるという仏教的信念があったが、こうした仏教界の意図とは別に、政治的にも利用されることになった〔山田 2014 : 192 ~ 193、朝尾他 2005 : 353〕。

三　支那事変と戦没者慰霊

1　国体明徴と靖国神社

駐米大使斎藤博は昭和九年一二月二九日、米国国務長官ハルに対してワシントン海軍軍縮条約の破棄を通告し、日本海軍は軍備拡張を開始した。同年、すでに海軍は「四六センチ砲」の製造に着手していたのである。また『仙台市公報』によれば、翌一〇年の徴兵検査では関東軍への入隊希望者が激増したという。一〇年四月六日、約一年前に満州国皇帝に就任した溥儀（康徳帝）が初来日し、天皇に初めて面会すると共に、翌七日には靖国神社に参拝している。満州国皇帝として同社への初参拝であった。帰国後、溥儀は「朕、日本天皇陛下と精神一体の如し」、と記しているという。同二六日夜には、同社で満州事変戦没者八一三名・維新前後の殉難者一名の招魂式が実施され、翌二七日には臨時大祭が執行された。この臨時大祭の折、全仏教諸派管長が招待され同社を参拝している。これは既述のカトリックに続き、日本の仏教界も神社参拝を非宗教的な儀礼として容認したことを意味していよう。また四月一〇日には、東京帝大教授美濃部達吉（兵庫県生まれ、貴族院議員、後の枢密顧問官）の「天皇機関説」に対して、文部省が「国体明徴」を訓令し、同二三日には、帝国在郷軍人会が天皇機関説排撃のパンフレットを頒布している。以来、「国体」

という言葉は全体主義的国民統合のための言語魔術として猛威を振るうことになった。靖国神社では、昭和八年一月から境内に設けられた編纂所で史書の編集作業が進められていた。そして明治維新から上海事変までの戦史の詳細と、「靖国神社祭神十二万八千余柱の事跡の顕彰」を目的とした『靖国神社忠魂史』（全五巻）が、二年余後の一〇年九月二〇日に完結している（祭神数は一四万柱とも）。監修は陸軍省・海軍省・大臣官房であった。同書の狙いは、同社の祭神が「無名の戦士」などではなく、「永遠不朽の勇魂」として祭祀されていることを世の中に強く知らしめる点にあったが、同社の祭神は改めて「忠魂」と確認されることになった〔佐藤 2006：141、仙台市史 2009：394、高石 1990：103、原・吉田 2005：207、靖国神社 1999：78、白川 2015：287、吉川弘文館 2012：33～45、岩波書店 1991：302、山折・朝尾他 2005：386、新潮社 1991：1458, 1677、上毛新聞 2015f〕。賀茂百樹宮司は同書の序文で、

靖国神社の祭祀が衰える時は国民の元気が衰える時であり、靖国神社の祭祀が盛んなる時は国民の元気も亦盛んなる時であります

と記している〔靖国神社 1999：78〕[25]。

満州国と靖国神社も一体化されていくなかで、外地での忠魂の顕彰も新たな段階に入っていった。例えば樺太（サハリン）の豊原（ユジノサハリンスク）には、県社豊原神社境内神社として樺太招魂社（敷地二四六四坪、後の**樺太護国神社**）が創建されていた。その起源は明治四一年七月の「日露戦役戦没者七五名ノ招魂祭」であったが、昭和一〇年一一月一四日、同社社殿等が新築され鎮座祭が執行されている。同社には満州事変以降の靖国祭神および非祭神で、樺太在籍および樺太在住家族の軍人戦没者一七柱が新たに合祀された。このように外地での慰霊施設の建立も目立つ

ようになるのである〔山折 2004 : 567、伴・市川 1935 : 181 ~ 183, 190 ~ 192〕[26]。

陸軍内部では昭和八年四~五月頃から、いわゆる皇道派（対ソ予防攻撃主義）と統制派（対中徹底攻撃主義）との対立が最高潮に達していた。その結果、統制派の中心人物で軍務局長となっていた陸軍少将永田鉄山が昭和一〇年八月一二日、永田の人事に不満をもった皇道派の陸軍中佐相沢三郎（仙台出身、歩兵第一連隊付）に、軍務局長室で刺殺される事件が発生した（相沢事件）。相沢は銃殺刑となるが、これを機に翌一一年二月二六日未明、「昭和維新」を唱える皇道派青年将校が東京で蹶起した二・二六事件に発展したのである。反乱軍約一四〇〇名は東京永田町一帯を占拠し、官邸などで警護に当たっていた警察官五名も死亡した。その一隊は二八日夜に靖国神社に参拝して同社の警備を申し出たが、同社はこれを拒否したという。反乱軍は三日後に帰順している。これにより陸軍内の皇道派は一掃され、陸軍中枢では対中強硬派が主流となっていく。二ヶ月後の四月二六日夜、靖国神社では満州事変戦没者九七四名の招魂式を実施し、翌日には臨時大祭を執行した。そして約半年後の九月二四日、「帝国在郷軍人会令」（勅令第三六五号）が公布され、同会は公的機関となり、一一月三日には勅令団体として新たに発足している。改めてムラやマチに、軍隊組織の強固な鉄杭が打ち込まれていくことになった〔前澤 2011 : 56、川田 2011 : 88, 115、大濱・吉原 1993 : 204、秦 1994 : 105、高石 1990 : 103、上毛新聞 2016b、新潮社 1991 : 1、吉川弘文館 2012 : 33 ~ 45、靖国神社 1999 : 101、朝尾他 2005 : 7 ~ 8〕[27]。

皇居には、戦役記念館である三府（辰天府・懐遠府・建安府）がすでに建設されていたが、赤澤史朗によれば、これに倣い、靖国神社には昭和一二年の初めに「顕忠府」が完成していたという（敗戦後に消滅）。これは昭和一〇年五月、宮内庁が皇居内に「満洲事変及上海事変を始め、昭和の御代の事変若は戦役に於ける皇軍将士等殉国の誠を後世に伝えしめらるる為め、新御府建設」の計画を公表したことに始まる。顕忠府では戦没者の遺書や敵の戦利品などの展示企画が進められ、拝観者には軍学校の生徒・学生の集団参拝が多かったという。とりわけ写真の「御収蔵」は天皇の「御内意」に基づくものとされ、なかでも「支那事変戦病死者の写真」は献納品の第一に挙げられることになった。これは常に天皇の身近に、靖国神社に合祀された祭神のアルバムを置く施設を作ろうという意図からではなかったか、とされている。顕忠府が皇居ではなく靖国神社に建設されたのは、多くの国民に展示物を見学させるという点で、靖国神社の方がより効果的であると判断されたのであろう〔赤澤 2015 : 88 ~ 89〕(28)。

さらに靖国神社では昭和一二年四月二五日夜、北清事変戦没者一名・満州事変戦没者一一四七名の招魂式が実施され、翌二六~二七日に臨時大祭が執行された。この時点で、靖国神社への満州事変戦没者合祀数は六七七七柱となったが、ここには第一次上海事変戦没者も含まれていよう。国内では天皇機関説を排撃するための国体明徴運動が激化するなかで、同六月に文部省は『国体の本義』を刊行し、そのなかで公式見解として統治権の主体を天皇とした。また、近代西洋思想が基調とする個人主義の克服を国民に呼びかけ、ナチスのファシズムを個人主義是正運動の一つと論じたのである。靖国神社には同七月一九日、ドイツ海軍エムデン号艦長ら三〇〇名が参拝し、同社は国際的にも軍事施設としての地位を表明することになった。この参拝は、直接的には前年一月の日独防共協定調印を受けての動きであろうが、一一月にはイタリアが同協定参加議定書に調印し、日独伊三国の結束はより強固なものとなり、三年後の三国同盟締結に発展していくのである。こうした道筋は、日本が国際社会から益々孤立していくことを意味していた〔高石 1990 : 103 ~ 107、吉川弘文館 2012 : 35 ~ 45、朝尾他 2005 : 386、笠原・安田 1999 : 170 ~ 174、上毛新聞 2015f〕。

2 「支那事変」

昭和一二年七月七日夜、中国北平（北京）郊外の盧溝橋付近で日中両軍が交戦状態に突入した（盧溝橋事件）。前年の増兵により日本軍は二〇〇〇名から六〇〇〇名に増強されていたが、当時、支那駐屯軍歩兵第一連隊第三大隊の第八中隊は、盧溝橋北方の永定河左岸で夜間演習を実施していた。ところが、同中隊所属の二等兵一名が行方不明となったことで、日本軍と中国第二十九軍第三十七師団との日中両軍の偶発的小衝突が発生したのである。この二等兵は無事に帰隊したというが、翌八日、当時の第一次近衛文麿内閣は「事件不拡大と局地解決方針」を決定し、その旨を各出先機関に訓令した。同一一日、現地では停戦協定が成立したものの、同日に近衛内閣は一転して華北への大規模な出兵を声明し、関東軍の一部と朝鮮軍第二十師団（龍山）が派遣された。さらに内地三個師団（第五・第六・第十師団）の実際の華北派兵は同二七日であった。こうして戦局は一挙に拡大することになるが、そのきっかけは同二四日、北平南東約五〇キロの廊坊駅付近での小部隊の衝突であった。再び正式な宣戦布告がなされることなく、日中全面戦争に発展したのである。天皇は対ソ戦および対英米戦を危惧していたというが、軍部の作戦を阻止するところまでには至っていない。当初はこの戦役を「北支事変」と称したが、やがて「支那事変」と改称された。この支那事変（日中戦争）勃発時、近衛内閣の陸軍大臣は陸軍大将杉山元（旧小倉藩士子息、陸士12期、後の元帥、敗戦後自決）、参謀総長は陸軍元帥・大将閑院宮載仁親王（伏見宮邦家親王第十六子、妃は三条実美子女）であり、陸軍部内の実権を握っていたのは参謀本部作戦部長石原莞爾少将であった。石原は杉山大臣に対して、対中全面戦争にならないために、華北兵力の後退などの思い切った措置をとるよう進言したという。不拡大方針を貫こうとしたのであるが、石原は必ずしも統制派グループではなかったという。これに対し戦争拡大を主導したのは、石原直属の部下で統制派の作戦課長武藤章大佐（旧熊本藩士二男、陸士25期、後の中将・近衛師団長、A級戦犯刑死）や、陸軍省軍務局軍事課長の田中新一大佐（旧越後村松藩士長男、陸士25期、後の参謀本部第一部長・中将・第十八師団長、飛行機墜落重傷）らであったという。武藤らは石原と真っ向から対立し、結果的に石原は武藤らに押し切られる形となった。陸軍中央の幕僚間でも武藤らの拡大派に同調する者が多数であったといわれ、後に首相となる関東軍参謀長東條英機中将(旧南部藩士で陸軍中将東條英教長男、陸士17期、後の大将、A級戦犯刑死)もその一人であった。彼らは日米開戦前後の陸軍首脳部中枢を構成することになる〔加藤 2013 : 210 ~ 212、笠原 2015 : 22 ~ 23、前澤 2011 : 56、半藤他 2011 : 54, 160、川田 2011 : 126 ~ 127, 153 ~ 159, 170、小田部 2016b:197 ~ 198、秦 1994 : 48, 78 ~ 79, 84, 142, 288、福川 2001 : 450 ~ 451、吉川弘文館 2012 : 49 ~ 52〕(29)。

3　第二次上海事変と戦没者

中国上海でも再び戦闘が開始された。昭和一二年八月九日、上海海軍特別陸戦隊(昭和五年から常駐、約二〇〇〇名)の西部派遣隊長(第一中隊長)であった海軍中尉大山勇夫(二六歳、福岡県出身・海兵60期)と一等水兵斎藤与蔵(自動車運転手)の両名が、中国軍の虹橋飛行場入口付近で中国保安隊に殺害(銃撃)されるという大山事件がおこった。これは日本海軍による謀略であったらしい。とくに大山に「武功」はなかったが、死後直ちに大尉となり「海軍七勇士」の一人として「軍神」相当の扱いとなった。盧溝橋事件以来の日本政府による和平工作は、この大山事件を契機に破綻するという。四日後の一三日には、上海の日本租界で日中両軍の市街戦に発展した。これが第二次上海事変である。こうして同事変は陸軍と対抗していた海軍の主導で展開され、さらに中国大陸での戦線は拡大していくことになる。同一五日、陸軍大将松井石根(旧尾張藩士六男、陸士6期、後の大日本興亜会総裁、A級戦犯刑死)を司令官とする上海派遣軍(二個師団程度)の編組が発令され、一〇月に松井大将は中支那方面軍司令官に就任し、既述の武藤大佐は同軍参謀副長となった。上海作戦がほぼ一段落した一一月八日までの日本軍の損害は、戦死者九一一四名・戦傷者三万余名に達していた。上海と長江流域には、蔣介石がドイツ人顧問団と共に育成した精鋭部隊八万名を含む約三〇万の中央軍が配備されており、日本軍兵力は、陸軍の到着までは既述の海軍特別陸戦隊約五〇〇〇名にしか過ぎなかったという。上海戦は「ベルダン（第一次世界大戦の激戦地）以来もっとも流血が多かった」、とされている。参謀本部は対ソ戦しか念頭になかったため、現役兵率の高い精鋭部隊を上海方面に投入せず、後備兵を中心とした動員であったために将兵の志気が低く、事変の早期解決に躓くことになった。これも不拡大失敗の要因となった。日本海軍は長崎大村基地と台北基地から渡洋爆撃を開始し、南京・広東に対して最も激しい空爆がなされた九～一〇月までの一ヶ月間に、海軍空襲部隊が投下した爆弾は合計四九五〇発を数えた。「大本営令」（軍令第一号）が公布されたのは一一月一八日で、これにより大本営は宮中に設置された。そして、年末の一二月一三日には日本軍が南京を占領し、いわゆる「南京大虐殺事件（南京事件）」がおきている〔笠原 2015：38, 43～44, 52, 76～77、半藤他 2011：54, 160、秦 1994：16, 78～79, 134, 142、高橋・一ノ瀬他 2006：365、吉川弘文館 2012：45～63、高崎市史 2004：252～253、笠原・安田 1999：171、秦 1994：177, 497、加藤 2007：210～213、生田 1987：160〕(30)。

既述のように満州事変で最初の戦没者を出した仙台では、宇垣軍縮で一旦廃止されていた第十三師団が上海派遣軍の兵力増強のため昭和一二年九月に再編されると、主として補充兵役や後備兵役の人々が召集されていった。同師団は歩兵第十三旅団（仙台歩兵第百四連隊・若松歩兵第六十五連隊）と同二十六旅団（高田歩兵第五十八連隊・新発田歩兵第百十六連隊）が主体であり、一二年一〇月に上海に上陸し、その支隊は南京大虐殺事件に関わっている。同師団兵力は一万三六一四名であったが、一ヶ月ほどの間に戦死者一〇一〇名・戦傷者四一四〇名を出していた。日中開戦から同年末まで、仙台駅頭で市民らが出征兵士を歓送した回数は一二七回に上った。また、傷病により送還された兵士を迎えること三七回、戦没者の遺骨を迎えること四〇回、慰霊祭の執行は七回に及んでいるという。鉄道省が遺骨移送列車に「英霊」のマークを張ったのは一二年一二月末のことであり、以来、全国津々浦々の駅頭で英霊の遺骨が迎えられることになる〔佐藤 2006：141、仙台市史 2009：387, 394、上越市史 2004：549、高石 1990：108〕。

4 昭和の軍神

「肉弾三勇士」に続いて、支那事変ではさらに「昭和の軍神」が誕生していき、再び紙面に戦死者の顔写真が登場していく。具体的には「杉本五郎中佐」「西住小次郎戦車長」「南郷茂章少佐」の三名が挙げられるが、このうち軍部が公式に「軍神」として認定した人物は西住が最初であるという。陸軍少佐杉本五郎（広島県出身、陸士33期、死後中佐）は昭和一二年九月一四日、広島歩兵第十一連隊大隊長として山西省で敵陣攻撃の最中に戦死した（三七歳）。その手記は死後、『大義』という書物として刊行され大ベストセラーとなった。また、海軍大尉南郷茂章（江田島生まれ、海兵55期、死後少佐）は、海軍少将南郷次郎（東京出身、貴族院議員南郷茂光長男、佐世保防備隊司令・講道館長・大日本国粋会理事）の長男で、軍人として名門の出身であったことも世間の注目を浴びたという。南郷大尉は海軍の「荒鷲三羽烏」あるいは「四天王」といわれ、海軍第十五空飛行隊長として中国南昌飛行場攻撃に参加し、昭和一三年七月一八日、敵機と空中戦を展開して敵機と衝突し戦死している（三五歳）〔秦 1994：78, 219、山室 2007：261 ～ 262、別冊宝島 2016：56 ～ 57〕。

昭和一三年五月の徐州会戦（作戦）は、日本軍二〇万の兵力を以て中国軍主力に決定的打撃を与え、北中支を直接連結するための作戦であった。そこには漢口攻略準備の目的があり、また広東攻略（作戦）の腹案があったというが、この作戦で日本軍は各部隊に「毒ガス」の使用を認め「あか筒」が使用されたという。また、航空兵団は地上兵団に直接協力し、海軍航空は敵の後方要地を爆撃した。この会戦で五月一七日に戦死した、戦車第一連隊第五大隊小隊長の陸軍中尉西住小次郎（熊本県出身、陸軍大尉西住三作二男、陸士46期）は、既述の三名のなかでは最年少の二五歳であった。陸軍最初の戦車隊は、大正一四年に久留米と千葉の歩兵学校に各一隊が発足し、昭和四年一〇月には国産の「九八式軽戦車」（後に中戦車と改称）が制式化され、満州事変で初めて戦場に投入された。昭和八年には戦車隊を改編し戦車第一・第二連隊が編成されている。西住は戦車の外に出て状況を偵察し、それを戦車隊長に報告しようとした際に被弾して戦死したという。このように特別な武勲があったわけではなく、全く無名の存在であった。ところが死後、大尉に進級している。例えば『東京日日新聞』（昭和一三年一二月一八日付）は「昭和の軍神・西住大尉　陸軍全学校教材を飾る偉勲　鐵牛部隊の若武者」、と報じているのである。西住は兵士を指揮する将校という立場にあったが、さらに戦車という最新兵器を操っていた点も、注目度において格好の存在と判断されたのであろう。この最新兵器を国民にアピールする目的があったのである。中国戦線は泥沼化の様相を呈していたため、軍としては戦意昂揚を狙った演出が不可欠となり、新たな軍神の創設に至ったのである。西住は「肉弾三勇士」と同世代であった。西住が乗っていた九八式戦車は靖国神社に展示され、多くの人々が見学に詰めかけたという〔生田 1987：167～168、川村 2007：99, 103、山室 2007：267、秦 1994：109、高橋・一ノ瀬他 2006：353、近現代史 2000：248、吉川弘文館 2012：11, 68、別冊宝島 2016：57〕。

西住の戦死を伝える紙面には、胸に勲章を付けた軍装の西住の顔写真と、進軍する戦車隊列の写真が掲載され、「生まれ乍ら武人」「徐州戦に散る」などといった見出しが付けられた。西住は遺言で母親の行く末を心配しながら、「天皇陛下万歳」と叫んで落命したという。そして「蔭にこの母あり」の見出しで、母親は息子の戦死を伝えられても、仏壇に黙祷を捧げた後、戦死は覚悟しており本人の本懐であると語り、「少しも取り乱す所がなかった」と報じられている。記事（活字）において、母親に「気丈な母」を演じさせることで母性愛の何たるかを伝え、「軍国の母」や「軍神の母」は誕生していった。「慈愛に満ちた母子の物語」が創作されていったのである。川村邦光のいう「母性愛ナショナリズム」が構築されていったといえよう〔川村 2007：103～104〕[31]。

5　忠霊公葬統一問題・武漢三鎮攻略

この間の昭和一二年九月、皇典講究所（後の國學院大學の母体）と全国神職会が共同声明を発表し、戦没者公葬・慰霊等の祭儀は国礼・国式によって、つまり「皇室葬儀令の定め給う処に倣ひ」、「神式に依て厳修せらるべきを適当なりと思料致候」とする旨を、地方長官および関係当局に提出していた。つまり戦没者の公葬はすべからく神道式で実施すべきであるとし、仏式を廃し「神葬祭」を広めていこうとする運動であった〔大原 1984：133～136、白川 2015：288、國學院大學 1994：129、粟津 2017：288〕。

粟津賢太によれば、公葬問題の発端となったのは海軍の「聖将」東郷平八郎の国葬であったという。国葬は、法的には「国葬令」（大正一五年一〇月二一日公布）によって初めて規定された。その第三条では、天皇・皇族以外で「国家ニ偉功アル者薨去又ハ死亡シタルトキハ、特旨ニ依リ国葬ヲ賜フコトアルヘシ」とされ、天皇の命令により内閣主導で実施されることになっていたのである。八八歳で病没した東郷の国葬は昭和九年六月五日に東京日比谷公園で執行されたが、それは神式により葬儀委員長は明治神宮宮司有馬良橘であった。この際、神官の葬儀関与を禁止した内務省達（明治一五年一月二四日）の廃止運動が単発的に行われ、これによって議論は始まるという。この問題は後に大政翼賛会（昭和一五年一〇月発足）においても議論され、「英霊公葬問題」とも呼ばれている。支那事変勃発後に「祭政一致翼賛運動」として沸き起こり、祭政一致翼賛協会なる団体（総裁は公爵一条実孝、昭和一五年五月発足）が「英霊公葬神式統一運動」および「神官葬儀不関与廃止運動」を展開したのであった〔粟津 2017：288～289、宮間 2015：3、朝尾他 2005：638〕[32]。

こうした神社界の動きに対して仏教界は、例えば『浄土教報』二二一二号（昭和一二年一一月一四日付）で次のように反論している〔白川 2015：288〕。

臣民の葬儀を皇室葬儀令に倣ふべしとするのは一種の不敬に亘らざるや。（中略）我が朝廷の御葬儀は古くから仏式にて営ませられ、持統天皇以降近世まで皆仏式に依り給ひしは国史に明なる所である。（中略）されば神式は声明に云ふ皇国古来の国礼国式ではなく、全く近世神職家等の私案であることがわかる。かく詮議し来れば葬儀は寧ろ仏式こそ皇国古来の国礼国式であることが首肯できるであらう。（中略）況んや今次事変の如き重大なる意義を有し、（中略）他面信教の自由を束縛する事となり、憲法違反にまで論及し得るであらう

このように仏教界は重大問題として共同声明を受け止めていた。以来、忠霊公葬をめぐる議論が本格化し、神社界と仏教界との間で激しい論争が展開されていった。戦没者はカミかホトケかをめぐる問題が再び顕在化していくことになり、昭和期の忠霊塔建設にも影響を及ぼすことになる。

翌一三年四月一日には国家総動員法が公布され（翌五月五日施行）、全五十条のうち第二十四条では、「国家総動員上必要アルトキハ」、政府は勅令または命令で国民を統制・動員できるようにしている。広範な委任立法で、同法に違反する行為は戦勝の目的を達成することに背反する行為として、相当重い刑罰が科せられた。同三日には、陸軍が朝鮮に志願兵制度を適用し、日本国籍以外の日本兵が増大していくことになった。靖国神社では招魂式の規模が拡大していくに伴い、拝殿南側の招魂斎庭が手狭になってきたため同一二日、能楽堂を他所に移転した跡地に「新招魂斎庭」が竣工している。この際、東京市連合女子青年団員が新斎庭の地面を踏み固める作業奉仕を行ったという。また二一日には、賀茂百樹に代わり第四代宮司に陸軍大将鈴木孝雄（群馬県立前橋中学校出身、陸士2期、後の偕行社会長、実兄は海軍大将鈴木貫太郎）が就任した。こうして「初の軍人宮司」が誕生したことにより、同社は表向きにも完全な軍事施設として広告されたのである。鈴木は敗戦後の二一年一月まで宮司を務めるが、彼は同社の祭神がもはや遺族

のものではなく、国家に帰属するものであることを力説したという。遺族が祭神を「自分の息子」と考えるのは、「精神方面に間違った現れ方」だと釘を刺し、遺族の手を離れ祭神が国家管理の対象であることを強調したのである。こうして戦没者は新たな「死者の軍隊」へと編入され、永久に動員解除されることはなかった。新招魂斎庭で「支那事変下最初の招魂式」が執行されたのは二四日夜のことであり、翌二五～二七日の臨時大祭で満州事変戦没者三二四名・支那事変戦没者四二〇八名が合祀された。この大祭の折、天皇は大元帥の軍服着用で参拝し、以来、この形の天皇参拝は昭和一九年まで続くことになる。さらに一〇月七日夜には、満州事変戦没者一八四名・支那事変戦没者一万一五〇名の招魂式が実施され、翌一八～二一日に臨時大祭が執行されて、これらの戦没者が合祀された。このように支那事変を経て春秋二回の臨時大祭により靖国合祀が実施されていき、以後、毎年一万数千名の祭神が増加していくことになる〔高石 1990：110、村上 1974：186、高橋・一ノ瀬他 2006：367、秦 1994：79～80, 699、北村 2009：268～269、生田 1987：166、大江 1984：136～137、靖国神社 1999：125, 229、岩波書店 1991：816、吉川弘文館 2012：68, 75〕。

日本軍は三〇万の大兵力で昭和一三年一〇月二七日、国民政府の事実上の首都である湖北省の武漢三鎮（武昌・漢口・漢陽）を占領したが、中国の首都機能はさらに奥地の重慶に移転する。この攻略で日本軍死傷者は約三万五〇〇〇名という多数に上った。これと同時に軍部の腹案どおり、南方での広東作戦が決行された。翌二八日には東京で「武漢三鎮攻略祝賀会」が開催され、提灯行列が実施されて皇居前から三宅坂まで人々で溢れ、市民は熱狂したという。この際、天皇は昼間白馬に乗って二重橋に現れ、夜には皇后と共に提灯を持って人々の前に現れた。同三一日には、東京朝日新聞社主催の「漢口攻略記念銃後奉公大行進」が実施されている。また仙台でも同二八日、漢口陥落祝勝の旗行列と提灯行列が開催され、昼夜それぞれ一～二万名の児童・生徒・各種団体の市民が動員された。しかしこの戦線の拡大は、日本軍兵力の枯渇をもたらし、日本軍が当初意図していた戦争の早期解決はほど遠くなって、日本はさらに泥沼の戦いにのめり込んでいくことになった。現役・補充兵役の大量召集と共に、予備役・後備兵役をも「赤紙」で集めて戦場に送り込んだのである。年末の一二月には、東京帝大総長に同学名誉教授の海軍造船中将平賀譲（旧広島藩士子息、工学博士、後の男爵）が就任し、日本の教育界全体も急速に軍事色に染まっていくことになる〔高橋・一ノ瀬他 2006：367、前澤 2011：102〜103、第10回 2007：50、大濱・吉原 993：205、原・吉田 2005：335、仙台市史 2009：396、川田 2011：180、秦 1994：226、朝尾他 2005：896、吉川弘文館 2012：68, 75〕。

6　宗教団体法と靖国神社

政府は非常時局にあたり宗教団体の整理統合も進めるべく、昭和一四年四月八日に「宗教団体法」を公布している（翌年四月一日施行）。これは「明治以来最初の宗教法」であり、天皇制ファシズムによる宗教の統制と活用を完璧にするためのもので、宗教界全体を国民精神総動員推進に奉仕させようとするものであった。これにより、例えば仏教の場合は、一三宗五六派が一三宗二八派に統合整理されている。同法は宗教弾圧への新たな武器となり、国体に反する教義を掲げていると見なされた宗教は排除されていった。靖国神社では同二三日夜、満州事変戦没者一一〇名・支那事変戦没者一万二七九名の招魂式が実施され、翌二四〜二八日に臨時大祭が執行された。この大祭の折、内閣情報部は天皇参拝に合わせて「ラジオ、サイレン、鐘を鳴らし」、「全国民が一分間の黙祷」をすることを企画実施することになる。こうして同社が与える戦没者への栄誉は益々高まり、同社は国民精神総動員運動を強化する機能の一翼を担うことにもなった。また、歌謡「九段の母」（作詞石松秋二、作曲能代八郎）のレコードが発売されたのが一四年四月であった。この歌は後に、天才少女歌手といわれた美空ひばり（昭和一二年横浜市生まれ）によって知れわたり、その歌声に兵士らは涙を流して聞き入ったという。既述の「母性愛ナショナリズム」は大いに拡散し、靖国神社は国民の心を鷲づかみにしていくことになる。六月二九日には「靖国神社七十年祭」が開催され、この時点での同社祭神数は一五万六二二二名に達していた。一〇月一七日夜には、満州事変戦没者三二一名・支那事変戦没者一万五八名の招魂式が実施され、翌一八～二二日に臨時大祭が執行された。この間、九月一日にはヨーロッパで第二次世界大戦が勃発し、当時の阿部信行内閣はこの欧州戦争に不介入を表明するものの、やがて日本もこの大戦の渦に巻き込まれていくことになる〔村上 1970 : 204 ~ 205、山折 2004 : 572 ~ 575、吉川弘文館 2012 : 79, 87, 93, 101、川村 1996 : 109 ~ 110、赤澤 2015 : 88、秦 1994 : 226、新潮社 1991 : 1654、高石 1990 : 113 ~ 115、笠原・安田 1999 : 172 ~ 174〕(33)。

翌一五年四月の靖国神社臨時大祭では満州事変戦没者三三四名・支那事変戦没者一万二四六五名が、一〇月の同大祭では満州事変戦没者三七八名・支那事変戦没者一万四〇二二名が同社に合祀され、この両方の臨時大祭にそれぞれ天皇・皇后が参拝している。同年だけで靖国合祀者はほぼ二万七二〇〇名を数えた。九月の日独伊三国同盟の調印を経て、宮城外苑で政府主催により、記紀神話に基づく「皇紀（紀元）二千六百年奉祝式典」が盛大に挙行されるのが一一月一〇日であった。神話による神武天皇即位の年を西暦紀元前六六〇年としたのである。これに先立つ一〇月一七日、プロテスタント各派は「皇紀二千六百年奉祝基督教信徒大会」を開催し、各派合同の決意を「宣言」した。これにより、日本のプロテスタントも遂に国家神道の支配下に完全に組み入れられた。また、この皇紀二千六百年を期して「神祇院官制」（勅令七三五号）が公布され、内務省神社局は同省の外局である神祇院に昇格した。これは神祇官の神祇省への格下げ（明治四年八月）以来、実に七〇年振りの失地回復であり、国家神道は名実ともに最後の絶頂期に到達したのである。ここで注目されるのは、神祇院が敬神思想の普及を新たな管掌事項としたことであろう。翌一六年七月、全国神職会は大日本神祇会に改組された。そして神社界の一部からは、日本の全宗教を統一して神道を名実共に国教にせよという、究極の主張が出されるようになった〔吉川弘文館 2012 : 93 ~ 100、群馬県史 1992 : 382、村

上1970 : 98, 206 ~ 208、村上1974 : 185 ~ 186、國學院大學1994 : 132、仙台市歴民2008a : 41、高石1990 : 113 ~ 115、笠原・安田1999 : 172 ~ 174〕。

ところで、既述の歌謡「九段の母」の二・三番の歌詞は次のようであった〔川村1996 : 110〕。

二　空を衝くよな　大鳥居
　　両手あわせて　ひざまずき
　　こんな立派な　お社に
　　拝むはずみの　お念仏

三　神とまつられ　もったいなさよ
　　ハッと気づいて　うろたえました
　　母は泣けます　うれしさに
　　せがれ　ゆるせよ　田舎者

これは、靖国神社の祭神がカミとホトケの間で大きく揺れ動いていることを如実に物語っているが、遺族の奥底では、死者はホトケでしかあり得なかったことを明示しているのである。つまり川村邦光によれば、「九段の母」は我が子をカミとして拝んだのではなかった。社殿を前にして、自然に「南無阿弥陀仏」と念仏を唱えたのである。我が子はあくまでも「ホトケ」であった。これが肉身の素直な心情であり実態であった。それ故に、戦没者が靖国神社にカミとして祀られていることを知らない遺族に対して、「田舎者」として嘲笑されたくないなら、カミとして祀っていることを認識しろ、というメッセージが織り込まれているのではなかろうか。既述のように同社の鈴木宮司は、祭神が遺族のものではなく国家に帰属するものであることを力説した。しかしどのような理屈を積まれても、母にとって戦死した自分の息子は、あくまでも息子でしかなく、それ以外の誰のものでもなかったはずである。そして、このように同社創建七〇年を経ても、戦没者は依然としてカミかホトケか決着が付いていないという現実があったのである。ここには靖国祭祀の限界と矛盾が露呈していたといえよう〔川村 1996：111〕。

7 戦没者公葬

靖国祭祀の拡大・膨張に伴い、仏教界はどのように反応していったのか。曹洞宗では日中開戦二ヶ月後、昭和一二年九月一五日付の『曹洞宗報』九六六号に「告示第二十九号」を掲載し、次のように公言している〔白川 2015：187～188〕。

今次ノ支那事変ニ於ケル本宗檀信徒ノ戦死又ハ之ニ準ズル死亡者ノ会葬竝弔詞ノ件ニ関シテハ自今左ノ通リ心得ラルヘシ

一 多数戦死者ノ合同葬儀又ハ殊勲者ノ葬儀ニ際シ特ニ本宗代表ノ会葬必要アル場合地方宗務所長ハ本宗ヲ代表シ会葬ノ上管長ノ弔詞ヲ代読スヘシ其ノ会葬経費ハ地方宗務所ノ負担トス

但各鎮守府竝要港部ハ前項ヨリ除外ス

二 一般戦死者又ハ之ニ準スル軍人軍属ノ葬儀アル場合其ノ地方軍人布教師ハ勿論其ノ近隣寺院住職ハ成ルヘク会葬ノ上弔意ヲ表スヘシ

但両大本山貫首代理又ハ管長代理ノ名義ヲ以テ会葬シ又ハ弔辞ヲ呈スルコトヲ得ス
三　戒名ハ其菩提寺ヨリ授与スヘキモノナレトモ戦死又ハ之ニ準スル軍人軍属ニシテ生前ヨリ戒名授与ヲ希望シタル者ニ限リ其ノ菩提寺ヲ通シ申請有之場合ニハ審議ノ上管長ノ慈慮ヲ乞フコトアルヘシ
但院号及居士号ハ将校竝同相当官ニ限リ其ノ他ノ者ハ菩提寺ノ権限トス
四　戦死者又ハ之ニ準スル軍人軍属ノ遺骨送還セラルルヲ聞知シタル場合ハ成ルヘク適当ナル場所ニ出迎ヘ弔意ヲ表スヘシ
宗務所長ハ前各号ニ関シ教区長ヲ通シテ各寺院ニ無漏悉知セシムヘシ

海軍鎮守府等での葬儀は別にして、ムラやマチでの檀信徒戦没者の慰霊・供養は本宗（仏教）が担うのだという意気込みが感じられ、従来仏教に課せられた葬儀の主導権を意識しての告示である。陸軍には郷土部隊があり、とくに地域社会との結びつきは強かったはずである。それに比して海軍の場合は、地元との結びつきは希薄であったであろうし、海軍では既述のように海上（艦船）での「水葬」が主体であった。あるいは、海軍の公葬は神式にこだわっていたのであろう。また、寺院経営という視点からすれば、葬儀による収益の問題も重要であったのだろう。これに関係して、戒名の授与についても言及され、それについても明らかに階級的差別が存在していた。他の宗派においても同様ではなかったかと推測されるが、墓碑の大きさと同じく、死後の世界までも軍隊の階級が付きまとったのである。ただし、既述のように支那事変後、仏教界は戒名に関して「斉しく院号法名下付せよ」と呼びかけたようであったが、どの程度実現されたかは不詳である。実際に階級の壁はなかなか越えられなかったのではなかろうか。

こうしたなかで、地域社会では大きな問題が浮上していった。それは既述の忠霊公葬統一運動に関連して、地域社会での戦没者公葬を神式にするか仏式にするかという議論であった。ここには葬儀収益をめぐる問題が潜在しているとも考えられるが、昭和一二年一一月二八日付の『河北新報』は、「戦没者公葬は神仏何れでもよし　飽まで遺族の意思尊重」と題して、宮城県での事例を次のように報じている〔佐藤 2006 : 142〕。

忠勇□烈、第一線の華と散った我が勇士の遺骨を迎える銃後郷党は、斉しく赤誠を披瀝して尊い御国の人柱に弔意を表するため公葬の礼を執る方針で準備を進めてゐるが、最近に至り郡部町村では公葬を神式に画一せんとする傾向が漸次濃厚となって来たため、遺族間から苦情が起って来た。一方、仏教団体でも宗教の自由を叫び遺族の主張を支持し、戦死病歿者の公葬執行形式は遺族の意思によって決すべきであるとて、神仏の併用を要望する運動が発生しかけている。事態をここに導いた原因は、過般水谷宮城県学務部長が宮城県神職会長の名により県下各市町村長に対し通牒を□じ、「今事変による戦死病歿者の公葬はなるべく神式によられたく、止むを得ざるときは神仏を併用されたい」と示達したことにあるので、石巻仏教聯合会から過般代表者が出県して、右につき学務当局と懇談した結果、この通牒は県の意思ではなく公葬は飽まで遺族の意思を尊重し、神仏何れでも結構である旨の回答を得たので、仏教各宗教団体は一般にその旨を徹底させるとともに、この機会に仏教報国に専念することになった。

公葬は遺族の意思を尊重し、神仏何れでも良いことになったが、しかし問題は燻り続けていった。同一二月一二日、石巻市役所で公葬執行に関する協議会が開催され、同会で「神仏両様を採用する」と決定するまでの経緯は左記のようであった〔佐藤 2006 : 147〕。

立会の坊さんと神主さんの間で神仏両論に花が咲き両者は一歩も引かず、はしなくも神さまと仏さまの理論闘争が展開し権益擁護の論陣が張られ紆余曲折波瀾万丈を窮めたが、結局遺族の意思をも考慮し神仏双方に敬意を表し、両様により厳かなる公葬を営み勇士の霊を送葬することになった。

同様の問題は全国津々浦々で沸き起こってきたと考えられる。とりわけ真宗は、本来阿弥陀仏のみを信仰する「弥陀一仏」であり、それゆえ「神祇不拝」の立場を貫いていた。種々の仏や神があったとしても、阿弥陀仏の働きによって衆生が救われることが確定しているからである。しかし、本願寺派の大谷光暢は昭和一一年一二月二日に明治神宮、同四日に靖国神社へ、大谷派の大谷光照も一二年一月に伊勢神宮を公式参拝している。これによって真宗の「弥陀一仏」と「神祇不拝」という信仰のあり方は放棄され、「皇恩の万一」の立場が鮮明になったという。それは、全ての宗教が「皇恩」に帰一するという思想であった。数え切れない教えが帰一する先が皇恩であり、そこから「宗教家としての本分」を全うすべく、大陸布教に従事せよという教えが展開されていったが、この教説は当然、戦没者慰霊活動にも影響を与えていくのである〔新野 2014：121 ～ 122〕。

四　通牒にみる碑表建設

1　陸軍墓地規則

前章で言及したように、日清戦役後に制定公布され四〇年間施行されてきた従来の「陸軍埋葬規則」は、支那事変勃発後の昭和一三年五月五日、国家総動員法が施行されたその日に全文改正された。陸軍省は新たに全一六条からなる「陸軍墓地規則」（陸軍省令第一六号）を制定し、陸軍大臣杉山元の名で公布・施行した。これにより従来の「陸軍埋葬地」は「陸軍墓地」と改称された。その一部を抜粋してみよう〔原田 2003：140 ～ 142〕。

第一条　本令ハ陸軍墓地ノ経営竝ニ陸軍ノ現役軍人、召集中ノ在郷軍人、学生、生徒（陸軍幼年学校生徒及陸軍依託学生依託生徒ヲ除ク）及軍属ニシテ死亡シタルモノノ合葬ニ関スル事項ヲ規定ス

第二条　陸軍墓地ハ内地衛戍地毎ニ一箇所ヲ設ク（中略）朝鮮ニ在リテハ師団長、台湾ニ在リテハ軍司令官ハ陸軍大臣ノ認可ヲ受ケ前項ニ準ジ陸軍墓地ヲ設クルコトヲ得

第四条　師団経理部長（中略）ハ其ノ所管内ノ陸軍墓地ノ経営ヲ掌理ス

第五条　陸軍墓地合葬ハ遺骨又ハ遺髪ヲ分骨又ハ分髪シ本人ノ所属部隊若ハ留守部隊ノ所在地若ハ当該部隊ノ編成地タル衛戍地（中略）ニ在ル陸軍墓地ニ合葬ス（中略）死亡者ノ遺族ヨリ願出アリタルトキハ分骨若ハ分髪スルコトナク合葬シ又ハ所属部隊若ハ留守部隊ノ所在地及当該部隊ノ編成地以外ノ衛戍地ニ在ル陸軍墓地ニ合葬スルコトヲ得

第十条　分骨又ハ分髪ヲ納付スル為ニハ外測直径約十糎、高サ約二十糎ノ円壜形ノ白色陶器又ハ寸法之ニ準ズル白檜材製ノ箱ニ収納シ表面ニ死亡者ノ官、位、勲、功、爵及氏名ヲ、裏面ニ其ノ死亡年月日ヲ記入スルモノトス

前項ノ陶器又ハ箱ハ師団長ヨリ之ヲ遺族ニ交付ス

第十三条　陸軍墓地ニハ左ノ区分ニ従ヒ合葬墓塔ヲ建設ス（以下、略）

第十四条　合葬墓塔ノ表面ニハ**「何々戦役戦歿者合葬之墓」**ノ如ク記シ裏面ニハ建設年月日及合葬者ノ所属部

隊名ヲ列記ス

第十五条　合葬墓塔ニ就キ各基毎ニ墓塔誌ヲ設ク

これによると、陸軍墓地は師団経理部長の管理下に置かれることになったが、原田敬一によれば、陸軍省兵務課の提案では、「陸軍埋葬地ニ葬ルヲ本則」とする、という従来の原則を大きく修正しようとするものであったという。つまり、「我国ノ習慣」は「各家ニ祖先ノ墳墓ヲ有シ各々之ニ葬」っているのであるから、今後は「各家墓地ニ葬ルヲ本則」とし、陸軍墓地には分骨・分髪する、というものであった。戦没者埋葬の本拠地は、本来の伝統的な家墓地に移ることになったのである。こうして「陸軍墓地ハ合葬主義ニ改」まることになり、合葬墓塔の建立が促進されたことで、それまでの個人墓碑に関する規定は不要となった。「合葬主義ノ採用」に関しては、「公的ノ祭葬ヲ行ヒ其栄誉ヲ受ケシムル如クスル」ためであったという〔原田 2003：142〕。

陸軍墓地は一般の墓地のように全国津々浦々に設営されたわけではなく、その数は極めて限られたものであり、墓域の広さにも限界があった。したがって戦没者の増加に伴い、墓地・墓域の不足が深刻化し、必然的に個人墓から合葬墓への転換が促進されることになったのであろう。こうした合葬主義への転換によって、墓碑建設のための軍の財政負担は軽減し、共同祭祀の度合いが高まる一方で、公的祭祀において戦没者は再びより個性を失った存在となっていった。他方、戦没者の家墓への回帰を奨励することで、戦没者はホトケとして伝統的な先祖供養との融合を深めていき、イエにおける戦没者慰霊・祭祀の復権を保証しようとしたともいえよう。そうなれば、靖国祭祀との矛盾もさらに拡大していくことになるが、また陸軍墓地と後述の忠霊塔との間で、戦没者遺骨の奪い合いがおこる可能性も生じてきたのである。

2　支那事変に関する碑表建設

戦没者の公葬に関する議論が高まるなかで、内地においては忠霊塔建設が本格化していくことになる。忠霊塔建設に関する政府の監督官庁は内務省であったが、部局は同省の神社局ではなく警保局であった。管見の限り、内務省通牒で忠霊塔について本格的に言及されるのは、昭和一四年二月二日に各庁府県長官宛に通達された左記の「支那事変ニ関スル碑表建設ノ件」（警保局長警発甲第一〇号警保局長神社局長通牒）である〔原田 2003：143～144〕。

支那事変ニ関スル記念碑ノ建設ニ関シテハ昭和十三年二月警保局警発甲第一四号ヲ以テ通牒致置候処記念碑忠霊塔等碑表ノ建設計画有之向ニ対シテハ尚概ネ左記各項ニ御留意ノ上慎重御取扱相成度

追而本件ハ陸軍省、海軍省、厚生省、文部省当局トモ打合済ノモノニ付為念

記

一　忠魂碑表忠塔等ノ記念碑又ハ戦没者ノ遺骨ヲ納ムル所謂忠霊塔等ノ建設ニ付テハ何レカ一方ニ止メ一市町村ヲ単位トシ（郡、府、県ノ区域ヲ単位トスルモノハ認メサルコト）一基ト致ス様致シ度ニ付該計画アル向ニ対シテハ其ノ土地ノ風習郷党竝ニ遺族等ノ意嚮ニ徴シ右趣旨ニ基キ之ヲ措置スルコト

但シ特殊ノ事情ヲ有スル記念碑ニ付テハ別ニ考慮シ得ルコト

二　碑表建設ノ場所ニ付テハ私有地ハ之ヲ差控ヘシムルコト

忠霊塔ニ関シテハ墓地及埋葬取締規則ニ拠ラシムヘキモ地域ノ設定ニ付テハ之カ制限緩和ニ付適当ニ考慮シ得ルコト

尚遺骨ヲ納メサル記念碑ニ付テハ神社ノ尊厳及風致ヲ害セザルモノニ限リ府県社以下神社境内ニハ之ヲ建設

スルモ支障ナキコト
三　忠霊塔等ノ構築ノ様式又ハ内容ニシテ神社ニ紛ラハシキ虞アルモノハ建設セシメザル様措置スルコト
四　濫リニ碑表ノ建設ヲ競ヒ其ノ華美壮大ヲ争ヒ或ハ式典行事等ニ多額ノ費ヲ投ズルガ如キ弊風ヲ醸成セザル様特ニ慎重ヲ期スルトトモニ建設者等ノ売名宣伝ニ渉ル所為ナカラシムル様厳ニ戒マシムルコト
尚忠霊塔等ノ建設ノ場所又ハ維持管理等ヲ繞リ寺院又ハ教派宗派等ノ間ニ紛議ヲ生スルカ如キ虞ナキ様特ニ慎重ヲ期スルコト

一方、陸軍省も二月二七日、これと同名の「支那事変ニ関スル碑表建設ノ件」（陸普第一一一〇号陸軍省副官通牒）を発し、全陸軍に左記のように通達した〔原田 2003：143〕。

支那事変ニ関スル記念碑、忠霊塔等碑表ノ建設ニ関シテハ取扱上別紙ノ通庁府県ニ対シ内務省ヨリ通牒（筆者注・警発甲第一〇号）セラルルトコロアリ、陸軍一般ニ於テモ右通牒ノ趣旨承知ノ上左記諸件ヲ考慮シ関係ノ向指導相成度依命通牒ス

左記

一　一市町村ヲ単位トスル一基ノ碑表建設ニ当リ戦没者ノ遺骨ヲ納ムル所謂忠霊塔ノ建設ニ就テハ軍トシテ適当ナル支援ヲ与へ　ナルへク単純ナル忠魂碑タラシムルコトナク永遠ニ護国英霊ノ瑩域トシテ尊崇ノ中心タラシムルコト
但シ軍トシテ其ノ建設を強要セザル如ク又徒ニ華美壮大ヲ競ハザル如ク特ニ注意ノコト

二　市町村等ノ忠霊塔ヲ地域其ノ他ノ関係ニ依リ陸軍墓地ノ施設ト合致セシメ度キ希望ヲ有スルモノニ対シテハ適宜陸軍墓地規則等ノ運用ニ依リ便宜ヲ図リ　ナルヘク一市町村等一定地域内ニ於ケル重複ヲ避クルコト

三　個人墓地ニ対シテハ軍ノ干与スルトコロニアラサルモ其ノ遺家族等ニ於テ身分不相応ナル墓碑ヲ建設スル等ノコト無ク　戦没者ノ葬喪ニ依ル永久ノ名誉顕彰ハ忠霊塔及陸軍墓地合葬塔ニ依ル如ク指導スルコト又個人墓碑ニ星章ヲ附スルコトハナルベク之ヲ避ケシムルコト

内地における忠霊塔建設の直接的契機は、支那事変を期とする新たな戦没者の出現にあった。この時期の状況は、忠魂碑建設を一般化させる日露戦役時の社会情勢と酷似していたといえる。当時、忠霊塔を建設しようという動きは、陸軍を中心にかなり広がっていたと推測できよう。靖国神社以外の全国の慰霊施設を監督する立場にあった内務省も、この動きを無視することはできなかったのである。そして既述の内務省と陸軍省の通牒から、いくつかの注目すべき事項が読み取れる。

まず「碑表建設ノ件」に関して、当局の管轄領域を確認しておこう。政府は忠魂碑・表忠塔・忠霊塔などを「碑表」と呼んだが、内務省においては、「墓地及埋葬取締規則」の適用等については警保局が、神社類似の様式の碑表建設については神社局が担当した。また、碑表建設における過当競争の禁止については厚生省援護部が、寺院や教派神道間の摩擦等については文部省宗教局が、それぞれ担当していた〔大原 1984：115〕。

このように、碑表建設に関しては政府の複数の監督部局が関係していたことになり、大変複雑であったが、その主導権を握っていたのはあくまでも内務省であった。既述の内務省通牒では、忠魂碑は「遺骨ヲ納メサル記念碑」であり、そこに宗教性はないから宗教施設ではなく、場合により神社境内での建立が認められた。ところが忠霊塔は、「墓地及埋葬取締規則」の対象となる「戦没者ノ遺骨ヲ納ムル」墓であるとされた。したがって、墓である忠霊塔は当然宗教施設であり、墓であれば一般的にホトケの世界ということになろうから、カミの世界である神社とは一線を画されることになった。したがって国家神道の聖域を守るべく、「神社ニ紛ラハシキ虞アルモノハ建設セシメザル様措置スルコト」、とされたのである。当局はあくまでもカミとホトケを峻別していこうとした。他方、陸軍省通牒でも忠霊塔は墓であるとしているが、その「建設ニ就テハ軍トシテ適当ナル支援ヲ与ヘ」て、「単純ナル忠魂碑タラシムルコトナク」、「尊崇ノ中心タラシムル」ようにと、積極的にその建設を推進していこうとする姿勢が読み取れる。

また戦没者の個人墓地に関して、既述の陸軍省通牒では、その簡素化については陸軍の直接の管轄事項ではないとしながらも、「身分不相応ナル墓碑ヲ建設スル等ノコト無ク」とし、とくに「個人墓碑ニ星章ヲ附スルコト」は避けるようにと、規制を加えている。こうした点については、すでに厚生省軍事援護部が各府県に対して戦没者墓碑の簡素化・統一化に関する通牒を発し、さらに同部遺族援護課は、葬儀や建墓に深い関係をもつ仏教各宗当局にその趣旨をさらに徹底させるよう、依頼する方針を打ち出しているという〔大原 1984：116〕。そして、忠魂碑や忠霊塔の建設においては戦没者に対する単なる「慰霊」だけではなく、「永久ノ名誉顕彰」という戦没者「顕彰」の意味づけが顕在化していくことになる。ただし、戦没者顕彰の度合いが高まっていけば、その墓碑は自ずから「華美壮大」になっていき、常に内部矛盾をはらんでいたのである。

このように内務省は、とくに神社と紛らわしいものは建設しないようにと、基本的には内地における忠霊塔の建設を極力規制しているのである。一方の陸軍省は、「一市町村一基の原則」に沿って陸軍墓地との関係を考慮しながら、忠霊塔建設を推進していく立場にあった。両省間においてもカミとホトケの問題が潜在していたことになる。

五　大陸における慰霊施設

前章で言及したように、中国大陸では「前期忠霊塔」の前に鳥居が設置されていたが、満州事変勃発直前の春に靖国神社宮司賀茂百樹は、かつて日露戦役直後に先代宮司賀茂水穂が大陸を訪れたのに倣い、満州の納骨祠を巡拝し次のような感想を残している〔横山 2007b : 131、高石 1990 : 72、村上 1974 : 151、坂井 2013 : 62, 78 ~ 79〕。

先人流血の聖地に永く伝ふべき堂々たる建築を以て、荘厳四辺を圧して屹立する満州五ヶ所の納骨祠は即ち吾が靖国神社の奥宮とも奥津城とも云ふべく（中略）その厳然と整理せられ積重ねて竝安せられたる納骨箱の前に額突いては感極まって悚然たり

靖国神社には一切納骨はなされていないが、満州の納骨祠は、当時の靖国神社宮司によって「靖国神社の奥宮・奥津城」と認識されていたのであった。満州事変に突入後、既述のように日本軍戦没者は一万名を超えることになった。戦没者は火葬され、その焼骨の大部分は内地の遺族に送還し、その一部を分けて納骨祠に納めたという。だが、戦没者の地域は満州全域に広がっていたため、従来の納骨祠だけでは不十分となった。そこで昭和八年一一月、新たに新京（長春）・ハルビン・チチハル・承徳・ハイラルに納骨祠を建設するため、「満州忠霊顕彰会」（以下、満州顕彰会とする）が設立された。ただし、前期忠霊塔の維持・管理にあたっていた保存会はそのまま存続したようで、これが満州顕彰会に吸収されるのは昭和一〇年四月とされ、満州顕彰会は財団法人になり組織が強化されたと推測できる。新京以下の五基が横山篤夫のいう「後期忠霊塔」である（表4参照）〔横山 2007b:131 ~ 134、大原 1984 : 120〕。

この後期忠霊塔の建設にあたって、満州顕彰会は従来の関東軍丸抱えの建設維持の方法を採用しなかったという。まず、建設にあたり建築様式を公募し、同時に建設維持資金の二五万円を募金により賄う方針が計画され、その方向で実行された。これにより表4で示したように昭和九年一一月、満州国の首都新京に**「新京忠霊塔」**（塔高三五メートル）が建設された〔横山 2007b：134～135〕。その建設にあたり中心人物の一人で、当時の関東軍司令官兼満州国大使であった陸軍大将菱刈隆（旧薩摩藩士子息、陸士5期、後の軍事参議官）は、左記のように追懐している〔横山 2007b:135、秦 1994：121〕。

新京忠霊塔〔辻子 2003：120〕

「新京の忠霊塔」の所在地は、恰も同市の中心部にあって、北安路と康平街との角に当り嶄然として碧空に聳え立ち、実に雄大な姿を示してゐます。ここには、もとの関東軍司令官武藤信義元帥以下一一七三柱の忠霊が厳かにお祀りしてあります。この塔は、昭和九年五月十五日に工事を起こし、約半ヶ年を経て、同年十一月十五日に首尾滞りなく竣工を告げました。序ながらこれが建設総工費は、約二五万円程度を要しました。（中略）この忠霊塔の建設に当たって、前後実に四万五千人という夥しい人々の、熱誠溢るるばかりの勤労奉仕をうけましたことで、（中略）永久に忘れることの出来ない、深い深い追憶となっています。

関東軍は、新京忠霊塔の春季恒例祭で満州国皇帝溥儀を参拝させ、「満州事変記念日」である九月一八日の秋季恒例祭でも皇帝侍従武官を代拝させるなど、皇帝の権威を活用しながら、忠霊塔を重視する方策を講じていったのである〔辻子 2003：226～227、新潮社 1991：1458〕。

陸軍省は、既述の昭和一四年二月の通牒を令達する二日前の二月二五日にも、羅南（北朝鮮）第十九師団からの忠霊塔建設に関する問い合わせに対して、積極的に支援する用意があることを通達していた〔大原 1984：117, 120〕。当時、大陸における忠霊塔建設は一般化されつつあったのである。これはすでに見てきたように明治期以降、大陸での忠霊塔建設を推進してきた陸軍の実績からすれば当然の成り行きであった。

建国神廟〔津田・渡邊 2015：62〕

さらに新京では昭和一五年七月一五日、公費一四〇万円を支出し、満州国皇帝の宗廟であり天照大神を祭神とする**建国神廟**（正門の高さ一三メートル、敷地約一五万二〇〇〇坪）の鎮座祭が執行された。それと共に「建国神廟並ニ忠霊廟祭祀府官制」が公布されて、祭祀府総裁には関東軍参謀長・近衛師団長・満州国参議等を歴任した、陸軍中将橋本虎之助（金沢生まれ、陸軍中佐橋本昌世長男、陸士14期、敗戦後ハルビンで死去）が任命された。皇帝溥儀は「皇紀二千六百年」の祝慶のため同年六月に再来日しているが、この祭典「奉告」のため天皇は六月一〇日、伊勢神宮の外宮（豊受大神宮）と内宮（皇大神宮）に参拝した。この際、満州国を含む植民地と内地では一斉に交通機関が停止し、主要駅では時報が鳴らされ、全国民が神宮を遥拝したという。溥儀は六月二七日に靖国神社に参拝し、さらに七月三日、外国元首としては初の伊勢神宮参拝を行っている。この際、「白銅径十寸鏡」の御祓いを受けているが、この鏡が建国神廟の「御霊代」となるのである。そして新京では九月一八日（満州事変記念日）に、建国神廟の摂社として創建された**建国忠霊廟**（以下、忠霊廟とする）の鎮座祭が開催された。建国神廟が「満州国版の伊勢神宮」とすれば、忠霊廟は「満州国版の靖国神社」にあたる。忠霊廟の祭神として、満州事変以降の日満両国の戦没者である満州国陸軍中将朱家訓以下四二六四名、および既述の新京忠霊塔に祀られた日本の陸軍大将元帥武藤信義（佐賀県出身、陸士3期、男爵）以下一万九八七七名の合計二万四一四一名が合祀された。ただし、武藤元帥は戦没者ではなく単なる「病死者」に過ぎなかったという。将官クラスになれば、戦没者でなくとも戦没者と同様の扱いを受けたのである。翌年九月一六日には忠霊廟の第一回合祀祭が行われ、新たに四九二七名が合祀されている〔村上 1974：186、原・吉田 2005：208～231、秦 1994：113, 142～143、高石 1990：114、辻子 2003：222～230〕[34]。

建国忠霊廟〔津田・渡邊 2015：57〕

このように満州国の宗教も、日本の国家神道を忠実に模倣して創られた。天皇の祖先神を祀る伊勢神宮と、天皇のため忠死した臣民を祀る靖国神社が、国家神道の二大支柱であったことを反映して、満州でも皇帝の宗廟である建国神廟と戦没者を祀る忠霊廟を中心として組み立てられたのである。忠霊廟が創建された一五年九月には、華北の張家口で駐蒙軍参謀であった陸軍大尉北白川宮永久王（陸軍砲兵大佐北白川宮成久王の長男、陸士43期、三〇歳）が事故死している。防空監視要員の訓練中に、不時着してきた協力戦闘機に突っ込まれ、右足などを切断して死亡したという。ただし、「戦死」として少佐に進級した。永久は祖父の能久に次ぐ「二人目の皇族戦没者」となり、翌一六年に張家口の蒙疆神社に祀られ（異説あり）、敗戦後の昭和三四年一〇月に能久と共に靖国神社に合祀されている〔村上 1974：187、秦 1994：51、半藤他 2009：95、本康 2002：257、小田部 2016b:155、辻子 2003：245〕[35]。

既述の賀茂百樹によって「靖国神社の奥宮・奥津城」と認識された満州の忠霊塔であったが、一般に戦没将兵は、既述のように新京忠霊塔に祀られ、また忠霊廟に合祀されるというように、複数の慰霊施設に多様な形態で重層的に祀られていったのである。ただそこでは、戦没者はカミなのかホトケなのかは明確ではなく、神仏習合的に位置づけられたといえよう。しかし遺骨を前提として祀るかどうかで、カミかホトケかを決定する重要条件になると考えられ、後にこの点が大きな論争点になっていくのである。

六　大日本忠霊顕彰会と忠霊塔建設運動

1　桜井徳太郎と福岡谷陸軍埋葬地

昭和期における忠霊塔建設運動の推進者の一人は、陸軍将校桜井徳太郎（福岡の小学校長桜井英一の三男、陸士30期、後の少将・ビルマ軍顧問・第二百十二師団長）なる人物であった。第一次上海事変勃発の翌昭和八年一二月、桜井少佐は福岡歩兵第二十四連隊に大隊長として赴任した。そして着任して間もなく、地元**福岡市の谷陸軍埋葬地**（後の**谷陸軍墓地**、同連隊および福岡連隊区出身者の共同墓地、福岡市中央区谷〔谷公園〕）が荒廃していたのを見かねて、連隊内外に墓地の整備・改修の必要性を強く訴えたという。昭和一〇年は「日露戦役戦捷記念三十周年」であり、また「歩兵第二十四連隊旗拝受五十周年」でもあったが、桜井は翌一一年三月に福岡市内の一四五ヶ寺を調査したところ、とくに日清・日露戦役の戦没者遺族の約八割はすでに家が没落したり移転したりしていて、イエの墓地は荒れた状態であったという。遺骨が無縁塔のなかに納められたものも少なくなく、参拝者も稀であることに驚いたのである〔秦 1994：

69、大原 1984：122、横山 2007a:6、粟津 2017：284、現地調査）。

　桜井の世論への働きかけに対して、市民からも浄財が続々と集まり、谷陸軍埋葬地では延べ三万八〇〇〇名に上る軍民の労働奉仕が行われた。その結果、日清戦役戦没者一三八名・日露戦役戦没者五一九名・シベリア出兵戦没者一〇四名、それに満州・上海事変戦没者七四名、その他殉職者一三一名の合葬墓碑が建立された。戦没者合計は九六六名で、昭和一一年四月二四日に盛大な「墓碑除幕式」を挙行したという。除幕式は四月中旬の靖国神社の祭礼に合わせようとしたものであろうか。九月八日の満州事変記念日には七万名の参拝者が訪れたという。この陸軍埋葬地の大改修工事が後の忠霊顕彰運動の出発点となり、またモデルになったといわれいる。敗戦直後の谷陸軍墓地の敷地は

福岡谷陸軍墓地

二一七〇坪（二〇四〇坪とも）であった〔大原 1984：122、山辺 2003：636、粟津 2017：284〕[36]。

谷陸軍埋葬地での除幕式が執行された昭和一一年の、秋の彼岸にあたる九月二四日、久留米第十二師団経理部長から「谷陸軍埋葬地土地及工作物等寄付ノ件上申」（留経営第二八二号）が陸軍大臣宛に発せられている〔原田 2001：139〕。

曩ニ福岡市谷陸軍埋葬地改修ニ伴ヒ土地献納ヲ受ケシモ猶霊域ノ浄化神聖ヲ保存スルタメ別途図書ノ通更ニ土地及水鉢、永代燈ノ献納願出有之共ニ精神訓化上適切ノモノト認メラルルニ付受納方許可相成度上申ス

追テ本件ニ関シテハ所管長官ニ於テモ同意ニ付申添フ

土地の献納と共に、おそらく遺族関係者から水鉢等の献納の申し出があったのであろう。この上申についても桜井が関与していたのかどうかは不明であるが、この上申は陸軍省で議論されたと思われ、陸軍大臣から「上申ノ通受納スヘシ」と許可の通達が発せられたのは、半年以上後の翌一二年四月一三日であった。福岡連隊を管轄下に置く久留米師団がここで求めていたのは、陸軍埋葬地という「霊域ノ浄化神聖ヲ保持スルタメ」の条件として「水鉢、永代燈」の必要性であった。とくに水鉢は仏教の所産であり、文献では確認できないが、陸軍埋葬地の参拝情況を示す写真には墓前に花を立てているものがあるという。花立ても仏教の所産である〔原田 2001：139〕。

既述のように日清戦役後の「陸軍埋葬規則」によって、埋葬地内には灯籠や水鉢の設置は禁止されていたが、すでに満州事変前後から灯籠等の建立上申の動きがあった。例えば旭川第七師団経理部長からの「表忠碑前石灯籠寄進ニ関スル件上申」（七経営第三二三号、昭和五年八月八日）、姫路第十師団経理部長からの「陸軍埋葬地ニ石灯籠等寄付受

理ノ件上申」（十経営第四〇号、昭和一〇年二月一三日）、京都第十六師団経理部長からの「津陸軍埋葬地ニ石灯籠寄付ニ関スル件上申」（一六経営第一四七号、昭和一〇年三月七日）などが、陸軍大臣宛に発せられている〔原田 2001：136～139〕。

遺族等の心情からすれば、遺骨の有無にかかわらず、陸軍埋葬地に建てられた戦没者の氏名を刻んだ碑は、全て墓碑と同様であろうから、旭川師団からの上申のように、表忠碑前に石灯籠が建立されることは当然の成り行きであった。こうした一連の流れのなかで、既述の久留米師団からの上申があったのである。もっとも久留米師団経理部長からはすでに九年一〇月一六日、長崎県の大村陸軍埋葬地（後の大村陸軍墓地、大村市）における「花香台及石灯籠建設寄付ノ件上申」（第十二師団司令部経営第三九八号）がなされていた〔原田 2001：136～137〕[37]。

こうして灯籠や水鉢の建立は解禁になったようで、陸軍埋葬地は他の墓地と同様に仏教的世界に染められていくことになった。戦没者は公にホトケとして位置づけられ供養の対象となり、埋葬地には灯籠や水鉢が一般化していく景観が出現していくことになる。

2　大日本忠霊顕彰会

既述の桜井徳太郎は、その豪胆さと行動力で、また楠公戦法に範をとったという彼の特異な戦術思想は、とくに有名であったという。そのためにしばしば問題をおこしたこともあったといわれている〔大原 1984：122〕。その桜井が、陸軍墓地だけではなく寺院にある個人墓地も含めて参拝者もなく、全国の戦没者の墓が荒廃している現状を鑑み次のように述べている〔大原 1984：123〕。

可様な有様ですから、戦死者の遺骨がめいめいの郷里に還られた場合には、必ず市町村葬をもって、尽し得られるだけ手厚く葬られることは申すまでもなく、更に今一歩進めて、市町村毎に、一基づつの忠霊塔を建てて、ここに全部の遺骨を納め、そしてそれには市町村民が、挙って保護の手をさし延べると共に、名誉墓地として、永久にお祀りを続けて行くやうにしなければならないと、私は痛感するのであります。

他方で、

元来戦死者の遺骨は、各家族が申受けて、其の家々の先祖代々のお墓に葬って、思ひ思ひに誠意を捧げ、それぞれに命日のお祀りを営めばよいではないか

という意見も当然少なくなかった〔横山 2007a : 6 ~ 7〕。しかし桜井は、「イエ」における戦没者の供養を包括する形で、忠霊塔を市町村ごとに建設することを提案している。(38)

中国大陸での忠霊塔建設は、既述の満州顕彰会により推進された。同会を運営する理事および評議員は、保存会の組織をもとに、主として関東軍司令部・駐満海軍部・在満州国大使館・関東局・南満州鉄道株式会社・満州国政府に在職する者のなかから選出して委嘱し、理事長は関東軍参謀副長が就任することになっていた。初代理事長は満州事変をおこした陸軍少将板垣征四郎で、保存会と同様に関東軍の全面的な指導下に置かれていたのであった〔大原 1984 : 120、秦 1994 : 19〕。

満州顕彰会の「寄付行為」によると、その設立目的は第二条に、

満州国及関東州ニ於テ戦役又ハ事変ノタメ戦病没シタル者ヲ合祀シ其ノ忠霊ノ顕彰竝敬弔ヲ目的トシ併テ戦跡ノ保全ヲ図ル

こととあり、そのために左記の事業（第三条）を行うものとされた〔大原 1984：120〕。

一　忠霊塔建設ノ助成及建設セラレタル忠霊塔ノ管理
二　忠霊塔合祀者ノ祭祀
三　戦跡保全ニ必要ナル施設ノ経営

また祭祀については、「忠霊顕彰会業務実施規定」に四ケ条の規定がなされ、祭典には恒例祭と臨時祭の二つがあり、春秋に行われる恒例祭の祭典は神式によるものと定められていた〔大原 1984：120〕。この点は靖国神社の祭祀に倣ったものであろう。

粟津賢太によれば、忠霊塔建設に関しては欧米の戦没者施設も参考にされているという。西欧の文化的な解釈枠組みを参照し、近代建築のひとつとして構想されたのである。それは同時に、海外においては「植民地の拠点」として考えられ、この論理は遺骨を納めて、子孫に残そうとする貴重な事業であることを強調し、その伝統は日本人の崇高さや精神性の高さを表明しているとする点に収斂していくという〔粟津 2017：285 ~ 286〕。

こうした背景のもとに、新たに内地で設立されたのが「財団法人大日本忠霊顕彰会」（以下、顕彰会とする）であった。忠霊顕彰運動はこの組織によって改めて推進されることになる。基本的には、従来の満州顕彰会の活動をそのまま内地に拡大しようという構想であったという。顕彰会と大陸の満州顕彰会とがどのような関係にあったのかは明らかではないが、満州顕彰会もそのまま暫く存続したようで、そうすると外地と内地にそれぞれ別の忠霊顕彰会が存在したことになる。満州顕彰会が内地の顕彰会に吸収されるのは、日米開戦後の昭和一七年のことである〔大原 1984：116、横山 2007b:131〕。

顕彰会の設立は、陸軍大学校教官（陸軍中佐）となっていた既述の桜井と、内務官僚出身で内務省警保局長や関東長官（関東庁の設立は大正八年）を歴任した貴族院議員山岡万之助（長野県生まれ、日大総長、敗戦後は公職追放）の熱心な奔走に依ったとされている。忠霊塔建設計画は昭和一三年にすでに存在していたというが、以後、桜井と山岡の両名が忠霊塔建設運動の推進役となる。そして一四年五月一五日、陸軍・海軍・内務・外務・厚生・拓務の六省の共同所管財団法人として顕彰会は設立認可を受け、七月七日の「支那事変二周年記念日」に、東京九段の軍人会館で盛大な発会式が挙行された。顕彰会の事務所は、東京丸ノ内の海上ビル新館四階に置かれたという。この間、四月一日に靖国神社の分社たる全国の招魂社は護国神社と改称され、同八日には既述の宗教団体法が公布されている〔今井 2005：239、大原 1984：116 ~ 120、籠谷 1994：321、本康 2002：293、秦 1994：69、新潮社 1991：1770、高石 1990：113、山折 2004：527 ~ 574、朝尾他 1996：250〕[39]。

顕彰会の発会式には各界を代表する朝野士九〇〇名が参集し、その模様は次のように伝えられている〔井上 1995：161〕。

> 忠霊顕彰会の発会式が挙行せられ、秩父宮、高松宮両殿下台臨の下に、官民一意、事業の実現を計るにいたつたことは、まことに機宜に適したものであつて、国民全般の切実なる念願を統合具現し得たるものといはなけ

ればならない……同時にまた国民精神の指導作興に資すること多大なるを思ふのである。

また、陸軍省兵務局長であった陸軍少将中村明人（愛知県出身、陸士22期、後の中将・第五師団長・第十八方面軍司令官）は、左記のような「発会挨拶」を行っている〔籠谷 1994：323 ～ 324、秦 1994：103〕。

ああかくのごとく死したるものは不滅の神として無上の光栄に浴し、遺族は神の父母、または子孫として永久に敬仰を受くることが、皇軍に絶大の心的威力を加ふるものであることは申すまでもないことであります。（中略）換言しますれば、国民精神をいよいよ指導作興し、皇道を八紘に宣ぶべき聖業を遂行せんがため、万民のすべてを皇戦に捧げ奉らんとする犠牲奉公の精神を高調し、かつこれを実行しもつて天壌無窮の皇軍を扶翼し奉らんがため、本会は生れ出たのであります。故に本会の精神事業はまつたくこの忠霊を永遠に顕彰し、万民をして真に死して余光ありとの観念を形而上にも形而下にも抱かしむるに足るためにも万全をつくしたいのであります。

この挨拶から、顕彰会の真意が単なる戦没者慰霊ではなく、戦争遂行のための国民精神の統一と戦意高揚のための運動であることが明確に読み取れよう。

顕彰会の設立目的は、その「寄付行為」によれば「皇軍ニ殉ジタル忠死者ノ遺骨ヲ合祀シ其ノ忠霊ヲ顕彰スル」（第四条）ことにあり、この目的を達成するために左記の事業（第五条）を実施することを標榜していた〔大原 1984：116 ～ 117〕。

一　皇軍主要会戦地ニ於ケル忠霊塔建設ニ対スル助成並ニ之ガ維持及祭祀
二　内外地ニ於ケル忠霊塔建設ニ関スル助成指導
三　其ノ他ノ忠霊顕彰事業

大正時代まで使用されていた「国軍」を「皇軍」に言い換えたのは荒木貞夫であるといわれている〔別冊宝島 2016 : 99〕。また、合祀の対象となる戦没者は、支那事変は勿論のこと、

遡って日清、日露戦役、北清、シベリヤ両事変、満州、上海両事変はもとより更に遠く建国以来大命を奉じて征旅にしたがひ身をもつて聖業に殉じた英霊の遺烈を顕彰するため

に行なうもので、これを「全国的な精神運動として国民に呼びかける」、というものであった〔籠谷 1994 : 321〕。顕彰会の会長には、中国大陸で新京忠霊塔の建設に関わり、「永久に忘れることの出来ない、深い深い追憶」を抱くことになった、陸軍大将菱刈隆が就任した。名誉会長には首相平沼騏一郎（美作出身、右翼結社国本社主宰、後のA級戦犯終身刑（仮出所中病没））が、名誉顧問には枢密院議長・宮内大臣・朝鮮総督らが委嘱された。顧問には陸海軍将官や高級官僚が名を連ね、実際の業務を担当する理事は陸海軍両省の課長クラス（大佐・中佐）が中心であった。また、地方には支部を設置することが定められ（「寄付行為」第三条）、支部長には各道府県知事が、副支部長には師団司令部附少将・海軍人事部長および道府県総務部長の職にある者、その他適当と認められる者が任じられた。さらに支部理事には道府県学務部長・連隊区司令官・海軍人事部第二課長または海軍人事部長の職にある者、その他適当

と認められる者が就いた〔新潮社 1991：1443、本康 2003：537、籠谷 1994：321 ～ 326〕。

各道府県支部の設立目的は、同会事業の主旨の徹底と国民の協力を求めるためのもので、八月八日に海軍報道部から「支部規程」が発表されている。その規程は全一九条で、まず「支部は財団法人大日本忠霊顕彰会設立主旨に基く事業遂行に協力するとともに管下の指導助成をなすものとす」、とされた。この時、一介の陸軍大学教官にすぎなかった桜井中佐（一四年八月大佐に昇格）は、同会の二人の事務取扱者のうちの一人に抜擢されている。おそらく陸軍内部での桜井への評価は高かったと思われ、それまでの経緯からして強い発言権を与えられて、実質的な責任者であったと考えられる。同会は、表向きは陸海軍両省の下に設立された一財団法人であったが、この組織構成を見れば、準政府機関の如きものであったことは明らかである〔本康 2003：537、籠谷 1994：321 ～ 326〕。

3　「忠霊奉戴　一日戦死」・「日本のお墓」

顕彰会初の理事会は発会式後の七月二二日に開催され、事業方針を協議し次の八件を可決して、直ちに実行に移すことになった〔籠谷 1994：324 ～ 325〕。

一　忠霊塔の形式については一般よりも募集する
二　地方主要地へ桜井徳太郎中佐等の講演者を派遣、主旨を徹底させる
三　内務大臣より地方へ、また文部大臣より学校へ移牒し主旨を普及する
四　府県単位で地方支部を設置する
五　東京府市の忠霊塔建設は具体案に着手

六　財界その他有力者に呼びかける
七　各新聞社の社長、編輯局長などから幹事を決定
八　首相をはじめ各大臣すべて「一日戦死」のつもりで俸給一日分を寄附する

とくに「一日戦死」とは、桜井が発案したといわれる忠霊塔建設のスローガン、「忠霊奉戴　一日戦死」のことである。もろもろの職にある人が「一日戦死」したつもりで、一日分の所得と労働力を忠霊塔建設のために心から捧げる、という意味である。当初の予定では、この理事会での事業方針を閣議に諮ることにし、「一日戦死」については各省を通じて全官吏に徹底する手はずをとっている。閣議では、同二五日に満場一致で決定し自らその範を示した。後に新聞が伝えるところによれば、陸軍が同二九日、海軍は八月に入り指令を出している。例えば関西においては、八月の新聞に京都府議・市議・市吏員、京都府庁、大阪市、兵庫県庁、神戸市などの参加協力記事がみられ、その対応の早さが窺える〔大原 1984 : 125 ~ 126、籠谷 1994 : 325〕。

国内での忠霊塔建設の重要性について、桜井の思いの一端はすでに紹介したが、桜井は次のようにも述べている〔昭和一四年七月一日付『大阪毎日新聞』〕〔籠谷 1994 : 322〕。

顕彰会の事業は大陸では各主要作戦地に、内地では市町村を単位として忠霊塔一基を建設するのが目的で、これをわれわれ国民の精神的中心として東亜建設に進むのだ。遺骨を抱いて進むのは将士ばかりであつてはならない。名誉の戦死者はわれわれの身代りとなつてわれわれのため生命を棄て国を護つてくれたのだ。その遺骨をおさめた忠霊塔に対しわれわれは心から尊崇の念を捧げ戦死者の遺志を継いで興亜の大業に邁進しなければ

ならない。全国民が身代りになつてくれた戦死者のために自分も一日だけ戦死したつもりで奉仕する。進んで寄附する。それが日本精神だ。けふ自分が安穏をえられるのは戦死者のためだ。その忠霊を戴いて大陸建設に活躍するのだ。国民精神総動員運動の一つでもある。戦死者の魂のこもつた忠霊塔であつてこそ子々孫々に至るまで参拝する気持になる

また、桜井は別の談話で、

満州の忠霊塔は日露戦争と満州事変のものが激戦のあつた重要都市に国民の赤誠が集つて出来てゐる。実際突撃してゐる時は、誰れもが天皇陛下万歳を心に叫びつつ突込んで行くので、魂はがつちりと敵に噛みついてゐるのだ。僕の北支戦線に行つた時は、遺骨を列車に載せて一緒に第一線に運んで行つた。兵も□隊長も一緒に貨車に載せ礼拝しながら前進した。激戦になると一人で三つも首に小箱を下げて突撃した兵もゐる。遺骨は完全に生きている兵にのり移つてゐるのだ。忠霊塔はまず戦線に建てたい。立派な忠霊塔ができれば、そこにある日本人は誰だつて忠霊を置きざりに引揚げるような者はゐないだろう。極端にいへば事変の結末も将来も忠霊塔で解決するさ

と述べ（昭和一四年七月二日付『大阪毎日新聞』）〔籠谷 1994：322〜323〕、あるいは、

八紘一宇の柱は忠霊塔であり、此の忠霊塔の上に八紘一宇の家が出来、大東亜は忠霊精神で結ばれるに至るで

あろう。戦死の御遺骨を納めた忠霊塔には一億国民の真心が行つてゐるのだから、その一帯は幸福になろう。かうした忠霊を中心としての大東亜の結ばれてこそ、大御心即ち天道に合するものであり、利益を持って唯物論的に形式的に結ばうとすれば、必ずや英米の失敗を繰り返す結果に終わるであろう

とも述べている〔粟津 2003：30〕。とくに神武神話を根拠とした「八紘一宇」は、全世界（八紘）を天皇に帰一（一宇）させるという思想であったから、国体教義の軍国主義的展開に他ならなかった〔村上 1970：207～208〕。忠霊塔はその土台になるものであるという。

一方、「忠霊奉戴　一日戦死」について、菱刈会長は次のように語っている〔井上 1995：158〕。

戦場に散華して、永遠に帰らぬ英霊のことを想へば、我々銃後にあつて、ぴんぴんしてゐるものが、一年のうち一日だけ戦死した気持ちになつて、忠霊塔建設作業のために汗を流して勤労奉仕をする、或は奉仕作業に参加出来ない事情あるものが、一家挙つて一日の生活を節約し、一日分の収入を、戦死したつもりで、この運動のために献金する――全国民が一日戦死したつもりになって、その日の収入を献金するならば、たちどころに、魂のこもつた立派な忠霊塔が、全国の市町村に忽ち出来上がることになる

桜井が当初、福岡谷陸軍埋葬地の改修作業に専念した頃は、「無縁仏」と化した戦没者に対する慰霊活動としての墓地改修、という意味合いが大きかったと思われる。しかし、日中開戦を経て新たな戦局の展開に直面し、忠霊塔建

設が国家的プロジェクトとして組み込まれていくなかで、その建設運動は戦没者の慰霊活動から、文字どおり顕彰運動へと軸足を移していることがわかる。桜井の発言から、外地における忠霊塔建設の拡大と内地におけるそれは、表裏一体のものであった。換言すれば、日本の大陸政策（植民地政策）と内政とは相互依存していることを国民に強く認識させるものであった。既述のように、忠霊塔を建設することは「八紘一宇」そのものであり、天皇を頂点とした「大和国家」や「日本精神」を体現することを意味していた。それは戦争協力の教化運動で、「挙国一致」「尽忠報国」「堅忍持久」を目標とした国民精神総動員運動の一環として位置づけられている。一方の菱刈会長も、全国の市町村に忠霊塔を建設すべきであることを強調し、内地における建設を説いているのである〔朝尾他 2005 : 389〕。

顕彰会は、雑誌や新聞を通して広く国民に寄付を呼びかけていった。とくに『大阪毎日新聞』『大阪朝日新聞』『東京日日新聞』『東京朝日新聞』などは連日のように献金を呼びかけ、また窓口にもなっていた。「軍部も一日戦死　住吉部隊率先して忠霊顕彰へ　谷崎潤一郎も作家のトップ」「各宮家から御下賜　『忠霊顕彰会』へ畏き御沙汰」「軍国の乙女が忠霊に感謝の寄付」「〝大口〟の協力　二千万円を目標に　忠霊塔建設に財界大手筋起つ」など、新聞の見出しにはこうした活字が並んだという。また、刑務所の囚人からの献金や、新聞配達の少年や聾唖学童からの寄付も伝えた。このように、忠霊顕彰運動そのものをマスコミは「美談」の数々で飾り立てていった〔井上 1995 : 158 ~ 160〕。

一方、顕彰会では、忠霊塔の建設図案を広く一般から募集することを決定した。これはすでに満州顕彰会が大陸において実施したものであり、それを継承したことになる。「名実ともに国民の手になる忠霊塔たることを期すべく」、一四年八月七日に公募原案を決定し、同二四日に「忠霊塔設計図案懸賞募集規定」を主要新聞に掲載した（応募締切日は同一一月三〇日）。同懸賞募集図案審査委員長には、寺院建築の第一人者といわれた早稲田大学教授伊東忠太が委嘱されている〔籠谷 1994 : 325、大江 1984 : 178、新潮社 1991 : 177 ~ 178〕。

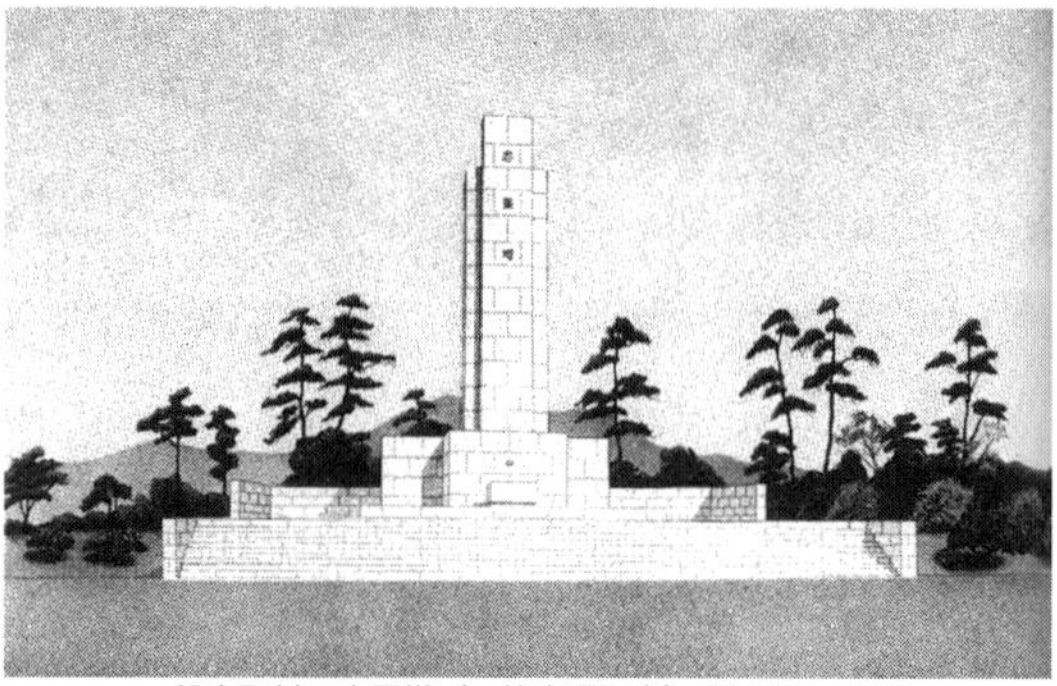

一般市町村の忠霊塔（一等当選図案）〔辻 2003：117〕

公募原案によれば、忠霊塔には三種あった。第一種は主要会戦地に建設するもので、敷地面積は約五万平方メートル、建設費は約五〇万円としている。第二種は内地大都市に建設するもので、敷地面積は第一種と同様であるが、建設費は約一〇〇万円としている。そして第三種は**内地市町村**に建設するもので、大型は市、中型は町、小型は村に建て、敷地面積・建設費はそれぞれ約六〇〇〇平方メートル・約五万円、約三〇〇〇平方メートル・約二万円、約一〇〇〇平方メートル・約五〇〇〇円とした。いずれも塔内に「納骨室」を設けることになっていた。また意匠は、「素朴、簡明を旨とし忠死者の英霊を最も崇高荘厳に表頌すべきもの」とされたのである〔籠谷 1994：325～326、大原 1984：127、井上 1995：138〕。

菱刈会長は、

> この顕彰会の運動は一億国民平等の感謝心の発露だから（中略）全国民の頭脳と力量を総動員したもの、昭和文化の最高のものでなければならん、だからその図案は全国の学徒、技術家も書生も店員も農夫もみな考えてもらひたい

と、この競争設計にかける抱負を語り〔井上 1995：162〕、忠霊塔のデザインについても、

今度新たに造られるところの忠霊塔は、これ等（筆者注外国のモニュメント）とは全然其の性格が異なつて、どこまでも日本のお墓といふ観念を失ふことなく、この精神を根本にして（中略）優美と荘厳とを発揮させることに重きを置かれた

と述べ〔井上 1995：169〕、「日本のお墓」を提案している。ただし、「忠霊安置の塔」は「塔を以てすることが、最も合理的である」として、顕彰会は墓石を大きくした塔状形の採用を最初から決めていたという〔井上 1995：169〕。また桜井も、募集規定が発表された九日後に、

忠霊塔の形は場所により地形に応じて変へてゆきたいが、チチハルのような簡素なものもよく、奉天、大連のやうな御幣形、新京のやうな支那式のもそれぞれ特徴があって面白い（中略）忠霊塔図案も応募者はこの点を意においてすばらしいものを考案してほしい

と語っている〔井上 1995：173～174〕。

このように桜井も既存の忠霊塔を良しとしていたから、審査委員たちもこの既定方針に則って図面の選考を行った。審査委員は著名な建築家だけではなく、陸海軍の技師や内務省の官僚など一二名で構成されていた。そして一六七九点に達した応募作品のなかから、「日本のお墓」に沿って翌一五年一月六日、三部門の**一等三作品**のほか、入選・佳作の計四九点の入賞が発表されたのである〔井上 1995：138, 169, 174、大原 1984：127〕[40]。

七　忠霊塔建設をめぐる対立

1　仏教界の主張

既述のように、内務省は昭和一四年三月一五日、全国の招魂社を四月一日より護国神社と改称する「省令第一二号」を発し、靖国神社の実質的な分社で「一府県一社の原則」を基準に、「地方の靖国」たる護国神社の制度敵的確立をめざした。敗戦後、護国神社は靖国神社と共に「ミリタリー・シュライン」（軍国的神社・軍国主義的神社）と呼ばれるようになる〔今井 2005：239, 367～368、高石 1990：112〕。

一方、顕彰会の忠霊塔建設運動に対して、いち早く反応したのは仏教界であった。既述の忠霊公葬統一問題は燻り続けていたから、財団法人大日本仏教連合会（全国六五宗派各管長宗務当局者の唯一の中央機関）は、この忠霊塔建設運動に賛同し、昭和一四年七月一九日には各宗派宗務総長の連合告達を発している。全国各宗派七万の寺院と一八万の僧侶に檄を飛ばし、全国八〇〇〇万の檀徒を対象として、説教・講演・法話のたびに「一日戦死」の忠霊顕彰運動を力説するよう訴えた〔大原 1984：126〕。

仏教連合会常任理事の今井鉄城は、

忠霊を奉戴し、忠霊塔を全国市町村に建てるといふことはわれわれ仏教徒の立場から申しても誠に結構なことで、実はかうした運動はわれわれが率先してなさねばならぬことだったのです。忠霊顕彰会が組織され、御活動になるのを聞いて、われわれとしてぢっと黙視できません。一日戦死運動の神髄を話して及ばずながらお手伝ひをすることになりましたと語り、八月一五日にはその第一歩として、全国の僧侶を総動員して「一日戦死」托鉢勤行を実施した〔大原 1984 : 126〕。

例えば昭和一四年七月二六日付『中外日報』は、熊本県仏教会の「忠霊塔建設趣意書」を紹介している〔白川 2015 : 198〕。

感謝報恩の誠意は、先ず戦死者が神として祀られたる所の護国神社と成りて現れたのであるが、次には忠死者の全部が祀られる所の忠霊塔護国殿として顕はれるのでなければ鬱勃たる国民感謝報恩の誠意は其遣り場所が無いのである

白川哲夫によれば、ここには靖国・護国神社のシステムが抱える一つの根本的な問題が提示されているという。それは、戦死してからカミになるまでの間、つまり靖国・護国合祀までの間に時間がかかりすぎるという問題があった。この趣意書にある「忠霊塔護国殿」という名称は興味深いが、ここに祀られる「忠死者の全部」というのは、すでに護国のカミになっている者とは限らない。やがて合祀されるかもしれないが、今はまだカミとなっていない者も含んでいるのである。まだカミとなっていない段階でも、当然のことながら仏式による忠霊塔護国殿での祭祀は充分に可能である。したがって、こうした段階での慰霊・祭祀が行われなければ、遺族の感情を満足させることはできない、と主張しているのだという〔白川 2015 : 198〕。

また、昭和一四年八月二〇日付の『浄土教報』二二九一号は、「忠霊塔の建設」に関して次のように言及している〔白川 2015 : 286 ~ 287〕。

国家が従来の招魂社制度を整備してこれを護国神社と改称し、靖国神社を中心として各府県一神社を原則として護国の神と化した英霊を奉祀することとなつた外、昨今全国各地に忠霊塔建設運動が、国民の英霊に対して永く感謝の意を表し、これを弔ふ至上の発露として澎湃として興つてきたことは注目に与する（中略）但し英霊奉斎の問題に至つてわれわれ仏教会は拱手傍観してゐてよろしきものであらうか。聞くところによれば護国神社に参拝する或るものは念仏を声高に唱へ、或るものはお題目を唱へて英霊の冥福を祈るといふ。恐らく護国神社に参拝するのはわが親身の英霊に対するといつた至情のあらはれが必然的にその冥福を祈念するためにお念仏を唱へ、お題目を唱へることであらう。（中略）日露戦争後に於ける忠魂祠堂建設問題は誰の手によつて行はれたかを想起するとき、如何に国策に順応するとはいへ斯る重大問題を神職等にゆだねて対岸視して顧みざるに至つては、われわれの生命線を死守するもの一人もなきやを慨するものである

護国神社に参拝する遺族等も念仏や題目を唱えていくのであるから、戦没者慰霊・奉斎の役割は本来仏教が担うべきであるという自信のほどが吐露されている。前章で忠霊塔や忠魂祠堂の建設に見たように、日清戦役以来、仏教界では戦没者の納骨施設を独自に建設してきた経緯があったから、仏教界の忠霊塔建設運動への積極的な参加には必然性があったといえる。これと共に既述のように財政収入の問題も絡んでいたのだろう。そして、こうした姿勢は陸軍の意向とも合致するところとなった。(41)

忠霊塔の形式については、ある本山重役が、

英霊の分骨を納めるといふ以上せめて、町村だけでも寺院に祀られる様にすれば、多額の金員と多量の物資と

広大な土地を必要としないだらう

と発言している〔昭和一四年八月二七日〕〔大原 1984：130〕。また、近畿二府四県の仏教団は、

英霊弔祭に遺憾なからしむるため、忠霊塔は市町村単位を排して、各府県一基を原則に、而も拝殿又は忠霊殿を建設して宗教的弔祭の対象物たらしむべきである

と文部省に陳述している〔昭和一四年九月八日〕〔大原 1984：130～131〕。

このように、忠霊塔の具体的な建設に関しては仏教界内部でも意見が分かれていたが、いずれにしても仏教界は陸軍と手を組む形で、その総力を挙げて忠霊塔建設運動を支援していくことになった。

2　神社界の主張

陸軍・仏教界を中心とした忠霊塔建設運動に対して、最も危機感を抱いていたのは神社界であった。もし墓である忠霊塔が全国津々浦々で建設されるようになれば、仏教界は神社界に代わって戦没者祭祀の主導権を握ることになり、靖国神社を頂点とする既存の戦没者祭祀体系は崩れ去るのではないか、という深刻な危惧に神社界が包み込まれていった。そこでは収益をめぐる問題も当然議論されていたであろう。したがって、神社界からは必然的に異議が唱えられた。昭和一四年九月一日付の全国神職会機関紙『皇国時報』は、早速「所謂忠霊塔の問題――忠霊祭祀の大原則と顕彰事業の範囲――」という記事を掲載している〔大原 1984：128～129〕。そこでは、

名誉の死を遂げた将士を顕彰し、その偉勲を永遠に顕彰せんがために忠霊塔を建てるといふ事を一応もっともとしながらも、

其の所謂忠霊塔については、妄りに越ゆべからざる限界があることを予め注意せねばならぬ

と牽制しているのである。すなわち、

忠死の英霊と、之を靖国神社並に其の分身たる各地護国神社の神として国家的祭祀が行われると云ふ事とは、絶対不離の鉄則であると云はねばならぬ。妄に越ゆべからざる限界とは此の事を指すのであつて、顕彰事業としての忠霊塔建設が公式祭祀目的を兼ねてはならぬのである

といい、

若しも一種の公式祭祷儀礼が、忠霊を神として祭る国家の典礼とは別立して忠霊塔前に行はれるといふやうな事があるならば、それは国民として深く自ら戒めて避けなければならぬ

から、

国家と国民とが各別異の式によつて忠霊の祭祀を重複的に営む機会を持つ事に依つて、それを混同するが如きは深甚なる注意の下に断じてこれを避けねばならない。したがって、

この点に慎重に考慮を払つて、建設場所、様式にも注意し、顕彰事業の範囲を守るに厳そかならんことを望むものである

としている〔大原 1984：129〕。

また同様に、京都愛宕神社宮司の瀧本豊之輔は、

即ち神社の御祭神として奉斎せられ居る以上、此れ以上の戦死者としての光栄は有り得べからざるものである。然るに此の有り難き祭祀大権の御発動たる神社奉斎以外に、何の忠霊塔の必要があろうか

と発言し〔大原 1984：129、白川 2008：3〕、忠霊顕彰の国民運動をおこすことは、「国家祭祀」対「国民祭祀」という、「欧米各国に於ける如く君主と国民との対立型」に発展すると指摘した〔大原 1984：129〕。そして仮に護国神社が、

御創建浅きの故を以て、或は施設万端又は奉仕神職等につき、参拝者の崇敬心、斎神の清明心を満たすに足ら

ざる所

であったとしても、それにはまず何よりも、護国神社制度自体を拡張することの方が先決ではないか、と主張した（昭和一四年八月）〔大原 1984：129〕。

もっとも瀧本によれば、皇国には抑も「信仰の自由」はないのだという。つまり

国家体制上皇国には、外国にいふ所の『信仰の自由』なきものであるに拘らず、（中略）信仰は自由なるものとなす如き説有力

なので、「妥協的に神仏交互祭典といふ如き醜態あるべからざる事」である、と独断している〔白川 2008：73〕。ここには神社界の本音が表明されており、神仏交代による祭典は「醜態」であり、国家神道以外は言語道断であるとし、仏教界の主張を問答無用なものとして全て切り捨てた。

神社界全体には、納骨をともなう忠霊塔の建設場所として神社、とくに護国神社の外苑地が選ばれたり、その様式が鳥居の背後に仏塔があるというような神社・仏閣混淆形式であったり、あるいはその祭典が神仏合同方式で営まれたりすることによって、神社祭祀の純粋性が侵害されることになりはしないか、というような根本的な不安が広がっていた〔大原 1984：129〕。この点については、既述の内務省通牒でも危惧しているところであった。

3　陸軍省・仏教界の反論

こうした神社界の独断に対して、仏教界や陸軍は強く反発した。すでに「信仰の自由」に関しては各仏教宗派が発言しており、例えば『六大新報』第一七六〇号（昭和一三年三月六日付）では次のように語っている〔白川 2008：75〕。

帝国憲法には信教の自由が認められて居るのであるから、個人の信仰が自由であるべきは当然のことであるが、公の団体が執行する儀式に就いては国民精神総動員の折柄大に考慮すべき必要があると思ふ。（中略）遺族の遺志に依ると云ふものは、其の名を美しくしたままで、実際には我国民は九分までが仏教徒であるから、大体仏式と見て差支ない

帝国憲法下では信仰の自由は認められており、日本国民の大多数が仏教徒なのであるから、戦没者慰霊に関しても、それを仏教が担うのは何ら問題ないであろうという主張である。これは当然の認識であった。そして仏教連合会の幹部は、

忠霊顕彰会の運動が果して一部の間に言われるが如く、国民の英霊奉斎の観念に複雑化を来たし、将来困るやうな事になるかどうかというやうな事は未だ考へてをりませぬ

との談話を発表し（昭和一四年八月一六日）〔大原 1984：130〕、神社界の危惧や懸念を否定した。また他の幹部は、

一般民衆は、一方にて神と祭られ他方にて仏として祭られても決して頭に混乱を来したり、又は複雑化された

とは思はない

と断言し、英霊祭祀複雑化の懸念は、「一種の偏跛より生ずる偏見である」という意見が出された〔昭和一四年九〜一〇月〕〔大原 1984：130〕。

既述のように、靖国・護国神社にカミとして祀られた英霊に対して、遺族の多くはホトケとして認識し、念仏や題目を唱えて参拝していった。この実態を鑑みれば、仏教界からすれば戦没者がホトケとして祀られても何ら不自然や不都合は感じられず、国民も当然納得するはずであると考えていた。

他方、陸軍側からも顕彰会常任理事の陸軍大佐島内松秀は、

福岡では忠霊顕彰の精神が全くよく現れている。遺族らも「あんな立派な墓に納め皆さんが詣てくれるとあらば何人子どもが死んでもいい」といふようなことを誰もがいつてゐた

と発言していたが〔昭和一四年七月二日付『大阪毎日新聞』〕〔籠谷 1994：323〕、さらに島内大佐は、

靖国神社、護国神社、それに忠霊塔との関係が二元だなんぞと屁理屈をこねる人達がかなり多い様だか、さういふ人達の理屈がさつぱり解からない。かういふ人達は自分の息子を戦死させてみると本当のことが解るんだ

とまで極言している〔昭和一四年九月六日〕〔大原 1984：132〕。

それでは、戦没者国家祭祀の本拠たる靖国神社はどう考えていたのか。『中外日報』（昭和一四年八月八日付）によれば、同社の見解は、

> 神社の前に□き大声で南無阿弥陀仏を称へ（中略）長い間神前で語り続けて行く遺家族が多いといふが（中略）遺家族の真情を制御して一定の神拝形式を取らせるやうにすることは絶対にいけないことであり、これを強要すれば更に今回忠霊塔が建設されるやうになると寧ろこの墓ともいふべきものに前記のやむにやまれぬ遺族の真情表現が移つていくこととなるであらう

というものであった〔白川 2008：72～73〕。

意外なことに、靖国神社としては参拝者に一定の神拝形式を強要することは避けなければならず、もしそれを強要すれば、忠霊塔の方に参拝者が移ってしまうのではないか、という危機感があった。同社は戦没者がホトケであることを充分に承知していたのであり、その祭祀の曖昧さを是認しようとしていた。したがって、たとえ仏式による靖国参拝であっても、同社はあくまで容認する姿勢をとったのである。もし参拝者が減少すれば、現実的には賽銭等の社頭収益が減少して神社財政は逼迫していくことになるから、これは何としても回避していかなければならなかったのだろう。ここでは教義上の問題よりも、神社経営・財源上の実利的問題が優先されており、既述の神社界の一般的な主張とはかなりかけ離れていたことがわかる。同社には昭和一四年八月六日、「恩賜財団軍人援護会」（昭和一三年一一月発足）主催により、「戦没勇士遺児」一三二四名が初参拝し、以後恒例となる。この頃から「靖国の遺児」「九段の母」という言葉が世間に流布するようになり、同社は多くの参拝者を期待するようになった〔高石 1990：113〕。

4　内務省の立場

陸軍・仏教界と神社界との泥仕合的応酬に対して、内務省はどのような立場をとったのであろうか。既述のように、同省内での首席は神社行政を取り仕切る神社局であった。ただし、忠霊塔建設に関して直接の監督権はなかったが、同局を代表してある会議に出席した宇佐見毅事務官は、外地における忠霊塔の建設はともかく、内地におけるその建設については強い難色を示したという。そして宇佐見事務官は、

護国神社境内に建立することや、神社様式を採用することは絶対に許さない。納骨をしない場合でも境内に建てると境内建造物になるから、護国神社法規に抵触するので、これもいけない

として〔昭和一四年八月一六日〕〔大原 1984：131〕、その立場は神社界側にあった。神社局の見解が神社制度を擁護する立場にあることは当然であったが、内務省は既述のように護国神社制度を新たにスタートさせたばかりであったから、とくに神社局がその立場上、護国神社境内の忠霊塔建設を容認することはまずあり得なかった。

一方、忠霊塔建設の直接監督の任にあたっていた内務省警保局はどうであったのか。同局の見解は、

塔の建設は特に納骨もすることとて、これは一定の規定に該当せしめ、また該当するものを許可していくだけだ。神社様式の類似のものとか、護国神社境内に建立するとかは規定の条件に該当しない。而して宗教的対象になる恐れあるか否かは今ここで予想すべきではない

とし（昭和一四年八月一六日）〔大原 1984：131〕、神社局の見解に則しながらも、同局とは少し距離を置いて、しばらく静観する立場をとっている。このように内務省も一枚岩ではなかったが、基本的には神社界を支持する立場であった。こうして忠霊塔建設をめぐっては、「陸軍省・仏教界」と「内務省・神社界」という対立の構図が浮かび上がってくることになった。

5　忠霊塔建設に関する通牒

こうした対立は、昭和一四年一一月四日に海軍の東京水交社（港区芝）で開かれた顕彰会幹部と神社界首脳との懇談によって、急転直下、決着が図られた〔大原 1984：133、横山 2007a:9、秦 1994：709〕[42]。いわゆる玉虫色の決着というべきものであり、一四年一一月一一日付『皇国時報』は左記のように伝えている〔大原 1984：133〕。

一　忠霊塔は支那事変に於いて名誉の戦病死をなせる英霊の遺骨を納むるものであり、即ち墓であり、墳墓であって、これが管理は市町村においてなす事とするので即ち公営墳墓と称す可きものである。
二　忠霊塔への参拝様式は参拝者の自由であり、一宗一派を超越したるものとする。
三　忠霊塔に対し市町村等が行ふ公の祭祀様式については尚研究中。

内務省はこれを受けて早速一一月一一日、「支那事変ニ関スル碑表建設ノ件」（警保局警発甲第一七号警保局長神社局長通牒）を各府県長官宛に令達した。本通牒は、顕彰会が、皇軍主要会戦地ニ於ケル忠霊塔ノ建設ニ対スル助成竝ニ之カ維持祭祀ヲ主タル事業トシ、若シ財政上余裕ヲ生シタルトキハ併セテ内外地ニ於ケル忠霊塔建設ニ対スル助成指導其ノ他ノ忠霊顕彰事業ヲ行ハントスル

との趣旨の下に、左記のように忠霊塔建設のあるべき要点を網羅している〔大原 1984：138～140〕。

一　地方ニ於ケル同会ノ事業遂行ノ為ニハ　特ニ緊急ノ必要アル場合ヲ除クノ外　差当リ各府県毎ニ画一的ニ支部ヲ設クルガ如キ方法ヲ避ケ　成ル可ク既存ノ各種公益団体ノ機関ヲ活用スルコトトシ　其ノ指導ハ同会本部役員タル知事（同会参与）学務部長（同会幹事）専ラ之ニ当リ　師団、聯隊、鎮守府等ニ於ケル同会本部役員ト緊密ナル連絡ヲ保持スルコト

二　皇軍主要会戦地ニ於ケル忠霊塔等建設ニ対スル助成ハ専ラ同会ヲシテ之ニ当ラシメ其ノ重複錯綜ヲ避クル主旨ナルヲ以テ　他ニ斯ノ種計画ヲ為シ　或ハ寄附ノ募集ヲ為サントスル向アル場合ハ必ス同会ニ連絡ノ上行ハシムルコト

三　同会ノ趣旨ニ賛シ　或ハ市町村ニ於ケル碑表建設ノ為寄附募集ヲ為スニ当リテハ　必ス自発的ナルヲ旨トシ　強制ニ渉リ　特ニ戸々ニ付之ヲ強フルカ如キコト無カラシムルトトモニ　其ノ使途ニ付キテモ疑惑ヲ生セシムルカ如キコトトナキ様注意スルコト

四　碑表ノ建設ニ付テハ本年二月警保局警発甲第一〇号通牒ノ主旨ヲ励行スルコトトシ特ニ一市町村一基ヲ限度トシテ其ノ濫設ヲ防止スルトトモニ　遺骨等ヲ納ムル忠霊塔等ハ原則トシテ当該市町村出身戦歿者ノ遺骨ヲ納ムルモノニ限ルコト　又其ノ建設場所ハ神社境内地ハ勿論　境内外ノ地域ト雖モ神社ノ風致竝ニ尊厳ニ

影響ヲ及ホス虞アル場所ハ之ヲ許可セサルコトトシテ　又其ノ構築ノ様式ハ神社ノ建築物　即チ神殿　拝殿鳥居等ニ類似スルモノヲ設ケセシメサルコト

五　碑表ハ特ニ簡素ヲ旨トシテ華美壮大ヲ避ケ　普通市町村ニ在リテハ其ノ材料費概ネ二、三百円程度ニ止ムルコトトシ　建設ニ当リテハ専ラ地元民ノ勤労奉仕ニ俟チ　能フ限リ建設費ノ節約ニ努メシムルコト

六　陸軍墓地所在地ノ市町村ニ於ケル忠霊塔等ノ建設ニ付テハ　軍部当局ト連絡ノ上成ルヘク陸軍墓地ノ施設ト合致セシメ　同一町村内ニ於ケル斯ノ種施設ノ重複ヲ避ケシムルコト

七　建設ニ当リテモ徐ニ前途ヲ考慮シテ慎重ナル準備ヲ整ヘ　時期熟スルヲ待チテ着手スル様留意セシムルコト

ここでは、二月の時点（警発甲第一〇号通牒）での「主旨ヲ励行スルコト」が基本とされ、忠霊塔建設に関する内務省の姿勢は総じて消極的なものとなっている。とくに同省内の神社局と警保局との見解についてはすでに触れたが、忠霊塔建設に関してしばらくは静観する立場を示していた警保局も、当初から難色を表明していた神社局の見解に完全に吸収されていく結果となった。地方支部の設置や寄附募集においても、その方針は転換され、最初の姿勢からはかなり後退して、忠霊塔を建設する場合にあっては「慎重ナル準備ヲ整ヘ」ることが必要であることを強調している。そして忠霊塔を建設する場合も、外地の皇軍主要会戦地に建設することが先決であり、内地での建設は財政的余裕がある場合のみ可能だとされた。また「一市町村一基の原則」が再確認され、忠霊塔に納める遺骨は「当該市町村出身戦没者ノ遺骨ヲ納ムルモノニ限」られ、「成ルヘク陸軍墓地ノ施設ト合致セシメ」て重複を避けるよう指示している。陸軍墓地の合葬塔と忠霊塔との間での遺骨の奪い合いを避けなければならなかった。

一方、陸軍省もほどなく一一月一八日、「支那事変戦没者合葬墓塔建設竝ニ陸軍墓地整備ニ関スル件」（陸普第七四二八号）を全陸軍に発している〔原田 2001：144 ～ 145〕。

内地、朝鮮、台湾、樺太ニ於ケル首題ノ件ニ関シ先ノ通定メラレタルニ付依命通牒ス

左記

一　支那事変ニ伴フ陸軍墓地施設整備ト地方側ニ於ケル忠霊塔其ノ他之ニ類スル碑表等ノ建設ニ依ル忠霊顕彰施設トノ関係調整ニ就テハ　昭和十四年二月陸普第一一一〇号ノ趣旨ニ拠リ地方側ト協力提携シ　陸軍墓地所在地若クハ其ノ近在町村ニ在リテハ別ニ該市町村固有ノ施設ヲナスコトナク陸軍墓地（移転墓地ヲ含ム）ヲシテ其ノ地方忠霊顕彰ノ中心施設タラシムル為之ガ墓塔建設其ノ他整備ニ協力奉仕セシメ以テ同種施設ノ重複ヲ避クル如ク指導ニ勉ムルモノトス

二　其ノ他特殊ノ事情ノ為止ムヲ得ザル場合ハ陸軍墓地規則第十三条ノ規定ニ拘ラズ過去戦役事変ニ於ケル戦歿者ノ遺骨（髪）ヲ今次事変ノ為新設セラルベキ合葬墓塔ニ合葬スルコトヲ得

三　支那事変ニ関シ戦没セル部外者（前記特殊ノ事情ノ為止ムヲ得ザルトキハ過去戦役事変ニ於ケル戦歿者ヲ含ム）ノ分骨（髪）ニシテ陸軍墓地合葬塔ニ合葬ヲ願出ヅルモノアル場合ハ所管長官ニ於テ資格審査ノ上許可スルコトヲ得

こうした通牒を受けて、中国大陸では主要戦場に忠霊塔（北京・上海・張家口）・表忠碑・記念塔などを二五ヶ所に建設することにし、シンガポールのブキマラ高地にも忠霊塔が建設された（昭和一七年九月竣工）。それと同時に、さ

らに精力的に募金を集め、余裕が生じた二〇〇万円の予算で内地の忠霊塔建設を補助し、指導することになったという。その対象として昭和一五年三月現在、「東京市を始めとし、京都、名古屋、弘前、和歌山、仙台、徳島などその他の市町村もドシドシその建設準備がすすめられてゐる」、とされた〔横山 2007a:9〕。

しかし一方で、陸軍墓地がある場合はとくに忠霊塔を建設する必要はなく、「陸軍墓地ヲシテ其ノ地方忠霊顕彰ノ中心施設タラシムル」ように指導しているから、全国津々浦々に忠霊塔を建設しようとした当初の桜井や菱刈会長の意気込みは、もはやここには見受けられない。実際、建設費を調達するための財政上の負担も大きな要因ではなかったかと推測できるが、発足当初の顕彰会の運動方針は大きく軌道修正され、その勢いはすでに削がれていたのである。ここに陸軍の立場は一気に二月の時点に逆上ることになり、その運動は失速して、忠霊塔建設に否定的な内務省の政策のなかに取り込まれていくことになった。

内地での巨大な忠霊塔の建設計画は、昭和一四年一二月に設立された「東京市忠霊塔建設事業計画委員会」が発表したものである。その起工式は一七年六月に挙行された。東京市小石川区小石川（文京区小石川）の陸軍工科学校小石川分校跡地の約二万一〇〇〇坪の敷地が用意され、塔高約五〇メートルの「帝都にふさわしい壮大な忠霊塔」が建設される予定であった。同塔は「東京市民ノ忠霊塔タラシムルト同時ニ陸海軍ノ忠霊塔タル性質ヲ具有セシムル」と共に、「全国の市町村の模範となるやうに他に魁けて建設する」方針であった。さらに、同塔前に二万名を収容する式典広場と七〇〇〇名用の第二広場も備える計画は、七〇〇万東京市民の「応分の浄財」と「労力奉仕」とで二年後には実現されるものとされた。後楽園高台に建ち戦没者分骨を納めるこの「東京市忠霊塔」は、戦没者の魂のみを祀る靖国神社と約一キロの距離で並び立ち、帝都の新たな慰霊センターとなるはずであった。しかし実際には「仮堂」のみの建設で終り（一七年一〇月）、完成には至らなかったのである〔横山 2011：45、長 2013：246～252〕[43]。

註

（1）仙台では日露戦役の動員が始まると、尚武思想の普及を図る運動の推進母体となった在郷軍人団の事業は、在郷軍人の親睦団体である尚武会に委託された。これを契機に尚武会は郡長を会長にし、県知事を県中央尚武会長にして組織の強化を図った。こうして尚武会の性格が変わると、独自の在郷軍人会組織化の動きがみられ、日露戦役後には、仙台予備将校会が仙台在郷将校団と改称している〔仙台市史 2008：292 ～ 293〕。

（2）軍事教練の実施が決まると、学生の一部は大正一三年一一月に「全国学生軍事教練反対同盟」を結成し反対運動を展開したが、成果は乏しかったという〔秦 1994：690〕。

（3）『明治天皇記』によれば、天皇は海軍の観艦式等に出席するため京都御所に滞在中の明治三五年四月、「一夕、皇后と饌を倶にして旧都の今昔を語りたまふの次、卒然として宣はく、朕が百年の後は必ず陵を桃山に営むべし」、と伝えられている〔新谷 2015：22〕。

紫宸殿の西側には、かつて真言院という殿舎が建てられていたという。同院は空海の奏上により九世紀に建立された内道場（内寺）で、真言宗の僧侶が天皇の体、つまり玉体を加持するための聖空間であったが、明治政府により撤去された。その儀礼は、天皇に取り憑いた悪霊を祓い一年間の無事を祈念する密教式の儀式で、鎮護国家の理念を実現するための法会であった。明治以降、この法会は京都東寺（教王護国寺）で行われている〔朝日新聞 2016h、古田他 1998：737 ～ 738〕。

（4）ロシアでは第一次世界大戦中に社会主義革命がおこり、大正六年一一月にソビエト政権が誕生すると、ドイツと単独講和を結んで大戦から離脱した。翌七年四月、革命の極東への波及を危惧した日英は、ウラジオストクに日英海軍陸戦部隊を上陸させているが、一一月にはドイツが休戦協定に調印し世界大戦は終息した〔仙台市史 2009：385、笠原・安田 1999：152〕。

第一次世界大戦の時代は、日露戦役後のさまざまな「戦後」問題が噴出した時期であり、軍隊小説の隆盛もその兆候の一つであった。シベリア出兵に動員された兵士にとっても、その目的は理解しがたいものであったという。例えば小倉歩兵第十四連隊の松尾勝造は、「大正七年八月一〇日は終生忘れ難き日、決死報国を誓いてシベリア出征、小倉兵営を出発した日に之有候。出発前夜は、隊内にて愈々最後の祝賀の宴が催され候処、一度戦地に至らんが、誰が先に戦死するや、誰に骨を頼むか、この兵営に果たして凱旋し得る者が幾人ぞある」、と日記に記している。ここには出兵に伴う使命感は読み取れない〔成田 2013：79 ～ 80〕。

大正九年三～五月にかけて、日本人が多く居住するニコラエフスクが、トリアピーン率いるソビエト軍（赤軍）ゲリラ（パルチザン）四〇〇〇名に包囲され、休戦協定が結ばれた。ところがその協定が破られ、日本軍守備隊および在留邦人七〇〇名が戦死し、一二〇名余が捕虜となったが、この捕虜も殺害された。どちらが協定を破ったかは日ソ間で見解が異なるという。この尼港事件は、ボルシェビキやパルチザンが残虐であるとして、大きく宣伝されたが、七月には、日本軍は沿海州はもとより北樺太（北サハリン）への出兵を拡大している〔成田 2013：78、梅田 2010：118、朝尾他 2005：801、仙台市史 2009：385～386〕。

第一次世界大戦関係では、シベリアの兵站病院で勤務中に病死した看護婦岸タマら二名が、大正一五年に靖国合祀されている。以後は、戦役勤務中に戦死・病死した陸海軍看護婦ばかりでなく、義務的に召集される日赤救護看護婦の合祀は当然とするルールが確立した。その間に合祀基準をめぐる迷いがあったらしいことは、日清戦役中に病死した四名の日赤看護婦のうち三名が、遅れて昭和四年に追祀されたことで見当がつくという〔秦 2010：89〕。

（5）森岡清美によれば、キリスト教信徒はエホバ以外の神を拝することを偶像崇拝として斥けたため、明治神宮創建に反対した。これに対して神道側のイデオローグ河野省三は、「敬神崇祖の御徳高かりし先帝を慕ふ所の日本帝国の臣民が、神国特有の神聖なる建築をもって、英霊を鎮祭し奉るの外、また何ぞ必ずしも、其方法に迷ふの愚をなさむや」と述べ、その批判を一蹴したという。国家権力は明治天皇追慕の国民感情を明治神宮に結集させる一方、集落神社整理の政策を踏襲して、明治天皇を奉斎するためであれ内地での神社創建を許さなかった。これに対して、外地での創建に関する制限は比較的緩やかであったが、それでも明治天皇（あるいは昭憲皇太后を配祀）だけを祭神とする神社は極めて少なく、概ね天照大神等に配祀して奉斎された。外地での神社創建は在留日本人を鼓舞激励し、日本人の社会的統合の象徴となった。しかしそれから除外され、かつ宗教的伝統を異にする現地住民にいかに強い反発を招いたかは、外地神社が昭和二〇年の敗戦後どのように処理されたかを見ればわかる〔森岡 1987：270～271〕。

（6）第一次世界大戦後、戦争の惨禍に対する深刻な反省から、国際法の領域では戦争の違法化が進んだという。自衛のための戦争は別にして、国際紛争を解決する手段として戦争という行為に訴えるという考え方自体が、基本的に否定されたのである。昭和三年八月に日本を含む一五ヶ国でパリ不戦条約が調印されたことは、こうした世界史の新たな流れを象徴的に示す出来事であった〔吉田 2007：17、朝尾他 2005：917～918〕。

小銃射撃を主要な戦闘手段とする歩兵主体の軍隊では、視力が重視された。徴兵検査では甲種・乙種・丙種と身体的区分をされたが、近視は丙種とされ、近視は高学歴者層に固有のものであった。本県では大正八年、徴兵忌避の疑いのある弱視者が多くなり、その対策に苦慮している。徴兵適齢でありながら行方不明者は五四一名に及び、そのうち二三名が発見されたが、新たに三九名が行方不明になっている。一四年にはさらに増えて五九三名となり、それ以外で逃亡中発見され在監中の者が二八名いたという。また、徴兵忌避の祈祷が流行し高崎憲兵部隊が摘発している。埼玉県比企郡南吉見村の元巣神社宮司が、出征軍人を「無事に戻す神社」であると称して、徴兵忌避を祈祷したというものであった。同社では、大正元年から群馬・埼玉両県の徴兵適齢者七〇〇名が祈祷を受けたという〔大江 1981：87、群馬県史 1991：474〕。

常備兵役は、現役（徴兵検査に合格し指名された者で服役は陸軍二年〔旧来は三年〕・海軍三年〔旧来は四年〕）と予備役（現役を終了した者が服する兵役）を合わせたもので、後備兵役は常備兵役を終了した者が服する兵役である。補充兵役は、戦時などに常備兵役や後備兵役の補充として第一次に召集されるべき兵役で、第一・第二の別があった。国民兵役は、戦時または事変に際し国民軍を編成する場合に、その要員に充当され、または国内警備防衛に任じる兵員の服すべき兵役で、これも第一・第二に分けられた〔加藤 1996：195、秦 1994：728〕。

兵役法を審議した第五十二議会で、この第一条が「女子を兵役義務者より除外したるは憲法違反に非ざるや」、という質問が出された。これに対して政府の答弁は、「これまで行われてきたが違憲とはされていない」、というものであった。一九八〇年のアメリカにおける徴兵登録制復活に際しても、男女差別法であるという強い批判が出されたが、徴兵制は男女差別制として成立したのである〔大江 1981：132〕。

（7）大正天皇の病状回復が絶望的になったため大正一〇年一一月二五日、皇太子裕仁が摂政となり、大正天皇は事実上「引退」した。天皇は九条節子（後の貞明皇后）と結婚して、一夫一婦制を宮中に根付かせたといわれているが、晩年は「遠眼鏡事件」に代表されるような脳の病気にまつわる風説が流布した。皇室陵墓令によって、大正天皇陵は歴代天皇で初めて東京府に造営された。現在の多摩陵（東京都八王子市長房町）がそれである〔小田部 2016b:47 ～ 48、岩波書店 1991：248、原・吉田 2005：155、笠原 2012：295〕。

昭和天皇大礼は、賢所（春興殿）大前の儀から紫宸殿の儀へと進められた。当日の紫宸殿はくまなく装飾され、高御座が設置された。そのなかには「御椅子」が置かれ、その左右には神器の剣と璽を置く案（机）が配されていた。高御座の蓋上の頂には翼を張った金色の大鳳が置かれ、八角棟上には霊鳥が据えられたという。また、高御座の東には、皇后の座所である八角形の御帳台が設けられた〔村上 1980：188 ～ 189〕。

（8）例えば、金沢市郊外野田山の陸軍埋葬地には、昭和二年七月時点で戊辰戦役以来の戦没者四〇〇名が祀られていたが、同地を訪れる人も少なく荒廃していたという。そこで第九師団長伊丹松雄は着任早々、同地清掃規定を作らせ、従来のように墓番人に一切を任せず、衛戍各隊の兵士が交代で墓守をすることになり、同地はその面目を新たにすることになったという〔細野 1932：266、秦 1994：345〕。

昭和五年一一月二日付『大阪時事』は、「無謀な支那警官邦人墓地を荒す」として次のように報じている〔細野 1932：243〕。

「去る二十七日支那巡警八名一団となつて、日本人共同墓地（奉天附近？）に至り、乱暴にも供物を蹴散らし、墓守を押し倒し、墓標を引抜いてこれを焚火した事実あり、三十一日に至り発見されたため、日本総領事館及日本民会は支那当局に対しその反省を促したが、支那側はあくまで言を左右にして、責任を回避せんとしている。支那人は古来墓地蹂躙をもつてその先祖を辱しめるものとし、最も重大視するに拘らず、日本人墓標を引抜き然も焚火したのは、何等か含むところあるのではないかと、当地で非常に重大視している」。

（9）昭和二年頃、当時陸軍の実権を掌握していた長州閥の打破と、国家総動員に向けての体制整備等を目的に、陸軍将校を中心に「二葉会」が、また同年一一月頃には同様の「木曜会」が結成された。そして、この二つの会が合流して昭和四年五月、「一夕会」が結成されている。その構成員は四〇名前後で、陸士一四期から二五期にわたり、主として陸大卒業生であった。主要な会員は、永田鉄山・東條英機・板垣征四郎・山下奉文・石原莞爾・武藤章・田中新一・富永恭次などで、永田が中心的存在であったという。なお、同会に薩長閥の出身者は参加しておらず、意図的に排除したのではないかという〔川田 2011 : 7 ～ 17、加藤 2007 : 100、半藤・保阪 2015 : 113〕。

一夕会のメンバーは、満州事変勃発直前には陸軍中央の主要ポストを押さえていたという。したがって一説には、同事変は陸軍省の総意でおこされたものではないかとも考えられるという。関東軍が行動を開始したら、陸軍省はこれを後押しするという約束になっていたのではないかという〔半藤・保阪 2015:97 ～ 98〕。

石原は陸大を首席で卒業したというが、二番にされてしまったという。首席卒業者は天皇の前で講義をしなければならなかったので、賊軍出身の石原に講義をさせたら何を言い出すかわからない。賊軍の汚名を晴らすようなことを話すかもしれない。したがって二番にされたのではないかという〔半藤・保阪 2015 : 122〕。

板垣参謀は「独断奉天駐屯部隊ニ奉天攻撃ニ関スル軍命令ヲ下達」したが、長谷部旅団長へは「支那軍ニ対シ密ニ攻撃ヲ準備スヘシ」としていた。しかし長谷部は「攻撃準備」ではなく、独断で第四連隊に長春付近の中国軍兵営を攻撃させているという〔一戸・佐藤他 2011 : 149〕。

朝鮮軍司令部は師団司令部に準ずる編成を有し、同軍司令官は天皇に直隷し、朝鮮にある陸軍諸部隊（第十九・二十師団）を統率した。同軍は混成旅団を編成するが、中央から越境にストップがかかるものの、林はそれを押し切り越境してしまう。朝鮮軍飛行隊はそれより先に奉天に飛んで、関東軍司令官の指揮下に入っている。事変勃発当時、満州に日本軍機は一機もなかったという。朝鮮軍飛五個中隊からなる関東軍飛行隊が編成されるのは昭和六年一〇月であった。翌七年一月、国民からの献金により「愛国第一号機」が納入され、五月までに三二機に及んだ。林の越境行為は死刑に値するものであったというが、しかし林の「進退伺」も、「将来を戒めよ」との天皇の言葉で一件落着し、七年四月には大将に昇進している〔一戸・佐藤他 2011 : 215、半藤他 2010a:99 ～ 100、生田 1987 : 136、吉川弘文館 2012 : 19〕。

陸軍は大正期から海軍航空と合して独立空軍の設立を提唱していたが、海軍の反対によって実現せず、陸軍内において半独立的な航空部隊の設立をめざすことになった。石原も早くから航空戦力の重要性を主張していたという。航空部隊の指揮組織の面では、昭和一〇年三月に陸軍は第一～第三飛行団司令部を新設し、飛行部隊の集結使用の組織が作られた。翌一一年七月には航空兵団司令部令が公布され、兵団長は陸軍大将・中将が親補され天皇直属となり、航空部隊は全て軍司令官・師団長の隷下を離れて、全国の飛行部隊を統括した。初代の航空兵団長は、明治四三年一二月に日本の空を最初に飛んだ陸軍中将徳川好敏である〔生田 1987：158、吉川弘文館 2012：35, 42, 46、新潮社 1991:1196〕。

(10) 石原が大きくクローズアップされる場面は二つあるという。一つは満州事変であり、もう一つは支那事変であるという。前者では事変の首謀者であり、後者では参謀本部作戦部長という要職にありながら、事変拡大を阻止できなかった。石原は東亜連盟協会や満州協和会らの人々によって完全に神格化されたという。「石原さんの指揮した部隊は絶対に弾が当たらない」、などと信じられていた。また石原は、「天皇と日蓮、どっちが偉いんですか」という質問に、「当たり前じゃないか、日蓮だろう」と、平気で答えたという〔半藤他 2011：50～54〕。

支那事変が始まるまで、板垣は関東軍の主のような立場にあり（石原は日本に帰国する）、後に陸軍大臣となる。本庄は七年八月に凱旋し、後に侍従武官長・大将となり、事変の論功行賞で荒木貞夫と共に男爵となった。また、林は内閣総理大臣に就任している〔半藤他 2010a:122、半藤他 2010b:52～54〕。

昭和六年一一月九日、「陸軍兵等級ニ関スル件」（勅令第二七一号）が公布され、翌一〇日には「陸軍兵ノ名称改訂」（軍令陸第三号）が公布・施行された。これにより陸軍は健軍以来の下士・兵卒の等級を廃止し、下士を下士官、一等卒・二等卒を一等兵・二等兵に改称した。また、輜重輸卒は輜重特務兵に改称されている〔吉川弘文館 2012：19、前澤 2011：38〕。

(11) 昭和二年に設立された日本国民高等学校は、筧克彦の「古神道」を取り入れた農本主義に立脚し、日本の農民として明確な人生観をもつ青年を養成することを主眼とした、全寮制の極めて特殊な学校であった。同校は次第に満州移民の訓練機関になっていくという〔桑島 1992：28～29, 32〕。

東宮の立案によれば、「満州試験移民」は「戦いつつ耕す意気で渡満の決意を有し」、「屯墾軍として吉林剿匪軍に所属し満州国軍としての給与を受く」という。また「対ソ国防に関しては関東軍司令官の指揮下に入る」とし、「主な兵器は騎銃・機関銃・野砲・曲射砲・平射砲・擲弾筒・爆薬・手榴弾」という、完全な武装移民であった〔群馬県史 1991：708〕。

昭和一一年八月、広田弘毅内閣は「七大国策」のなかに満州移民事業を掲げ、以後、「二十ヶ年百万送出計画」のもとに満州農業移民は国策として推進された。これにより青壮年層の召集や軍事産業への供出が相次いだため、支那事変勃発を経て加藤らにより「満蒙開拓青少年義勇軍」も構想された。一三年一月には最初の同軍募集要項が発せられ、一六〜一九歳までの少年が応募している。これに伴い同年三月、満蒙開拓青少年義勇軍訓練所が日本国民高等学校敷地に隣接して設立された。軍隊組織に倣い、当初は一万名収容をめどに建設され、訓練所建物の八割近い三〇〇余棟は「日輪兵舎」（建坪約三〇坪、六〇名収容）と呼ばれた独特の建物であった。この兵舎に関して訓練生は、「太陽の神を形どっており、天照大神を祖とする皇室をいただく日本人として、ありがたく思わねばならぬ」、と教えられたという。とくに長野県は全国で最多の六九三九名の義勇軍を送出し、その二割以上は死亡しているという。本県からは一八〇〇名以上、総計では八万六〇〇〇名の「小戦士」「豆戦士」が「出征勇士の如く」海を渡っていった〔伊藤 2008:43 〜 44、長野県歴教協 2001：8, 33 〜 34, 40, 119, 299、笠原・安田 1999：169、朝尾他 2005：105、上毛新聞 2017a〕。

一ノ瀬俊也によれば、奈良県田原村の『従軍史録』は、同村の満州事変従軍者の功績を記録すべく、昭和一二年に増補改訂されたものであるという。同書には、事変の目的を「（張学良政権の）苛斂誅求に呻吟せる満蒙三千万の民衆」を救い、「我等の生命線確保と、東洋平和確立の為」である、と端的に述べられているという。同郷の兵士たちの戦いと死はその礎になったと同書は語り、村の人々に国家の運命をより身近な、自らのものとして考えさせる効果をもたらしたのである。従軍したある陸軍伍長は、事変は疑いもなく「正義の戦争」であったと思っており、この伍長は除隊後、村の「模範青年」「中堅農民」として青年団副団長や青年学校指導員を歴任している〔一ノ瀬 2004：363 〜 364〕。

飯塚の墓碑銘には左記のようにある〔現地調査〕。

「昭和九年三月十日特旨ヲ以テ従四位ニ叙シ陸軍少将ニ任ゼラル同日戦死享年五十二同年四月二十七日太田中学校ニ於テ澤野村並ニ太中同窓会太小同窓会新田郡連合軍人会ノ合同葬儀ヲ挙行セラル同年十二月二十七日生前ノ勲功ニ依リ勲三等ニ叙シ功三級金鵄勲章ヲ下賜セラル

群馬県立太田中学校長従五位中曽根都太郎撰

天光書

昭和十年三月十日

世田谷区代田

嗣子　飯塚朝昭

施主　飯塚本司建立　」

なお、飯塚少将に関しては、ご子孫の飯塚則幸氏（本県太田市高林南町在住）からいろいろとご教示いただいた。

(12) 例えば、石巻（石巻市）出身の大黒栄次の遺骨は、午後石巻に到着し、地元の寺院で葬儀を執行した。また、前谷地村（石巻市）出身の菊地孝志の遺骨は、実父に護られて生家に入った。同村では「名誉の戦死」を遂げた菊地の村葬を仏式で営んでいる。あるいは、白石町（白石市）出身の菊地正人の遺骨は、白石に到着すると戦友に抱かれて実父の付き添いで自宅に運ばれた。葬儀は寺院で行われたという〔佐藤 2017 : 39 ~ 40〕。

独立守備隊三九名の遺骨は、大連埠頭広場で慰霊祭が執行され、「うらる丸」で内地に向かった。そして内地に到着すると、東北各地等の本籍地に運ばれ、山形県本籍の戦没者二九名の遺骨は一〇月二〇日に山形に帰還した。翌二一日午前一〇時より、神式並びに仏式の慰霊祭が山形市千歳公園（薬師公園）の招魂社前で開催されたという〔佐藤 2017 : 40〕。

「栗原少佐等の遺骨けふ、若松聯隊に到着」（昭和六年一一月二一日付『河北新報』）によれば、昭和六年一〇月二八日に「名誉の戦死」を遂げた若松連隊の栗原少佐以下の遺骨は、一一月二〇日に東京駅に到着した。その後、上野駅の特別室に安置され、増上寺大僧正らによる読経を受け、南陸相らが焼香した。遺骨は同日中に列車で会津若松に送られ、夕方には若松連隊に到着した。同日夜には仏式で、翌二一日には神式で隊葬が執行される予定であるという〔佐藤 2006 : 133〕。

千人針を身につけていれば弾に当たらないとされた。「虎は千里行って千里帰る」という故事から、とくに寅年生まれの女性が縫ったり、虎の絵を描いた。また、「死線（四銭）を越える」あるいは「苦戦（九銭）を越える」といって、千人針に五銭玉や十銭玉を縫い込んだという〔佐藤 1998 : 105〕。

(13) 文久三（一八六三）年七月、多胡真強・福羽美静ら津和野藩士一〇名が主唱者となり、京都祇園社境内に小祠を建て、私祭で「安政の大獄」での尊王派三条実方・徳川斉昭ら六四名（四六名とも）の殉難者の霊を祀った。その時の鎮祭の祭文では、同祠に次々と忠死の霊を奉祭すると述べ、冥助により早く攘夷の功をおさめ、国安を致すことを祈っていた。しかし、この小祠は間もなく幕府を憚って取り壊され、福羽邸内に移転されたという〔村上 1974 : 8、靖国神社 1999 : 37〕。

(14) 昭和一〇年までの女性合祀者は四九名に過ぎないというが、支那事変以降は急増し、範囲も広がって、平成一八年末までの祭神数は五万六一六一柱に達するという。それは全体の二・二八％にあたる。このうち太平洋戦争関係が五万六〇〇三名であるから、それ以前の合祀者は一五八名ということになる〔秦 2010 : 89, 233〕。

(15) 上海停戦協定を直前にした四月二九日、上海虹口公園で日本軍民合同の天長節祝賀会が開催された。席上、朝鮮人尹奉吉の投じた爆弾によって、白川軍司令官・野村司令長官・植田師団長・重光公使・村田総領事などが重傷となり、その後白川は上海で死去している〔生田 1987 : 135〕。

(16) 「三勇士」の美談は新聞社の特ダネ競争のなかで形作られて行ったという。とくに雑誌『少年倶楽部』（昭和八年二月号）が、三勇士の銅像の紙模型を付録にしたことによって、三勇士は全国の少年に知れわたり、人気の的になったという〔山室 2007：241～250〕。

小学校教材「三勇士」の原拠は、陸軍教育総監部編『満洲事変軍事美談集』（1933）の「責任観念之部」に収録されている「点火せる破壊筒を抱き、身を以て鉄条網を破壊す」、と題する一文であった。この三勇士を直接率いたのは陸軍伍長内田徳次であったが、小笠原は内田伍長の私記発表にあたり、三勇士爆死寸前の地点を記述したと思われる部分を一三文字削除しているという〔中内 1991：88〕。軍神と祭り上げるためには不都合な記述（事実）であったのだろう。一方で、軍幹部も下からの突き上げによって困ったという。久留米工兵大隊では教育がしにくくなったと吐露しているという。なぜなら技術的にも不成功であったものが、軍神と崇められたからである。ことが大きくなりすぎたと幹部は大いに責任を感じていた、と伝えられている〔中内 1991：89〕。

金沢歩兵第七連隊大隊長であった空閑少佐は、昭和七年二月二〇日に中国軍の重囲に陥り、重傷を負って敵中に取り残され、「戦死」したものと認定された。その奮戦振りは国民に宣伝されて有名になった。ところが、戦死したはずの空閑少佐は意識不明のまま中国軍に収容され、その手厚い看護によって奇跡的に回復し、停戦後の捕虜交換で陸軍少尉西尾甚六と共に日本軍に引き渡された。これに対して日本軍は当惑したという。なぜなら日露戦役以来、少佐のような高級将校が捕虜になった事例はなかったからである。世論のみではなく、陸軍内部からも空閑に対する自決への圧力が高まった。三月二八日、第七連隊長林大八の戦死跡を弔った空閑は、同地からほど近い野原の一隅でピストル自殺した。気まぐれな世論は、肉弾三勇士ほどではないにしても、その行為を称賛したのである。世論は空閑少佐を「戦死者」として処遇せよと主張した。これに対し、陸軍は戦死とはせず「公務死」と決定した。ただし、進級はさせないものの勲五等から勲四等に昇授し、三勇士よりも一年遅れて九年四月、「特祀」扱いで靖国合祀となった。この空閑少佐事件以後、日本軍に捕虜をタブー視する観念が定着したといわれている〔大江 1984：127～128、秦 1994：53、秦 2010：109～111〕。

(17) 触頭とは、江戸幕府の法度・触書を末寺に伝達する寺院で、各宗ごとに設定され、いずれも江戸在住の寺院である。幕府権力を背景に、宗内における地位は大本山と同程度になっていき、末寺からの幕府への願書などを上申する役割も担っていたという〔古田他 1988：874〕。

久留米工兵大隊は銅像建設資金を提供しただけで、それ以上銅像建設に関わっていないという。大隊としては銅像ではなく、別の記念物を建設したという。久留米の銅像が完成する直前の五月七日、「上海事変爆弾勇士記念塔」が除幕されている。除幕式には市民ら二〇〇〇余名が参集した。この記念塔には、「江下、北川、作江三勇士の姿を浮き彫りにした碑面」が正面に据えられていたが、「上海事変の華と謳われた廟巷鎮の鉄条網爆破八勇士の壮烈な偉勲を永久に伝えるため」に造られたものであった。大隊としては三勇士だけではなく、同じ作戦で戦死した八名全員を顕彰する意図があったのである〔山室 2007 : 245〕。

（18）例えば昭和五年五月二七日は、日本海海戦から二五年となる海軍記念日であったが（広瀬の誕生日も同じ月日）、この日、東京市内の在郷軍人会連合会は広瀬銅像前に一〇〇本の記念植樹を行った。また、満州事変から半年後の広瀬の命日にあたる三月二七日には、東京海洋少年団一五〇名が集まり、銅像を総がかりで洗い清めている。さらに、昭和一五年に東京多摩地区の小学校が実施した修学旅行の行程は、二重橋で宮城を拝し、宮城前にある楠木正成銅像を見てから万世橋の広瀬銅像に行き、さらに上野の西郷銅像を見た後に上野動物園を見学して帰る、というものであった〔山室 2007 : 77 ~ 80〕。

青松寺の三勇士銅像に関しては次のようにある〔寺田 1992 : 89〕。

「戦後、この爆弾三勇士の銅像は三つに切断されて、（中略）寺の床下に放り込んであった。次にこの寺を訪れたときにはすでになく、スクラップになったとか、九州の遺族が持ち去ったとかの噂だけが残されていた」。

（19）台湾霧社事件とは、昭和五年一〇月二七日に台湾能高郡霧社の原住民が蜂起し、日本人ら一三六名（異説あり）が殺害された事件である。日本軍は歩兵二個大隊・山砲兵一個中隊などが出動し、飛行機からは催涙ガス弾を投下し、密林を焼き払って鎮圧した。軍人の死傷者は四九名であったという〔生田 1987 : 130、岩波書店 1991 : 284〕。

（20）昭和九年の段階では、官祭招魂社一〇四社・私祭招魂社三四社の合計一三八社で、官修墳墓は一〇一三ヶ所である。官祭招魂社の分布は、山口県二一社、鹿児島県一六社、京都府一三社、宮崎・福岡両県六社、長崎県五社、長野県四社などとなっている〔高石 1990 : 102〕。

（21）勅令による、文部大臣下の宗教制度調査会の設置（大正一五年五月）と、内務大臣下の神社制度調査会の設置（昭和四年一二月）は、「神社は宗教に非ず」とする建前で作られた国家神道そのものに内在する矛盾を、改めて顕在化させる結果となった。とくに神社制度調査会は、神社は宗教ではないことを改めて確認したが、この確認は同時に、自らの手を縛ることになった。神社信仰の無制限の強制や、大多数の神社が現実に行っている宗教活動に対する、宗教界を始めとした各界の批判に根拠を与えることになったのである〔村上 1970 : 197 ~ 199、山折 2004 : 553, 558〕。

例えば、真宗各派協和会は昭和五年一月一三日、「神社問題に関する共同開陳書」を発表し、神社を宗教として崇敬できぬとし、神札も拒否する態度を表明した。また、日本基督教連盟も同五月二八日、神社制度調査会に対し「神社問題に関する進言」を発表している。そこでは、神社が「素々宗教であったものを斯く非宗教的に取り扱いたる処に無理があって、自然宗教的行事を実際に執行する事となり、為に幾多の混雑を来した」として、神社の宗教活動と神社参拝強制の中止を要望したのである〔高石 1990 : 93〕。

長崎の海星中学でも神社参拝拒否事件がおこったが、昭和七年九月三〇日の文部次官回答後の一〇月二日、陸軍省は上智大学・暁星中学および海星中学に対し、配属将校を引き揚げると威嚇した。海星中学はこれに屈服したが、上智大学と暁星中学は屈服せず、陸軍は一二月に両校から配属将校を引き揚げた（翌八年一月に配属将校復帰）〔高石 1990：97～98〕。

昭和八年六月には、岐阜県大垣の美濃ミッション信者が、小学校の修学旅行中の子供の伊勢神宮参拝を拒否し、二回にわたり同市の市民大会で糾弾されるという事件がおこった。また同年、クリスチャン医師の石浜義則が神戸市での路傍伝道で、古事記の記述を荒唐無稽と語り神宮不敬罪に問われた。翌九年三月には、奄美大島のカトリック教立大島高等女学校が、前年からのカトリック教排斥運動のなかで、教育勅語の保管場所が不敬にあたるとの理由で廃校に追い込まれている。また同年、奄美大島要塞司令部を中心に、同島のカトリック教徒の棄教強制や神社での転向誓約式などが強行された。四月には、長崎でカトリック教徒の小学校教員が神社参拝拒否を追及され、辞職している〔村上 1970：201、高石 1990：99～100〕。

同志社高等商業学校では、昭和一〇年六月二一日に武道館神棚事件が発生している。学生が同校武道館に三宅八幡の神符を掲げたところ、学校当局はこれを下ろさせる処置をした。これに対して配属将校三浦国雄中佐が、学校側の行為は日本武神への冒涜であり、国体精神に反するものとして態度を硬化し、「反省せねば配属将校引も止むを得ぬ」と威嚇したのである。結局、同志社はこれに屈服したという〔高石 1990：103〕。

(22) 灯籠のレリーフに関して、既述の他に海軍関係は「日清戦役　黄海海戦」「第一次世界大戦　地中海遠征の特務艦隊」「上海事変　上海付近の空中戦」「救護日本赤十字社　救護看護婦の活動」があり、陸軍関係では「北清事変　天津城の攻撃」「第一次世界大戦　装甲列車の戦闘」「満州事変　熱河長城攻撃」「台湾鎮定　明治四十一年警察隊の戦闘」がある〔靖国神社 1999：106、現地調査〕。

(23) 田中支隊に対しては大正八年二月二七日、師団長の井上中将から「感状」が授与され、その感状は同忠魂碑前面の台座に刻まれているが、碑背には次のようにある〔現地調査〕。

「本碑前面の碑文は、大東亜戦争終結に際し、抹消せられたり。これを惜しみて、同憂相図り、田中支隊殉難五十周年に當り、茲に、改めて往時の感状を復刻し、以て、忠魂碑を永遠に傳ふ。

昭和四十三年二月二十七日　　靖国神社宮司筑波藤麿」（句読点筆者）

(24) 白川（2008）では、三勇士は真宗大谷派の門徒としていたが、後の白川（2015）では、本願寺派の門徒とされているため、後者の説に依った。また白川哲夫氏からも直接、いろいろとご教示いただいた。

親鸞は弘長二（一二六二）年に九〇歳で没し、その遺体は鳥辺野南の現在の延仁寺（真宗大谷派）の地で火葬され、遺骨は当初、親鸞の末娘覚信尼により、法然有縁の知恩院の北にあった大谷の廟堂に納められた。その際、廟堂を管理する職として、親鸞の子孫による世襲の留守職を設け、覚信尼自身が初代留守職となった。親鸞曾孫の覚如（本願寺三世）は廟堂の寺院化を図って、本願寺と号した。これが本願寺の起源であり、いわゆる大谷本願寺である。この本願寺派の大谷本廟は、慶長八（一六〇三）年の知恩院の拡張にあたり、江戸幕府の命令によって現在地に移転されたものである。万治三（一六六〇）年に十三世良如が仏殿を建て、親鸞の墓所をその後方へ移した。この西大谷から清水寺（北法相宗大本山）にかけてが鳥辺野で、北の蓮台野・西の化野と共に古くからの埋葬地である〔山折 2007：212～213、古田他 1988：110,203、瓜生津・細川 2012：16～17, 41～42, 45、山本 1995a：163〕。

大谷派の大谷別院（東大谷、後の大谷祖廟、京都市東山区円山町）は、家康による慶長七（一六〇二）年の本願寺東西分裂後、東本願寺の北東隅にあり、歴代の遺骨を納めていた。寛文一〇（一六七〇）年に現在地に移り、元禄一四（一七〇一）年に改葬準備された。延享二（一七四五）年、幕府が一万坪を寄進して寺領は拡大し、明治五年には御坊を管刹と改めている〔古田他 1988：110〕。白川哲夫氏のご教示によれば、大谷派で同別院を大谷祖廟と称するようになるのは昭和五六年からであるという。

(25) 満州国建国二周年の昭和九年三月一日、清朝皇帝の服装である龍袍を着用した溥儀は、新京郊外に設けられた天壇で「告天礼」（告祭）を行ったが、午後から勤民楼で執行された「登極の礼」では、天皇をモデルとする大元帥の正装を余儀なくされたという。それは儒教と近代天皇制との奇妙な折衷であり、傀儡国家に天皇制が移植される皮切りとなった〔原・吉田 2005：206〕。

例えば坂井久能によれば、満鉄の鉄道守備任務にあたっていた独立守備歩兵第八大隊第二中隊所属の陸軍歩兵一等兵黒川梅吉（神奈川県久良岐郡金沢町出身）は、昭和九年六月一〇日に戦死している。死後、黒川は上等兵となるが、遺体はその日のうちに荼毘に付され、遺骨は一八日に飛行機で大隊衛戍地の敦化（トンカ）に運ばれ、同地の東本願寺に安置された。黒川の父親は戦死の知らせを受けると、悲嘆の余り「神も仏もあるもんか」と言って、屋内の天照大神や稲荷大明神の掛け軸を引きちぎったという。『東京日日新聞』は「狂気の如くなり」、と伝えている〔坂井 2006：9, 41, 52～53, 64, 69〕。

この黒川の氏名を刻んだ「忠魂碑」（総高五・七メートル）が、横浜市金沢区金沢町の称名寺（金沢山弥勒院、真言律宗別格本山）に建立されている。同寺は、鎌倉時代に執権北条実時が金沢の別邸に金沢文庫と共に創建したものである。同碑は昭和一一年四月、帝国在郷軍人会金沢町分会により建立された。当初は日清戦役戦没者一名・日露戦役戦没者四名・大正六年軍艦筑波爆沈遭難者一名・昭和九年満州事変戦没者一名（黒川）の、計七名の碑であったが、後に同碑には支那事変戦病没者一〇名の氏名も刻まれ、合計一七名が祀られたという。同碑前では仏式ではなく、神式（神官）による慰霊祭が執行されている写真が残されており、その時期は昭和一五年冬またはそれ以降と推測されるという。忠魂碑が単なる記念碑ではなく、神式における依代の機能（宗教施設）を果たしているのである〔坂井 2006：115 ~ 118、古田他 1988：504 ~ 505〕。

(26) 樺太庁官制公布は日露戦役後の明治四〇年三月であったが、樺太招魂社の起源は、翌四一年七月一七日に豊原町神宮遙拝所境内に斎場を設け、日露戦役樺太軍の戦傷死病没者で靖国神社祭神である、陸軍歩兵少佐西久保豊一郎（佐賀県士族）以下七五柱の招魂祭を執行したことによるという。大正四年六月、豊原町民会の議決により帝国在郷軍人会豊原分会と協議の結果、「御大礼」（天皇即位礼）記念事業として、同町大字北豊原二線にて畑地二四六四坪を購入し、同一〇月二三日に社殿が竣工した。既述の七五柱が祭神となるが、六年七月に社殿を豊原神社境内に移転している。以後、同町民会は毎年祭典費を共進して祭事を執行し、同社は大正一〇年一一月一六日付で、樺太庁長官から豊原神社境内神社として認可された〔海野 2001：315、伴・市川 1935：181 ~ 185〕。

(27) 二・二六事件から八〇年となった平成二八年二月二六日、「事件で殉職した警視庁の警察官5人を追悼する行事が東京・北の丸の弥生慰霊堂であり、SP（警護官）ら85人が黙とうをささげた」、という〔上毛新聞 2016b〕。

(28) 宮内大臣から、この「御府献納写真蒐集中止」と写真の「遺族」への「返納」が指示されたのは、敗戦三ヶ月後の昭和二〇年一一月九日であったという〔赤澤 2015：90〕。

(29) 陸軍省内で杉山は戦争に最も積極的であったという。日本は二度出兵を決定して二度撤回し、三度目に本格的な武力活動に踏み切っている。閑院宮と杉山は、天津で一撃を加えれば事件は一ヶ月以内に終了すると見ていたが、蔣介石は徹底抗戦を唱え中央直系軍を動員することになる〔半藤他 2010：223 ~ 224、小田部 2016b:193〕。

武藤は永田鉄山の指導の下で、自らが起案した華北分離政策を石原が放棄したことに強く反発していたという。武藤による石原の不拡大方針への攻撃は、石原の華北分離工作中止への反撃でもあった。その意味で日中戦争は、石原の華北分離政策放棄に対する反動であり、激しい揺り戻しとして始まった、といえるという〔川田 2011：66, 161 ~ 162, 139、秦 1994：105〕。

事変勃発時、武藤は「愉快なことが起こったね」と同僚に語ったという。拡大派は、強大な兵力で一撃を加えれば中国は簡単に屈服し、華北分離工作の懸案が一挙に解決するという「中国一撃論」を唱えていた。武藤は石原に対して、「満州事変の部長の時と同じことをやっているにすぎません」と啖呵を切って拡大路線を推進した。しかし一年後、事態の泥沼化を目にして、「いくらやってもだめだというなら、考え直さねばならないかのう」と、側近に漏らしたという〔笠原 2015：23、半藤他 2011：54〕。

(30) 陸戦隊司令官大川内伝少将は八月八日夕刻、大山中尉を密かに呼び出し、「口頭秘密命令」として「お国のために死んでくれ、家族のことは面倒見るから」、と告げたという。敵の虹橋飛行場に強硬突入し、射殺されるように告げられたのである。その際、不法に殺害されたと見なされるように、拳銃は携帯しないように注意した。後日、大山の日記は遺品として遺族に返されたが、八月八日の頁には、大山の「遺髪」と母から送られた絹布の「千人針」が半紙に包まれて挟んであった。表には「家人曰く忠義を尽せ」、と書かれていたという。大山は「決死の出陣」をしたのである。大山には天皇・皇后からの死亡賜金七〇六円など計四〇〇〇円以上が支給され、その胸像は靖国神社の遊就館内に建てられた（敗戦後生家に移転）。このように戦死した大山が厚遇されたのに対し、大山と共に殺害されながらも、斎藤一等水兵は階級の低さ故に冷遇され顕彰や補償の対象になっていないという〔笠原 2015 : 43 ～ 46 ～ 48, 76〕。

石原の不拡大方針に対して、海軍大臣米内光政中将（岩手県出身、海兵29期、後の大将・首相）も「ここで我が海軍の陸戦部隊が撤退するわけにはいかない」と、強引に押し切ったという。そこには陸軍への対抗意識があったのではないかという。盧溝橋は華北で「陸軍の縄張り」、日本の在華紡績の本拠地でもあった上海を含む中南支は「海軍の縄張り」、というように棲み分けていた。とくに北清事変以降、艦隊を擁する海軍は上海を拠点とする長江流域の警備等を担当したという歴史的経緯があった。自分たちの縄張りでおきた事件であったことと、盧溝橋事件を機に陸軍が戦線を拡大していき、結局米内も全面戦争は不可避と考えたのではなかったかという。閣議で「予算措置からしても派兵は無理だ」と反対する蔵相賀屋興宣を、米内が怒鳴りつけた話は有名である〔吉川弘文館 2012 : 52 ～ 54、笠原 2015 : 38、秦 1994 : 246、半藤他 2011 : 160 ～ 161〕。

石原は昭和一二年九月二七日、作戦部長を辞して関東軍参謀副長として満州に転出し、陸軍部内での実権を失った。石原は参謀本部を去る時、かつて課長を務めた戦争指導課で、「ついに追い出されたよ」と述べたとされている。だが転任は、自らの不拡大方針を貫徹できなかった本人の希望でもあったようである〔川田 2011 : 170 ～ 171〕。

現役終了者は予備役となり戦時の召集を待つが、その期間は五年四ヶ月（海軍は四年）であった。後備役は予備役終了者全員で、一〇年間（海軍は五年間）は戦時の召集に応ずる義務があった〔加藤 2007 : 215〕。

従来の戦時大本営条例は勅令により定められており、文字通り戦時にのみ適用されることになっていた。したがって、勅令第六五八号を以てこれを廃し、「戦時又は事変に際し設けることのできる」大本営令にしたという。大本営の廃止は敗戦後の昭和二〇年九月一三日である〔秦 1994 : 497〕。

（31）作家の菊池寛は、西住の戦死直後に戦意高揚のため彼の伝記小説『西住戦車長伝』を書いたが、「特にこれといったエピソードもない若者の話を書くのは難しかった」、という趣旨のことを率直に吐露しているという。また、西住と生前交流があった人々も、「あまり記憶に残らない人だった」、というコメントを多く残しているという〔別冊宝島 2016 : 57〕。

（32）「功臣」の国葬の最初は明治一六年七月二五日の岩倉具視の葬儀とされているが、国葬令では、臣下の国葬当日に国民は喪に服することを義務づけている（第四条）、という。国を挙げての慰霊行為が法的な強制力を伴って実施されることになり、国葬は全国を巻き込んだ一大イベントとなった。同令は日本の敗戦後に失効し、現在、公葬を規定する法は日本に存在しない〔岩波書店 1991 : 94、宮間 2015 : 3 ～ 4〕。

(33) 昭和一四年三月には、輜重兵特務二等兵等が輜重兵二等兵等と改称される。かつて「輜重輸卒が兵隊ならば、蝶もトンボも鳥の内」と蔑まれ、日露戦役時には中国人労働者から「日本兵苦力」と呼ばれたのが輜重輸卒であった。それは兵役義務の名で徴集された事実上の強制労働者で、昇進制度もなかった。日清・日露戦役では兵站で苦労しながら、日本陸軍は最後まで兵站や輜重を重視しなかったのである。日中開戦後、特務兵も一等兵・上等兵に昇進できるようになったが、特務兵の名称廃止によって、漸く一人前の兵士としての待遇を受けることになった〔大江 1981 : 141 ～ 142、半藤他 2011 : 45、秦 1994 : 705〕。

宗教団体法に関して、荒木文相は議会での提案理由説明で、非常時局における国家による宗教の監督・統制・保護・育成が同法案の目的であると述べている。宗教団体を神道・仏教・キリスト教その他、に三分し、統制の便宜上、可能な限り各宗教を合同させる方針をとった。宗教団体は文部大臣または地方長官によって設立の認可を受ける必要があり、文部大臣は宗教団体の生殺与奪の権を握ったことになる〔村上 1970 : 204 ～ 205〕。

美空ひばりが国民学校に入学する前年、父親は応召し横須賀海兵団に入営した。その壮行会の席上で、「九段の母」をとても上手に歌ったという。さらに父のいる横須賀に行き、この歌や「戦友の遺骨を抱いて」「出征兵士を送る歌」「兵隊さんよ、ありがとう」などを歌うと、同年兵たちは「ボロボロ涙を流してないてくれました」、と美空は語っている。ところで彼らは、靖国神社に英霊として祀られる歓喜にむせび泣いたのであろうか。そうではなかろう。美空の歌に自分の無残な死を思い、母や妻の姿を幻視したのであろう〔川村 1996 : 109 ～ 112〕。

(34) 建国神廟の祭神に関しては、日満関係を一体化するためには「日満共通の神様」が必要だということになった。満州国は日本の庇護によって成立したのであるから、日本の神は満州の神であるということになり、満州国皇帝御用掛であった陸軍中将吉岡安直の主張によって、天照大神が祭神とされた。大祭では満州国皇帝が祭典を執行することになった。昭和二〇年八月、ソ連軍が満州に侵攻すると、柳箱に入れられた御霊代は外島祭祀府祭務処長によって、溥儀と行動を共にしたが、溥儀は八月一九日、逃亡途上に奉天飛行場でソ連軍によって拘束される。その後、溥儀はシベリアに抑留されたが、御霊代は、外島によって「然るべき処に、然るべき方法をとってある」とされたのみで、所在不明になったという。一説によれは、御霊代は長春に送られ郊外の南湖に沈められたという〔辻子 2003 : 223 ～ 226、秦 1994 : 155、原・吉田 2005 : 209〕。

(35) 蒙疆神社の創建は昭和一五年一〇月ともいわれ、祭神は天照大神・国魂神・明治天皇で、永久は祭神にならなかったという説もあるという〔辻子 2003 : 245〕。

大谷栄一によれば、敗戦後の昭和三四年三月に「千鳥ヶ淵戦没者墓苑」が竣工し、政府は支那事変以降の戦没者の「象徴遺骨」を納骨する施設とすることで、理解統一を図った。一方、靖国神社では翌四月に霊璽簿奉安祭が執行され、太平洋戦争戦没者の合祀がほぼ終了したという（第八十五回合祀）。一一月には「靖国神社創立九十年奉祝大祭」が開催され、日本遺族会が靖国神社国家護持推進のための全国的な署名運動の実施を決定するなど、同年は靖国関係の注目すべき行事が目白押しであった。同一〇月の能久と永久の靖国合祀は、こうした状況を背景としていた。また、日本の敗戦による海外神社の消滅に伴い、能久・永久を祀る神社も姿を消したため、両者を靖国神社に合祀したのである。これにより同社の祭神は現在、二四六万余の臣下の祭神を一座とし、二人の皇族がそれぞれ一柱一座をなして、計三座（皇族二名の祭神を一座とすれば計二座）という、差別的で不自然な形態となっている〔大谷 2004：138～140、高石 1990：170～172、村上 1974：1871、秦 2010：233〕。

（36）現在、同墓地内には以下のような墓碑等が確認できる〔山辺 2003：635～636、現地調査〕。「日清戦役戦病没者之墓」「明治二十七八年之役　歩兵第廿四聯隊下士忠死之碑」「明治二十七八年之役　歩兵第廿四聯隊兵卒忠死之碑」、「日露戦役戦病没者之墓」、「青島及西比利亜戦役戦病没者之墓」、「満州及上海事変戦病没者合同□」（第十二師団長杉山元書）・「満州及上海事変戦病没者之墓」、「忠霊鎮護之地」碑（歩兵第二十四聯隊長中□□六誌）、「支那事変戦病没者之墓」（陸軍中将長瀬武平謹書、皇紀二千六百年建之）、「大東亜戦争戦没者之碑」、「殉職将兵合葬之墓」、「明治維新志士之墓」（靖国神社宮司筑波藤麿、昭和四四年八月一〇日）。個人墓碑一五基（うち将校七基・下士四基）。

（37）大村陸軍埋葬地に関わる上申とは、同埋葬地にあった満州上海事変合同墓碑に、「戦病死者ノ忠烈ヲ記念スル為メ」に花香台と石灯籠を寄付して、「英霊ヲ永久ニ弔ヒ」たいという民間からの提案があったことである。所管長である久留米師団長の同意を得て、陸軍省に許可を求めたものであった。当局は一〇月三一日付でこれを許可している〔原田 2001：137〕。

（38）当初の桜井の構想の中には、各地に靖国神社の分社と遊就館の分館を建設する計画もあったらしく、後に忠霊塔と護国神社の関係が問題化した際に、この件を持ち出しているという〔大原 1984：123〕。

（39）桜井が陸軍大学校教官に就任するのは昭和一三年二月である〔秦 1994：69〕。忠霊塔建設に関しては、「十三年三月、理由は不明ながらその建設は『時期尚早につき暫く時期を待つように』との内務省警保局からの通牒で延びていたが、日中戦争二年目の春を迎えて再熱し、同十四年一月八日、内務省で、内務省警保局町村警務課長・同神社局中村総務課長ほか陸軍・海軍・厚生・文部各省関係官が打合わせ会を開いた結果、『一市町村単位に一塔碑に限る』との通牒により具体化したらしい」、という〔籠谷 1994：321～322〕。

（40）応募図案の審査は一ヶ月に渡って行われたというが、実際の審査は三日間であったという。入選作には予定通り、墓石を大きくしたような案ばかりが選ばれたという。また、この競技設計においては、日本趣味を掲げる建築界の長老たちと若手のモダニストたちとの対立があったといい、数多くのモダニストが自案を提出したが、結果的には保守的なデザインが採用されたという。そもそもこの対立は、帝室博物館の競争設計前後から始まり再燃し、一九三〇年代末からの国史館（日本の歴史を総合的に展示する歴史博物館）の建設構想でも、建築界は紛糾していたという〔井上 1995：136〕。

（41）大原康夫によれば、建立年月日は明らかではないが、以下のような慰霊納骨施設が確認できるという〔大原 1984：130〕。西本願寺岐阜別院「忠魂堂」、西本願寺仙台別院「納骨奉安殿」、北京西本願寺「納骨堂」、弘前市仏教各宗派合同の「忠魂慰霊堂」、比叡山阿弥陀堂「忠霊堂」、善通寺本山「忠魂堂」、上野見明院「忠霊殿」、真宗高田派本山「忠魂堂」、長谷寺「忠霊塔」、長野善光寺「日本忠霊殿」。このうち「善光寺日本忠霊殿」の「案内板」には次のようにある〔現地調査〕。

「忠霊塔は明治三十九年（一九〇六）創建されて明治戊辰の役から国のためにたおれた英霊をおまつりして来ました。この殿堂は昭和四十五年に改築され約二百四十万の御霊を迎えて祀っております」。

（42）水交社は、陸軍の偕行社に類似した海軍部内の親睦福祉修養団体で、明治九年三月に創立した。昭和三年に法人となり、本部を東京芝に置き、軍港所在地などに地方水交社を逐次設置している〔秦 1994：709〕。

（43）「京都忠霊塔」に関しては橘（2007、2011）を参照。

第三章　群馬県における戦没者慰霊

本章では全国的な動きを視野に入れつつ、具体的な事例として、群馬県における展開を中心に検証してみたい。本県における戦没者慰霊はどうであったのか。そのためには直ちに対外戦争ではなく、まずは戊辰以来の内戦から掘り起こしていかなければならない。

一　軍都高崎の創設と慰霊施設

1　招魂祠・招魂社

幕末維新期の上州九藩（前橋〔廐橋〕・高崎・館林・沼田・安中・伊勢崎・小幡・七日市・吉井）は、総じて戊辰戦役および己巳戦役（箱館の戦い）で倒幕軍たる「官軍」（西軍・政府軍）に与した。そのなかで**館林藩**（譜代六万石、城址は館林市）は、かつて「館林宰相」（第十二代藩主）と呼ばれた第五代将軍徳川綱吉（第三代将軍家光四子）の出身藩であったが、とりわけ戊辰戦役で同藩は藩士七〇〇名を中核とした一一一二名を出征させ、官軍として同藩兵は関東から東北各地を転戦した。現在のところ確認できる同藩戦没者は四七名であるが、実際には五〇名以上ともいわれている。同藩の第二十三代藩主秋元礼朝（遠江掛川藩主太田資始五男）は、このうち三九名の「戦死者」を「カミ」として祀るため、戦役後の明治二年九月二三日、城西の近藤村大谷原の練兵場跡（館林市近藤町）に、いわゆる**館林招魂祠**（社

館林城址

邑楽護国神社

地は三段六畝二二歩、後の**館林招魂社・邑楽護国神社**）を創建（竣工）した。同時に、同祠境内には官軍戦没者たる三九名の**「戦死者碑」**および**「招魂合祭之碑」**（明治二年）も建立されている。ただし、管見によれば同藩戦没者は既述の四七名に及ぶから、「戦病死者」等は同祠の祭神から除外されたのではないかと推測される。同藩は戦功として賞典禄一万石を下賜されており、その一部が同祠創建資金にあてられ、また五〇石を以て同祠の祭祀料としたという。同祠は一四年四月、現在地（館林市代官町）に移転している〔今井 2005 : 334 ~ 344, 352、群馬県 1974 : 413、二木 2004 : 132 ~ 134, 146、館林市 1999 : 284 ~ 285、群馬高教研 1991 : 5、群馬高教研 2005 : 37〕。

すでに序章で言及したように、全国の官軍戦没者を祭神とする東京招魂社の創建は明治二年六月であり、翌七月には、兵部省が同社の年四回の例大祭を定めている。いずれも「官軍勝利の日」であったが、とくに「会津落城降伏日」は意図的に「天長節」（九月二二日）に合わせたものと考えられる。その後、九月の例大祭は九月二三日に変更されるが、館林招魂祠の創建月日は、この東京招魂社の例大祭日に付合するのである。このように戦没者慰霊に関しても、中央と地方は太いパイプで繋がり始めることになる。

こうした招魂祠・招魂社（後の護国神社）は全国各地で創建され、官費により経営される「官祭招魂社」と、私費により賄う「私祭招魂社」とに二分された。東京招魂社は官祭であり、館林招魂祠は当初私祭であったが、両社に戦死者の遺骨は納められておらず、「忠魂」のみが祀られた。明治四年七月の廃藩置県を経た翌八年四月二四日、太政官は「招魂社経費並墳墓修繕費定額ニ関スル件」（太政官達第六七号）を各府県に発している。これによって、招魂社や戦没者墳墓の維持・修繕費は国庫から支給されることになり、全国約三〇ヶ所の招魂場（招魂祠・招魂社）は政府の統制下に組み入れられていく。支給額は、招魂社に関しては一社あたり年額四五円とされ、そのうち二〇円は祭祀費で、他は経常費であった。また別に、神饌料として一名あたり金五〇銭を支給することとした。続いて内務省は同一〇月一三日、内務卿大久保利通の名を以て、東京府を除く各府県に対し、招魂場等の名称は全て「招魂社」に改称するよう通達している。こうした動きに先立ち、館林招魂祠は同五月に官祭館林招魂社と改称し、官費で祭祀が行わ

戊辰戦役「戦死者碑」（邑楽護国神社）

「招魂合祭之碑」（同上）

れるようになり、東京招魂社の地方分社（末社）として正式に位置づけられた。やがて館林招魂社には、邑楽郡館林町（昭和二九年四月市制施行）を始めとした邑楽郡出身の対外戦争戦没者も合祀されていき、「邑楽・館林の靖国」あるいは「地方の靖国」「地域の靖国」としてその機能を拡大していった。これが現在の邑楽護国神社（館林市代官町）である。昭和四四年四月の「明治百年記念大祭」の時点で、同社の祭神数は三三六七柱と記録されている。このように近代の戦没者は、国や地域社会において重層的に祀られていくのである〔今井 2005：341～342, 348～349, 376～377、村上 1974：88～91、人文社 1991：78〕(1)。

上州では廃藩置県により「第一次群馬県」が成立すると（明治四年一〇月二八日）、県庁は**高崎城址二の丸**（高崎市高松町）に置かれた。当時はまだ旧藩士の居宅が残る高崎（明治三三年四月市制施行）は、中山道や脇往還であった三国街道（高崎から越後寺泊間、「旧佐渡路三道」の一つ）が交差する交通の要衝であり、戦略上も重要視されていたのである。ただし、高崎の県庁役場は建物や敷地の関係で分散せざるを得ず、業務上不便であったという。翌五年一月に高崎城址は兵部省の管轄下に入るが、二月に兵部省が廃されて陸軍・海軍両省が新設されると、同城址は陸軍省により兵営として整備されることになった。高崎の軍事的重要性が優先されたのである。これにより、県庁はより広い敷地や利便性を求めて前橋城址（旧前橋〔廐橋〕藩は家門一七万石、前橋市大手町、前橋は明治二五年四月市制施行）に移った。さらに既述のように六年一月、全国に六鎮台が設置され、「徴兵令」

高崎城址

が布告されるに至った〔今井 2014：45、二木 2004：123～129、岩根 2008：124、人文社 1991：16, 87、高崎市史 2004：10～13, 77, 110、朝尾他 1996：1001〕。

2　高崎兵営・陸軍埋葬地

高崎への陸軍部隊の設置過程は大変複雑で、不詳な点が多いという。徴兵令布告後の四月頃、庄内（旧庄内藩は譜代一三万八〇〇〇石）・米沢（旧米沢藩は外様一八万石）・**新発田**（旧新発田藩は外様一〇万石）・富山（旧富山藩は外様二二万石）の、東北・北陸の旧藩兵からなる新潟第八大隊の半隊と、東京に駐屯していた旧鳥取藩兵（旧鳥取藩は外様三〇万石）の一部が、また信州上田（旧上田藩は譜代五万三〇〇〇石）にあった旧佐賀藩兵（旧佐賀藩は外様三五万七〇〇〇石）主体の東京鎮台分営からも、幹部が高崎城址に入営したとされている。こうして高崎は東京鎮台管下の一大隊規模の分営（東京鎮台第一分営）となり、第九大隊と命名されて独立大隊となった。これが高崎部隊の起源であり、「軍都高崎」の誕生であった〔今井 2014：45、手島・西村 2003：67、二木 2004：72, 78, 212, 230, 278, 450, 579〕。

新発田城

この大隊発足に伴い、兵営内に傷病兵を対象とする病室が設置された。当初は高崎分営重病室（後の高崎衛戍病院・高崎陸軍病院）と呼ばれた。これと共に、高崎兵営近くには将兵の埋葬地が設営された。大隊の発足により陸軍の要請によって、兵営南方の**竜広寺**（曹洞宗、高崎市若松町）の住職謙光は、同院境内の一部（畑地）を陸軍省用地として軍に寄付したという。これが**高崎陸軍埋葬地**（後の**高崎陸軍墓地**）の起源であった（明治九年一一月時点で三反貳畝拾三歩）。日本で最初の陸軍埋葬地は既述の大阪真田山兵隊埋葬地（真田山陸軍墓地）であったが、現在、竜広寺境内には将兵の墓碑が残存している。現在の墓域は九五一坪で、個人墓二五七基・合葬墓三基を数える。確認できる最も古い墓碑は明治六年の三基で、一基は信濃国農民出身兵士、他の二基は越後新発田士族出身兵士のものである。この最初の埋葬者は戦没者ではなく、同六年に入営中病没した兵士であったことが判明している〔手島・西村 2003：68～70, 100、岩根 2008：125～126、現地調査〕。例えば「近藤浅吉之墓」碑には、

高崎陸軍墓地（竜広寺）

長野縣管下信濃國埴科郡森村農元左衛門次男近藤浅吉明治六年癸酉年徴兵召集二應同年六月五日東京鎮臺高崎屯営第九大隊江入臺第五中隊江編入右役中同年十一月十一日病没ス時千十九歳九ヶ月

と刻まれている〔手島・西村 2003：100〕。病名は不明であるが、二〇歳を目前にして亡くなった。

第一章で言及したように明治七年四月、近代日本最初の対外戦争となる「征台の役」（台湾の役・台湾出兵）がおこった。この際、高崎第九大隊も動員されたが、同大隊から戦没者は出なかったようである。翌八年四月頃、東京で編成された陸軍歩兵第三連隊第一大隊と連隊本部が高崎分営に置かれている。連隊本部は旧藩主別邸を使用したという。同第二大隊は越後新発田（後に歩兵第十六連隊の衛戍地）に、同第三大隊は東京に配置された。そして翌九年八月には

新発田陸軍墓地の「忠霊塔」

「日露戦役忠霊塔」（新発田陸軍墓地）

「合同忠霊塔」（同上）

「第二次群馬県」が成立し、現在の群馬県域が確定したのである。この第二次群馬県の成立により、県庁は一旦高崎に戻ったものの、どうしても役場が分散してしまうという不都合のため、再び県庁は前橋に置かれることになった。当時はあくまでも暫定的な措置であったというが、以来、前橋が「県都」となる。初代県令楫取素彦（萩の医家二男、松島剛蔵弟、藩校明倫館助教、後の元老院議官・貴族院議員）は旧長州藩士で、「安政の大獄」で獄死した吉田松陰（萩生まれ、杉民治弟）の義弟であった。本県も例外ではなく「薩長藩閥政府」の支配下に組み込まれたのである〔今井2013：46, 89, 267、手島・西村2003：67、新潮社1991：485, 1831、群馬地域文化2003：78〕。(2)

3　熊本の乱・西南戦役

『上毛忠魂録』（1940）によれば、本県出身最初の陸軍戦没者は、明治九年一〇月の**神風連の乱**（敬神党の乱・**熊本の乱**・熊本の役）での官軍戦没者であった。それは同一〇月二四日、熊本鎮台砲兵営内（**熊本城址内**）で戦死した熊本鎮台予備砲兵第三大隊の砲兵軍曹大沼光雄（本籍地は邑楽郡館林町）で、館林士族と推定される。大沼はこの乱での唯一人の本県出身戦没者でもあったが、東京招魂社（靖国神社）の祭神になった。そして、「最後で最大の不平士族の反乱」とされる翌一〇年一月末勃発の**西南戦役**（丁丑戦役）では、本県出身官軍戦没者（軍人・警察官）は一挙に一三〇名に及んだ。同戦役での本県出身最初の戦没者は、一〇年三月一四日に熊本県玉名郡二俣（**田原坂**）で戦死した、第一旅団東京鎮台歩兵第一連隊の陸軍兵卒長岡庄吉（本籍地は勢多郡横野村上三原田〔後の赤城村・渋川市〕）であった。さらに同三〇日には、別働第二旅団東京鎮台歩兵第三連隊の陸軍兵卒金井清吉（本籍地は勢多郡富士見村時沢〔前橋市〕）が、熊本県益城郡浦河内村で戦死している。長岡は横野村での、金井は富士見村での、近代最初の戦没者でもあったが、両者とも東京招魂社の祭神となった。ただし、この一三〇名の戦没者のうち、東京招魂社への合祀者は八五名のみで、残りの四五名はその祭神になっていない。詳細は不明であるが、既述のように戦没者ではあっても、「戦死者」以外の戦病死者等は東京招魂社の祭神からも除外されていたから、おそらくこの四五名も戦病死者、あるいはそれに準ずる者であったのだろう〔今井 2013：265 ～ 267、前澤 2009：12、横野村誌 1956：902、群馬県 1940：11 ～ 13〕[3]。

本県では、既述の「明治紀念標」の建立は確認できないが、西南戦役直後の明治一〇年一一月二四日（異説あり）、県庁に隣接し、前橋城高浜曲輪（北曲輪）跡地の村社**前橋東照宮**（明治四年四月遷座、昭和四年四月県社、前橋市大手町）境内に、**廐橋招魂祠**（後の**廐橋招魂社・廐橋護国神社**）が創建されている。同祠には既述の一三〇名のうち一名を除いた、群馬郡高崎駅士族で陸軍歩兵中尉石島敬義（従七位）以下一二九名（うち警察官二七名、前橋関係者二四名）がカミとして合祀された。石島中尉は一〇年三月一二日、肥後国山鹿郡鍋田村で戦死しているが、戦没者のなかでは最も階級

熊本城址

「神風連討入口」碑（熊本城址）

官軍の「田原坂崇烈碑」
（明治 13 年 10 月建立、田原坂公園）

廐橋護国神社（前橋東照宮境内）

が高かった。ただし、一名が祭神から除外された理由も定かではなく、同祠の建立主体も明らかではない。西南戦役凱旋者や遺族関係者によって創建されたものであろうか。社祠前に立てられた「廐橋招魂祠記」碑（陸軍大将二品大勲位熾仁親王題額、明治一二年一〇月建、碑陰に一二九名の氏名を列記）には、「於是県人相議捐金相地於廐橋城北新建一宇以為招魂祠」と記されているのみで、詳しい経緯は不明である（表1参照）。県人有志が義捐金を集めて建立したものであったことは確かである。いずれにしても、靖国合祀から除外された戦没者も含めて地元で祀ることになったのだろう。既述の内務省通牒により、招魂場等の名称はすでに招魂社に改称されていたはずであり、「招魂祠」とした理由も不明であるが、県内の館林招魂祠をモデルにしたものと推測される。この廐橋招魂祠にも戦没者の遺骨はなく、本県での招魂祠創建は館林招魂祠に次いで二番目となった。廐橋招魂祠も私祭と考えられるが、やがて同祠には前橋出身の対外戦争戦没者が合祀されていき、館林招魂祠と同様に「前橋市の靖国」あるいは「地域の靖国」として機能していくことになる。現在の祭神数は二三四六柱であるという。他方、館林招魂社には、陸軍少尉小林言敵以下の館林士族九名（警視庁関係者も含む）の**「西南役戦死碑」**（従五位秋元興朝篆額、明治一一年四月）が建立され、彼らはやがて同社の祭神となる。この九名のなかには肥後国益城郡飯田山で戦死した警視庁一等巡査田山鍋十郎がいた。後の小説家田山花袋の父である（今井2005：334, 341～342, 348～350、今井2014：46、群馬県1974：412、群馬県1940：13～32、附録9～10、前橋市史1984：1217、一木2004：146、丸山・

近藤 1978 : 106、薗田・橋本 2004 : 1073、現地調査）。[4]

また、旧伊勢崎藩（譜代二万石、陣屋跡は伊勢崎市曲輪町）域では、西南戦役で旧同藩関係者（伊勢崎者）の板垣圭次（板垣春次とも）以下九名が、肥後国や日向国などで戦死した。この戦死者を祀るため元伊勢崎藩知事酒井忠彰（元第九代藩主）は明治一五年九月、**「伊勢崎招魂碑」**（参議兼陸軍卿陸軍中将正四位勲一等大山巖篆額）を建立している（表1参照）。建立場所は旧陣屋内の三社神社境内（伊勢崎市立第一幼稚園敷地）であったが、以来、同碑は西南戦役遺家族らの参拝するところとなり、この三社神社は、いつしか「招魂社」（伊勢崎招魂社）と呼ばれるようになったという。幕末の伊勢崎藩（酒井家）は、元和元（一六八一）年に前橋藩（譜代筆頭格酒井家）領の一部が分与されて立藩されていたから、両藩の関係は密であったと考えられる。したがって前橋での慰霊活動は、伊勢崎（昭和一五年九月市制施行）での実質的な招魂社誕生に繋がったのであろう。ただし、三社神社は後の神社整理の対象となり、村社飯福神社に併

「西南役戦死碑」（邑楽護国神社）

「伊勢崎招魂碑」（華蔵寺公園）

「歩兵第十五聯隊址」碑（高崎城址）

合され姿を消したから（明治四二年）、独立した招魂社（護国神社）として発展することはなかった。また、伊勢崎招魂碑も後に旧三社神社境内から**華蔵寺公園**（伊勢崎市華蔵寺町）に移転している（昭和一六年五月）。他方、既述のように全国の招魂社の総本社たる東京招魂社は、新たな西南戦役官軍戦没者約七〇〇〇名を祀るべく、明治一二年六月に別格官幣社靖国神社と改称し、内務・陸軍・海軍三省の管轄となった〔今井 2005：334, 341～342, 348～350、伊勢崎市 1991：45, 562、伊勢崎市 1993：102、二木 2004：123, 146、現地調査〕[5]。

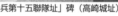

4　歩兵第十五連隊と「群馬・秩父事件」

明治一七年二月になると高崎分営は廃止され、一〇年間高崎に存続した第三連隊は東京麻布に移った。当時、全国には「天皇の軍隊」たる近衛連隊を除き一四個の連隊があったが、政府の兵備増強計画により、さらに一〇個の連隊が増設されることになった。これにより同五月、第三連隊に代わり高崎に入ったのが新設された**歩兵第十五連隊**であった。初代連隊長は陸軍中佐古川氏潔（佐賀出身）で、東京第一軍管第一旅団所属となった。後のいわゆる「郷土部隊」の誕生である。連隊の兵員数は下士五〇名・兵卒三〇六名であったが、新たに一七七名が入営したとされ、その徴兵区は群馬・長野・埼玉の三県にまたがっていた〔今井 2014：46〕。

当時は不平士族を中心とした自由民権運動の高揚期でもあり、本県の民権運動の拠点は高崎であった。明治一四年一〇月二九日、日本最初の本格的政党である自由党（総裁は板垣退助）が結成されると、その群馬支部としての性格をもつ上毛自由党が結成され、本部は高崎に置かれた。三年後の一七年五月一五～一六日には、**武州秩父事件**（秩父困民党の反乱）の前哨戦ともいえる、負債農民による群馬事件が発生している。群馬事件に関しては岩根承成の一冊(2004)があるが、同事件では、発足間もない高崎十五連隊も襲撃対象になっていた。そして半年後の一〇月三一日には秩父事件がおこる。近年では、両事件を一連のものとして捉え「群馬・秩父事件」とも称するという。翌一一月四日、秩父の反乱を鎮圧するため十五連隊第一大隊に出動命令が下った。そのうち第二中隊約一二〇名は同九日、上武国境を越えた信州佐久の**東馬流**（長野県南佐久郡小海町）で困民党五〇〇余名と交戦している。この交戦で同連隊に死者は出ていないが、警察官が二名負傷している（後に一名死亡）。他方の困民党側は一三名の死者を出した。内田満によれば、この争乱は双方において「戦争」と認識されているという。このように同連隊の初出動は対外戦争では

「秩父暴徒戦死者之墓」（東馬流・諏訪神社）

「萬霊供養塔」（同上）

戦死者の墓碑（東馬流・諏訪神社）

「柱野前川紀事之碑」（前橋東照宮）

なく、国内の騒擾鎮圧であった。同事件では警察官二名が「戦死」している。この二名とは、警部柱野安次郎（周防玖珂郡錦見村出身）と警部補前川彦六（本県勢多郡萩村出身）であったが、本県での西南戦役官軍戦没者の慰霊センターとなった前橋東照宮境内には、両者の慰霊碑である**「柱野前川紀事之碑」**（陸軍中将山県有朋書、明治一九年一一月）が建立されている（表1参照）。建立者は、楫取知事の後任で同じく長州出身の第二代佐藤與三知事（前任は工部大書記官）であった〔今井 2014：46～47、笠原・安田 1999：131～132、岩根 2004：175～178、石原・岩根 2016：73、高崎市 2004：39～40, 66～69、群馬県史 1992：307、前澤 2009：27～31、内田 2007：252～253、内田 2017：249～250、太田市 1994：21、現地調査〕[6]。

秩父事件鎮圧後の明治一八年六月、十五連隊は第二大隊を増設し、七月には「連隊の魂」とされた軍旗の授与式が挙行された。明治期には計八六本が授与されたというが、同連隊第二大隊長は陸軍少佐斎藤太郎（長州出身、後の歩兵第十四旅団長・陸軍中将）であった。東京鎮台司令長官に就任したばかりの陸軍中将三浦梧楼から勅語と軍旗が授与された（初代連隊旗手は陸軍少尉桂田廣忠）、古川連隊長は「敬テ明勅ヲ奉ス臣等死力ヲ竭シ誓テ国家ヲ保護セン」と述べたという。兵舎に関しては、既設の二大隊分に加えて一大隊分の兵舎が新築された。さらに二〇年五月には第三大隊を増設し、三大隊・一二中隊編成で構成される同連隊の編成が完了したのである。そして既述のように、明治憲法発布前年の二一年五月に陸軍は鎮台制から師団制に移行し、外征戦争に向けて改編されていくことになる。二三年の時点で、十五連隊の将校を除く下士官・兵の総数は一四四九名で、出身県別の割合は長野四七％、群馬二九％、埼玉一九％、その他五％となっており、意外にも長野県出身者が最も多かった。どのような理由によるものかは不詳である〔今井 2014：47、岩根 2008：130 ~ 131、前澤 2009：35、秦 1994：689、福川 2001：322〕。[(7)]

二　日露戦役と戦没者慰霊

1　彰忠碑・戦死病没者之碑

既述のように、本県出身戦没者の本格的な慰霊施設の出現は、対外戦争である日露戦役（明治三十七八年戦役）を経てのことであった。同戦役で本県では約一万八七〇〇名が従軍したとされ、その割合は八軒に一名の計算になるという。高崎十五連隊は乃木大将指揮下の第三軍に編入され、無謀な作戦下で同軍は最も大きな損害を出していた。同連隊は遼東半島の旅順攻略に参加し、旅順要塞の前線基地であった一六三高地への攻撃で、死傷者は五二〇名に及んだ。乃木により、この高地は十五連隊に因み「高崎山」と命名されている。続く二〇三高地の激戦では、既述のように第三軍には決死隊「白襷隊」が結成されるなど、肉弾戦により再び多くの犠牲者が出た。この旅順攻略戦での日本死傷者は六万名に近い。本県戦没者の正確な数字は不詳であるが、十五連隊の戦没者は一九〇〇余名ともいわれ、日清戦役時に比して戦没者は一〇倍以上に跳ね上がっている。ただし、本県関係の靖国祭神数は一五〇六柱とされているから、五〇〇名近くの戦没者が靖国合祀から除外されていることになろうか。こうして靖国祭神から除外された戦没者も、地域社会において祀られていくことになるが、一方で、戦没者村葬等をめぐっては問題も発生していた〔今井 2014 : 47、群馬県史 1991 : 177〕[8]。

本県は日露戦役中の明治三七年、「戦時ニ於ケル教育上ノ施設概目」（県訓令三五一号）を発している。全二三項目中、その一部を抜粋してみよう〔群馬県教育史 1973 : 792 ~ 793〕。

一　勅語ノ御趣旨ヲ貫徹スルコト。
二　出征軍人ノ忠勇ナル事績ヲ講談スルコト。
四　奢侈ヲ戒メ困苦缺乏ニ堪フルノ習慣ヲ養成スルコト。
七　重要ナル戦報ハ校内ニ於テ便宜ノ方法ニ依リ、其概要ヲ知ラシムルコト。
一〇　当該市町村及近郷出征軍人一覧表ヲ作リ、学校其他便宜ノ場所ニ掲示シテオクコト。
一二　生徒ノ手ニナレル紀念書画作文、其他紀念制作品アル場合ニハ、便宜ノ方法ニ依テ展覧セシムルコト。
一五　出征軍人又ハ戦死者等ノ子弟ニ対シ優待法ヲ設クルコト。
一八　紀念記木財産蓄積ノ方法ヲ設クルコト。
二一　学校内ニ紀念花壇ヲ設クルコト。
二三　紀念図書館ヲ設クルコト。

こうした学校内における記念施設等の設置は、序章で言及した忠魂碑や戦役紀念碑の建立とも連動していくものであった。その眼目は一・二項目にあり、地元出身の「出征軍人ノ忠勇ナル事績」を具体的に児童・生徒、そして地域社会の人々に広く「講談スルコト」、つまり知らしめることにあった。そのための記念施設等の設営であった。

本県では「軍都高崎」と「県都前橋」が、ことあるごとに主導権争いを展開していくが、日露戦役後、既述のように十五連隊は宇都宮第十四師団（師団移駐は明治四一年一〇月）管下に編入され、全国的にはこうした改編により「一県一連隊」となって、各連隊の「郷土色」は益々強まっていったのである〔今井 2015：127、前澤 2009：195〕。

県都前橋での戦役祝勝会としては戦役中の明治三八年三月一七日、前橋市と上毛新聞との連名による前橋東照宮祠畔の群馬県師範学校運動場での「奉天大祝捷会」が代表的であった。また、同市の戦没者合同葬儀としては同七月一六日の、稲葉秀作市長の子息である陸軍歩兵中尉稲葉茂太以下一四名の「仏式葬儀」が最大のものであった。そして同市では「明治三十七八年紀念ヲ兼ネ本市ニ公園ヲ設置スルモノトシ」たのである。これが県庁や前橋東照宮に隣接する現在の前橋公園（前橋市大手町）の起源である。さらに同公園内に「大彰忠碑」を建設する議がおこり、前橋尚武会（会長は前橋市長）によって、戦役後の明治三九年五月に竣工している（表1参照）〔前橋市史 1984：466～468、1222～1223、手島 2008：66〕。これに関して、『前橋繁盛記』（明治四〇年一月刊）は次のように伝えている〔前橋市史 1984：1223～1224〕。

前橋市に於ける団体及び個人の日露戦役紀念事業の数大小甚だ少なからずと雖も、此の彰忠碑建設の如き、実に出色の美事と謂うふべし。碑は日清・北清・日露戦役の三大戦役に従ひ、天晴れ偉勲を千古に伝ふべき、全県下の忠死将卒の英名を刻みて紀念となせるもの、（中略）其の尖頭に装置せる金鵄は、美術学校の制作たり。燦然たる光輝は、忠死者の勇名と共に、赫々たるべく、彰忠碑の三文字は大山元帥の揮毫する所、（中略）本三十九

年五月凱旋軍人歓迎会の当日を以て除幕式を執行せり

この「凱旋軍人歓迎会（弔魂歓迎会）並彰忠碑除幕式」は、明治三九年五月九～一〇日に開催され、「上毛の地に於ける空前の盛儀」といわれた。尖頭で金鵄が両翼を広げた高さ一二メートルの**「彰忠碑」**（以下、**前橋彰忠碑**とする）には、日清・北清・日露戦役の本県出身戦没者一六九〇名の氏名が刻まれたという。その文字は元帥大山巌の手になり、金鵄は「美術学校の制作」とあるが、実際の制作者は地元出身で高村光雲の弟子であった細谷而楽（本名は三郎、旧前橋藩士子息、東京美術学校塑造科卒）であるという。同碑は戦没者のための碑であったから、実態としては「忠魂碑」と同様であるが、ただし、本県において彰忠碑と忠魂碑が必ずしも同一でないことは既述のとおりである。前橋東照宮の春季大祭も両日に開かれ、市内各戸は国旗・提灯を掲げたという。こうして廐橋招魂社に続き、これに隣接して、「県都前橋」において本拠となる対外戦争戦没者の新たな慰霊施設が完成した（敗戦後に再建）。このうち前橋市出身戦没者七一名（日清戦役七名・日露戦役六四名）が廐橋招魂社へ合祀され、同社は前橋市の慰霊センターとして位置づけられていくことになる。市町村単位においても、戦没者は重層的に祀られていくのである〔前橋市史 1984：1218～1224、手島 2008：65～66、群馬地域文化 2003：316、上毛新聞 2017b、現地調査〕(9)。

現在の前橋彰忠碑

一方、高崎では日露開戦と同時に高崎尚武会が組織されているが、高崎陸軍埋葬地には、明治三九年七月二七日に

「明治二十七八年戦役　明治三十七八年戦役　戦死病没者之碑」が建立されている。これは「高崎市北分会」による建立とされるが、同会は尚武会分会であろうか。同碑に関する詳細は不明で、遺骨の埋葬についても明らかではない。また、同埋葬地にはロシア兵捕虜三名が埋葬された。その三基の墓碑は西洋式で、台上に東向きに安置され、墓石の中央に大きな十字架が刻まれ、上部に露語で銘文が記された**「元ロシア人兵士之墓」**（昭和六一年高崎市史跡指定）として現存している。戦役中、高崎市には本県唯一の「捕虜（俘虜）収容所」が設けられ、寺院等に五〇〇余名の露兵捕虜が収容されて、竜広寺もその一つであった。これらは警察署の所管となり、捕虜は丁重に扱われたが、そのうち三名が収容中に死亡（うち二名病死）したという。三名とも二〇代で、うち二名は「狙撃歩兵」であった。つまり同埋葬地に敵味方双方を埋葬したことになるが、管見の限り、同様の事例は金沢や仙台など全国各地に見られる。既述の前橋市での彰忠碑建設は、「軍都」高崎市での慰霊活動を加速させていくものといえよう〔手島・西村 2003：70, 84～85、手島

「明治二十七八年戦役　明治三十七八年戦役　戦死病没者之碑」（高崎陸軍墓地）

「元ロシア人兵士之墓」（同上）

2008：67、高崎市 2004：135, 138、現地調査〕。[10]

2　群馬県招魂会と高崎英霊殿

日露戦役中、戦没者の増大に伴い全国の招魂社数は一〇五社に達し、こうした「ミニ靖国」あるいは「地方の靖国」に戦没者は合祀されていった。戦役後の明治四〇年二月二三日、内務省は「招魂社創建ニ関スル件」（秘甲第一六号通牒）を発している。これは全国各地で招魂社創建の気運が高まったため、そうした風潮に対応するためであった。この通牒では新たな招魂社を設立する必要はないと、創建を極力抑制しようとしている。内務省は慰霊施設の乱立を警戒し、その建設に歯止めをかけようとしていたのである。ただし、既設の招魂社がなく特設の必要がある場合は、左記の条件（全六条、一部抜粋）での創建が提示された（かなはカタカナに変換した）〔村上 1974：149 ～ 150〕。

一、祭神ハ別格官幣社靖国神社ノ合祀者ニ限ル
一、本殿、拝殿及鳥居ノ設置アルモノ
一、境内地ハ参百坪以上ニシテ、官有地ナルカ、又ハ神社有ノ民有地ニ限ル。但シ、土地ハ状況ニ依リ、面積弐百坪マデ減少スルコトヲ得

ここで新たに、全国各地の招魂社の祭神は靖国神社の合祀者と限定したことで、各地の招魂社は靖国神社の分社（末社）として位置づけられ、靖国神社を頂点とする「靖国ピラミッド」が構築されていった。本県でも日露戦役の頃より招魂社設立計画がおこり、戦役中の明治三七年には「招魂社目論見書」が作成されている。それは十五連隊兵営に

近い高崎市宮元町に招魂社を設立するというもので、軍による働きかけが大きかったと考えられる。全九条からなるその内容の一部を抜粋してみよう〔高崎市 1995：844〕。

第一条　本社設立ノ旨趣ハ高崎聯隊区管内（群馬、埼玉、長野三県）ニ於ケル征露戦役殉難者ノ忠魂義魄ヲ合祀スルヲ以テ目的トス

但、明治二十七・八年戦役以後ノ戦死者モ合祀スルモノトス

第三乗　本社設立費ハ部内三県下ノ日本赤十字社員及有志者ノ寄付金ヲ以テ之レニ充ツ

第五条　本社創立委員ハ部内三県知事並ニ各郡市長之ニ当リ尚第十五聯隊長及高崎聯隊区司令官ヲ推薦ス

招魂社設立資金は、三県下の日本赤十字社（前身は博愛社、明治一〇年五月発足）等からの寄付金を充てる予定であった。戦役中の明治三八年一月二日の旅順陥落を受けて、三日後の同五日、高崎市は中央尋常小学校（後の高崎市立中央小学校）校庭前で市民一〇〇〇余名を集めて「旅順陥落祝捷会」を開催した。式は万歳三唱を以て終了し、祝宴に入ったというが、翌二月には、高崎市長矢島八郎（初代高崎町長、後の衆議院議員）以下の有志が、群馬県知事吉見輝（茨城県出身、前任は警視庁第一部長）に対して招魂社設立を陳情している。だが、「忠魂義魄ヲ合祀スル」招魂社創建は実現しなかった。県当局は内務省に創建の出願をしたのか、あるいは却下されたものなのか、不詳である。しかしこれに代わり、連隊兵営の外壕に接し造成途中の高崎公園（完成は明治四三年、高崎市宮元町）内に、白木造りのいわゆる**「高崎英霊殿」**（後の高崎公園野外音楽堂敷地、現存せず）が建立される。**表6は戦前における本県での英霊殿等建立一覧**である（巻頭写真参照）。高崎英霊殿の建立地は、旧高崎藩士によって既述の「褒光招魂碑」が建立された、隣接

高崎英霊殿〔群馬県 1940：巻頭写真〕

する頼政神社の別当寺であった大染寺跡地（明治九年廃寺）である。当初の「招魂社」創建は叶わなかったものの、「英霊殿」という名称変更で実現したのであろう。この高崎英霊殿のモデルはどこにあったのか、あるいは独自の発想によるものなのか、明らかではない。同殿は、招魂社設立のために群馬県知事を会長として発足したと思われる群馬県招魂会（前身は群馬県軍人歓迎及弔魂会）により、明治四二年三月に竣工した。陸軍記念日（三月一〇日）の完成ではなかったかと推測されるが、同殿「弔魂祭」は三月二七日に執行されている。同殿は「維新以来国事に殉ぜる群馬県管内の諸士竝びに長野、埼玉両県出身者にして歩兵第十五聯隊に属して戦没せる英霊を祀」る慰霊施設であるが、遺骨はなく、県民念願の「忠魂義魄」が合祀された。館林・廐橋の両招魂社はその傘下に組み入れられ、県下の全「忠魂」を結集し合祀して、新たに「英霊」として固定させたのである。ただし、官祭の慰霊施設ではなく私祭であった。以後、同招魂会で毎年の例祭や臨時祭を執行したという。その「祭典ノ儀式ハ歩兵第十五聯隊ニ於テ挙行セシ例ニ準ス祭主ニハ群馬県知事竝高崎衛戍司令官ヲ推薦ス」とあり、軍県共同管理による慰霊施設と考えられる。こうして本県の戦没者は、実質的な靖国神社の分社たる同殿に、神式により「カミ」として祀られることになった。本県における全戦没者を視野に入れた「最初の靖国」の誕生といえよう。こうした潮流のなかで日露戦役を経て特別な「軍神」が誕生し、また、ムラやマチには戦没者のための「忠魂碑」が建立されていったことは、既述のとおりである〔今井 2005：290、今井 2014：47、岩波書店 1991：110、

表6　戦前における本県での英霊殿等建立一覧

年月日	名称	建立者	現在の建立場所	備考
明治42・3	英霊殿（高崎英霊殿）	群馬県招魂会	高崎市宮元町・高崎公園（大染寺跡地）	明治維新以来の本県関係戦没者を合祀。現存せず
明治44・11・12	英霊殿（現・大国魂神社）	吾妻郡内四ヶ町村	吾妻郡中之条町中之条	昭和27年に大国魂神社と改称し東宮と称される。現在の祭神数2433柱
大正4・9	招魂社	福岡村中	みどり市大間々町浅原・福岡記念館近く	同地に「日露戦役紀念碑」（大正5年9月建立）および「慰霊之碑」（昭和31年9月20日建立）あり。同村戦没者は日清戦役1名・日露戦役12名・シベリヤ事変2名・支那事変13名・大東亜戦争94名
大正6・10	三波川招魂社	帝国在郷軍人会三波川村分会	藤岡市鬼石・三波川碑の山公園	
大正7・10・15	招魂祠	美九里村	藤岡市神田・浅間神社隣接公園	台湾戦役から大東亜戦争までの戦没者
大正8	護国英霊殿	北群馬郡渋川町	渋川市並木町・北小学校隣接地	題号揮毫者は陸軍大将鈴木孝雄。昭和48年3月31日改修。現在の祭神数449柱
大正10・5	英霊殿（現・大国魂神社）	吾妻郡内町村?	吾妻郡長野原町長野原・諏訪神社	昭和27年に大国魂神社と改称し、中之条町の東宮に対して西宮と称す。昭和37年4月再建
大正13	招魂殿（嵯珂比招魂殿）	帝国在郷軍人会境町分会	伊勢崎市境・嵯珂比神社	招魂社とも。祭神は境町戦没者。一説に大正9年建立
大正14・4	英霊殿	多野郡藤岡町	藤岡市・芦田城址	建設費5000円
昭和4	招魂社（現・英霊殿）	平井村	藤岡市緑埜・平井公民館近く	当初は平井小学校に建立。祭神は陸軍182名・海軍22名・軍属8名・学徒1名。敗戦後現地に移転。昭和55年10月再建。「真ノ遺骨ハ殆ド還ラズ」とある
昭和7・4・25	英霊殿	帝国在郷軍人会横野村分会	渋川市赤城町滝沢・住民センター（旧横野村役場）	脇に「軍馬　忠霊碑」あり。現在の祭神数204柱
昭和7・10	英霊殿	勢多郡北橘村	渋川市北橘町真壁・北橘幼稚園隣接地	脇に「戦役記念碑」あり。敷地は「壱段九畝拾参歩」とある。現在の祭神数287柱
昭和8・2	無名祠	日野村・帝国在郷軍人会日野村分会	藤岡市下日野・地守神社隣接地	戦没者
昭和9・11・3（明治節）	利根英霊殿	利根郡在郷軍人会	沼田市西倉内町・沼田公園（沼田城址）	現在の祭神数3095柱

昭和13・12・10	英霊殿	多野郡鬼石町	藤岡市鬼石・鬼石神社	現在の祭神数335柱
昭和16・5	英霊殿（伊勢崎英霊殿）	伊勢崎市？	伊勢崎市華蔵寺町・華蔵寺公園	現存せず。華蔵寺参道入口に「英霊殿」碑および鳥居（共に皇紀二千六百年記念建立）あり
昭和19・4	英霊殿	帝国在郷軍人会川場村分会	川場村谷地・川場小学校北	同地に「忠魂碑」あり。昭和26年1月8日に川場中学校から現地に移転。現在の祭神数163柱

高崎市 1995：531～532、高崎市 2004：134、群馬高教研 1991：120、群馬地域文化 2003：351、太田市 1994：21、群馬県 1940：附録 21～22〕。[11]

この高崎英霊殿に関して、十五連隊のある兵士は次のような感想を記している〔根岸 1969：288～289〕。

その祠殿大ならずと雖も神威荘厳にして冒す可からず自ら襟を正さしむるものがある。知らず吾等の耳朶に何事をか囁く、吾等の先輩は君国の為に其一身を犠牲と為し、勇戦健闘屍を馬革につつんで帝国の軍人たる模範を後世に垂れるもので、その身は異域に一片の土塊と化すと雖も忠魂永く留まって軍門に在り、此の社頭に立って其事蹟を回想するとき誰か其の勇気に感じ、其の壮烈に泣かざる者があろうか、吾等は是等の古戦友を師として朝暮其の精神を修養すべきである

軍隊内における兵士の教育・精神修養の場として、あるいは戦没者顕彰施設として、同殿の本質が如何なく吐露されていよう。一ノ瀬俊也によれば、日露戦役後の軍隊教育は勝利した自連隊の歴史を熱心に語り、兵士に日記で筆写させることでその帰属意識を高め、「服従」を達成させようとしていったという〔一ノ瀬 2004：34～35〕。[12]

三　陸軍特別大演習と高崎忠霊塔

1　忠霊塔建設の現状

本県での忠霊塔の出現は昭和期に入ってからであったが、その建設の実態はどうであったのか。本県の忠霊塔数は、全国的に見てもずば抜けて多いといわれている。筆者も関わり、歴博（国立歴史民俗博物館）での調査研究をもとにまとめられた歴博編『「非文献資料の基礎的研究」報告書』（2003）を繙いてみよう。同書にリストアップされた主な道府県の忠霊塔の建設数を挙げてみると、北海道三基、宮城県六基、群馬県一〇四基、茨城県二四基、栃木県二三基、埼玉県二〇基、神奈川県一五基、長野県四基（忠霊殿は四基）、新潟県ゼロ、京都府一一基、広島県二基、福岡県七七基である。ただし、このなかには建設年月日不詳のものや、敗戦後に建設されたものも含まれている。建設に関して、各道府県において極端なばらつきを示していることがわかる。本県と隣接しながらも、忠霊塔建設はゼロとされる新潟県（既述のように筆者は新発田市において忠霊塔建設を確認している）や、僅か四基の長野県がある一方で、西の福岡県では七七基と、おそらくは既述の桜井徳太郎の地元であったが故に、忠霊塔建設は盛んであったと考えられる。しかし、本県はそれを凌ぐ一〇四基の忠霊塔を建設しており、このことからも全国で最も多くの忠霊塔を建設した県ということになるだろう。その意味では本県は特別な県であったともいえるが、一体そこにはどのような動きがあったのだろうか。

表7は、筆者の現地調査の結果と前掲の歴博（2003）、および福田（1997）、群馬県（1974）、海老根（2001）等をもとに、日本の敗戦（昭和二〇年八月）までの、**昭和戦前における本県での忠霊塔建設一覧**である。現在のところ確認できる忠霊塔は六四基である。ただし、現地調査の結果と文献資料との記述とは、必ずしも一致しない場合があった。

表7　昭和戦前期における本県での忠霊塔建設一覧

建立年(昭和)月日	題　号	題号の揮毫者	建立者	現在の建設場所	備　考
3・8	忠霊塔	?	松井田町	安中市松井田町松井田・八幡宮隣接地	昭和35年4月合祀
9・11・3(明治節)	忠霊塔(高崎忠霊塔、現・平和塔)	陸軍大臣林銑十郎	忠霊塔建設委員会	高崎市・高崎観音山	「大忠霊塔」とも。戦没者3566名。昭和24年7月に現名称に改称
14・3	忠霊塔	?	(佐波郡)東村長	伊勢崎市東町・あずま支所(旧東村役場)	〔戦没者〕。日清戦役3名、日露戦役6名、大正三年乃至昭和十一年9名。昭和54年3月建立(再建)。脇に「忠魂碑」あり
14・10?	忠霊塔	陸軍大臣東條英機	豊岡村	高崎市・JA豊岡支所北	〔日清日露大東亜戦争戦没者氏名〕。成田新次以下114名。ただし東條の陸相就任は昭和15年7月である。昭和31年10月再建。脇に「忠魂碑」あり
15・4	忠霊塔	?	入野村	高崎市・間庭駅近く	戦没者191名
16・10	忠霊塔	枢密院顧問官陸軍大将男爵奈良武次	新高尾村村内有志	高崎市・新高尾公民館隣接地	〔戦没者芳名〕。「陸軍之部」日清戦役2名、日露戦役7名、日露戦役後1名、日支事変以降106名。「海軍之部」日露戦役後2名、支那事変以降28名。〔前橋市へ編入の部〕「陸軍之部」6名、「海軍之部」2名。「昭和三十年壱月高崎市合併」とある
16・	忠霊塔	陸軍大将鈴木孝雄	毛里田村	太田市・毛里田公民館(旧毛里田西小学校)	当初は桜林(後の毛里田中学校)に建立。〔合祀者芳名〕。陸軍輜重兵上等兵金井忠八以下299名
16・	忠霊塔	?	板鼻村	安中市・長伝寺南	戦没者95名
17・9	忠霊塔	?	安中町	安中市・文化センター南	戦没者293名
17・10	忠霊塔	陸軍大臣東條英機	中里村・中里村遺族会	多野郡神流町・神ヶ原公会堂	日清戦役戦没者2名、日露戦役戦没者4名、満州事変戦没者1名、支那事変戦没者8名
17・10	忠霊塔	陸軍大臣東條英機	六合村	吾妻郡中之条町・瀧沢寺	〔戦没者〕。西南之役1名、日露戦役8名、満州事変1名、支那事変14名、大東亜戦争129名
17・12・8(大詔奉戴日)	忠霊塔	陸軍大臣東條英機	駒寄村	北群馬郡吉岡町・駒寄小学校西	昭和43年4月再建

17・12・8（紀元二千六百二年、大詔奉戴日）	忠霊塔	?	中之条町	吾妻郡中之条町・商工会館前	戦没者223名
18・3	忠霊塔	陸軍大臣東條英機	室田町	高崎市・群馬バス室田営業所南丘の上	戦没者317名
18・3	忠霊塔	?	秋間村	安中市・秋間駐在所隣接地	戦没者200名
18・4	忠霊（塔）	?	磯部町忠霊塔建設委員会	安中市・磯部町児童公園隣接地	
18・5	忠霊塔	陸軍大臣東條英機	群馬県金島村	渋川市・金島小学校近くの桜山	
18・6・8（大詔奉戴日）	忠霊塔	陸軍大臣東條英機	池田村	沼田市・池田神社隣接地	〔戦没者氏名〕。日清戦争1名、日露戦争6名、満州事変1名、支那事変18名、大東亜戦争228名。昭和31年5月再建（戦没者氏名記入完了）
18・6	忠霊塔	陸軍大将男爵本庄繁	桃野村	利根郡みなかみ町・茂左衛門地蔵尊	昭和30年4月の町村合併により旧古馬牧村英霊を合祀。合祀者366名
18・6	忠霊塔	陸軍大臣東條英機	沢田村	吾妻郡中之条町・ＪＡ下沢渡給油所隣接地	昭和33年3月合祀。合祀者202名
18・8・27	忠霊塔	?	上川淵村	前橋市上佐鳥町・春日神社東	木塔。8月27日は「清払式」。現在は「忠霊碑」が立つ
18・8	忠霊塔	陸軍大臣東條英機	梅田村	桐生市・ＪＡ梅田支所向い	
18・9・8（大詔奉戴日）	忠霊塔	陸軍大臣東條英機	名久田村	吾妻郡中之条町・ＪＡあがつま名久田給油所隣接地	戦没者154名
18・9・21（秋彼岸）	忠霊塔	陸軍大臣東條英機	中川村	高崎市・中川公民館	当初周囲は桑園であった。日露役3名、大東亜役陸軍156名・同海軍20名。「昭和三十年春彼岸」とある。脇に「忠魂碑」あり
18・9	忠霊塔	陸軍大将男爵荒木貞夫	清里村	前橋市・清里小学校南	脇に「彰忠碑」あり
18・10	忠霊塔	陸軍大臣東條英機	長野村？	高崎市北新波町・満勝寺	日清戦争2名、日露戦争3名、西伯利亜事変2名、支那事変11名、大東亜戦争128名。脇に「忠魂碑」あり
18・10	忠霊塔	?	小野村	富岡市・すみれ保育園隣接地	

18・12・8（紀元二千六百三年、大詔奉戴日）	忠霊塔	参謀総長元帥陸軍大将杉山元	新里村	桐生市・新里村青少年ひろば隣接地	敗戦後に鳥居を設置。戦没者317名。脇に「日露戦役紀念碑」（明治39年11月3日建立）あり
18・12・8（大詔奉戴日）	忠霊塔	陸軍大臣東條英機	草津町	吾妻郡草津町・滝尻原墓苑	戦没者117名。昭和45年11月移転
18・12・8（大詔奉戴日）	忠霊塔	陸軍大臣東條英機	岩島村	吾妻郡東吾妻町・岩島中学校近く	戦没者189名
18・12・8（大詔奉戴日）	忠霊塔	陸軍大臣東條英機	明治村	北群馬郡吉岡町・明治小学校	
18・12・24	忠霊塔	陸軍中将平田健吉	桐生市忠霊塔建設委員会	桐生市・水道山公園（雷電山）	当初は木骨造り。落成式は昭和19年4月24日。現在の忠霊塔は昭和30年9月再建。脇に「満州緑ヶ原桐生郷開拓団　慰霊碑」および「顕彰」碑あり
18・12	忠霊塔	陸軍大臣東條英機	岩島村	吾妻郡東吾妻町・岩島中学校近く	
18・12	忠霊塔	陸軍大臣東條英機	豊秋村	渋川市・豊秋小学校向い	
18・12	忠霊塔	陸軍大臣東條英機	白郷井村	渋川市・総合グランド北	昭和55年3月移築
18・12	忠霊塔	陸軍大臣東條英機	古巻村	渋川市・古巻小学校近く	
18・12	忠霊塔	陸軍大将土肥賢二	岩野谷村遺族会	安中市・白石板金塗装隣接地	
18・12	忠霊（塔）	？	休泊村	太田市・休泊中学校隣接地	
18・	忠霊塔	陸軍大臣東條英機	吾妻郡東村住民一同	吾妻郡東吾妻町・東第一小学校近く	合祀戦没者139名。昭和50年4月改修
18・	忠霊塔	陸軍大臣東條英機	芝根村	佐波郡玉村町・ＪＡ芝根支所隣接地	戦没者178名。平成7年5月改修

18・	忠霊塔（現・平和の塔）	?	強戸村	太田市・八王子山霊園入口	当初は強戸村国民学校校庭西方の小丘に建立。〔戦没者名〕。西南の役1名、日露戦役17名、西比利亜戦役14名、日支事変3名、支那事変176名。昭和23年10月村内の聖王寺に移転。平成7年8月15日（終戦五十周年）現地に移転改築。脇に「強戸地区戦没者鎮魂之碑」(平成7年9月建立）あり。
19・3・23（春彼岸）	忠霊塔	海軍大将山本英輔	芳賀村	前橋市・芳賀保育園隣接地	陸軍一等卒松倉喜重郎以下243名（うち満蒙開拓移民1名)。脇に「征清記念碑」（明治30年9月建立）および「日露戦役紀念碑」（明治40年9月建立）あり
19・3・25	忠霊塔	陸軍大臣東條英機	相生村	桐生市・相生幼稚園隣接地	昭和18年3月10日の陸軍記念日に起工
19・4・1	忠霊塔	陸軍大臣東條英機	多野郡八幡村	高崎市・山名小学校向い市営住宅入口高台	〔忠霊塔合祀者名〕陸軍歩兵二等卒関与七以下47名。〔戦没者合祀者名〕（昭和31年4月8日）赤羽久夫以下114名
19・4・8（大詔奉戴日）	忠霊塔	?	佐波郡名和村	伊勢崎市堀口町	竣工式と共に納骨式（戦没者48名）・慰霊祭を執行。戦没者合計101名。昭和22年2月15日取り壊し（遺骨返納式を執行)。現存せず
19・4	忠霊塔	?	後閑村遺族の会	安中市・後閑小学校南向い	脇に「戦病没勇士名碑」あり
19・4	忠霊塔（現・慰霊塔）	?	宝泉村	太田市・八千代公園	当初は宝泉国民学校校庭に建てられた「仮建設の簡易なコンクリート柱」であった。敗戦により取り壊し地中に埋めるられるが、昭和31年3月現在地に再建。戦没者は陸軍上等兵山口貴傳以下242名
19・6・3	忠霊塔	陸軍大臣東條英機	高山村	吾妻郡高山村・村役場近く	戦没者156名
19・8	忠霊塔	陸軍大臣東條英機	長野原町	吾妻郡長野原町・雲林寺	
19・8	忠霊塔	陸軍大将鈴木荘六	西牧村	甘楽郡下仁田町・本宿公園	
19・9・25（秋彼岸）	沼田利南忠霊墓塔	?	沼田町・利南村忠霊墓塔建設奉賛会	沼田市・十王公園	東部第四十一部隊の陸軍墓地（沼田陸軍墓地)。昭和19年10月に「納骨開眼大法要」を実施。戦没者739名を合祀。同地に「忠魂碑」あり
19・9	忠霊塔	陸軍大臣東條英機	小野上村	渋川市・小野上支所近く	
19・10・8（大詔奉戴日）	忠霊塔	陸軍大臣東條英機	勢多郡荒砥村	前橋市・荒子林の広場公園	陸軍兵卒星野政吉（明治10年5月18日）以下300名。香炉に「昭和三十七年三月城南村忠霊塔奉賛会」とある

19・10	忠霊塔	陸軍大将男爵荒木貞夫	額部村	富岡市・元額部保育園跡地	
19・10	忠霊(塔)	?	東横野村・東横野村遺族会	安中市・下仁田養豚安中牧場東	戦没者132名
19・10	忠霊塔	陸軍大臣東條英機	伊參村	吾妻郡中之条町・第四小学校向い	〔戦没者〕。西南之役1名、日清戦役1名、日露戦役4名、西比利亜之役2名、支那事変12名、大東亜戦争103名
19・11・17	忠霊塔	陸軍大臣東條英機	水上町	利根郡みなかみ町・忠霊塔公園	戦没者183名
19・11	忠霊塔	陸軍大臣東條英機	白沢村	沼田市・しらさわ平和公園(旧忠霊塔公園)	地元高平山の石材を使用し役場の東方に建設。地鎮祭は12月10日執行。戦没者141名。脇に「彰忠碑」あり
19・12・8(紀元二千六百四年、大詔奉戴日)	忠霊塔	?	太田村	吾妻郡東吾妻町・太田支所裏山	昭和43年合祀。合祀者94名
19・12・23	忠霊塔	陸軍大臣東條英機	矢場川村	太田市・畠山製作所隣接地(旧矢場川中学校敷地)	〔合祀〕。日露戦役5名、済南事変1名、昭和十一年1名、支那事変18名、大東亜戦争118名。「昭和廿七年秋彼岸　矢場川村元軍人軍属有志一同」とある
19・12	忠霊塔	陸軍大臣東條英機	新治村	利根郡みなかみ町・薬師堂	〔戦没者氏名〕。日清戦役7名、日露戦役18名、満州・支那事変29名、大東亜戦262名。「昭和三十三年五月一日　新治村五十周年記念」(追記)とある
19・	忠霊塔	陸軍大臣東條英機	久呂保村	利根郡昭和村・ちびっこ広場	敷地は私有地600坪を提供。灯籠は昭和28年9月建立
20・3	忠霊塔	枢密顧問官陸軍大将男爵奈良武次	神保民治	高崎市・塩公民館	戦没者80名
20・3	忠霊塔	海軍大将米内光政	高瀬村	富岡市・高瀬公民館	

(註) 毛里田村(太田市)の「忠霊塔」に関しては、金井良一氏(太田市矢田堀在住)からご教示いただいた。

表8　昭和3年の本県での建碑等一覧

月　日	題　号	題号の揮毫者	建立者	現在の建立場所	備　　考
7・15	戔功燈奉	高崎聯隊区司令官陸軍歩兵大佐澤大元雄	北群馬郡渋川町？	渋川市並木町・護国英霊殿	北群馬郡渋川町
8・	忠霊塔	?	碓氷郡松井田町	安中市松井田町新堀・八幡宮隣接地	昭和35年4月合祀
10・	彰忠副碑	?	桃井村軍人分会	北群馬郡榛東村山子田・柳澤寺隣接地	〔戦没者〕。大正三年乃至九年戦役1名、昭和六年乃至九年日支事変戦没者1名
11・10	忠魂碑（御大典記念）	陸軍大将一戸兵衛	黒保根在郷軍人分会	桐生市下田沢・忠霊塔公園	明治二十七八年戦役戦病死者・小倉米吉以下4名、明治三十七八年戦役戦病死者・監澤登四郎以下22名、西比利亜派遣戦病死者・山田福次1名
11・10	彰忠碑（御大典記念）	陸軍大将一戸兵衛	帝国在郷軍人会大川村分会・大川村	邑楽郡大泉町仙石・仙石公民館隣接地（旧大川村役場）	明治二十七八年戦役14名、明治三十七八年戦役日露戦役103名、明治四十年韓国暴徒事件1名、大正二年同四年ニ至ル大正九年戦役26名
11・10	彰忠碑	陸軍大将一戸兵衛	帝国在郷軍人会桂萱村分会	前橋市上泉町・桂萱公民館（旧桂萱村役場）	〔戦病死者〕日清戦役2名、日露戦役8名、北清事変1名、台湾守備1名、朝鮮守備1名、大正三年乃至九年戦役1名。〔従軍者〕西南役6名、日清戦役21名、北清事変1名、日露戦役129名、大正三年乃至九年戦役56名
11・10	彰忠碑	陸軍大将一戸兵衛	帝国在郷軍人会上川淵村分会	前橋市上佐鳥町・上川淵公民館（旧上川淵村役場）	〔戦病死者〕日露戦役7名、大正三年乃至九年戦役1名、支那駐屯軍1名。〔従軍者〕日清戦役8名、北清事変2名、日露戦役71名、大正三年乃至九年戦役17名、済南事変1名
11・10	大礼記念碑	官幣大社稲荷神社宮司従五位高山昇敬	?	前橋市元総社町・総社神社	
11・10	御大典記念植樹	?	帝国在郷軍人会生品村分会	太田市新田市野井町・生品神社	
11・	彰忠碑	陸軍大将一戸兵衛	帝国在郷軍人会倉賀野町分会	高崎市倉賀野町・倉賀野児童公園	当初は倉賀野小学校に建立。〔日露戦役戦死者〕5名、〔大正三年乃至九年戦役戦死者〕1名。西南役出征者1名、日清戦役出征者3名、日清日露戦役出征者7名、北清事変乃至日露戦役出征者2名、日露戦役出征者62名、大正三年乃至九年戦役出征者19名、済南事変参加者3名。（追記）「昭和七年以降九年ニ至ル日支事変参加者」17名

11・	彰忠碑	陸軍大将一戸兵衛	西横野村	安中市松井田町二軒在家・西横野小学校隣接地	〔戦没者〕。日清戦役1名、日露戦役6名
11・	忠魂	陸軍大将白川義則	永楽村	邑楽郡千代田町舞木・長良神社	日露戦役戦死者7名・病死者1名・傷死者1名
11・	御大典記念	?	発起者照明寺住職石塚龍海	太田市新田反町町・反町薬師（照明寺）	妙光院瑠璃山照明寺中興世話人芳名30名
?	昭和三年御大礼記念　旌顕碑	群馬県立太田中学校長正六位湯澤徳治	大川村	邑楽郡大泉町・仙石公民館隣接地（旧大川村役場）	市町村制施行以来の大川村自治関係者
?	日露戦役紀念碑	?	九合村分会第三班	太田市新井町・八幡宮	従軍者9名、病死者1名。「御大典記念　昭和三年改築　九合村分会第三班」とある

2　「御大典記念」・「新田義貞公挙兵六百年記念祭」

既述のように、昭和天皇即位礼は昭和三年一一月一〇日に京都御所で盛大に挙行されたが、**表8は昭和3年の本県での建碑等一覧**である。これもランダムな集計ではあるが、少なくとも地域社会での動向が把握できよう。この「御大典」の前月には本県の小中学校に「御真影」（公式名称は「御写真」）が下賜され、同時に「御真影奉安殿（奉安殿）」の建設も加速されていった。大典当日には、本県では小学生の旗行列や「御大典奉祝群馬県連合青年団都市対抗競技会」が開催されている。また「御大典記念」として、三年四月には前橋の本県庁舎が鉄筋三階建てに新築され、同一〇月には群馬県教育会が『郷土読本』を刊行し、郷土教育が本格的に実施されていく。さらに二年後の五年一一月には、同じく「御大典記念」として県庁舎に隣接して群馬会館が落成し、祝賀行事として「群馬県郷土史料展覧会」が開催された。「産業の殿堂」として建設された同会館一階広間には、平安時代末期から新田荘（新田郡）を領地とし、やがて鎌倉へ攻め入り鎌倉幕府と北条氏一門を滅ぼした、新田本宗家八代目の**「南朝の忠臣新田義貞」**の銅像も建立されたという（後に金属供出の対象となる）。制作者は本県佐波郡宮郷村（伊勢崎市連取町）出身の鋳金工芸家、森村酉三（県立前橋中学校から県立沼田中学校に転校し、東京美術学校工芸部鋳金科卒）であった。中国大陸では六年九月に満州事変が勃発するが、これによりマスコミは「祖国愛」を鼓吹し、満州の地図は四〜五日で売り切れたという。新田郡休泊村（太田市）では、「官民・学校が一体となり、神社や寺において満州皇軍安泰祈願を挙行し」、「敬神虔道」が叫ばれるようになった。満州への出征と新田軍の鎌倉への出兵が重なり合っていくことになる。翌七年六月には群馬県教育会が郷土読本の教師用指導書である『郷土読本細説』を刊行し、八年五月八日には「新田義貞公挙兵六百年記念祭」が地元の新田郡**太田町**（太田市）を中心に、県内各地で開催された。五月八日は倒幕に向けた「義貞挙兵日」であり、記念歌「五月の空」（小学児童合唱歌）が披露されたという。中国大陸での新たな戦線の拡大が、この祭典の意味付けをより深化させていくことになった。ただし、この行事は県の主導ではなく、あくまでも民間からの運動によるものであった〔手島 2006：21、手島 2010：20〜23, 27, 39, 43、巻島 2006：55、原・吉田 2005：137、高崎市教育史 1978：708、群馬県史 1992：368〜373、群馬地域文化 2003：110, 121, 275、太田市 1994：630, 664、近藤・丸山 1978b:38、白井・土岐 1991：24、岩波書店 1991：276、現地調査〕。

太田町の象徴たる**金山**《かなやま》（標高約二三六メートル）山頂の金山城は、新田氏の後裔岩松氏によって一五世紀に築かれた中世の山城であった。その本丸跡地（城址は昭和九年一二月国指定史蹟）には、明治八年三月に新田義貞を祭神とする**新田神社**（昭和九年県社、同一二年県社兼郷社、太田市金山町）が創建されていた。義貞への正三位追贈は翌九年一二月であったが、一方、義貞が早朝に僅か一五〇騎で戦勝祈願・挙兵したとされる地は、新田郡新田町市野井（太田市新田市野井町）の同郷総鎮守たる**生品神社**（昭和九年一一月県社、昭和九年国指定史蹟）であった。同社境内には、すでに日露開戦時の明治三七年二月に「左近衛中将贈正一位新田義貞朝臣挙義處」碑（男爵新田忠純撰・金井之恭書）が建立され、明治期に義貞顕彰の動きは始まっていた。また同社境内には、日露戦役にて二九歳で戦死（勲五等功五級）した地元出身の「陸軍歩兵大尉黒田稲丸之碑」（侍従武官長陸軍大将男爵岡澤精篆額）が、明治三八年九月に建立されていた。黒田は将校であり、父の黒田桃民は幕末維新期に金井之恭（島村出身、金井烏州子息、後の貴族院議員）らと共に、新田氏の子孫である旗本岩松俊純（満次郎、交代寄合、後の新田男爵）を盟主として「新田官軍」「新田勤王党」を組織した人物のひとりであったから、とくに顕彰の対象になったのであろう。黒田碑の実体は忠魂碑である。このように忠魂の亀鑑となったのは、一族を挙げて王事（朝廷）に尽くし、後醍醐天皇（南朝）のために戦い、越前藤島（福井市）にて三八歳（異説あり）で戦死した郷土出身の義貞の忠誠であった。義貞は本県における「忠君愛国」「敬神尊王思想」の手本とされ、新たな昭和期の時局、とりわけ満州事変勃発を契機とした郷土教育の推進と相俟って、その精神は児童・生徒や県民一般に鼓吹されていったのである。郷土の理解はやがて愛国心へと伸展し、「健全ナル国民」の育成に繋がると考えられていた。新田郡の有力者により「新田公挙兵六百年記念碑建設会」が発足し（発起人総代

新田神社（金山）

生品神社

「新田公挙兵六百年記念碑」（生品神社）

は国政研究会理事長中村藤兵衛）、記念碑建設が実施された。生品神社境内には、表8で示したように帝国在郷軍人会生品村分会よって「御大典記念植樹」（昭和三年一一月一〇日）がなされているが、八年五月に**「新田公挙兵六百年記念碑」**（正二位公爵徳川家達（貴族院議長）書）が建立された。記念碑建設委員長は、隣町（新田郡尾島町（太田市））出身の中島飛行機創業者で、「飛行機王」と呼ばれた衆議院議員**中島知久平**（明治一七年生まれ、農家長男、海軍機関学校卒、海軍機関大尉、後の鉄道大臣・政友会総裁・商工大臣、A級戦犯容疑で逮捕）であった。中島は国会開設以来、本県出身議員として初めて国務大臣になった人物であった。挙兵記念碑脇の石碑（昭和八年一一月、中島知久平）には、「祭典ヲ執行スルニ当リ事天聴ニ達シ畏クモ祭粢料御下賜ノ御沙汰ヲ拝シ光栄アル式典ヲ終レリ」、と記されている。天皇から金一〇〇円が下賜され、関係者は歓喜したという。また諸説あるが、**義貞の追善供養**のために、義貞の子孫の

中島知久平銅像（金山）

金龍寺

新田義貞供養塔（金龍寺）

「左中将新田公誠忠碑」（金龍寺）

「史蹟生品神社境内　新田義貞挙兵伝説地」碑他
（生品神社）

「新田義貞旗挙塚阯」碑（生品神社）

金山城主横瀬氏（後の由良氏）が一五世紀に金山山麓南面に開創したとされる**金龍寺**（義貞院、曹洞宗、太田市金山町）にも、八年五月八日の祭典日に**「左中将新田公誠忠碑」**（正二位公爵徳川家達書）が建立された。さらに陸軍特別大演習後の一〇年三月には、生品神社に**「史蹟生品神社境内　新田義貞挙兵伝説地」**碑および**「新田義貞旗挙《はたご》塚阯」**碑・「新田義貞牀几塚」碑が建立されることになる〔手島 2006：18～21, 32、落合 1996：174、落合 2006：138～139、伊藤 2008a:386～387、群馬県史 1992：294, 368～372、群馬地域文化 2003：37～38, 78～80, 110, 274, 276、太田市 1992：986、太田市 1994：120, 625, 664、企画調整課 1990：971、近藤・丸山 1978a:58、近藤・丸山 1978b:38、白井・土岐 1991：24、薗田・橋本 2004：1073、新潮社 1991：1248、現地調査〕。(13)

こうして挙兵六百年記念式典（建碑運動）は「異常なる熱誠を以て盛大円満裡に挙行せられ」たというが、委員長

の中島知久平はその意義について、

我が新田公は忠臣であり寡兵よく逆臣の大軍に向かった大勇こそ大いに学ぶべきことと思ふ。（中略）精神教育に資したい意味で記念碑を建設した訳である。新田公を思い起こす度に今後の青年も奮起して来るであろうことを信じて居る

と述べている〔手島 2006：20, 24〕。手島仁によれば、この挙兵六百年記念祭を契機に、本県の世論は忠君愛国・軍国主義思想に向けて大きく傾いていくという〔手島 2006：24〕。[14]

3 「満州事変　忠霊之碑」

既述のように、昭和六年九月一八日の満州事変の勃発は、後の日米開戦の遠因となり、翌七年一月には戦火は南方（華中）の上海に飛び火した（第一次上海事変）。第十四師団にも応急動員令が下され、十五連隊も同三月一三日には上海北部に上陸している。この第一次上海事変では、新たな軍神「肉弾三勇士」が誕生していった。高崎では、八年に高崎駅西口前から兵営に続く道路が拡張され、以来「凱旋道路」と呼ばれるようになった。後述する、翌年の天皇行幸を視野に入れてのことであったのだろうか。高崎兵営は東の営門を入ると、右手に連隊本部、正面に木造二階建てで、全長一四〇メートルの巨大な兵舎が三棟並んでいたという〔高崎市史 2004：246、前澤 2011：52、朝日新聞 2015d〕。

高崎陸軍埋葬地には昭和八年二月、**「満州事変　忠霊之碑」**が建立された。これは十五連隊出兵から一年間の同連

隊戦没者の慰霊顕彰碑であった〔手島・西村 2003：77～78、現地調査〕。同碑に関しては次のようにある〔手島・西村 2003：87〕。

「満州事変　忠霊之碑」（高崎陸軍墓地）

同碑は、高崎国民国防同盟会が中心となって、満州事変で亡くなった「高崎部隊の金井一等軍曹以下五十勇士」のために建設したものであった。「高さ一丈二尺、巾二尺」で揮毫は荒木貞夫陸軍大臣であった。合祀祭及び忠霊碑除幕式は陸軍墓地で三月七日に盛大に営まれた。「池田司令官以下軍人、陣没者遺族、金澤知事、九鬼・星両部長、将校婦人等二百名」が出席し、興禅寺住職田辺鉄定らの僧侶が導師を勤め、邑楽郡多々良村出身（館林市）の上等兵清水宗太郎の姪・とく子（八歳）が除幕したのち、導師開眼焼香、林留守隊長追悼文朗読、荒木陸相・関院宮参謀総長の追悼電報披露、参列者が焼香して式を終え、将校集会所で一同午餐をともにし散会となった

高崎国民国防同盟会（昭和六年二月三日発足）は、「満蒙既得権益の確保を期」し、「国民国防観念の普及発達」を目的としていた。同碑に戦没者の遺骨がどの程度納められたのか判然としないが、碑前での合祀祭および除幕式は陸軍主導による仏式の儀式が執行された。僧侶の導きにより、戦没者をホトケとして慰霊・供養し、同碑は墓碑というべきものであった。

その後、十五連隊の小林兵市（群馬郡長尾村〔渋川市〕出身、具安省スハーラで戦死）以下「六勇士」（戦死四名・戦病死二名）の遺骨が、昭和八年七月一九日に大連から帰還することが決まると、同連隊では慰霊祭を営内で実施した後、「今回から分骨を同（高崎）市若松町陸軍共同墓地にも埋葬する」方針とした。その手続きも、「慰霊祭終了後、留守将兵にまもられ、表門から宮元町を経て陸軍墓地に至り、読経・焼香・留守隊長の挨拶・埋葬」、と決定したのである。このように同連隊の戦没者は、遺骨が分骨され同墓地に個人墓が建立されることになったという。この頃には陸軍埋葬地ではなく、地元ではすでに「陸軍（共同）墓地」という呼称が一般化していたことが読み取れる。同連隊が合計八一名の戦没者を出して、二年三ヶ月振りに高崎に帰還完了したのは九年五月三〇日のことであったが、復員後の病死者は三名であった〔手島・西村 2003：78～79、高崎市 2004：323、前澤 2011：52〕[15]。

4　陸軍特別大演習と高崎忠霊塔

表8で示したように、戦役ではなく国家行事との関係で建碑等がなされていく点も大変重要である。本県では表7から、早くも昭和三年に忠霊塔建設が確認できるが、注目すべきは昭和九年の忠霊塔建設である。九年一一月一一～一三日にかけて、本県を中心に栃木・茨城・埼玉の四県下で「陸軍特別大演習」が実施され（大本営は本県庁に設置）、同一〇～一八日には大元帥たる天皇の行幸があった。つまり、これも戦役に関連する戦没者慰霊ではなく、天皇を迎えるにあたり、その「記念施設」としての忠霊塔建設であった。最初の陸軍特別大演習は、明治二五年一〇月に宇都宮で実施されているが、本県にとって九日間にもわたり天皇を迎えることは、明治二六年一〇月の近衛師団小機動演習の際の明治天皇行幸以来、四一年ぶりのことであった。天皇行幸は県の威信がかかった絶対に失敗の許されない、全官民挙げての最大の重要行事であったのである〔群馬県史 1991：628～634、群馬県史 1992：322、小田部 2009：130、

高崎市 2004：247〕。

この大演習の約一年前の昭和八年一二月二六日、陸軍参謀次長から本県知事金沢正雄（大阪府出身、前任は岐阜県知事）宛に、「昭和九年秋季主として群馬県・栃木県及埼玉地方ニ於テ特別大演習施行ノ旨御沙汰アラセラレタルニ付通牒候也」と、正式決定の通知が発せられた。これを起点に本県は準備に入るが、大演習には天皇の地方行幸が行われるのが慣例であったので、行幸の正式通知がなくても、そのための準備も進めたという。本県では翌九年二月、五日間にわたり前年度の大演習地福井県を視察し、三月には演習関連の膨大な経費を賄うため追加予算八五万六一七円を計上している。そして諸準備の進展と合わせて、六月二五日には金沢知事名で「群馬告諭第一号」を発した〔群馬県史 1991：629～632、太田市 1994：22〕。この告諭では、とくに「戒心ヲ要スベキ事項ヲ挙ゲテ」として、次の五項目を明示している〔群馬県 1991：632〕。

一　県民伝統ノ精神ヲ作興シ、益々忠誠ノ実ヲ效スベシ
二　和衷協同ノ精神ヲ重ンズベシ
三　意ヲ保険衛生ニ留メ、特ニ伝染病ノ予防ニ努ムベシ
四　綿密周到ナル注意ヲ以テ、各種ノ災害ヲ未然ニ防止スベシ
五　貴顕ニ対スル応接ト、軍隊ニ対スル接遇トニハ、特ニ懇切丁寧ヲ旨トスベシ

現人神たる天皇を迎えるため、道路・橋梁その他の施設は整備改善されて面目を一新し、県内の社会資本が整備された。天皇を迎える一一月一〇日には、高崎の七万市民は斎戒沐浴し、高崎駅前には壮麗な「奉迎門」が建設された。

また、教員も制服を着用するように指示され、本県の絹を交織した海軍軍人型の制服が誕生する契機となった。一方、十五連隊兵営前には「奉迎塔」が建設され、清掃された街々は奉迎の提灯を掲げて装飾を施し「佳き日」を待ったという。したがって忠霊塔建設も、これらの「奉迎門」や「奉迎塔」と共に、「益々忠誠ノ実ヲ効」し「貴顕ニ対スル応接」のためのものであった。つまり「大忠霊塔」が、宇都宮第十四師団管下の陸軍歩兵第十五連隊衛戍地である「軍都高崎」に建設されたのである。その建設にあたっては、高崎市長山浦市三を代表者会長〔副会長は二名〕とする「忠霊塔建設委員会」が組織され、その設計は同市都市計画課が担当し、いわゆる**「高崎忠霊塔」**（後の**「平和塔」**）は完成した〔石原 2003：77、高崎市 1998：179～180、群馬県 1940：附録 39、太田市 1994：666〕。[16]

この高崎忠霊塔に関して、昭和九年一一月三日付の地元の『上毛新聞』は、「勇士三千を祀る　大忠霊塔　三日盛大な除幕式」という見出しで次のように報じている〔高崎市 1998：181、群馬県 1940：附録 39〕。

高崎市西郊の景勝地観音山山頂に建設中であった大忠霊塔は県下篤志家の浄財二万円を以て本年六月三十日高崎市の井上工業会社が請負工事中であったが、愈々工成り三日の明治節の佳辰を卜して盛大なる除幕式を行ふ事になった、式は午前十一時開始、（中略）除幕者は日清戦役に於て名誉の戦死を遂げた小林権吉二等軍曹の遺族たる現高崎市収入役小林竹次郎氏及今次事変の戦死者田村福二少尉未亡人とく子さんと決定した、此の塔に祀られる英霊は本県出身勇士及び東京鎮台管下大隊駐屯時代の管轄たりし埼玉、長野両県出身約三千の多数で塔は、地上四十五尺、地下二十六尺の基礎工事を施し、基底部は二十三尺四方高さ十尺、内部は九尺四方の空洞を為しその内部は祭壇となり高さ六尺、白木造り御霊屋を安置し高さ三尺の白木の霊位を納めたもので基底の周囲は石造りの玉垣を廻らし、玉垣の内弁は三婆川石亀甲張り塔身は全部鉄筋コンクリート造りの表壁に稲田花崗

高崎忠霊塔（現・平和塔）

岩を張ったもので塔外面の題字は林陸相、内面題字は金沢知事で三千の勇士の名を書き連ねた過去帳五冊を納めている

高崎市街を一望する観音山（標高約二〇〇メートル）に出現した、高さ一三メートルに及ぶ「大忠霊塔」に祀られた戦没者は、明治初期の内戦、つまり戊辰戦役から西南戦役までの政府軍（官軍）戦没者と、日清戦役から第一次上海事変までの対外戦争戦没者を合わせた、本県関係および高崎連隊戦没者三五六六名であった。その目的は、天皇行幸に合わせて、国（天皇）のために命を捧げた「殉国烈士」の偉勲を永久に顕彰することにあり、東京（皇居）方面を向いて忠霊塔は建てられた。建設に関しては県と陸軍が深く関わっていたと推察できるが、詳細は不明である。とくに除幕式を「明治節」にあたる一一月三日に開催したことは大きな意味があろう。その式典には忠霊塔の揮毫者である陸軍大臣林銑十郎大将や、十四師団長畑俊六中将（旧会津藩士子息、陸士12期、後の大将・支那派遣軍総司令官・元帥、A級戦犯終身刑（後に刑免除））、群馬・埼玉・長野三県の知事を始めとして約一〇〇〇名の参列者が予定されていたという。高崎英霊殿に続き、本県における「第二の靖国」（遺骨なし）が誕生したことになる〔高崎市 1998：181、秦 1994：115, 117〕[17]。

新聞記事から、高崎忠霊塔内部には白木造りの御霊屋を安置し、白木の霊位を納め、戦没者名を記した過去帳五冊（『忠霊名簿』）が納められたという。したがって、忠霊塔内部に遺骨が納められた形跡はないようである。ただ、過去帳を納めたことで仏式といえ、また白木造りの御霊屋を安置したことで神式ともいえ、つまり神仏習合的形態をとっているることになろう。既述のように、満州での「前期忠霊塔」（納骨祠）には鳥居が設置され、靖国神社宮司賀茂百樹はこれらを「靖国神社の奥宮・奥津城」と位置づけていた。高崎の忠霊塔建設委員会としては、仏教界と神社界の双方に配慮したものと推測できるが、この祭祀様式が臨時的なものなのか、あるいは一般化されていくものなのか、検討を要しよう。また実際に納骨する場合にしても、だれの遺骨をどこからもってくるのか、という問題も生じるはずである。戦のない時期でも、軍が遺骨を管理していた可能性は充分に考えられる。いずれにしても、忠霊塔をめぐってさまざまな疑問点が湧き上がってくる。(18)

この特別大演習は、兵力を異にする兵団の機動作戦と夜間の軍事行動訓練に重点が置かれ、満州事変以来、緊迫する極東の軍事情勢に対処しようとするものであった。戦車隊・重砲隊・飛行機など機械化部隊も参加し、大規模なものであったという。兵団は東西両軍二師団ずつに分かれて戦った。仮に一師団一万名としても両軍で四万名となる。東軍は、東京第一師団（師団長は陸軍中将柳川平助）と仙台第二師団（師団長は陸軍中将秦真次）で編成され、第二師団所属の仙台歩兵第四連隊長は陸軍大佐石原莞爾であった。西軍は、近衛師団（師団長は陸軍中将朝香宮鳩彦王）と十五連隊を含む第十四師団で編成された。既述のように十五連隊は五月に中国から帰還し、半年後に大演習参加となった。東軍司令官は陸軍大将阿部信行（旧金沢藩士子息、陸士9期、後の首相・貴族院議員・朝鮮総督）、参謀長は陸軍少将飯田貞固（新潟県出身、陸士17期、後の中将・近衛師団長）、対する西軍司令官は陸軍大将荒木貞夫、参謀長は陸軍少将小畑敏四郎（旧土佐藩士四男、陸士16期、後の中将・国務大臣）で、陸軍の精鋭をすぐった布陣であったという。総監部幕僚は参謀総長の陸軍元帥閑院宮載仁親王・陸軍中将杉山元（旧小倉藩士子息、陸士12回、後の大将・陸相・元帥、敗戦後に自決）らであった。金沢第九師団管下からも、金沢騎兵第九連隊中隊長の騎兵大尉美山要蔵（東京出身、陸士35期、後の大佐・陸軍省副官・引揚援護局次長）が参加している。とくに美山は敗戦後、戦没者の靖国合祀への作業と共に東京での「千鳥ヶ淵戦没者墓苑」の建設に尽力することになる。大演習は、富山県に勢力を置く西軍と、仙台方面から関東地方を領有する任務を負う東軍が、関東平野の掌握をめぐって争奪戦を展開するという実戦さながらのものであった。一一月一〇日の午前八時頃、栃木県佐野町（佐野市）付近より開始され逐次西へと展開し、同一三日、高崎市南方の烏川一帯（山名付近）で展開された早朝戦で終了している。三日間にわたる大演習であった。ただし、前章で言及したように、当時の陸軍内部では皇道派と統制派との対立が激化し、時に荒木大将らの皇道派が排除され始めた最中であった〔前澤 2011：54～57, 246、石原 2003：76～78、高崎市 1935：287, 291、高崎市 2004：247～248、群馬県史 1991：637、企画調整課 1990：976～977、前橋市史 1984：1280、福川 2001：23、伊藤 2009：11, 37、秦 1994：4, 9, 13, 28～29, 48, 78～79, 140, 148, 342～343, 704〕。[19]

一三日午後三時、天皇は十五連隊兵営内に用意された講評場にて、参謀総長から講評させ、次のような勅語を下した〔群馬県史 1991：637〕。

朕演習ノ経過ニ就テハ参謀総長ヲシテ之ヲ講評セシメタリ
今次特別大演習ハ主トシテ兵力編組ヲ異ニセル大兵団ノ機動作戦ヲ演習セシメタリ、而モ将兵ノ士気旺盛ニシテ作戦亦概ネ機ニ適ヒ、其成績良好ナルヲ認メ朕之ヲ懌ブ
汝将兵宜シク現下ノ情勢ニ鑑ミ、益々其本務ニ精進シ以テ朕ガ信倚ニ副ハンコトヲ期セヨ

翌一四日の午前九時から、観音山北側の高崎市乗附練兵場で観兵式が挙行された。この日は昨夜来の雨も上がって、

秋晴れの好天に恵まれた。式場には、陪観者として首相岡田啓介海軍大将（旧福井藩士長男、海兵15期）を始めとする各閣僚・貴衆両院議員・外国武官の他、関係諸県の有資格者および将兵を含め約五万名が参入し、また、場外には練兵場を巡って山野に一般観衆約六万名も参集して、未曾有の盛況を呈したという。この時、一〇万名を超える人々は「白馬に跨がった大元帥」を仰ぎ見ることになる。大演習参加将兵等だけでも延べ一五万三〇一四名が一般の民家等に宿泊したといわれている〔群馬県史 1991 : 637 ~ 638、秦 1994 : 178〕。[20]

5　天皇行幸

観兵式を終えた天皇は、一一月一五～一七日にかけて県内を行幸した。主な行幸先は前橋市の前橋地方裁判所・群馬県立前橋中学校（後の群馬県立前橋高等学校）・群馬県師範学校（明治九年九月高崎に創立、後の群馬師範学校・群馬大学教育学部）、桐生市（大正一〇年三月市制施行）の桐生高等工業学校（大正五年四月創立、後の桐生工業専門学校・群馬大学工学部・群馬大学理工学部）、当時「東洋一の飛行機生産工場」といわれた新工場が完成したばかりの新田郡太田町の中島飛行機太田製作所（昭和九年一一月一日竣工、後の富士重工業群馬製作所）、甘楽郡富岡町（富岡市）の「上野一ノ宮」で国幣中社貫前神社などであった。「群馬県師範学校校歌」は、この「天皇行幸記念事業」の一つとして作られたものである。また既述のように、中島飛行機は中島知久平により設立されたものである。行幸に際し、例えば太田町では、初冬の寒風のなか太田尋常高等小学校（後の太田市立太田小学校）の児童が、他の小中学生・町民と共に太田駅（東武鉄道）から中島飛行機太田製作所までの沿道に筵を敷いて正座し、天皇を奉迎したという。また、九合尋常高等小学校（後の太田市立九合小学校）の三年生以上の児童は、田んぼのなかに座して最敬礼で「御召列車」の通過を待ったという。そして一八日の朝、天皇は前橋駅から東京への帰路につき行幸は終了した〔群馬県史 1991 : 617

利根英霊殿（沼田公園）

〜618, 634、群馬県史 1992：289〜293, 353、太田市 1994：666、企画調整課 1990：977、石原 2003：79、正田 2011：52、柳井 1999：56、群馬地域文化 2003：120〜122, 259、新潮社 1991：1248〕。[21]

表9は昭和9年から11年の本県での建碑等一覧である。これもランダムな集計ではあるが、この表中にあるように、昭和九年は「日露戦役三十周年」という記念の年でもあった。「題号の揮毫者」には高崎連隊関係や大演習に関わる将官の氏名が目につく。表6でも示したが、とくに利根郡出身の戦没者を祀る**沼田公園**（沼田城址、旧沼田藩は譜代三万五〇〇〇石）内の**「利根英霊殿」**（沼田市西倉内町）の建立月日は、高崎忠霊塔と同じ月日（明治節）であることに注目したい。同英霊殿には日清戦役以降の利根沼田地域の戦没者が祀られていくことになる。また表中の、佐波郡上陽村（佐波郡玉村町）では昭和一〇年一月一八日、大演習の際に死んだ近衛騎兵連隊の軍馬「静歌北越号」の「馬頭観世音」碑を建立し、碑文に「軍馬ノ華」と刻んでいる。軍馬の顕彰も盛んになっていくのである〔今井 2008b:397、上毛新聞 2014b、現地調査〕。[22]

6　満州上海事変勇士銅像・敬神主義

表9で示したように、金属回収（供出）により現存しないが、前橋市の県庁舎向かいの**群馬会館**の三角公園内に、**「満州上海事変勇士　富岡上等兵銅像」**と**「満州上海事変勇士　渡邊一等機関兵銅像」**が建設されている。富岡銅像の除幕式は昭和九年一〇月二八日、渡邊銅像のそれは翌二九日であった。既述のように、県庁舎と群馬会館は「御大典記

表9　昭和9年から11年の本県での建碑等一覧

年月日	題　号	題号の揮毫者	建立者	現在の建立場所	備　考
昭和9・3・18	陸軍歩兵上等兵勲八等功七級柳田宗三郎之碑	中佐種村茂一	?	太田市東今泉町・曹源寺（さざえ堂）	
昭和9・3	忠魂碑	陸軍大将正三位勲一等功四級荒木貞夫	帝国在郷軍人会九合村分会	太田市飯塚町・九合小学校近く	当初は九合小学校に建立。明治二十七八年戦役戦死1名、明治三十七八年戦役戦死・病死7名、大正三年乃至大正九年戦役公病死1名、日支事変戦死・公死3名。また各戦役等の「従軍者氏名」も記す。昭和20年地下に埋められる。後に市役所および自衛隊第十二師団の協力により掘り起こし38年3月19日再建
昭和9・4	敬神虔道（皇太子殿下御降誕記念）	群馬県知事従四位勲三等金沢正雄	?	太田市鳥山上町・菅原神社	
昭和9・4	殉職消防組員之碑	内務大臣従二位勲一等男爵山本達雄	群馬県消防義会	前橋市大手町・前橋公園	
昭和9・6	彰忠碑（日支事変記念）	陸軍大将松本直亮	帝国在郷軍人会館林町分会	館林市代官町・邑楽護国神社	松本大将は元第十四師団長
昭和9・9	彰忠碑	陸軍大臣林銑十郎	帝国在郷軍人会宝泉村分会	太田市宝町・宝泉小学校	〔西南戦役以下各戦役戦死者〕陸軍歩兵一等卒高山房吉以下7名、〔各戦役傷病死者〕陸軍三等兵曹武内五郎以下6名。西南役従軍者2名、日清日露戦役従軍者10名、日清戦役従軍者7名、日露戦役従軍者99名、大正三年乃至大正九年戦役従軍者・日独戦争従軍者5名、西比利亜派遣従軍者19名、済南事変従軍者4名。（追記）支那事変太平洋戦争戦没者陸軍139名・海軍43名。昭和28年再建。敗戦までの戦没者236名
昭和9・9	忠魂碑	元陸軍大将正二位勲一等功一級川村景明	帝国在郷軍人会吉田村分会	富岡市中沢甲・勧学寺	吉田村戦没者
昭和9・9	忠魂碑	?	帝国在郷軍人会東村分会	みどり市神戸・太郎神社	勢多郡東村戦没者

昭和9・10・15	村社長良神社（皇太子殿下御降誕記念）	？	？	太田市東別所・長良神社	
昭和9・10・18	彰忠碑 故陸軍歩兵上等兵勲八等功七級池森武雄君碑	巣鴨学園総裁文学博士遠藤隆吉	瑞巌寺二十四世発起人長谷川瑞圭	太田市矢田堀町・瑞巌寺	池森は山田郡毛里田村出身。高崎連隊に入り昭和8年6月満州で戦死。「尽忠報国を以て日本男児たるの一面を発揮する」とある
昭和9・10・28	満州上海事変勇士　富岡上等兵銅像	裏面の「芳烈」は前陸軍大臣荒木貞夫書	富岡上等兵銅像建設期成会	前橋市・群馬会館三角公園	金属供出により撤去し現存せず
昭和9・10・29	満州上海事変勇士　渡邊一等機関兵銅像	？	渡邊一等機関兵銅像建設委員会	同上	同上
昭和9・11・1	故陸軍歩兵曹長勲七等功六級塩田恒雄之碑	陸軍大将本庄繁	？	館林市羽附町・社会福祉協議会事務局向い地	赤羽村
昭和9・11・3（明治節）	利根英霊殿	？	利根郡在郷軍人会	沼田市西倉内町・沼田公園（沼田城址）	現在の祭神数3095柱
昭和9・11・13	御使御差遣記念碑（陸軍特別大演習記念）	群馬県知事従四位勲三等金沢正雄	綿打村	太田市新田上田中町・綿打中学校	
昭和9・11・15	振武（陸軍特別大演習記念）	近衛騎兵聯隊長笠原幸雄	勲七等功七級森林作	邑楽郡大泉町坂田・長良神社	「日露戦役三十周年　昭和九年特別大演習」とある
昭和9・11・23	故陸軍歩兵上等兵勲八等功七級森田孫一之碑	陸軍大将本庄繁	？	館林市羽附町・館林第五小学校近く	
昭和10・1・18	馬頭観世音	近衛騎兵聯隊長笠原幸雄	帝国在郷軍人会上陽村分会第六班・上福島男女青年団並区民一同	佐波郡玉村町上福島・上福島公民館隣接地	昭和九年特別大演習の際に死んだ近衛騎兵聯隊の軍馬「静歌北越号」の慰霊碑

昭和10・3・10（陸軍記念日）	忠魂碑	陸軍大将鈴木荘六	西牧村軍人分会	甘楽郡下仁田町西野牧・本宿公園	西牧村戦没者
昭和10・3・10（陸軍記念日）	義勇奉公	?	西牧村軍人分会	甘楽郡下仁田町西野牧・本宿公園	
昭和10・3・10（陸軍記念日）	忠魂碑	陸軍大将鈴木荘六	帝国在郷軍人会六合村分会	吾妻郡中之条町日影・瀧澤寺	〔戦没者〕。明治十年之役1名、明治三十七八年戦役8名、昭和六年乃至九年戦役1名
昭和10・3	史蹟生品神社境内　新田義貞挙兵伝説地	?	?	太田市新田市野井町・生品神社	昭和8年5月は「新田義貞公挙兵六百年祭」。「史蹟名勝天然記念物保存法ニ依リ昭和九年三月文部大臣指定」とある
昭和10・3	新田義貞旗挙塚阯	?	?	太田市新田市野井町・生品神社	
昭和10・3	新田義貞牀几塚	?	?	太田市新田市野井町・生品神社	
昭和10・4・14	聖蹟記念碑	陸軍大将正三位勲二等功四級荒木貞夫	芝根村	佐波郡玉村町飯倉・特養ホームにしきの園隣接地	昭和九年特別大演習の際に天皇が馬に乗り換えた場所。天皇が馬で向かった利根川と烏川の合流地堤防にも「聖蹟」碑が立つ
昭和10・11・3（明治節）	忠魂碑	陸軍大将鈴木荘六	帝国在郷軍人会新治村分会	利根郡みなかみ町新治・新治中学校隣接地	〔戦病没者氏名〕。日清役7名、日露役18名、日支事変3名。「日露戦役三十周年ニ當リ忠魂碑建設ノ議起キル」とある
昭和11・4・18	村社　長良神社（青年会創立廿五周年記念）	?	東矢島青年会	太田市東矢島町・長良神社	
昭和11・4	忠魂碑	陸軍大将鈴木荘六	帝国在郷軍人会古馬牧村分会	利根郡みなかみ町後閑・みなかみ町役場（旧古馬牧村役場）	〔戦没者〕。日清戦役1名、日露戦役11名
昭和11・12	迎光碑（天皇乗車記念）	侍従長海軍大将鈴木貫太郎	?	高崎市山名町・山名駅	昭和9年11月の陸軍特別大演習の際、山名駅での天皇乗車記念

群馬会館の富岡上等兵銅像〔群馬県 1940：巻頭写真〕

同上の渡邊一等機関兵銅像〔同上〕

念」として建設されていたが、この銅像建設地をめぐっても前橋と高崎の両市で激しい「銅像争奪戦」がおこった。結局、金沢知事の調停によって前橋市での建設に決着したという〔手島・西村 2003：90、手島 2010：27、37、44、仁木 2004：137～138、笠原・安田 1999：161〕。(23)

富岡上等兵とは富岡鳥松（二一歳、勢多郡北橘村箱田〔渋川市〕出身）のことで、県立蚕糸学校（後の県立安中実業高等学校）を卒業後、十五連隊第六中隊に入隊した。第一次上海事変停戦後の昭和七年七月、馬占山軍討伐戦に参加し、満州にて手榴弾四発を携え奮戦の末戦死した。出征に際し、富岡は「北満の三勇士になる」と家族に言い残したという。「馬占山軍殲滅の華」あるいは「われらが肉弾一勇士」と謳われた人物であった。富岡の葬儀は七年一〇月二九日、北橘村の村葬として橘尋常高等小学校（後の渋川市立橘小学校）で営まれ、「北橘村空前の盛儀」とされた。翌八年四月、民間有志発起により富岡上等兵銅像建設期成会が結成され、県当局と軍は五万円の銅像建設予算を募金等で集め、九年一一月の大演習前までに完成を予定していた。銅像制作者は東京美術学校教授北村西望で、銅像の偉容は「爆弾を投擲せむとする刹那」とされた。一方、渡邊一等機関兵とは渡邊忠一郎〔二三歳、多野郡八幡村山名〔高崎市〕出身〕のことで、小学校高等科を卒業後、鉄工所勤務を経て横須賀海兵団に入団した。第一次上海事変がおこると特別陸戦隊員に選ばれ、第七大隊工作隊に所属した。七年二月、決死隊に志願するが被弾し、下半身の殆どが焼け腸が飛び出して戦死する。「陸軍に肉弾三勇士あり、海軍に渡邊一等機関兵あり」、あるいは「海軍七勇士の一人」と称された。富岡銅像と同様に、渡邊一等機関兵銅像建設委員会が結成されたが、建設予算は富岡銅像よりかなり低額の一万五〇〇〇円で、銅像は「敵陣を睨み付けて、『突っ込め』の雄姿」とした。渡邊銅像は、富岡銅像建設運動に影響されたもので、その制作者は既述の森村酉三であった。ただし、当初は富岡銅像に関しても森村に制作依頼する予定であったという〔手島・西村 2003 : 90、手島 2010 : 20 ~ 23, 35 ~ 41、群馬地域文化 2003 : 347、海老根 2001 : 75〕。

手島仁によれば、富岡銅像の建立計画は昭和七年におこり、本来は行幸を視野に入れての建立ではなかったという。しかし紆余曲折を経て、最終的に大演習に絡んでの建設となった。県庁には大本営が置かれ、天皇の行在所となる予定であった。したがって、「県都前橋」におけるこの二つの勇士の銅像〔忠魂〕と「軍都高崎」における大忠霊塔が三位一体となり、天皇を迎え入れるための本県の重要な「記念施設」として用意されたのであった〔手島 2010 : 35 ~ 39〕。[24]

特別大演習の翌一〇年一月一五日、金沢知事の後任として宮崎県知事であった君島清吉が本県知事として赴任した。金沢は、桐生市での警察官による天皇の行列〔鹵簿〕を誤導する事件〔鹵簿誤導事件〕の責任を取り、辞任〔依願免官〕したのであった。想定外の知事交代劇がおこったのである。この不敬事件の汚名返上を図るため、隣県の栃木県出身の君島は「敬神知事」と呼ばれるほど敬神主義を県政の根幹とした。同五月、君島は敬神崇祖精神高揚期成会を設立し、本県では敬神崇祖運動と修身の徳目を実行する運動が展開された。とくに天皇が参拝した既述の国幣中社貫前神社には「行幸記念」として「東国敬神道場」が設置され、毎日「みそぎ」に明け暮れる青年の錬成道場になったという〔今井 2009：8、石原 2003：92 ～ 94、手島 2006：25、太田市 1994：22、群馬県史 1991：644, 889、群馬県史 1992：376、白井・土岐 1991：38 ～ 39〕。

白衣大観音

7 白衣大観音

大忠霊塔が建設された高崎観音山には、昭和一一年一〇月に「白衣大観音」（高さ四一・八メートル。以下、大観音とする）が建設されている。これは現在、「高崎観音」として高崎市のシンボルとなっているが、地元の実業家井上保三郎（井上工業株式会社初代社長）によって建設されたものである。井上は昭和五年に、初代高崎町長で「近代高崎の最大の功労者」とされる矢島八郎の銅像を観音山に建立し（原型制作は森村酉三）、既述の富岡・渡邊両銅像の建立にも深く関わっていた。そして以前から、観音像も建立したいと思い、その原型制作も再び森村に依頼している。大観音建立の直接のきっかけは、特別大演習に際しての天皇行幸であった。この折、井上は実業功労者として県庁で天皇に単独拝謁を許され、これにいたく感激する。そこで、この「聖恩の余光を記念」して「観光高崎の建設」「高崎連隊戦死者の慰霊供養」「国民思想善導」の三つの目的のために、日頃信仰していた観音像（観世音菩薩）を建設する意志を固めたという。さらにこの背景には、前章で言及したように、満州事変以降の仏教界において盛んに実施される戦没者の慰霊・供養の活動も影響を与えていたのであろう。こうして総工費一六万円を費やし、当時の土木技術の粋を集めて造られた鉄筋コンクリート九階建ての大観音（胎内には仏像二〇体を祀る）が完成した。観光に関しては、一一年七月三一日に東京でオリンピックと万国博覧会の開催が正式決定したため（後に中止）、本県内では「観光都市」「観光立村」の建設に向けての動きが高まった。また、戦没者慰霊に関しては、本県出身の戊辰戦役以来の戦死者の「英名ヲ聖像台石ニ刻」んで、「殉国勇士」を讃えたという。だが実際、大観音に英名は刻まれなかったようで、胎内に戦死者名簿が納められたのだろうか。この点は不明である。この大観音の開眼式は、井上の誕生日を期して同一〇月二〇日に君島知事や旅団長ら約二〇〇〇名が参集し、僧侶一〇〇余名によって盛大に挙行されている。そして一三年三月に大観音は高崎市に寄付され、さらに三年後の一六年二月には、紀州高野山から移転した学問寺の慈眼院（真言宗別格本山）に寄付されている。「高崎市唯一ノ名勝」といわれた観音山を「関東の高野山」として発展させ、観光客を誘致する計画が本格化したのである。また大観音参道には、井上によって乃木希典の銅像も建設されたというが（昭和一二年六月四日除幕式）、これは矢島銅像と共に後の金属回収により現存していない。このように、大観音も本県における代表的な戦没者慰霊施設の一つとして位置づけられることになった（高崎市 2004：326, 608～610、石原 2003：98～101、手島・西村 2003：94～95、手島 2007：25、手島 2010：17～18, 45～46、群馬高教研 1991：125、群馬地域文化 2003：351、上毛新聞 2016m）[25]。

四　群馬県護国神社の創建

1　招魂社創立内規・支那事変

高崎忠霊塔の建設以降、表7のとおり、本県における忠霊塔建設は意外にも暫く進展せず、既述の顕彰会による建設運動の直接的影響は読み取れない。それは、陸軍主導による忠霊塔建設運動が部分的に停滞を余儀なくされたことも一因であったのだろう。本県における忠霊塔建設はなお遅れて、昭和一六年年頃から動き始め、太平洋戦争後半の昭和一八年以降から一気に建設されることになる。とくに一八年が二八基、一九年が二一基と、両年だけで全体（六四基）の七六・六％が建設されているのである。これはどういうことなのであろうか。

既述の高崎英霊殿は、官祭の慰霊顕彰施設ではなく私祭の慰霊施設であったから、県内の全戦没者を包括して靖国神社の分社たる官祭招魂社を創建することは、本県民にとって多年の宿望であった。とくに日中戦争後、創建から三〇年が経過した高崎英霊殿の社殿は、規模が狭小で腐朽してきたため、このままでは英霊の尊厳を冒涜する懼れがあるという声が高まってきたという。また、既述のように館林招魂社と廐橋招魂社も本県の全戦没者を包括するものではなく、「地域の靖国」に留まるものであった。

本県での天皇行幸終了直後の昭和九年一一月一九日、内務省は「招魂社創立内規ニ関スル件」（内務省令発社第五八号決判）を発している〔本康 2002：229 ～ 230〕。

一、招魂社ナキ県ニ在リテハ其区域一円ヲ崇敬区域トナスモノニ限リ一社創立ヲ認ムルコト
二、府県内ニ既存ノ招魂社アルモ其ノ崇敬管内一円ニ亘ルモノナキ場合ハ其ノ内一社ヲ該当府県一円ヲ崇敬区域トスル招魂社タラシムル様勧奨セシムルコト
　但シ特別ノ事由アリテ府県一円ヲ崇敬区域トスル招魂社タラシムルコトヲ得サル場合ニ於テハ府県一円ヲ崇敬区域トスル招魂社一社ノ創立ヲ認ムルコト（以下省略）

この内規によれば、本県は「二の条項」に該当した。つまり、本県には既存の二つの招魂社があったが、両者とも

地域限定であったので、どちらも「特別ノ事由アリテ」県内一円を崇敬区域とすることが困難と判断されれば、新たな招魂社の創建が可能となったのである。

昭和一二年七月七日の「支那事変」（日中戦争）勃発により、翌八月には十四師団にも動員令が下り、十五連隊は九月に中国河北省に上陸し、翌一三年には徐州会戦・開封攻撃・漢口作戦など各地を転戦した。同連隊が戦没者七四五名を出して高崎に帰還するのは、二年余後の一五年一月であった。この間、宇都宮の留守第十四師団の担当により、「特設師団」たる宇都宮第百十四師団が創設され（昭和一二年一〇月一二日）、師団長には十四師団長経験者の陸軍中将末松茂治（福岡県出身、陸士14期）が親補された。その管下には陸軍中佐**矢ヶ崎節三**（長野県出身、陸士27期、後の少将・北支那方面軍高級副官・仙台連隊区司令官）を連隊長とする、高崎歩兵第百十五連隊（矢ヶ崎連隊）が設置されている（軍旗授与は同年一〇月一八日）。同連隊は新たに編成された第十軍に所属し、一二年

横野村（渋川市赤城町）の「英霊殿」

横野村の「軍馬　忠霊碑」

一二月一日下令の南京攻略戦に投入され、「南京一番乗り」を競うなかで既述の南京大虐殺事件（南京事件）に関わったという。翌一三年には華北派遣となって十五連隊と共に徐州会戦にも参加している。しかし、百十五連隊は一四年九月一〇日に軍旗奉還し、復員を完了して解散に至っているのである〔岩根 2008 : 152 ~ 154、前澤 2011 : 247、高崎市 2004 : 251 ~ 253、近現代史 2000 : 192、朝日新聞 2015d、新人物往来社 1990 : 116、福川 2001 : 387 ~ 388, 735〕[26]。

序章で言及したように、高崎兵営庭には昭和一四年一二月二五日、本県戦没軍馬三〇〇〇有余頭のための「軍馬忠魂碑」（陸軍歩兵大佐谷弘書）が建立された。また、これに先立ち同五月、既述の勢多郡**横野村**には、「昭和十二年七月日　支那事変勃発其年九月馬匹」として**「軍馬　忠霊碑」**（陸軍中将堀内文治郎書）が、同村村役場敷地内の「ムラの靖国」たる**「英霊殿」**（昭和七年四月二五日、帝国在郷軍人会創建）脇に建立されている（表3参照）。この英霊殿創建は、「村内の英霊は村内に之を祭り身近でその祭祀をしたい」という村民の念願によるものであった。同忠霊碑の碑背には「一死奉公之丹心者恰将士之盡忠不異」と記され、馬を供出した「応徴者」の氏名が刻まれた。応徴者有志による建立である。人間と同様に、戦没軍馬も「忠魂」や「忠霊」として慰霊・顕彰の対象とされていったのである〔海老根 2001 : 22 ~ 23, 177、横野村誌 1956 : 919、現地調査〕[27]。

2　「新田公（戦没）六百年記念祭」

昭和八年五月の「新田義貞公挙兵六百年記念祭」は「盛大円満裡に挙行された」が、さらに「新田公会」を組織し、義貞戦没六百年記念祭（昭和一三年）に合わせて、県社となった新田神社を、上級の官国幣社あるいは別格官幣社に昇格させようとする運動がおこった。ただし、この間に陸軍特別大演習が昭和九年に予定されていたため、新田公会の本格的な活動は大演習終了後ということになった。同会創設の公表は一〇年二月のことである。また一二年六月一九日付『上毛新聞』は、「太田金山に白衣観音より高く二百尺余の仏像建立計画」があるとの記事を報じている。既述の高崎での大観音建立に影響されてのことであり、完成すれば大観音を凌ぐ「東洋一の規模」となる予定であったというが、この計画は幻に終わった〔手島 2006：24 ~ 27、太田市史 1994：746 ~ 747〕。

ところで県当局の方針としては、既述の知事交代劇により昭和一〇年一月に金沢知事の後任となった「敬神知事」君島は、新田義貞よりも、神話上の「東国経営の始祖」とされた、赤城（山）信仰の中心で赤城神社の祭神である豊城入彦と日本武尊を重視したのである。記紀によると、豊城入彦命は第十代崇神天皇の皇子で、東国平定を命じられた。第十一代垂仁天皇の兄にあたり、上毛野君・下毛野君等の祖になるという。「上州が東日本建国発祥の地であり、親王が国の護りとなり」、本県民はその血統を引くものであるとした。そして「東日本御経営聖業奉賛大祭」を提唱し、既述の東国敬神道場を設立して、「群馬県の歌」を作り古墳調査と古墳祭を実施したという。このように、君島県政は一気に古代神話の世界と直結し神懸かったものとなった。したがって、前任の金沢知事と共に新田公会が掲げた活動目標は、この県政下で立ち消えて行くことになった。とりわけ同会が念願としていた新田神社昇格問題も遂に実現しなかったのである。そうした君島も昭和一二年七月、福島県知事に転出し群馬を去っている〔手島 2006：24 ~ 27、太田市 1994：22, 664、群馬県史 1991：644、群馬地域文化 2003：276、群馬高教研 2005：32、丸山・近藤 1978b:74〕[28]。

こうした展開のなかで大演習から四年後の昭和一三年五月二二日、新田郡太田町の新田神社（金山山頂）において、本県・本県教育会・太田町奉賛会（会長は中島知久平）等の共催による「新田公（戦没）六百年記念祭」が盛大に開催された。祭主は君島知事の後任で、山梨県知事から転入した土屋正三知事（静岡県出身）であった。五月二二日は「鎌倉幕府討滅記念日」で、義貞が戦死してから六〇〇年目の年にあたり、同日を中心に各種の記念行事が開催されたのである。義貞による幕府討滅が、支那事変後の日本軍による中国軍討滅に重ね合わされていった。前回の挙兵六百年記念祭とは異なり、今回は県が全面に乗り出して事業を推進し、「国民精神総動員運動の強化と徐州陥落の戦捷を盛った皇国日本の揺るぎなき真姿」と位置づけられ、「一国一県の公祭」となった。県下の各神社も一斉に記念祭を執行し、新田氏の関係寺院でも慰霊供養の法要が営まれた。緑のアーチを建て花火が打ち上げられ、大名行列が練り歩いた太田町には県内外から一〇万の人々が押し寄せ、「国民精神総動員下の敬神絵巻」が繰り広げられたという。陸軍特別大演習以来の挙県による一大イベントであった〔手島 2006：24 ～ 27、太田市 1994：22, 664、太田市教育史 1995：1062 ～ 1063〕。

新田義貞の供養塔が建つ既述の金龍寺には、祭典当日の五月二二日に**「新田公殉節六百年記念碑」**〔鉄道大臣中島知久平書〕が太田町奉賛会によって建立され、その碑背には次のように刻まれた〔現地調査〕。

贈正一位左近衛新田義貞公ハ臣道ノ精華ヲ宣揚セル忠臣ナリ前ニハ當郡生品祠前ニ義兵ヲ挙ケテ建武中興ノ大業ヲ翼賛シ奉リ後ニハ叛賊足利氏ヲ討チテ軍旅ニ労シ延元三年閏七月二日越前藤島ニ戦死ス忠勇義烈□□ニ赫赫タリ茲ニ公ノ殉節六百年祭ニ當リ碑ヲ建テ銘ヲ勒シテ景仰ノ至情ヲ永ク後昆ニ傳フ

昭和十三年五月廿二日

東京帝国大学教授文学博士中村孝也撰

また翌二三日には、太田尋常高等小学校で「新田公六百年記念祭教員精神作興大会」が開催されている。本県教育会はこの戦没六百年記念祭を最優先事業と位置づけていた。とくに教員精神作興大会は『新田義貞公根本史料』の編纂〔昭和一七年刊行〕と共に、同教育会が最も力を入れた行事であったという。県内の教員代表者千数百名が参加し、

「純忠の遺烈を偲ぶ教育報国の誓」として開かれたのである。これにより、郷土教育・敬神行事の一環として、児童・生徒の新田神社への遠足や高山神社（社殿は平成二八年に焼失）への参拝が実施されるようになり、とくに「新田・高山太田の誉れ」と称されるようになった。また、福井県の藤島神社を始め、全国各地の義貞関係神社でも六百年記念祭が執行され、日本の対外侵略を背景に忠君愛国・戦意高揚は益々鼓吹されていった。盛大な祭典が実施された金山山頂には、同年一〇月二七日の中国漢口陥落を記念して**「漢落碑」**（陸軍中将川岸文三郎書）が建立されている〔手島 2006：24〜29, 39〜40、前澤 2011：102〜103、太田市 1994：664、太田市教育史 1995：1063、現地調査〕。(29)

この戦没六百年記念祭を機に、本県の小学校には**義貞銅像**が建立されるようになった。手島仁によれば一九例ほど確認できるという。これらは後に金属供出の対象となるが、本県での義貞銅像の嚆矢は既述の群馬会館に建立された

「新田公殉節六百年記念碑」（金龍寺）

「漢落碑」（金山、撮影・前澤哲也）

「新田義貞公」銅像（平成 24 年 5 月再建、生品神社）

ものであった。例えば吾妻郡原町尋常高等小学校（後の東吾妻町立原小学校）では、昭和一三年七月一日、同町の阿部謙三が「養嫡子日支事変ニ勇躍出征名誉ノ戦死ヲ遂ケラレ之ガ追善ノ為」に義貞銅像を寄贈している。ここでは、対外戦争での「名誉ノ戦死」者の慰霊顕彰が銅像建設の契機となっているのである。さらに二年後の一五年は「皇紀（紀元）二千六百年」の年であったが、これを記念して義貞銅像が建立されることにもなる。他方、勤勉・倹約精神の手本として修身教育の好材料とされた二宮尊徳（金次郎、相模の人）像が、小学校校庭に出現するようになったという〔手島 2006 : 39 ~ 44、太田市 1994 : 664、朝尾他 2005 : 816〕[30]。

3　招魂社と護国神社

内務大臣の諮問機関である神社制度調査会は、昭和一三年一二月一五日に「招魂社制度確立ニ関スル答申」を出している。内務省はこれを受けて、翌一四年二月三日に「招魂社ノ創立ニ関スル件」（発社第三〇号神社局長通牒）や、同三月一五日に「招魂社ヲ護国神社ト改称ノ件」（内務省令第一二号）を発した。靖国神社の分社として、道府県一円を崇敬区域とする招魂社を道府県に一社創建し、招魂社を完全に神社化して「護国神社」と改称する方針を決定したのである。ただし、市町村等を崇敬区域とする社の創建は容易に認めなかった。「護国」とは、もともと鎮護国家を約した仏教語であり、「靖国」と同義で、一般用語として広く普及していた。坂井久能によれば、神社制度調査会第七十三回特別委員会（昭和一三年一一月二五日）で公法学者であり神道思想家の筧克彦（長野県出身、東京帝大教授）が、「護国ト申スコトハ、是ハ天皇様ガ此ノ護国ト云フコトノ御主人デアラセラレル」と発言しているように、「護国」の主体は天皇と見るべきであるという。軍人勅諭にも「朕ガ国家ヲ保護シ」とあり、国家を保護するのは天皇であって、軍人はその股肱として「忠節」を尽くすことが強いられたのである。近代国家において、国家保護（護国）の神徳を顕したのは何よりもまず明治天皇であるという認識は、神社界の根幹をなしていたものであろう。昭和九年の段階で、全国の官祭招魂社は一〇四社、私祭招魂社は三四社であったが、官祭・私祭の両社とも、実質的には地元の有志に運営が委ねられ、地域社会や郷土意識と強固に結びついていた。護国神社への改編は、政府が主要な招魂社を直接掌握し、靖国神社の地方分社として整備・発展させていくという狙いがあったのである〔今井 2005：239、本康 2002：233～234、村上 1974：172～179、國學院大學 1994：503、新潮社 1991：447、坂井 2014：453, 456〕。(31)

4　群馬県護国神社

本県では、前橋・高崎両市間で護国神社の誘致合戦が展開された。高崎市では「軍都の面目にかけて」前橋市の運動に対抗するため、昭和一三年五月一九日に市公会堂に有力者八〇名ほどが集まり「靖国神社分社建立期成会」を組織して、働きかけを強化した。その結果、高崎市に創建することが内定した。既述のように、全国の招魂社は一四年四月一日から護国神社と改称されることになり、本県の館林招魂社は邑楽護国神社に、廐橋招魂社は廐橋護国神社と改称した。四月八日には宗教団体法が公布され、全国の宗教団体の整理統合が推進され、宗教全体を国民精神総動員運動に奉仕させようとしたのである。ただし、同法は神社に対しては不適用であった。こうした動きに伴い、東京で顕彰会が発会式を開く二日前の一四年七月五日、群馬県知事熊野英（島根県出身、前任は三重県総務部長）を会長とする「群馬県護国神社造営委員会」（事務所は県庁学務部内に設置）が発足した。本県は挙県一致体制で汎く県下に浄財を募るなど、護国神社の造営に向けて動き出したのである〔高石 1990：112、手島・西村 2003：94～95、山折 2004：572、高石 1990：113、群馬県 1940：附録 22～25、群馬県 1974：407、高崎市 2004：943、太田市 1994：22〕。

「群馬県護国神社御造営趣意書」には次のようにある〔群馬県 1940：附録 24〕。

明治維新ニ際シ戊辰己巳ノ役ニ殉ジタル英霊ヲ始メ爾来幾多ノ戦役事変ニ王愾ノ師ノ動ク毎ニ唱義精忠勇躍難ニ赴イテ護国ノ鎮トナリシ英魂義魄幾千百春風星霜年諸ヲ経テ其ノ勲功ハ弥々赫燿トシテ県民斉シク景仰シテ已マザル所ナリ

然リト雖本県ニ於テハ英霊ヲ永ヘニ鎮祭シ厚ク祭祀ヲ展ベ以テ報賽ヲ捧グベキ施設ナク唯僅カニ官民相図リテ高崎公園内ニ英霊殿ヲ仮設シ年々歳々祭典ヲ具シテ慰霊弔祭ヲ奉行シ来リシ状ニアリ県下一円ヲ崇敬区域トスル招魂社ノ造営ハ多年ニ亙ル県民ノ宿望タリシモ制度容易ニ之ヲ許サズ諸般ノ情勢其ノ機ニ達セズ以テ今日ニ及ビタルハ甚ダ遺憾トスル所ナリ

時恰モ支那事変勃発シ吾等ノ同胞郷党ハ遠ク異域ニ転戦シ遂ニ敵ノ枢要地域ノ大半ヲ攻略占拠シ史上未曾有ノ戦果ヲ収メテ皇威ノ中外ニ宣揚シ以テ興亜聖業ヲ翼賛シ奉リツツアルハ偏ニ殉国将兵ノ功偉烈ニ依ルモノト謂フベシ宜ナルカナ政府ニ於テハ今般招魂社制度ヲ改正整備シ新ニ護国神社ノ制度確立セラル此ノ時ニ於テ本県護国神社ノ造営ヲ決行シ以テ報恩崇敬ノ至誠ヲ披瀝シ忠勇義烈ナル護国ノ神霊ニ応ヘ奉ルハ蓋シ吾等銃後県民ノ光栄アル一大使命タルヲ信ズ

仍テ茲ニ群馬県護国神社造営委員会ヲ組織シ普ク県民ノ赤誠ニ愬ヘ献資ヲ募リテ群馬県護国神社ヲ建立シ以テ英霊ヲ千歳ニ奉祀シ勲功ヲ萬代ニ景仰セントス大方ノ諸賢冀クハ吾等ノ微衷ヲ諒セラレ奮テ本事業ノ達成ニ絶大ノ賛助ヲ賜ハランコトヲ

昭和十四年七月五日

護国神社創建の目的は、何よりも「英霊ヲ千歳ニ奉祀シ勲功ヲ萬代ニ景仰セントス」ることにあった。そのために

宮城村の「支那事変　陣没軍馬合祀之碑」

は「県民ノ赤誠」が発揮されることが重要であった。県にとって、高崎英霊殿はあくまでも「仮設」であったのである。高崎市への護国神社誘致内定に対して、前橋市は再考を要求して猛烈な反対運動を始めたが、おそらくは高崎が連隊衛戍地であったが故に、政府の決定は変更されなかったのである。内務大臣から護国神社創立許可が下りたのは昭和一五年六月二一日であったが、同年は既述の「皇紀（紀元）二千六百年」の年であった。一一月一〇日には、本県内の各小学校で同式典が開催され、群馬会館では同記念音楽会が開催されている。また、この国家行事を記念した小学校での新田義貞銅像建設についてもすでに言及したが、一方で忠魂碑や英霊殿等の建立も確認できる。勢多郡**宮城村**（前橋市）では、「紀元二千六百一年」（昭和一六年四月一三日）に**「支那事変　陣没軍馬合祀之碑」**が建立されている（表3参照）。例えば仙台市でも、「紀元二千六百年奉祝行事記念」として青葉山公園入口（仙台市青葉区川内）に「軍馬軍用動物　彰忠塔」（昭和一五年一〇月）の建立が確認できる。管見の限り、本県でこの合祀碑に続くものは、馬の飼育が盛んであったという佐波郡**上陽村**（佐波郡玉村町）の**「馬魂碑」**（昭和二〇年四月建立、写真は序章）であった（表3参照）〔群馬県 1940：附録24、群馬県史 1992：382、仙台市歴民 2008a：41、現地調査〕。[32]

高崎連隊区司令部は、県庁との事務連携のため昭和一六年四月一日、県庁前に庁舎を新築して前橋に移転し前橋連隊区司令部となった。これを巡っても高崎・前橋両市は再び対立したという。そして既述の造営委員会発足から二年後の一六年一一月、高崎忠霊塔眼下の観音山山麓（忠霊塔のほぼ真北）

群馬県護国神社

に、移転して間もない県立高崎中学校（後の群馬県立高崎高等学校）の西南に隣接し、内務大臣指定**群馬県護国神社**（高崎市乗附町）が造営された。敷地は高崎市からの寄付による同市乗附町字鎌田平一帯の二万一五六五坪（異説あり）で、概算四〇万円（二五万円とも）の経費と延べ一二万人の勤労奉仕によって、本県全域を崇敬区域とする同社社殿の完成は同一一月八日であった。県内の各市町村には強制的な寄付金が割り当てられ、「皇紀二千六百一年」の竣工ともいえよう。本殿は東南の皇居方面を向き、社殿・社務所・参集殿などの建坪の総計は四二一坪余で、一一月一八日に新殿祭・竣工式、翌一九日に鎮座祭、二〇日に第一回例大祭を開催している。同社は靖国神社の分社として、県内の英霊三五七八柱を合祀し、ここに本県における「第三の靖国」が出現した。これに伴い群馬県招魂会は「群馬県護国神社奉賛会」と改組している（群馬県 1974：407～408、群馬県 1940：附録 22, 26、群馬県史 1990：493、高崎市 2004：943、手島・西村 2003：91、湯浅 1997：320、現地調査）。

全国の護国神社は、府県社格の内務大臣指定護国神社と、村社格の指定外護国神社に二分された。内務省の「一府県一社の原則」により、全国で指定護国神社は三四社（太平洋戦争末期には五一社）、指定外護国神社は八四社となった。本県の邑楽護国神社と廐橋護国神社は指定外護国神社であった。これと共に、護国神社の例祭・鎮座祭・合祀祭に神饌幣帛料が供進されることになった（勅令・内務省令）。つまり、護国神社には道府県市町村から公的な財政的援助が与えられ、国家保護の対象となったのである。また、「官国幣社以下神社祭祀令」を一部改正し、護国神社の鎮座祭・合祀祭も「大祭」としたのである。指定護国神社は、原則として所在する府県に関係する靖国神社祭神を合祀することとされ、指定外護国神社は、従来の崇敬区域に関係する靖国神社祭神を合祀することになった。まさに「ムラやマチの靖国」であった。また従来、招魂社の神官は他社との兼務が一般的であったが、この受持神官制度は廃止され、指定護国神社には社司・社掌が、指定外護国神社には社掌が新たに置かれた。こうして現在まで存続する「靖国・護国神社体系」が成立したのである〔今井 2005：233～240、高石 1990：112～113、山折 2004：527〕。(33)

このように本県では、昭和一六年の護国神社の創建に向けて全力を傾けた感があり、それ故に市町村単位での忠霊塔建設は進展しなかったと推察できる。この護国神社の出現、つまり戦没者の魂のみを祀った本県での「巨大な忠魂碑」の出現によって、本県レベルでの戦没者祭祀体系は一応確立する。同社社殿竣工からまさに一ヶ月後の一二月八日、奇しくも日本は新たに夥しい数の戦没者を生み出すことになる「大東亜戦争」（太平洋戦争）に突入し、靖国・護国神社の機能は一挙に拡大していくことになる。

五　日米開戦と忠霊塔建設

1　ノモンハン事件・軍備改編要領

近年、第二次世界大戦の終幕がソ連の対日参戦であったように、その端緒も、日ソが戦った昭和一四年五月勃発の

ノモンハン事件（ハルハ河会戦、九月一五日停戦協定成立）であったとする見解が欧米に現れているという。国境線をめぐる紛争が発生した際には、日本軍は「満ソ国境紛争処理要項」に従って対処することが決まっていた。にもかかわらず、関東軍参謀（作戦主任）の陸軍中佐服部卓四郎（旧庄内藩士子息、陸士34期、後の大佐・参謀本部作戦課長）と、同参謀の陸軍少佐辻政信（石川県の炭焼業二男、陸士36期、後の大佐・支那派遣軍参謀・国会議員）は、軍中央の意向を無視して、ひたすら戦局を拡大していったという。それまで何の「武勲」のない両者は「勲章」が欲しかったのではないかといわれ、まさに私利私欲による開戦であった。関東軍は七万七三三六名の兵員を出動させ、その主力は第二十三師団（師団長は陸軍中将小松原道太郎）であったが、ソ連軍の圧倒的な機動力（戦車・航空機）を前にして、日本軍は戦没者・行方不明者ら約二万名の損害を出した。だが、この交戦は当時の国民に殆ど知らされることはなかった。日露戦役以来、昭和期に入り初めて体験するソ連軍との近代戦で、日本陸軍は完敗したのである。満州ではこうした無謀な「戦争」が際限なく展開されていった。服部・辻の両者はノモンハン事件の責任を全く追及されることもなく、参謀本部に栄転し、やがて「大東亜戦争」開戦を強力に推進することになる〔吉川弘文館 2010：80、半藤他 2011：87～89、岩井 2008：136、秦 1994：95, 115、田中 2010：20～21、前澤 2011：117～118、近現代史 2000：154～155、笠原・安田 1999：172、朝尾他 2005：841、朝日新聞 2015c〕。[34]

「ノモンハン　英魂之碑」（札幌護国神社）

大陸での戦線拡大に伴い、陸軍は昭和一五年七月一〇日に「昭和十五年軍備改編要領（その二）」を実施し、併せて平時編成も改定し八月以降に実施した。これにより東部・中部・西部・北部軍司令部を新設し、師団長の天皇直隷から軍司令官隷下へと変更された。また、多数の幹部保持・補充兵教育のため「五十番台師団」（第五十一～第五十七師団）の編成を下令した。そして内地衛戍師団を近衛と第二～第七師団とし、第一・第八～第十二・第十四・第十六師団を満州永駐師団としたのである。これによって満州派遣師団の数年交替は中止されることになる。陸軍管区も改正され、「一府県一連隊制」を導入し（実施は昭和一六年四月一日）、師管の名称は番号から地名に変更された。つまり第一師管は東京師管、第二師管は仙台師管、などと称するようになった〔吉川弘文館 2012：95、高崎市 2004：249〕。

こうして宇都宮第十四師団は関東軍第六軍隷下に入り、満州駐屯が決定した。同師団管下にあった十五連隊も昭和一五年九月、高崎を出発し新たな駐屯地チチハルに到着している。明治時代から六〇年近くにわたり衛戍地であった高崎から去ることになった。連隊の呼称も防諜上から満州第四十六部隊あるいは高山隊といわれた。高崎では、一旦解散した歩兵第百十五連隊が九月七日に再編され、陸軍大佐遠藤寅平（埼玉県出身、陸士24期、後の少将、ダンピール海峡で海没死）が連隊長として再任された。「郷土連隊」「郷土部隊」の復活であり、「第二次」歩兵第百十五連隊というべきもので、宇都宮に創設された特設師団たる第五十一師団に所属した。同連隊は高崎駐屯時、東部第三十八部隊と称した。この百十五連隊も翌一六年八月に中国に派遣され、関東軍に所属して中国各地を転戦することになる。またこの他にも、本県関係の陸軍部隊がいくつか編成されていた〔高崎市 2004：249, 253、岩根 2008：152、福川 2001：137、秦 1994：362、前澤 2011：130〕。[35]

2　日米開戦・大東亜戦争

昭和一六年一月八日、陸軍大臣東條英機は全陸軍将兵に対して「戦陣訓」を示達し、「生きて虜囚の辱めを受けず」と念を押した。従来から日本軍のなかに根深くあった、捕虜になることを恥辱とする思想を公に定式化し、将兵に投降の禁止を確認させるものであった。森岡清美のいう「決死の世代」に、否応なく「決死の覚悟」が迫られていったのである。とくに、大正九年生まれの人々が徴兵適齢に達して軍隊に入ったのが昭和一六年であった。文部省教学局は一六年七月に『臣民の道』を発行し、同省は八月八日、各学校に全校組織の「学校報国隊（団）」の編成を訓令した。さらに同三〇日には、大学学部にも軍事教練担当の現役将校が配属されることになり、日本の教育機関は最高学府に至るまで軍事一色に染められていくことになる〔吉田 2007：149、吉川弘文館 2012：103、森岡 1991：4～5、岩波書店 1991：329〕。[36]

東條陸相が現役のまま組閣したのは昭和一六年一〇月一八日であり、一ヶ月余後の一二月一日には御前会議で開戦の「聖断」が下り、日本政府は米英蘭に対して開戦を決定した。東條の「無為は自滅であり、決然起こって光明を求める」という発言に、統帥部・政府首脳が同意したという。これにより同一二月八日、陸軍大将寺内寿一（寺内正毅長男、陸士11期、伯爵・陸相、後の元帥、敗戦後レンガムで病死）を総司令官とする日本南方軍（四個軍・二個飛行集団基幹）は、一斉に行動を開始した。その作戦計画では、開戦と同時にマレー半島とフィリピンに侵攻して同地域を占領し、最終的に蘭印（オランダ領インドネシア）の中心であるシンガポールを占領して、蘭印の豊富な石油資源を確保するというものであった。この南方作戦の主役は、海軍の支援を受けた陸軍の諸部隊であり、とくに陸軍が重視していたのはマレー半島とシンガポールの攻略であったという。一二月八日（ヤマガタ）午前二時一五分（日本時間）、陸軍中将山下奉文（高知県の医師二男、陸士18期、後の大将・第十四方面軍司令官、敗戦後マニラで刑死）を司令官とする第二十五軍は英国植民地のマレー半島制圧をめざし、陸軍少将佗美浩（愛媛県出身、陸軍大尉長男、陸士24期、後の善通寺俘虜収容所長・羅南地区司令官、シベリア抑留より復員）率いる佗美支隊が北部コタバルに奇襲上陸し、本格的な南方攻略作戦が開始された。陸軍創設以来空前の大渡洋作戦であった。当初の陸軍の主眼は「日米戦争」よりも「日英戦争」にあったという〔岩波書店 1991：328、吉川弘文館 2012：121 ～ 122、吉田 2007：9, 54 ～ 55、川田 2011：322、秦 1994：89, 96, 151、半藤他 2010a:201、生田 1987：194 ～ 195〕。(37)

一方、陸軍のマレー半島攻撃から一時間余後の午前三時一九分（同前）、日本海軍連合艦隊司令長官山本五十六大将（旧長岡藩士六男、海兵32期、後に戦死・元帥）率いる、空母六隻（旗艦「赤城」）を主体とする海軍機動部隊は、米国ハワイ・オアフ島真珠湾の米軍太平洋艦隊基地を攻撃した。同機動部隊は約一ヶ月前の一一月一八日に瀬戸内海を出港すると、米軍の探知から逃れるため北進し、千島列島の択捉（エトロフ）島の単冠（ヒトカップ）湾に結集して、そこから東進し南下してきたのである。当日、ハワイは日曜日で、艦隊の多くの将兵は上陸中であった。まず、第一次攻撃隊一八三機（指揮官は海軍中佐淵田美津雄）が航空攻撃等で奇襲し、間髪を入れず、第二次攻撃隊一六七機（指揮官は海軍少佐嶋崎重和）による攻撃が実施された。また航空攻撃の他に、海中からの「特別攻撃隊」も出撃していた。オアフ島付近には、二五隻もの日本海軍の大型潜水艦が配備されていたという。開戦時、日本海軍の保有潜水艦総数は六四隻であったから、その四割がこの海域に集結していたことになる。この大型潜水艦を母艦として、特別攻撃隊は五隻の「特殊潜航艇（特潜）」（全長約二四メートル）で編成されていた。小型潜水艦たる特潜は二人乗りで二発の魚雷を抱え、この攻撃で初めて使用されたのである（秘匿名は甲標的）。約一〇年前のロンドン海軍軍縮条約で、大型巡洋艦の保有トン数を米英の六割に制限された海軍にとって、特潜は規制対象外の「秘密兵器」であった。その指揮官として参加したのが、前橋市出身の海軍大尉**岩佐直治**（二七歳、県立前橋中学校卒、海兵65期）である。ただし、表向き特潜は「人間魚雷」ではなく、攻撃後に母艦に帰還（生還）する予定であったというが、遂に一隻も帰還することはなかった。つまり最初から生還の可能性のない決死行であり、実態は人間魚雷と同様であった。しかし、米軍の対潜部隊に制圧されてしまい、全く成果を挙げることができなかったのである。日本の航空攻撃により米軍「戦艦アリゾナ」（後に記念館となる）など一二隻が沈没・航行不能となり、航空機一六四機が大破して、米軍戦没者は約二三四〇名、民間人は約五〇名に及んだという。ただし、肝心の米軍空母群は真珠湾内に在泊していなかったため難を逃れた。日本軍は主力艦や飛行場への攻撃だけを重視して、ドックや石油タンクなどへの攻撃を疎かにしたため、真珠湾の基地機能に大打撃を与えることはできなかったのである。一方、日本側の損害は航空機の大破二九機（第一次九機・第二次二〇機）、戦没者は六五名であった。このなかには本県出身戦没者としてもう一名、桐生市出身の海軍飛行兵曹長桑原秀安がいた。ただし、この桑原に関する詳細は不明である。天皇はこの「真珠湾作戦の成功」を称賛したという。以後、米国ではこの日を「屈辱の日」とし、太平洋戦争は「騙し討ち」によって余儀なくされた「大義のための戦い」と認識され、「リメンバー・パールハーバー」の合い言葉は戦争遂行の強力な推進力となった〔吉田 2007：9, 55～58、山室 2007：273～274、新谷 2009：246、秦 1994：170, 200, 229, 242, 722、吉川弘文館 2012：120～124、半藤他 2011：171、寺田 1992：65、外山 2013：112～114, 175～177、海野 2001：152、小田部 2016b:229、朝日新聞 2011c、朝日新聞 2016j、朝日新聞 2016k、朝日新聞 2016l、上毛新聞 2016o〕。[38]

　真珠湾攻撃と同時に、海軍中将井上成美（旧幕臣子息、海兵37期、後の海兵校長・海軍次官・大将・軍事参議官）率いる第四艦隊は、ハワイ西方で中部太平洋のウェーク島を攻撃し、さらに同艦隊の一部はマリアナ諸島のグアム島を攻撃している。そして二日後には日本軍がグアム島を占領し、フィリピン北部にも上陸している。また一二月一〇日のマレー沖海戦では、日本海軍航空部隊が英国東洋艦隊の戦艦二隻を撃沈した。真珠湾攻撃が停泊中の無警戒な戦艦群に対する航空攻撃であったのに対し、この海戦は、海上を機動しながら対空戦闘を行う戦艦を撃沈した最初の航空戦であった。当時、作戦行動中の戦艦を航空機だけで撃沈することは不可能と考えられていたのである。したがって、これは「大艦巨砲主義」時代の終焉と、航空戦力が主力となる時代の到来を告げる画期的な戦闘であった。東條内閣は一二月一二日、今次戦争を「大東亜戦争」と呼称し、平時と戦時の法的分限境界を一二月八日とすることを閣議決定した。ただし、米国への「宣戦布告」は約一時間遅れたため、既述のように米国はこれを「騙し討ち」と見なして米国民の憤激を買い、後の米軍反撃の好材料とされることになる。また、旧来の大艦巨砲主義の象徴で四六センチ砲（射程距離四一キロ）を有し、「世界最大の戦艦」あるいは「鋼鉄の城」と称される「戦艦大和」（六万四〇〇〇トン）が呉工廠で竣工したのは、一二月一六日のことであった。戦艦の名称は全て日本の旧国名から採られたという〔吉田2007：55～56、高橋・一ノ瀬他2006：380、吉川弘文館2012：121～126、秦1994：165、上毛新聞2015c、上毛新聞2015r〕。[39]

3　九軍神・靖国の神

昭和一七年一月一五日、鎌倉時代の元寇の先例にならい全国七社の「一ノ宮」（武蔵氷川・上野貫前・伊豆三島・駿河浅間・若狭若狭彦・美作中山・肥後阿蘇）では、「敵国降伏祈願祭」を執行し、山本長官から岩佐大尉らの特別攻撃隊に感状が授与されたのは翌二月一一日であった。岩佐は「壮烈なる戦死」を遂げて「九軍神」の代表となった。海軍省による九軍神の発表は三月六日で、「大東亜戦争記念日」たる三回目の「大詔奉戴日」を前にしてであった。岩佐は死後二階級特進して**「軍神岩佐中佐」**となり、靖国神社に合祀され（昭和一八年一〇月）、また「本県初の軍神」「前橋の軍神」として、地元の群馬県護国神社の祭神ともなった。岩佐の階級は九軍神のなかで最高位であり、他は海軍中尉二名（横山正治・古野繁美）、海軍少尉一名（広尾彰）、海軍一等兵曹二名（横山薫範・佐々木直吉）、海軍二等兵曹三名（上田定・片山義雄・稲垣清）であった。つまり将校が四名、下士官が五名で、年齢的には最年長は二九歳、最年少は二二歳であった。全て二〇代の青年である。ただし、この時に隊員の一人（特潜艇長）であった海軍少尉酒巻和男（徳島県の農家二男、海兵68期、敗戦後に帰国）は、特潜が座礁したため戦死せずに「米軍の日本人捕虜第一号」になっていた。この事実は、日本軍にとって極めて屈辱的なこととして秘匿されていた。「輝かしい軍神」と捕虜一名という組み合わせは、当局にとってはどうしても受け入れられず、決して公にされることはなかった。したがって九軍神となったのである。軍部としては「上海事変の空閑少佐」のように、酒巻の自決を切望していたのであろう。新聞各紙は「全員生死を超越して攻撃効果に専念し、帰還の如きはその念頭に無かりし」など、死を恐れず敵に向かった精神を絶賛したのである。「わが潜水艦育ての親」とされる海軍大将末次信正（山口県出身、海兵27期、内務大臣・東亜建設国民連盟会長、後の内閣顧問）は、「彼らこそ肉弾三勇士に劣らぬ護国の勇士だよ」、と新聞で語っている。この「特別攻撃隊」の名称は軍神広瀬中佐の「旅順閉塞隊」と同じく、「固有名詞として長く国民の記憶に留める」ものとされ、以後の「特攻隊」の魁けとなった。東條首相は前橋市の岩佐の実家を弔問したという。国民も将来への不安よりも、こうした目前の戦勝に熱狂したのである〔高石 1990：118、吉田 2007：57、牛島 1967：18, 173, 178, 193、新谷 2009：230、岩波書店 1991：330、山室 2007：271～280、川村 2007：105、吉川弘文館 2012：122, 136、秦 2010：121, 196, 202、小田部 2016b:230、朝日新聞 2011a〕。[40]

南方では一七年一月、日本海軍は豪州の国際連盟委任統治領であったニューブリテン島（パプアニューギニア）のラバウルを攻撃し、豪州軍を数時間で撃破した。翌二月一九日には、日本海軍は真珠湾攻撃に匹敵する航空機二四二機で豪州北部のダーウィン空軍基地などを奇襲し、豪州軍二四三名が戦没したという。以来、日本軍による空襲は翌年一一月までケアンズなども含めて五八回に及んだ。さらに一七年五月末から六月には、日本海軍の特潜二隻がアフリカ東岸のマダガスカル島ディエゴスワレス港を、同三隻が豪州シドニー湾を攻撃し、「第二次海軍特別攻撃隊」の名称が与えられた。ただし、五隻とも帰還していない。豪州史上、豪州本土を攻撃した唯一の外敵は日本であり、豪州は「英帝国軍」や連合軍の一員として五五万名を派兵することになった。現在でも「日本の豪州侵略説」は広く信じられているという〔秦 1994 : 722、吉川弘文館 2012 : 154、寺田 1992 : 65 ~ 66、朝日新聞 2015f〕。

近代日本における「最初の軍神」は、既述のように日露戦役における海軍中佐広瀬武夫であったが、軍神の誕生がこれほど大々的に報じられたのは、真珠湾の九軍神が初めてであった。そして「かかる己を滅して、国家に殉ずる犠牲的大精神は、偉大なる母の感化によるところ大」なのであると、とくに陰にあった母親の存在が脚光を浴びたという。母親の献身的な精神的感化が、偉大な力となって勇士たちのなかに成長していったと解釈されたからである。既述の「母性愛ナショナリズム」の再登場である。それは母から子へと継承される「伝統の大精神」や「大和民族の血の尊さ」によって、「大東亜戦争開始以来のわが連戦連勝」が支えられているものと宣伝された。それと共に、一人の指揮官が偉勲を挙げて死ぬのではなく、数名でチームを組んで命と引き替えに作戦を成功させるというのは、第一次上海事変での「肉弾三勇士」が最初に生み出したパターンであった。九軍神は、さらに最初から「決死の決意」を固めて、事前に計画を立てて準備を整えた点で、これまでにない新しい軍神の形態を創出したのである。軍部は昭和一七年三月、戦没者の公葬等にあたり、靖国神社に合祀された者以外に「靖国の神」の言葉を使用することを禁止した〔山室 2007 : 269, 277, 279、高石 1990 : 118〕[41]。

九軍神の葬儀は、四度目の大詔奉戴日である一七年四月八日に行われた。この日は、「国家総力ヲ拡充発揮シテ大東亜戦争究極ノ目的完遂ニ挺身」する日であった。従来、海軍関係の葬儀は各軍港で実施するのが通例であったが、特別に東京日比谷公園に式場を設け「海軍合同葬儀」が執行されている。これまで海軍唯一の軍神であった広瀬中佐以来、前例のないことであった。葬儀は神式により、遺骨がないため遺品が安置され、祭主を務める神田神社社司が祭詞を奏した。続いて海軍大臣嶋田繁太郎大将〔旧幕臣子息、海兵32期、後の軍令部総長・軍事参議官、A級戦犯終身刑〔後に仮釈放〕〕・軍令部総長永野修身大将〔旧土佐藩士子息、海兵28期、後の元帥、A級戦犯病死〕・東條首相らの弔辞が続

松竹院

岩佐中佐の墓所（松竹院）

「軍神岩佐中佐」楽曲碑（同上）

いたという〔桐生市史 1961：44～45、山室 2007：284～285、秦 1994：99, 200, 218、今井 2014：50〕。その後、遺族と参列者の拝礼があり、さらに、

葬場を包んで待ちかねた一般市民群衆は、堵列して粛々場内に入りその数実に十数万、（中略）黄昏そむる空の下、感動の人群れはいつまでも立ち尽してゐるのだつた

という盛況ぶりであった〔山室 2007：285〕。

靖国神社では一七年四月二三～二八日に招魂式・臨時大祭が執行されている。「大東亜戦争」下での初の合祀者として、満州事変戦没者二四八名・支那事変戦没者一万四七六九名が新たな祭神となった。このなかには朝鮮半島出身の「同胞軍人」一名と同じく軍属六名が含まれ、同社の祭神総数は二三万八八〇六柱に達したという。参列した祭神の遺族には、建安府（吹上御苑内）および新宿御苑の拝観が許されている〔吉川弘文館 2012：148、佐藤 2017：21〕。

岩佐中佐の地元前橋での葬儀は、五度目の大詔奉戴日である一七年五月八日に開催されたという。そして翌一八年七月には、岩佐中佐をモデルにした映画「命を捨てて」のロケが本県内で実施され、同映画は一九年に封切りとなった。現在、前橋市本町の**松竹院**（曹洞宗）には遺族により**「故海軍中佐　正六位勲四等功五級　岩佐直治之墓」**（艦隊司令長官清水光美書、昭和三二年春彼岸）が建立されている。墓所入口には砲弾の形をした「忠勇」（右）・「義烈」（左）と刻まれた門柱が置かれ、墓所内には遺書や弔辞等の石碑も建立されて、遺骨の代わりに遺髪が収められたという。岩佐の戒名は「真珠院殿護国純忠大居士」であった。墓所全体の雰囲気は慰霊よりも顕彰の度合いが高いが、地域社会では岩佐もホトケとして祀られているのである〔柳井 1999：40、群馬県史 1992：385、現地調査〕。[42]

こうした海軍の動きに対して、陸軍もその遅れを挽回しようと躍起であった。そこで昭和一七年五月二二日にビルマ（ミャンマー）戦線で戦死した、陸軍航空部隊の隼戦闘隊長**加藤建夫**中佐（旭川屯田兵軍曹加藤鉄蔵二男、陸士37期、所沢飛校学校教官）を、九軍神と同様に二階級特進させ「加藤少将」とし「軍神」にしたのである。陸軍将校としては初の二階級特進であった。加藤は二七〇機を撃墜破したといわれ、新聞では「仰ぐ軍神・加藤建夫少将」〔『朝日新聞』七月二三日付〕と報じられたという。加藤は新鋭戦闘機「隼」を配備する飛行第六十四戦隊長であったが、加藤が配属されたビルマ戦線のアキャブ飛行場を急襲した英空軍ブリストル・ブレニム爆撃機と交戦し、乱戦のなかベンガル

加藤少将の墓碑（中央）（愛宕墓地）

湾上で自爆した。三八歳であった。生前の「部隊感状」六回、戦死後には「個人感状」を受けており、これは前例のないことであるという。このように陸軍と海軍は競合して軍神の創出に邁進したのである。ただし、九軍神の海軍葬が神式であったのに対して、加藤の陸軍葬は東京築地本願寺（真宗本願寺派）本堂にて仏式で執行されている。戦死より満四ヶ月後の命日にあたる九月二二日のことで、導師は本願寺派の法主大谷光照であった。陸軍はあくまで仏式に拘っていたのであろう。加藤の葬儀が仏式で実施されたことに対して、右翼団体からは批判がおこったという。軍神の葬儀もカミかホトケかで揺れていたのであるが、当然加藤も靖国合祀される。現在、加藤の郷里である旭川市豊岡の**愛宕墓地**（旧屯田墓地）の加藤家墓所には、建夫の墓碑**「陸軍少将　従四位勲三等功二級　加藤建夫之墓」**が建立され、ホトケとして祀られている〔川村 2007：106, 130、秦 1994：40、秦 2010：116、三國 1995：80、別冊宝島 2016：42～43、粟津 2017：289、現地調査〕。(43)

4　忠霊塔等建設指導要領・陸軍墓地規則改正

忠霊塔建設に関しては、日米開戦前の昭和一六年二月一一日、陸軍次官が各軍・各師団参謀長宛に「忠霊塔等建設指導要領」（陸支密第三九三号）を通牒し、その一部には次のようにあった〔坂井 2007：57～58〕。

三　市町村一基ノ忠霊塔建設企画アルモノニ就テ
　1　忠霊塔建設位置ノ設定整備等ハ成ルヘク速カニ之ヲ行フ
　2　石材等ニ依リ本建設ニ着手ス
　3　前項以外ノモノハ取敢ス假施設（木造等）ヲ行ヒ納骨祭祀ヲ行フ

「市町村一基ノ忠霊塔建設企画」において、忠霊塔は「納骨祭祀ヲ行フ」宗教施設とされている。ここでは「成ルベク速カニ」忠霊塔建設の位置等を設定するように指導していることから、全国的に忠霊塔建設が思うように進展していない様子が窺えよう。また、実際には石材による建設を原則としているようだが、場合によっては木造等による建設（仮施設）でも可能であるとしている。戦局の拡大に伴い、一般的に忠霊塔建設は困難になっていくと考えられるが、実際の建設作業に関して具体的に指示した内容となっている。

さらに約半年後の一六年七月一九日、陸軍大臣東條英機の名で陸軍墓地規則が改正され（陸軍省令第二八号）、とくに忠霊塔建設に関しては左記のように示された〔原田 2003：145～146、大原 1984：142〕。

第十三条　第三条各号ノ一ニ該当スル者ヲ合葬スル為陸軍墓地ニ一戦役又ハ一事変毎ニ一基ノ忠霊塔ヲ建設ス
　但シ同条第三号該当者ハ最近年次建設ノ忠霊塔ニ合葬ス
　陸軍部隊所在地ノ市町村ニ於テ戦役又ハ事変ニ際シ戦没者ノ為忠霊塔ヲ建設スル場合ニ於テハ前項ノ陸軍墓地忠霊塔ヲ市町村ノ忠霊塔ニ併合セシムルコトヲ得（以下略）
第十四条　忠霊塔ノ表面ニハ「忠霊塔」ト記シ裏面又ハ側面ニハ建設年月日、戦役（事変）名等必要ナル文字ヲ

記入スルコトヲ得

第十五条　忠霊塔（墓碑）ニ就キ各基毎ニ忠霊塔（墓碑）誌（以下墓碑誌ト称ス）ヲ設ク（以下略）

陸軍が陸軍墓地において建設しようとした忠霊塔は、「一戦役又ハ一事変毎ノ」ものであったが、場合によってはこれを市町村の忠霊塔と併合してもよいとした。これは当初、桜井や菱刈らが描いていた全国津々浦々に忠霊塔を建設しようとする青写真からすれば、大きく軌道修正された点であった。また第十四条において、現在われわれが目にすることができる忠霊塔の形態が指定されており、第十五条によって、忠霊塔は「墓碑」であると明記された。このように、真珠湾攻撃の約半年前には忠霊塔建設上の細則が提示されたのである。

5　忠霊顕彰週間

太平洋戦争に突入してから、忠霊塔建設は新たな段階に入った。日本が太平洋における戦線を拡大していくなかで、顕彰会は昭和一七年一月三〇日の評議会で「忠霊感謝週間」の設定を決定している。それは靖国神社の春秋二期の祭典を期として、毎年四月二一～二七日と一〇月一八～二四日の期間に、全国民に呼びかけて「忠霊感謝週間」を実行しようというものであった。しかしこれは、同四月の段階で「忠霊顕彰週間」に変更されている。戦没者への「感謝」という漠然としたものから、戦没者の「顕彰」というより具体的な内容への変更である。その目的の一部は、

支那大陸同様、南方の要地には、ことごとく忠霊塔を建立して、これを祀り、われわれが南方共栄圏の指導者として発展する秋、この忠霊塔こそ永遠無窮なる民族的信念の象徴として、崇敬し、守護し続けて行かなければな

らぬものである

とされた〔坂井 2007 : 59 ~ 60〕。そして「実施要綱」として次のように記されている〔坂井 2007 : 60 ~ 61〕。

一、東京市、大阪市、名古屋市以下大都市にありては、本週間中情報局、陸海軍、内務文部各省、大政翼賛会並に有力新聞社合同主催の下に、忠霊顕彰展示会を開き主要百貨店を始め主要商店の飾窓を利用し大いに宣伝に努めしむること

一、一般地方に於ては、この期間中に於て、忠霊塔建設に対する赤誠献金等奉仕を行ふと同時に各学校に於ては、その郷土又は学校出身者にして戦死した、忠霊の遺品を飾り、遺徳をしのび得る「忠霊室」（設備の大小を問はず）等の設備を積極的に設け実際運動を進めること

一、全市町村に於て、この週間中最も端的に忠霊に対する感謝の意を捧げまつる行事（質素を旨とす）を行ふこと

戦局の拡大にともなって、「大東亜共栄圏」の指導者たる「大和民族」としての精神的支柱として、忠霊塔建設が推進されたのであった。とくに、大都市における「忠霊顕彰展示会」や各学校での「忠霊室」等の設置なども積極的に企画されている。また一七年二月二五日、顕彰会は東京日比谷公会堂にて「大東亜戦戦没者慰霊祭」を開催している。これは大東亜戦争開始以来、初めての国民的式典で、同会総裁の陸軍大将東久邇宮稔彦王（久邇宮朝彦親王第十八王子、陸士20期、後の軍事参議官・首相）が臨席し最も厳粛に執行された。同慰霊祭に関しては、「戦没将士の忠勇

義烈を仰ぎ、其の偉勲鴻業を讃へ、且これを継承すべき国民の奮起を促し、聖戦完遂への、固き決意を誓ふべき」、洵に意義深い式典であるとしている。東久邇宮による「玉串奉奠」に合わせて、「全国一億の同胞は、挙つて恭しく忠霊に感謝の黙祷を捧げ、神人冥合の霊威に打たれた」、と記録された。これは神式による祭典であったのだろう〔坂井 2007 : 61、秦 1994 : 120〕。

六　太平洋戦争下の戦没者と慰霊施設

1　神奈川県での動向

本県における忠霊塔建設の展開はどうであったのか。残念ながら、この時期の本県の動きを知るための詳しい文献資料は未見であり、その動向はつぶさに把握できないのである。したがって、ここでは坂井久能の神奈川県における研究成果を援用しながら辿ってみたい。

昭和一七年二月四日付『神奈川新聞』には、「市町村に忠霊塔　建設促進されん」という記事が掲載されている〔坂井 2007 : 54〕。

県は（中略）県下全市町村に対し忠霊塔各一基宛を建設し、大東亜建設のため護国の鬼と化した忠霊を永遠に祀ることとなり、来る七日午前十時から県参事会室に開かれる県下市町村会議の議題に供し、忠霊塔建設を決定することになった。この建設計画は、東京に忠霊顕彰会が結成され全国に支部を設け、実際に邁進していたが、本県に於ても一時寄附金を募集、一万六千円の募金を得て本部へ納入、其の後立ち消えの形となっていたところ、今回同本部からの依頼により県が力こぶを入れることになったもので、県の意向としては町村へ対しては標準型の三千円、市は五千円程度のものを建設する計画で各市町村へ勧奨する筈である。

この二月七日の市町村会議の結果、「忠霊塔建設については各市町村にある忠魂碑を改装して忠霊塔とすることに方針を決定」したと報じられ（二月八日付『神奈川新聞』）、忠魂碑から忠霊塔への転用が決まったのである〔坂井 2006：6〕。すでに各地に建立されている多くの忠魂碑を忠霊塔に改装することは、最も手っとり早い容易な方策であり、苦肉の策ともいえよう。ただし、これは忠魂碑と忠霊塔の位置づけを混乱させる結果になった。既述のとおり内務省は、「遺骨ヲ納メサル記念碑」たる忠魂碑と「戦没者ノ遺骨ヲ納ムル」忠霊塔とを厳密に区分し、両者は本来別個の施設であったはずである。これを実質的に同一視することになれば、従来の内務省の見解や方針に反することになり、矛盾を生じさせることになろう。逆にいえば、実態として両者の線引きは曖昧であったということになる。

さらに翌三月一七日付『神奈川新聞』は、「建てよ忠霊塔を　県から各市町村へ促進」という見出しで次のように報じている〔坂井 2007：54～55〕。

県では大日本忠霊顕彰会の指令によって県下市町村に対し大東亜建設の華と散った将士の英霊を久遠に顕彰する為忠霊塔の建設方を通牒したが、資材その他の関係から建設に到らぬところから、十六日更に左記要項により建設を促進することになった。

・華美によることなく質素となす
・戸数四千戸以上の町村にあっては工事三千五百円を標準とし、整地作業は勤労奉仕によるものとす
・敷地は学校隣地を選ぶ

・建設費は篤志家の寄付を受くるものであるが、市町村民は必ず工費の一部を負担して心から英霊に感謝を捧げるものとす

・完成は向ふ三ヶ年の予定とするも、敷地は急速に決定整地作業に着工すること

続いてほぼ二ヶ月後の五月一一日付の同紙にも、「建てよ忠霊塔　市町村に敷地選定を要請」との記事が出されている〔坂井 2007：55〕。

県社寺兵事課では忠霊顕彰会の依命によって県下市町村に資材関係から着工は遅るも詮なきが、早急今次大戦散華の英霊を祭神とする忠霊塔の建設敷地を選定着工の際は県と協議の上質素を旨とすべきを通達するところがあったが、正式決定を見たのは小田原市と秦野市に過ぎぬといふ実状にあるところから、更にこれが促進を通牒する。選定を遅延している理由は、市町村が永久に英霊の冥福を祈りその武勲を千載に伝へるに相応しき地を選ぶに慎重を期している為であることは勿論であるが、従来の忠魂碑は戦役、戦争の終了後建立されたものであって、今回の忠霊塔も亦戦争終了を俟って完璧なるものを建設せんとの意向を有する市町村もあるやに見受けられるところから、寺社兵事課では終戦考慮は建設計画から除いての促進をも通牒に加えることになった。

このように、神奈川県では昭和一七年に入って、「質素を旨」とする忠霊塔建設の促進に向けて、市町村での建設運動に発破をかけているのである。とくに「敷地は学校隣地を選ぶ」こととしているのは、戦没者の顕彰と学校教育とが不可分の関係にあることを明示していよう。だが、神奈川県内で忠霊塔建設の正式決定をしたのは、僅かに小田

原市と秦野市の二市のみに過ぎなかったという状況は、神奈川県下において、あるいはおそらく全国的に見ても、いかに忠霊塔建設が停滞しているかということを改めて露呈する結果となった。そして、「従来の忠魂碑は戦役、戦争の終了後建立されたもの」であったが、忠霊塔は戦争中に建設すべきものであるとし、つねに忠魂碑との対比のなかで忠霊塔建設を位置づけている点は興味深い。これらの指示は、顕彰会の指導に依ったものであったことが記事から読み取れ、同県は顕彰会の方針に従って更なる忠霊塔建設の促進を加速させようとしたのであった。こうした神奈川県下の状況から推測すると、本県においても当然同様の指導がなされたものと考えられる。

2　米軍の反撃

真珠湾攻撃から僅か四ヶ月後の昭和一七年四月一八日、米陸軍中佐ドゥーリットル率いる米軍爆撃機B25一六機が太平洋上の空母ホーネットから発進し、東京・横浜・名古屋・大阪などの主要都市を爆撃した。いわゆるドゥーリットル空襲である。空襲の後、爆撃機は中国などに飛び去った。この空襲により約五〇名の死者が出たといわれているが、その実態は公表されなかったという。これは「日本本土への初空襲」であり、米軍の真珠湾攻撃への報復であって、日本国民に衝撃を与えることになった。この日、東條首相は太田町の中島飛行機製作所見学の途にあったというが、急遽東京に引き返し、また天皇も動揺したという。予測よりも早い米軍の本土攻撃を受けて、日本海軍は敵空母の接近を阻止できず、この初空襲で完全に面子を潰されたのである。日本にとっては非常に「不名誉」なことであった。捕虜となった米軍乗員三名は銃殺されている。さらに翌五月一日には、御前崎南方で水上機母艦「瑞穂」が米軍潜水艦に撃沈された。アジア・太平洋戦争における初めての日本軍艦沈没であった。したがって六月上旬のハワイ北西のミッドウェー諸島での海戦（ミッドウェー海戦）は、その威信をかけた戦いとなった。しかし、同海戦で日本海軍は四隻の主力空母や巡洋艦を失い、大打撃を受けたのである。日本軍の暗号が解読され、空母艦載機の爆弾交換に手間取ったことなど、多くの敗因があった。戦艦大和も出撃したが、四六センチ砲から一発も砲弾を発射することはなかったという。こうして日本軍は遂に敗勢に転じていくことになる〔吉田 2007：87～88, 90～91、吉川弘文館 2013：148, 154～155、小田部 2016b:233～234、笠原・安田 1999：176、生田 1987：202～203、上毛新聞 2015g、上毛新聞 2016c、朝日新聞 2016c〕。[44]

「一木支隊　鎮魂碑」
（旭川第七師団において編成され「ガ島」にて2000余名「玉砕」、旭川市・北海道護国神社）

一七年七月、大本営は南太平洋進攻作戦中止を決定しているが、翌八月七日には、米軍がソロモン諸島の**ガダルカナル島**に上陸したため、日本軍は同島奪回作戦を直ちに開始した。この際、「第三次海軍特別攻撃隊」も編成されたというが、とくに日本陸軍は米軍との本格的な戦闘を初体験して完敗する。翌年二月までの同島攻防戦で日本軍戦没者は二万二〇〇〇名に及んだが、その約七割の一万五〇〇〇名は「病死」という名の「餓死者」であったという。海上補給路も絶たれ、補給と密林の厳しさを無視した作戦で将兵は上陸した順に飢えていった。以後同様の悲劇が各地の戦場で繰り返されることになる。同島攻防戦は太平洋戦争最大の転換点となり、同島は**「ガ島」**または**「餓島」**（餓死の島）と呼ばれるようになった。現在も約七〇〇〇名の遺骨が密林に残されているという。一七年一一月までの第三次にわたるソロモン海戦では、日米両軍で計五〇隻を超える艦船が沈没し、その海域は沈船が重なる様子を例えて「鉄底海峡」と呼ばれている。この間、五月九日には「金属類回収令」により国内寺院の仏具・梵鐘等の強制供出が命じられ、物資の不足も深刻化していった。ドゥーリットル空襲に対抗してのことか、九月九日には潜水艦から発進した日本海軍の小型水上偵察機が米国本土（オレゴン州ブルッキングス市）の森林に爆弾を二発投下し、山火事を発生させているという。「日本軍による米国本土初空襲」であったが、米軍の空襲に比すべきものでなかったことは明らかである。米軍はこの九月、後に「超空の要塞」と称され、日本国民から恐れられるB29爆撃機の試作第一号機を完成させている。また、靖国神社では四月二三日夜、満州事変戦没者二四八名・支那事変戦没者一万四七六九名の招魂式が執行され、翌二四〜二八日には臨時大祭が開催された。さらに一二月八日の大詔奉戴日には、全国の神社で「大東亜戦争一周年国威宣揚祈願祭」が執行され、「国威宣揚」「戦意高揚」が重要な課題となっていったのである〔大江 1981 : 159、吉田 2007 : 87 ~ 88, 90 ~ 91、寺田 1992 : 66、岩波書店 1991 : 330、吉川弘文館 2013 : 148, 154 ~ 159, 164 ~ 166、笠原・安田 1999 : 176、高石 1990 : 119、上毛新聞 2014a、朝日新聞 2016i〕。このように日本が悲劇的な状況に突入していくなかで、既述の神奈川県での通牒が出されたのであった。

3　「忠霊塔建設ニ関スル件」

既述の「忠霊顕彰週間」の実施がどの程度浸透していったのか定かではないが、本県ではミッドウェー海戦大敗の翌月、つまり昭和一七年七月一五日に本県警察部長から各警察署長宛に左記の「忠霊塔建設ニ関スル件」が令達されている〔福田 1997 : 23〕。

財団法人大日本忠霊顕彰会及軍部ノ勧奨ニ依リ各市町村一ヶ所ノ忠霊塔（戦没者ノ遺骨遺髪、遺品等ヲ納ムル設備ヲ有スルモノ）ヲ建設ノ見込ミナルガ、右ハ戦没英霊ニ感謝ノ至念ヲ捧ゲ一ハ以テ一般修養ノ聖地トシテ国民精神ノ昂揚ニ資シ、一ハ以テ各遺族ノ個人墓地建設ニ際シ徒ニ華美壮大ヲ競ヒテ多額ノ出資ヲ為スガ如キ弊風ヲ矯メ、更ニ遺骨ノ分散ヲ防止スルノ趣旨ニ依ルモノ有之、而シテ墓地新設ニ関シテハ知事ノ許可ヲ、忠霊塔ニ付テハ、所管警察署長ノ許可ヲ受クベキ規定ナルモ塔ノ形式等ニ関シテハ大日本忠霊顕彰会ニ於テ一定シ居リ、又之ガ建設趣旨等ニ鑑ミ爾今市町村ニ於テ建設セントスル忠霊塔ニ限リ右手続キノ繁鎖ヲ緩和シ墓地新設竝ニ忠霊塔建設（假建設ヲ含ム）ハ之ヲ一括一本建トシ知事ノ許可ヲ受クベキコトト決定相成候條左記ニ依リ取扱ヒ過誤ナキヲ期セラルベシ

記

一、本趣旨ヲ至急関係市町村長、在郷軍人分会、聯合分会長及分会長ニ示達スルコト

二、忠霊塔建設許可申請書ニハ別記事項ヲ具備セシムルコト

三、地域ノ設定等ニ就テハ、昭和十四年二月十三日指示第三号ヲ参照ノ上墓地及埋葬取締規則ノ制限ヲ緩和シ日夜参拝シ、或ハ国民修養上便宜ノ地ヲ選定セシムルコト
　尚主トシテ軍ニ於テ指導中ナルモ御真影奉安殿トノ距離ハ少ナクトモ五十米以上ヲ保持セシメ尚学校、官公署等ノ敷地内ニアラザルコト

四、許可申請書ハ必ラス所轄警察署ヲ経由スル様指導スルコト

五、許可申請書ヲ受理シタルトキハ実地調査ノ上、意見ヲ附シ速カニ進達スルコト

これによると、今まで墓地新設に関しては知事の認可を、忠霊塔建設に関しては所管の警察署長（警察は内務省警保局の管轄下）の許可が必要であったが、今後は両者の建設はその手続きを緩和して、知事の認可が得られればよい

ということになった。さらに忠霊塔の建設地については「墓地及埋葬取締規則」を緩和して、日夜参拝できる便利な場所を選ぶこととされた。ただし、御真影や奉安殿との距離は五〇メートル以上離し、忠霊塔の建設は学校や官公署等の敷地内には行わないこととしている。既述の三月の神奈川県の指導では「敷地は学校隣地を選ぶ」としていたが、学校敷地内は不可ということになった。実際には学校敷地内に忠霊塔が建立された場合もあったのである。とくに御真影・奉安殿は神聖な天皇教の象徴たる宗教施設であったから、これを臣民戦没者の遺骨で汚すことを懼れたのであろう。[45]

一方、戦時下の全国の児童生徒にも、学校教育を通じて忠霊塔の存在と意義が教え込まれていった。つまり昭和一七年一二月三一日付で、国民学校上級用に発行された国定教科書『うたのえほん（上）』に次のような歌「忠霊塔」が収録されている〔横山 2005 : 61〕。

一
勇士らは　生命をささげたり
勇士らは　戦にうち勝てり
そのみたま　ほほ笑みてここにあり
いま仰ぐ　忠霊塔高し

二
勇士らのあとをつづくわれらなり
勇士らのいさをしをしのびつつ
ふるひたち　戦ひに戦はん
いまちかふ　忠霊塔の前

とくに二番の後半で、「ふるひたち　戦ひに戦はん」「いまちかふ　忠霊塔の前」、と戦に向かう国民としての決意のほどが述べられている。小学生に勇んで出征していくことの大切さを教えているのである。

4 「撃ちてし止まむ」・「英霊ハ必ス帰ル」

昭和一八年に入ると、さらに物資不足は深刻になり状況が悪化していく。同二月一日、半年間にわたり米軍と死闘を展開したガダルカナル島からの日本軍第一次撤収作戦が開始される。そして同七日の第三次撤収作戦により同作戦は終了し、約一万余名の日本軍将兵は米軍の包囲網をかいくぐって漸く撤退した。この撤退を機に日米の戦力比は逆転し、戦力格差は急速に拡大していくという。大本営は敗北・退却・撤退を「他方面に転進」と言い換え、戦死は「散華」と改称されたが、太平洋の島伝いに米軍の反撃が開始されるのである。中国にあった百十五連隊も南方派遣となり（第五十一師団）、同三月にニューギニア島ラエに移動中、ビスマルク諸島ダンピール海峡で米軍機百数十機の攻撃を受けた。日本軍は輸送船八隻と護衛の駆逐艦四隻を失い、同連隊長遠藤寅平大佐以下一二〇〇余名が戦死・海没死している（ダンピールの悲劇）。こうして将兵の遺骨は「海の藻屑」と化し、あるいは「戦場の土」と化して殆ど内地に帰ることはなかった。楢崎修一郎によれば、現在でも日本人戦没者一一三万名の遺骨が海外に眠り、未収骨の状態であるという。陸軍は同三月一〇日の陸軍記念日を期して、決戦標語「撃ちてし止まむ」を掲げて国民運動を展開する。その宣伝ポスターには二名の兵士が突撃する図像が描かれ、五万枚が配布されたという。「撃ちてし止まむ」とは『古事記』の「神武東征」の時の歌から採ったもので、「八紘一宇」に続きますます神懸かった内容のものとなった。現実の戦況から逃避するかのように、あるいは指導者・指揮官が責任逃れをするかのように、「神話の世界」という「虚構の世界」に国家救済の道を求めようとする比重が加速していったのである。一方で、遺骨が届かない、あるいは砂や石などしか届かない夥しい数の遺族に対して、陸軍は「英霊ハ必ス還ル」と、全く説得力のない空しい言い訳を繰り返すのみであった〔高崎市 2004：253 ～ 254、吉田 2007：90 ～ 91, 134、吉川弘文館 2012：171、岩波書店 1991：334、横山 2005：61、川村 2007：107 ～ 111、上毛新聞 2015a、上毛新聞 2016g〕[46]。

昭和一八年二月六日付の『読売報知新聞』は、「忠霊塔に基準　質素を原則」という見出しで再び神奈川県の通牒を紹介している〔坂井 2006：55〕。

郷土の忠魂を永へに栄えあらしめようと、護国の忠霊に対する県民感謝心の発露は忠霊塔建設となって現はれ、県下各市町村にはいま競って忠霊塔建設計画の進捗を見せているが、ややもすれば鉄材、セメントなど国防資源の需要を妨げる惧れある大規模の計画も少しとしない傾向があるので、県では内政部長名を以て華美に亙らぬ質素本意のものにするやう次の如き注意を各地方事務所長、市区町村長、警察署長あて通牒した（以下略）

5　山本五十六戦死

忠霊塔が戦没者を顕彰し戦争遂行のための戦意高揚を目的とするならば、本来は華美で壮大なものでなければならなかったはずである。そもそも顕彰会の意図するところもそこにあった。しかしこの点は、主として神社祭祀との関係から内務省の指導において極力抑えられてきた。とくに日本の敗勢下において、現実的に資材や人力の不足は如何ともしがたく、また、「国防資源」の確保のためにも質素なものを作らざるを得なかったのが実状であったのだろう。これは全国の市町村においても該当することであった。

靖国神社では昭和一八年四月六日、金属供出のため境内の大砲・牛像・相撲像・大灯籠などの撤去が開始され、同四日には第一鳥居も撤去開始となり、金属資源の確保が急務となっていった。さらに四月一八日には、真珠湾攻撃を指揮した山本五十六長官が、南洋のソロモン群島上空で米軍戦闘機の攻撃により機上戦死した（海軍甲事件）。五九歳であった。既述のように、日本海軍の暗号はすでに解読されていたのである。国民はこのニュースに接して大いに落胆した。『朝日新聞』（五月二四日付）の見出しには、「英魂迎へ一億の決意燃ゆ　瞳に悲憤の熱涙」とある。山本の遺体は撃墜された飛行機から収容されたが、軍刀を握りしめていたという。火葬されて日本に送還され、戦死により山本は元帥となった。六月五日には東京日比谷公園で国葬が執行されるが、山本の遺骨が保管されていた芝の東京水交社を出発した葬列は一キロにも及んだという。九軍神の葬儀と同様に神式で挙行され、天皇の勅使が玉串奉奠をした。葬儀の月日は九年前の海軍元帥東郷平八郎の国葬日と同じ日付であった。山本の国葬は皇族を除いて一二人目、昭和に入ってからは東郷と西園寺公望（公卿徳大寺公純二男、西園寺家養子、元首相）に続く三人目、そして明治生まれとしては最初の国葬であった。沿道での参拝者は一〇万名に達したといわれ、膨大な国費が投じられたのである。山本の墓所は多磨墓地の東郷の墓の側に造られた。この山本の国葬を契機に忠霊公葬統一運動は勢いづくという〔高石 1990：120、山室 2007：304～308、原・安岡 1997：264～265, 477～478、粟津 2017：290、岩井 2008：138、秦 1994：242、宮間 2015：3、吉川弘文館 2012：178～180、新潮社 1991：765～766, 1197、別冊宝島 2016：15〕。[47]

6　玉砕・山崎軍神部隊

山本の国葬の約一週間前にあたる五月三〇日、大本営は前日の二九日に**北洋**のアリューシャン列島**アッツ島**で、米軍の攻撃により陸軍大佐山崎保代（山梨の僧侶二男、陸士25期、群馬県立沼田中学校配属将校）率いる日本軍守備隊二千数百名が全滅したことを発表していた。その発表のなかで、「爾後通信全く途絶、全員玉砕せるものと認む」という形で、初めて「玉砕」という言葉を使用した。日本軍の突撃に際して、動けない傷病兵は味方の手によって「処理」されたという。日本の部隊が全滅したという負け戦が大々的に報道されたのである。吉田裕によれば、以後、孤島の守備隊が全滅するたびに、凄惨な戦場の現実を隠蔽する「玉砕キャンペーン」が展開されることになった。この頃より、天皇は戦局への不満をかなり募らせるようになったという〔山室 2007 : 309、原・安岡 1997 : 236 ~ 237、吉田 2007 : 136 ~ 137、秦 1994 : 151、小田部 2016b:250〕。(48)

大本営陸軍部報道部長であった陸軍大佐谷萩那華雄（茨城県出身、陸士29期、後の少将・第二十五軍参謀長、メダンで刑死）は、このアッツ島での戦いについて、「大楠公の湊川に於ける戦闘を彷彿させるものであり」、「皇軍の神髄を発揮して余す余地がない」と讃え、

かう言う惨憺悲壮なる状況下にありながら、山崎部隊長は只

「アッツ島玉砕　雄魂之碑」（札幌護国神社）

「北千島　慰霊」碑（同上）

の一度でも一兵の増援も要求したことがない。また一発の弾薬の補給をも願はない。その烈々の意気、必死の覚悟には誰しも感佩してゐたのであります

と賞賛している〔山室 2007：309～310、秦 1994：147〕。また、陸軍少将中柴末純（長野県出身、陸士8期、第三師団工兵第三大隊長）は、『毎日新聞』（六月二日付）で次のように語っている〔山室 2007：315、福川 2001：511〕。

（前略）その精神の底知れぬ深さはただわが日本の神々のみぞ知り得るところである、いはんやアメリカ人どもにはこの将兵の突撃の恐ろしさだけは骨の髄まで知り得ても、その突撃精神の深みなどは到底片鱗だも理解し得るところではない、（中略）形の上の勝敗、事の成否は問ふところでない、そこには終始一貫せる攻撃精神あるのみ、まことに陛下のつはものなるかな、まことに神州の男子なるかなの感に堪へない

戦いは勝たなければ何の意味もなかったはずであり、勝つために国民は戦場に送られたはずである。だが、勝敗はともかく、たとえ負け戦であっても、命を振り捨てて最後の一人まで戦い抜くという、「神州」日本軍将兵の精神力だけが何よりも絶賛されたのである。これは全くの負け惜しみであり、無責任な現実逃避は明らかであって、ただいたずらに戦没者のみを増大させ、将兵の命を救うという考えは微塵も感じられない。『朝日新聞』（六月一日付夕刊）も「アッツ島の忠魂に続け」といった大見出しを掲げており、当時の新聞各紙は、山本長官や山崎部隊長らのすぐれた人格と立派な死に方を称賛することに終始している。ここには「一億玉砕」の精神の萌芽を見て取ることができよう。山崎大佐は二階級特進して中将となり、同部隊の将校九四名も進級して、「軍神山崎中将」あるいは「山崎軍神

部隊」が新聞紙上で誕生した。しかしながら、南方では海軍の最高司令官が戦死し、北方では陸軍部隊が全滅したという悲報は、日本の敗勢を一層国民に強く印象づける結果となった。玉砕から四ヶ月後の同日、つまり昭和一八年九月二九日、山崎以下の「玉砕勇士」二五七六名の合同葬儀（慰霊祭）が札幌市の中島公園特別祭場で「神式」にて執行された。また、山崎自身の公葬である新潟県高田市での市葬（月日不詳）も、「同市初の神葬」として行われたという。こうした山崎陸軍中将の神式での葬儀は忠霊公葬統一運動に益々拍車をかけることになった。海軍では、同八月一日に人間魚雷「回天」の正式採用を決定して「水中特攻」が本格化し、翌一九年八月には、「水上特攻」の「震洋」が正式投入されている〔山室 2007：310～322、秦 1994：151、粟津 2017：291、吉川弘文館 2012：218～222〕。(49)

こうした状況下で、全国的に忠霊塔建設はどの程度進捗していたのか。顕彰会発足以来、満四年が経過した昭和一八年八月七日付『神奈川新聞』は、全国ですでに竣工した忠霊塔は一二〇基（他に顕彰会案に準じたもの五四基）、近く完成予定のもの二四〇基、目下建設中のもの八七〇市町村、建設希望申し出は一五〇〇市町村と報じている。本県では、一八年六月までに二〇基の忠霊塔が建設されているが（表7参照）、当時の全国の市町村数約一万五〇〇〇からすれば、この時点で全国で竣工した忠霊塔の数は、極めて微々たるものであったことがわかる〔坂井 2007：53、佐々木 2003：27〕。一方で表7から、本県においては一八年から忠霊塔建設が本格化していることも読み取れる。

7　学徒戦時動員・学徒出陣・「戦没者墓碑建設指導ニ関スル件」

東條内閣（東條は陸相兼務）は昭和一八年六月二五日、「学徒戦時動員体制確立要領」を決定し、本土防衛のための軍事訓練と勤労動員が徹底されることになった。翌七月五日には、「陸軍航空関係予備役兵科将校補充及服役臨時特例」（勅令第五六六号）が公布・施行され、陸軍は「海軍予備学生」（飛行科は昭和九年一〇月発足、当初は六名採用）に対応

表 10　群師出身の戦没海軍予備学生一覧

氏　名	出身地	階級・年齢	戦没年月日	戦　　　歴	戒　名
船津安男	勢多郡富士見村（前橋市）	海軍中尉・23 歳（死後二階級特進し少佐）	昭和 20 年 1 月 5 日	土浦海軍航空隊に入隊し、後に戦闘第二〇一航空隊に所属。神風特別攻撃隊として、フィリピン・ルバン島西方海の艦隊に体当たりして戦死	誠薫院金剛義烈明安清居士
森　七郎	佐波郡宮郷村（伊勢崎市）	海軍中尉・23 歳（死後昇進し大尉）	昭和 20 年 4 月 24 日	土浦海軍航空隊に入隊し、後に三重県鈴鹿飛行場に転勤。フィリピン・ルソン島付近で戦死	特攻院殉烈七郎居士
星野壮作	勢多郡新里村（桐生市）	海軍中尉・23 歳	昭和 20 年 5 月 1 日	北海道南方海面上で戦死	荘厳院忠節勲功居士
太田文雄	勢多郡新里村（桐生市）	海軍大尉・23 歳	昭和 20 年 6 月 8 日	千葉県館山海軍砲術学校に入学し、後に第三十二特別根拠地海軍連合陸戦隊第二大隊小隊長として斬込み隊に志願。フィリピン・ミンダナオ島ダバオ北方で戦死	義尚院忠範文雄居士

※柳井（1999）をもとに作成

して「特別操縦見習士官（特操）」制度を創設している。高等学校以上（大学・高校・高専など）および師範学校本科に在学した者のうち、志願者を採用し（採用時は曹長）、主として仙台陸軍飛行学校で教育して予備役少尉に任ずるというものであった。八月には、東條陸相が戦闘機を超重点とする「航空機整備方針」を決定した。戦局の帰趨が地上部隊や艦隊勢力よりも航空戦力の優劣によって決せられる兆候が顕著となり、航空用員を大量かつ速やかに養成する必要に迫られたからである。これにより、一〇月には特操の第一期生が六倍の競争率で一八〇〇名が、一二月には同じく第二期生が一八〇〇名入隊したという。一方、海軍予備学生に関しても一八年から急増し、同年九月末入隊の第十三期は四七二六名に上った。その募集対象には、同三月から官立専門学校に昇格した師範学校卒業見込み者も含まれ、募集のキャッチフレーズは「ペンを捨てて操縦桿を握れ」「校門から営門へ」、であったという。群馬師範学校（群師）からは予備学生に九名合格したが、うち一名は負傷して辞退し八名となり、九月六日に同校では八名の壮行式を開催している。このうち半数の四名は戦没することになる。**表10は群師出身の戦没海軍予備学生一覧**である。四名の戒名は全員院号で、「義烈」「特攻」「殉烈」「忠節」「忠範」などの文字が注目されよう。さらに、中等学校からも海軍少年飛行兵である**海軍甲種飛行予科練習生（甲飛予科練）**への志願者が増大していった。また、七月二八日には「海軍特別志願兵令」（勅令第六〇八号）が公布され（八月一日施行）、朝鮮・台湾に施行されると共に、兵役法の改正（昭和一八年三月二日公布）によって、八月一日から朝鮮に徴兵制が施行されることになった。さらに翌九月二三日には、昭和二〇年度から台湾での徴兵制実施が閣議決定したのである。これにより、日本人以外による日本軍・日本軍人が大量に誕生することになり、新たな「半島の軍神」も出現した。しかし、すでに九月八日にはイタリアのバドリオ政権が連合国に無条件降伏し、日本にとって唯一の頼みの綱であった三国同盟は瓦解し始めていた。それでも同三〇日の御前会議では、広く太平洋上に「絶対確保すべき要域」として「絶対国防圏」が設定されている。全く無謀といえる政策であった。そして翌一〇月二日、「在

「予科練之碑」
（茨城県稲敷郡阿見町・自衛隊土浦駐屯地〔武器学校〕）

「雄飛」碑（内閣総理大臣佐藤栄作、同上）

学徴集延期臨時特例」（勅令第七五五号）が公布・施行され、兵役法の規定による文科学生・生徒の徴兵猶予が停止されて（理工系・教員養成系などを除く）、遂に「学徒出陣」が始まった。兵力の格段の増強に迫られ、下級指揮官の短期養成が急務となったため、政府は学徒の徴兵猶予停止という残された最後の手段に出たのである。かくして、二〇歳以上の学徒は直ちに徴兵検査を受けることになった。国会議員たちは、これで農村方面の不満が緩和されると発言していたという。「不幸の均霑」によって苦痛を緩和するということであった〔森岡 2011 : 10, 49 ~ 51、柳井 1999 : 111 ~ 113, 125、秦 1994 : 723, 735 ~ 736、加藤 1996 : 267、吉田他 2015 : 339、前澤 2016 : 192、朝日新聞 2017、吉川弘文館 2012 : 33, 182 ~ 188〕。[50]

昭和一八年一〇月二一日午前九時過ぎ、雨模様のなか東條首相出席の下、東京の明治神宮外苑競技場（後の国立競技場、東京都新宿区）で文部省・学校報国団本部主催による「出陣学徒壮行会」が開催された。関東地方の七七校・二万名以上の学生が、陸軍戸山学校軍楽隊の演奏と共に行進し、この戦場に赴く男子学生たちを女子学生ら観覧席の六万五〇〇〇名が見送った。東條首相は美辞麗句を散りばめた、「諸君が悠久の大義に生きる唯一の道」といった内容の「訓辞」をし、戦死は滅することではなく、生きることであると説いたのである。これに対して、学徒代表の東京帝大生江橋慎四郎（後の東京大学名誉教授）は「答辞」にて、「もとより生還を期せず」と語ったという。この時、出陣学徒は「決死の覚悟」を固めざるを得なかったのであろう。当時の『朝日新聞』（夕刊）は、この壮行会を「沸る滅敵の血潮」という大見出しで伝え、「戦ひの庭に出で征つ若人の力と意気はここに結集し」と記した。こうした壮行会は東京を皮切りに全国各地で開催された。本県では翌一一月二七日、前橋市の前橋公園で「群馬県下出陣学徒兵壮行大会」が開催されている。この大挙出陣以降も、徴兵適齢に達した文系の学徒が続々と学業半ばで入隊していったのである。学生は原則的に兵で入隊した。陸軍の学徒兵は一二月一日、それぞれ本籍の部隊に入営し、海軍の学徒兵は同一〇日、それぞれの海兵団に入団した。同年末には約一〇万名の学生が入営することになったという。壮行会は戦意昂揚を図る国家行事でもあったが、翌年以降は開催されなかった。また、一一月一日には国民兵役が四〇歳から四五歳まで延長された。こうして第二国民兵が召集の対象となり、いわゆる「根こそぎ動員」が開始されたのである〔森岡 1991 : 141、森岡 2011 : 51、岩波書店 1991 : 334 ~ 336、吉田 2007 : 169、大江 1981 : 142、寺田 1995 : 19 ~ 21、吉川弘文館 2012 : 188 ~ 190、秦 1994 : 682、柳井 1999 : 127, 133、近現代史 2000 : 99、朝日新聞 2015a〕。(51)

この間、陸軍省は一〇月三〇日に「戦没者墓碑建設指導ニ関スル件」（陸亜普通第一八六四号）を通牒し、

国家総力ヲ挙ゲテ戦力増強生産拡充ニ結集スベキ現時局下ニアリテハ墓碑建設ニ使用スル資材戦力ハ徹底的ニ節減スル

という必要があり、

新墓碑建設ノモノニアリテハ現戦争間ハ務メテ質素ナル木碑ヲ以テ之ニ代フル如クスルコト

ならびに

先祖代々ノ墓ニ合祀スルガ如キ風習アル地方ニ於テハ之ニ依ラシムルコト

としている〔大原 1984：143〕。軍の方針として、戦没者の墓碑建設は後回しとなり、眼前の戦争遂行に総力を結集せよという、極めて切迫した内容となっている。忠霊塔は墓碑とされたから、必然的に全国での忠霊塔建設も頓挫していくことになったと判断できよう。

8　十五連隊玉砕・神風特別攻撃隊・無差別爆撃

昭和一九年二月一一日の「紀元節祭」の折、天皇は時局を懸念し、「御告文」（天皇が皇祖皇宗の霊に捧げる文）に「戦勝祈願」を合わせて行ったという。この二月までの段階で、南方戦線において日本軍はすでに死者一三万名・艦艇七〇隻・船舶一一五隻・航空機八〇〇〇機を失っていた。同六月一九日、硫黄島（小笠原諸島）から南へ一〇〇〇キロほどのマリアナ沖海戦で、日本海軍は航空兵力（空母・航空機）の大半を失った。また、前日の一八日にマリアナ諸島のサイパン島アスリート飛行場が米軍に占領されたことで、日本の絶対国防圏の一角は崩壊した。サイパン島は隣接するテニアン島と共に日本人による製糖業が盛んであったが、翌七月までに日本軍約三万名が戦没し、住民も八〇〇〇名以上が犠牲になったとされている。大本営は「全員壮烈なる戦死」と発表している。マリアナ諸島陥落で日本本土はB29の爆撃圏内（往復圏内）に入った。この失陥により東條内閣は決定的なダメージを受け、翌七月一八日に総辞職し、陸軍大将小磯国昭（宇都宮生まれ、士族代議士の長男、陸士12期、朝鮮総督、後のA級戦犯獄死）が組閣した。満州チチハルにあった十五連隊も同四月、ニューギニア島北部のパラオ諸島に移り米軍と対戦することになる。とくに同連隊第二・第三大隊の約二〇〇〇名は、主力の水戸歩兵第二連隊と共に九月中旬からのペリリュー島（後のパラオ共和国）の攻防戦に参加した。日本軍兵力は一万一〇〇〇名で、同島には日本軍の飛行場があり重要拠点であった。米軍統合幕僚会議は一〇月三日、海軍大将ニミッツに沖縄の拠点占領を、陸軍大将マッカーサーにルソン島攻略を令じている。一一月二四日、十五連隊の大隊は全滅を伝える電信文「サクラ」「サクラ」を送信し、以後連絡を絶ったという。玉砕であった。ペリリュー島攻防戦での日本軍戦没者は一万二二名、米軍戦没者は一六八四名とされている。一方、一〇月一〇日に米軍機動部隊が沖縄を空襲し、二日後には延べ一〇〇〇機以上で台湾全土を空襲している。さらに同二四日の**フィリピン沖海戦（レイテ島沖海戦）**では、戦艦大和と姉妹艦の「戦艦武蔵」（昭和一七年八月三菱長崎造船所で竣工、六万四〇〇〇トン）が出撃したが、米軍機動部隊の五時間にわたる航空攻撃を受けてシブヤン海で沈没した。同艦は大和と同様に、対空戦を想定した製造はされていなかったから、航空攻撃に対しては無力であった。沈没前の甲板には戦死者の遺体が山になっていたという。乗員二三九九名のうち、一〇二三名が戦没したが、生存兵士は帰還が許されず、陸戦（ルソン島の戦い）に投入された。このレイテ島沖海戦で、日本海軍は惨敗し連合艦隊は事実上壊滅したのである。この時、海軍の「**神風《じんぷう》特別攻撃隊**」が米軍艦船に体当たりし、空母を撃沈し

「特攻勇士之像」（靖国神社）

植樹「陸軍特別攻撃隊　振武64　国華隊渋谷中佐以下九柱命之慰霊」（同上）

「フィリッピン方面戦没者慰霊顕彰碑」
（防衛庁長官中曽根康弘書、群馬県護国神社）

「忠魂」碑（台湾軍、熊本県護国神社）

た。同攻撃隊の大和隊隊長久納好孚中尉（浄土宗布教師四男、法政大学卒、海軍予備航空団入隊、死後少佐）が「初の特攻戦死者」となった（一〇月二一日）。大本営はこれを大々的に報道した。これに引きずられて**「陸軍特別攻撃隊」**も生まれたが、これには「神風」を冠しないという。敵の艦船が目標であったため特攻の主体は海軍であり、陸軍航空も海軍の指揮下に入って洋上出撃に参加した。フィリピンの陸軍航空部隊が最後の特攻に出撃するのが翌二〇年一月一三日、同じく海軍航空部隊が最後の特攻に出撃するのは同一月二五日であった。これによりフィリピン戦での航空特攻は終了している。こうした特攻作戦を主導したのは、第一航空艦隊司令長官大西滝治郎中将（兵庫県の農家三男、海兵40期、後の軍令部次長）とされており、大西は軍神広瀬武夫を崇拝していたという。大西自身は特攻することなく敗戦を迎えたが、その責任を痛感したものか、八月一五日に割腹自決している〔小田部 2016b:254、吉田 2007：154～155, 180、岩波書店 1991：338～340、森岡 2011: 主要年表3、吉川弘文館 2012：213～127, 225～229, 237～239、岩根 2008：134～135、

藤原 2001：103、高崎市 2004：250～251、群馬県史 1992：387、朝日新聞 2015b、朝日新聞 2015h、海老根 2001：21、寺田 1992：66～67、秦 1994：57～58, 176, 186、上毛新聞 2014c、上毛新聞 2015c、上毛新聞 2015k、上毛新聞 2016e、上毛新聞 2016l、朝日新聞 2016a、朝日新聞 2016m、別冊宝島 2016：24～25〕。(52)

とくにフィリピン沖海戦は「二〇世紀最大の海戦」といわれ、フィリピン方面での日本軍戦没者は四七万六〇〇〇名（民間人を含めると五一万八〇〇〇名とも）とされ、支那事変以降の全戦没者の六分の一に上る。そのうち本県関係者は六四二九名といわれている。フィリピンが陥落すれば、日本本土に米軍が押し寄せて来ると考えられていたため、死守命令が出され、兵士たちには投降も玉砕も許されなかった。これが損害を大きくした要因の一つであった。生存兵士の証言によれば、例えばルソン島での日本軍戦没者の遺体は、言い合わせたように北東の日本の方向に向いていたという〔吉田 2007：180、高崎市 2004：250～251、群馬県史 1992：387、上毛新聞 2014c、朝日新聞 2016a〕。(53)

米軍支配となったマリアナ諸島を発進した米軍Ｂ29爆撃機七〇～一一〇機は、昭和一九年一一月二四日に東京地区を初空襲した。とくに翌一二月の空襲は、東京郊外の中島飛行機武蔵野製作所（武蔵野市）を目標にしたものであった。以後、同製作所は九回にわたり爆撃を受け、死者二二〇名・重軽傷者数千名を出して壊滅状態となった。こうして日本本土への戦略爆撃が開始され、日本にとって深刻な状況となっていった。当初の爆撃は軍需工場が主目的で被害も限られていたが、間もなく「夜間無差別爆撃」となり、一般市民が空襲の対象となって、多くの地方都市までが焦土と化すことになったのである〔岩根 2008：182、正田 2011：205～206、上毛新聞 2011、朝日新聞 2015e〕。

兵役に関しては、昭和一九年一〇月一六日に「陸軍特別志願兵令」が改正公布（勅令第五九四号）されて、一七歳未満の者の志願が許可され、さらに同一八日、兵役法の施行規則が改正公布（陸軍省令第四五号）されて、一七歳以上を兵役に編入することになった。約一年後の敗戦時の動員兵力は七一六万名に達していたという。敗戦時、満一七歳以上四五歳以下で当時日本国籍であった男子総数は約一七四〇万名であったから、その四割以上が軍に動員されていたことになる。とくに南方戦線での連戦連敗によって、日本の兵力不足の状況は益々深刻化していったのである。アジア太平洋戦争における日本軍戦没者の大部分は、既述のマリアナ陥落後の「絶望的抗戦期」に発生していた。例えば本県勢多郡桂萱村（前橋市）では、太平洋戦争戦没者二九〇名のうち、昭和一九年以降の戦没者は二七四名と、全体の八五％を占めていた。同郡他村においてもほぼ同様の割合であり、戦争終盤一年半余の間に全体の八割以上が戦没していることになる〔吉田 2007：180, 183、岩波書店 1991：338～340、大江 1981：143、秦 1994：729、吉川弘文館 2012：226, 231、朝日新聞 2016e、朝日新聞 2016f〕。(54)

9 「忠霊塔建設促進ニ関スル件」

本県では昭和一九年一月二七日、前橋連隊区司令官が各市町村長宛に左記の「忠霊塔建設促進ニ関スル件」（前橋慰第一三号）を通牒している〔福田 1997：19〕。

> 忠霊塔建設ニ関シテハ各位ノ積極的陣頭指揮ニ依リ着々成果ヲ揚ゲツツアルハ深ク感謝仕リ居リ候、戦局重大ナル秋、銃後増産ノ責任愈々倍加セラレアルハ言ノ待タザルモ現状況下コソ忠霊顕彰ノ気風昂揚ノ要望切ナルモノ有之、忠霊塔建設ハ一日モ忽諸ニスベカラザル儀ト痛感致シ候、建設ノ時期トシテ待チ迎ヘタル農閑期モ早半ヲ経過シ、増産突撃ノ季節ハ再ビ廻リ来ラントスル時、之ガ速カナル建設ハ一重ニ万難ヲ排シテ邁進スル貴下ノ熱意ニ信頼致シ候、一日ノ遅延ヲ許ス事ナク護国ノ英霊ニ応フル赤誠ヲ御指導御誘掖下サレ速ニ建設完了致ス様要望仕候

戦局が重大なる今こそ、忠霊顕彰の気風を昂揚させることが必要であり、一日も早く万難を排して忠霊塔建設に全力を尽くすよう要請している。本県では戦局悪化に伴い、県民の戦意昂揚と「護国の英霊」顕彰のために、忠霊塔建設の必要性が叫ばれたのであった。

このように基本的には、本県における忠霊塔建設は既述の一七年七月の通牒と、この一九年一月の通牒によって推進されたと考えられる。しかしこれは、国の政策とは全く正反対の指導であり、こうした通牒をどのように理解すればよいのであろうか。表7において、建設促進の通牒が発せられてから、一九年に二一基、二〇年に二基建設されている。また題号の揮毫者は、戦争拡大を強引に指導し、日本軍に致命的な損害をもたらした東條英機が過半数を占めている（六四基のうち三三基と全体の五一・六％）。既述のように、知識人からの反発にもかかわらず、当時国民一般の東條に対する人気はかなり高く、実際には各地で熱烈に歓迎されていたという。こうした背景を反映したものなのだろう。

福田博美によれば、本県の忠霊塔建設に関しては、

建設完了五六町村、建設許可済一二三市町村、敷地決定等一九〇市町村（未決定八町村）、本表ハ昭和十八年十二月調ベナルニ付、其ノ後、完了、許可済敷地決定等ニ付異動アラバ報告セラレ度

と建設状況が示された〔福田 1997：19〕。一八年一二月の調査時点で、「建設完了五六町村」とあるから、つまり五六基建設されたと判断できよう（表7では四一基）。この数字は、本県の四分の一の町村で忠霊塔は完成したことになるという。ただし、この資料のなかには現在の高崎市や沼田市などは含まれていないという〔福田 1997：19〕。また敗

戦後には、忠霊塔が撤去されたり、あるいは別の慰霊施設として姿を変えたものもあったであろう。したがって、一八年一二月の段階で、本県では表7で提示したよりも多くの忠霊塔が建設されていたことが推測できよう。(55)

太田市 2200 余柱の戦没者および戦災被爆者の「慰霊碑」
（太田市金山町・大光院）

中島飛行機関係者ら空襲死没者約 100 名を祀る
「黎明地蔵尊」（邑楽郡大泉町・城之内公園）

10 本県初空襲・硫黄島陥落

昭和二〇年一月二〇日、大本営は国軍史上初の陸海両軍共通の「帝国陸海軍作戦計画大綱」を裁可し、東支那海沿岸の「天号作戦」や本土方面の「決号作戦」（本土決戦）を準備した。当時、極東の連合軍航空戦力は一万二〇〇〇機と推定され、対する日本陸海軍の航空戦力は三二〇〇余機（異説あり）であったが、この作戦は主敵米軍の進攻破砕に重点が置かれ、日本軍の全航空機を特攻化し、その攻撃威力に期待するものであった。それが皇国の危機を救う唯一の途であると、軍幹部は勝手に考えたのである〔生田 1987 : 222、外山 2013 : 220、吉川弘文館 2012 : 237〕。

こうしたなかで翌二月一〇日未明、本県は米軍Ｂ29による初空襲を受けた。以来、本県も同機による爆撃に曝されることになる。マリアナ諸島発進のＢ29全八四機のうち、第一編隊一二機の爆撃目標は、既述の新田郡太田町の**中島飛行機太田製作所**（四月に国営第一軍需工廠となる）で、二時間にわたり反復攻撃されたという。さらに一六日には、数百機の米空母艦載機（戦闘機）による大空襲も行われている。こうした**太田空襲**による死者は合計二〇〇名であった。また、この間の二月一九日、米軍は小笠原諸島の硫黄島（東京から一二〇〇キロ）に上陸を開始し、翌日には同島千鳥飛行場を占領した。日本本土空襲の中継基地を確保することが狙いであった。日本軍はペリリュー島での戦闘を模範とし一ヶ月以上も抗戦したが、約二万名の戦没者を出している。米軍戦没者も約七〇〇〇名を数え、大戦屈指の激戦地となった。負傷した小笠原兵団長栗林忠道中将（長野県の大地主二男、陸士26期、第百九師団長、死後大将）が自決したのは三月二五日であった。米軍は徐々に日本本土に迫ってきたのである。一方、焼失戸数二七万戸・死者約七万二五〇〇名・負傷者約二万四〇〇〇名・罹災者一〇〇万名に及んだといわれる、Ｂ29三四四機による東京大空襲は陸軍記念日に合わせた三月九〜一〇日であった。二ヶ月後の五月一四日にはＢ29による名古屋大空襲が、同二九日には横浜大空襲が、翌六月一日には同約四〇〇機による大阪大空襲が実施された。本県では、グラマンなどの米軍小型艦載機による高崎市への空襲は七月一〇日であり、翌八月五日深夜から六日には、同九二機（搭乗員は一〇〇〇名余）により前橋市が空襲され、五三五名の犠牲者を出した。三種類の爆弾が同時

「支那事変　大東亜戦争　忠霊碑」（高崎陸軍墓地）

に使用され、前橋市街の七七％が破壊されたという（前橋空襲）。こうした無差別爆撃により、新たな非戦闘員・民間人戦没者が生み出されていった。路傍の人々の遺体は、野犬に食い荒らされる場合もあったのである。忠霊塔建設に関しては、空襲が本格化してからの本県での建設はさすがに頓挫していくことになる。広島に原爆が投下された二日後の二〇年八月八日、高崎陸軍墓地には**「支那事変　大東亜戦争　忠霊碑」**（宇都宮師団管区司令官関亀治書）が高崎市により建立されている〔岩根 2008：182、高崎市 2004：238～239、吉川弘文館 2012：211, 237, 241～246, 255、正田 2011：207～211、生田 1987：223、群馬県史 1992：387、海老根 2001：44、秦 1994：246、別冊宝島 2016：20～21、上毛新聞 2016a、上毛新聞 2016f、朝日新聞 2015g、現地調査〕。(56)

11　沖縄海上特攻・義烈空挺隊・本土決戦

昭和二〇年三月二六日、「天一号作戦」（沖縄方面決戦）が発動されたが、翌二七日には米軍が沖縄本島西方の慶良間列島渡嘉敷島に上陸し、翌二八日、島民一七二名は「集団自決」に至っている。そして翌四月一日には、米軍四個師団が並列して沖縄本島中部西岸に上陸を開始し、同日には読谷村で住民が集団自決し、本島各地でも集団自決が相次ぐことになった。以後、五四万余名の米軍が押し寄せた沖縄戦は六月末まで続き、沖縄は本土防衛のための「捨て石」となり、周知の「悲劇の島」となったのである。レイテ島沖海戦以来、日本海軍水上部隊は殆ど壊滅に瀕していたが、「沖縄海上特攻」の命令を受けた戦艦大和は四月六日、第二水雷戦隊（軽巡洋艦一隻・駆逐艦八隻）と共に山口県徳山沖から沖縄をめざし出撃した（海上特攻隊）。これと同時に、「本土最南端の特攻基地」となった鹿児島の**知覧陸軍基地**（**飛行場**、前身は昭和一七年開校の福岡大刀洗陸軍飛行学校知覧分教所、南九州市）などからも、沖縄方面へ**特攻機**が出撃していった。知覧から出撃した兵員数は四三六名という。だが、戦艦大和は豊後水道を出てすぐ米潜水艦に発見され、翌七日には、鹿児島南方海上の東シナ海（徳之島西方洋上）で米空母艦載機延べ三〇〇機以上から集中攻撃を受け、四三〇メートルの海底に沈んだ。同艦乗員三三〇〇余名のうち、生還者は一割に満たない二七六名のみであったという。既述のように、対空戦に対しては全く無力であった。同特攻隊の残存駆逐艦は四隻のみとなり、沖縄突入作戦は断念されたという。同日、陸軍省は「決戦訓」を示達し、ルソン島では「戦車特攻」も実施された〔森岡 2011：37, 45、吉田 2007：181、三國 1995：27、外山 2013：220～221、吉川弘文館 2012：246～248、知覧パンフレット、鹿児島高歴会 2005：94、朝日新聞 2015b、上毛新聞 2015e〕。[57]

国民に対しては、昭和二〇年三月六日に「国民勤労動員令」（勅令第九四号）が公布され、国民徴用令等は廃止された。さらに同一八日、「決戦教育措置要綱」が閣議決定され、全学徒は軍需工場などに総動員されていった。二ヶ月

「庄覧平和観音」〔背景は三角兵舎〕
（南九州市知覧町郡・知覧平和公園）

特攻平和観音堂（同上）

「特攻平和観音」（同上）

知覧の特攻像「とこしえに」（同上）

後の五月二二日には「戦時教育令」（勅令第三二〇号）が公布・施行され、全学校・職場に「学徒隊」が結成されたのである。その上諭には、

皇祖考曩ニ国体ノ精華ニ基キテ教育ノ大本ヲ明ニシ一旦緩急ノ際義勇奉公ノ節ヲ効サンコトヲ諭シ給ヘリ今ヤ戦局ノ危急ニ望ミ朕ハ忠烈純真ナル青少年学徒ノ奮起ヲ嘉シ愈其ノ使命ヲ達成セシメンガ為枢密顧問官ノ諮詢ヲ経テ戦時教育令ヲ裁可シ茲ニ之ヲ公布セシム

とあった〔吉川弘文館 2012：243～245, 254、柳井 1999：129〕。

五月二三日、陸軍は本土決戦のための機動師団八個・沿岸配備師団一一個・独立混成旅団等の編成を下令しているが、「義烈空挺隊」という陸軍の沖縄特攻部隊も編成されている。同隊は九八式重爆撃機に可能な限りの爆弾・手榴弾を搭載し、米軍が占拠する沖縄の二つの飛行場に強行着陸して、敵機や施設を破壊する強襲攻撃部隊であった。同二四日、熊本の健軍飛行場から同爆撃機一二機に一三六名が乗り込み出撃した。しかし、故障などで四機が帰還し、残る八機のうち七機が対空砲火で撃墜された。結局、一機のみが読谷飛行場に胴体着陸し、同機から飛び出した八名の兵士が奮戦した（異説あり）。米軍機二九機を破壊し、七万ガロンのガソリンを燃え上がらせたが、全員戦死している。これにより同飛行場は数日間、使用不能になったという。この「義号作戦」での本県出身戦没者は、陸軍曹長横田候四郎（二六歳、邑楽郡小泉町〔大泉町〕出身、陸軍松戸工兵学校卒、後に少尉）以下、五名であった。**沖縄本島南端の摩文仁**（糸満市摩文仁）には後に「義烈」碑が建立される〔吉川弘文館 2012：254、前澤 2016：210, 220～221、大田 2007：67、朝日新聞 2015j〕。[58]

翌六月六日、大本営は「国土決戦戦法早わかり」を配布し、八日の天皇臨席の最高戦争指導会議で、国力の現状や世界情勢判断が極度に悲観的であるにもかかわらず、「今後採ルベキ戦争指導ノ大綱」として「本土決戦方針」を採択した。同一三日には国民義勇戦闘隊結成のため、大政翼賛会および傘下諸団体が解散し、二〇日には、大本営が「本土決戦根本義ノ徹底ニ関スル件」を示達して、従来の沿岸撃滅を放棄し再び水際撃滅に戻ったのである。「一億玉砕」を覚悟した捨て身の戦法に突入している。同二三日、沖縄では陸軍第三十二軍（沖縄守備軍）司令官牛島満中将（旧薩摩藩中士牛島実満（陸軍中尉）の四男、陸士20期、陸士校長、死後大将）・参謀総長長勇中将（福岡県の農家長男、陸士28期）らが、摩文仁の司令部壕内で自決し、沖縄の日本軍は瓦解した。同地には後に、両者のための「黎明之塔」、お

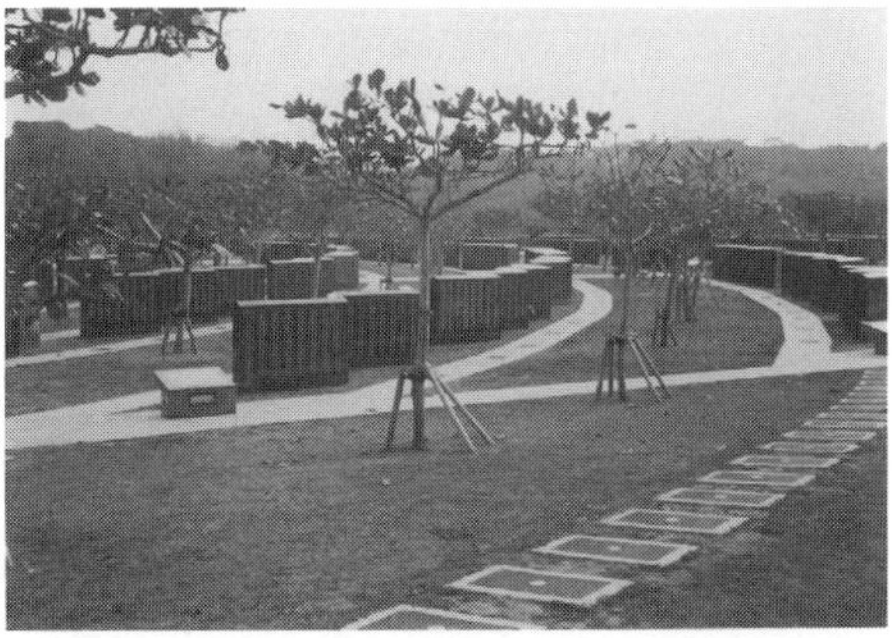

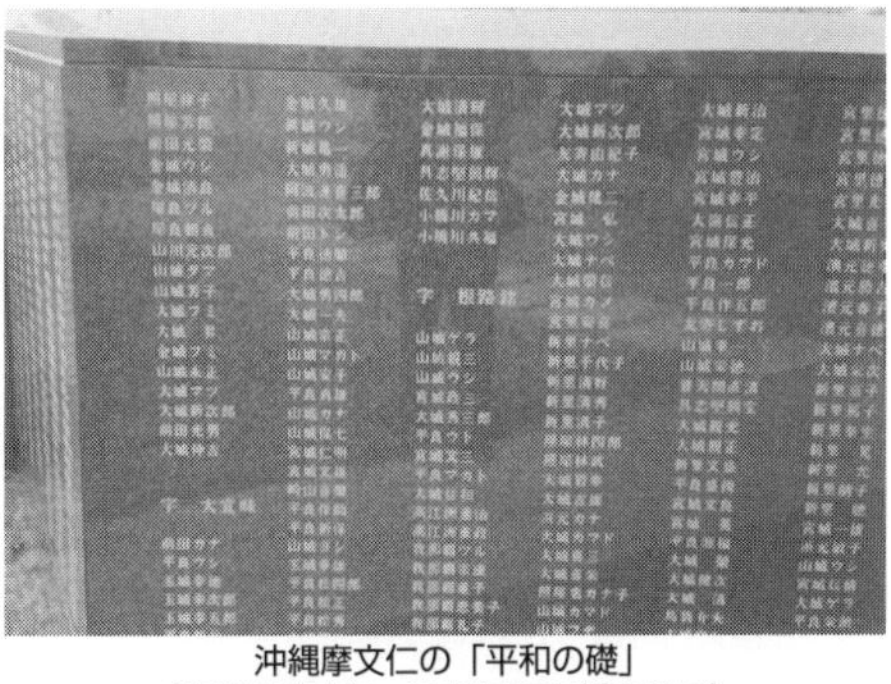

沖縄摩文仁の「平和の礎」
（糸満市摩文仁・沖縄県平和祈念公園）

よび第三十二軍の将兵ら六〇〇余名を祀る「勇魂之碑」が建立される。また同二三日には、兵役法を補完するものとして「義勇兵役法」（法律第三九号）が公布・施行され、「忠良ナル臣民」の数え年一五歳以上六〇歳以下の男子と、一七歳以上四〇歳以下の女子が国民義勇戦闘隊に編成されることになった（沖縄を除き敗戦により未遂）。陸軍特別攻撃隊六機が台湾より沖縄へ突入したのが翌七月一九日であり、これを以て陸軍の沖縄航空特別攻撃は終了した。沖縄戦での日本軍戦没者は、陸軍約六万八〇〇〇名・海軍約二万二〇〇〇名といわれるが、この戦いの悲劇はこれを大きく上回る一五万名近い沖縄県民が犠牲（戦死）になったことである。県民の四分の一が戦没しているという。このなかには周知の**「ひめゆり部隊」**や「鉄血勤皇隊」などの戦没男女学徒隊一〇六二名（男子八七六名・女子一八六名）が

女子学徒ら 227 名を祀る「ひめゆりの塔」
（糸満市伊原・ひめゆり平和祈念資料館）

「赤心之塔」（大田家 5 名の戦没者碑、同上）

沖縄「陸軍病院第三外科　職員之碑」（同上）

含まれている。米軍が放った銃砲弾は二七〇万発で、米軍戦没者は約一万二〇〇〇名であった〔吉川弘文館 2012 : 256 ～ 260、岩波書店 1991 : 342、海老根 2001 : 361 ～ 362、加藤 1996 : 257 ～ 258、大江 1981 : 162 ～ 164、大田 2007 : 5, 66, 69, 115 ～ 116、秦 1994 : 24, 93、生田 1987 : 228、沖縄歴研会 2002 : 59 ～ 61、別冊宝島 2016 : 19、現地調査〕。

現在、摩文仁の丘に立つ**「群馬之塔」**（群馬県知事神田坤六書、昭和三八年二月一六日建立）は、本県に向かい合掌する形をしている。同塔の周囲には、六個の石（五個の郷土の石と一個の沖縄県産珊瑚石）が配置されており、六方面の戦場を遥拝する所となっている。同塔には本県出身戦没者四万七二四三名が祀られ、そのうち沖縄戦での戦没者は陸

「沖縄戦殉職医療人之碑」
（糸満市伊原・ひめゆり平和祈念資料館）

摩文仁の「群馬之塔」〔写真提供、那覇出版社〕

軍航空中佐町田一郎以下八四七名であった。この将兵の遺族から送られた霊石が同塔の台座を埋め尽くしている。また前澤哲也によれば、本県出身の特攻隊戦死者は陸軍三七名・海軍四一名、合計七八名確認でき、戦艦大和を中心とした海上特攻では二八名が戦死しているという。北村毅によれば、この摩文仁の丘は後に「靖国化」と形容されることになるという〔海老根 2001：361～362、大田 2007：46、前澤 2016：190、北村 2009：293〕。(59)

七　忠霊塔建設の諸相

事例1

表7において、勢多郡**上川淵村**（前橋市）の忠霊塔（昭和一八年八月二七日建設）については次のようにある〔上川淵村 1979：355〕。

> 昭和十八年三月護国の英霊を祭祀して、村民永えに深き感謝の誠を捧げ、一致結束して奉公の決意を以て、**忠霊塔**の建設を決定した。忠霊塔建設敷地として大字上佐鳥字上野春日神社の東（現在の石田医院敷地を含む北側）の畑二反三畝二十三歩（七百十三坪）を、価一三八九円六〇銭で購入し、同年在郷軍人分会を始め、各種団体の労働奉仕によって、同年八月八日整地作業開始、同月二十七日清払式を挙行、尺余角の木塔による忠霊塔を建立した。この経費は、二八六七円であった。

建設日の八月二七日には「清払式」が執行されていたが、「木塔」の忠霊塔建設については、すでに一六年二月の段階で、とりあえずの仮施設として陸軍次官通牒によって認められていた。さらに一八年二月の神奈川県の通牒にもあったように、「鉄材、セメントなど国防資源の需要を妨げる惧れ」がないよう、「華美に亙らぬ質素本意のものにする」ために、木塔の忠霊塔建設に至ったものと思われる。

敗戦後、同村ではこの木塔の忠霊塔に代わり、戦没者一四二名を祀る「忠霊碑」たる**「流芳百世」碑**（群馬県知事北野重雄書、昭和二九年三月上川淵村一同）が、村役場（後の上川淵地区民俗資料館）に建立された。また、同地には**「日露戦役記念碑」**（元帥侯爵野津道貫書、明治四二年一月建立）と、昭和天皇即位記念建立（昭和三年一一月一〇日）の**「彰忠碑」**（表1・表8参照）もある〔上川淵村 1979：355～356、海老根 2001：56～57、現地調査〕。

上川淵村の「流芳百世」碑

同上の「日露戦役記念碑」（左端）、「流芳百世」碑（右端）
「彰忠碑」（中央）

事例2

赤城山の南面に広がる勢多郡**新里村**（桐生市）の忠霊塔（昭和一八年一二月八日建設）はどうであったか。新里村では、日本が敗勢に転じた昭和一七年八月頃から忠霊塔建設の動きが出始めるという。同八月二六日に開かれた新里村会では、「忠霊塔建設ニ関スル件」という議題で建設計画が発表され協議されている。これが同村での忠霊塔建設に関する初出資料である。この前月、本県では既述の県警部長通達「忠霊塔建設ニ関スル件」が発せられていた。同村会での議題もこの通達と同様のものであったから、同村での動きはこの県警からの指示を受けてのことであったのだろう。同村では当初、忠霊塔の側に「赤誠館」と称する二〇坪ほどの平屋の家屋を造り、戦争記念品の収納や軍事関係団体の事務所、および修養道場として使用する予定であった。この周囲には境界として高さ二尺の堤を巡らし、堤上には玉ヒバの植栽を予定していた。しかし、これらは予算の関係で実現しなかったという〔新里村 :397～398、福田 1997 : 23〕。

翌一八年四月二七日、新里村会で忠霊塔建設が議決された。その「会議録」には次のように記されている〔新里村 :398〕。

日露戦争以来、戦時事変或ハ之ニ準ズル公務ノ為献身尽忠ノ誠ヲ効セル本村出身ノ英霊全員ノ分骨ヲ安置、永ク忠霊ヲ顕彰シ、村民ヲシテ其ノ大志ヲ相続シ、皇謨翼賛ノ臣道ヲ完ウセシムル為此処ヲ修養ノ聖地、村団結ノ核心ニ致サムトスルニアリ

戦局が益々悪化の一途を辿るなかで、ここには「本村出身ノ英霊全員ノ分骨ヲ安置」して、村民にとって戦争を遂行する上での精神的な拠り所とする趣旨が述べられている。ただし、本村出身の全戦没者の霊魂を祀ることは容易であっても、英霊全員の遺骨を収めることは実際に到底不可能なことであった。したがって、どの程度の遺骨が安置されたのか、あるいは遺骨に代わる遺品等が納められたのか、この記録からだけでは定かでない。(60)

建設場所は同村大字武井字松原峯と決定した。同地は、昭和一六年一月に文部大臣指定史蹟となった武井廃寺塔跡

地で、八角形三段の墳丘上に造られた奈良時代の火葬墓跡であったという。同村の聖地であった。現存する**「史蹟武井廃寺塔阯」碑**は、文部省により一七年八月に建設された。赤城山南面丘陵の同地からは村落を眺望することができる。また、役場や新里（村）国民学校（後の新里中央小学校）にも近く、地理的にも好適地として選定された。四筆の畑であった忠霊塔の敷地は、土地所有者三名、つまり大字武井の見供修壽・岩崎安五郎・金子潤象の寄付によるものである。とくに見供は陸軍中尉の肩書きをもつ同村在郷軍人会の指導者で、同村での忠霊塔建設の中心的人物であった〔新里村 :398、群馬高教研 2005 : 171〕。

忠霊塔の建設工事は昭和一八年夏頃から開始された。建設現場にはセメントを捏ねる水がなかったため、新里国民学校本校の三年生以上の生徒が動員され、現場から西方に下った鏑木川までバケツリレーで川水を運んだ。学校中のバケツを総動員し、建設現場には造り酒屋の野崎酒造で使っていた大きな樽を二つ埋めて、これに水が一杯になるまで水を運んだ。赤土の坂道はバケツからこぼれた水で滑り大変であったという。またセメントに混ぜる砂も、相生村（桐生市）の天王宿にある渡良瀬川の河原まで児童が袋を担いで取りに行ったという。児童は片道五キロほどの道のりを往復したことになる〔新里村 :398〕。

同村の男女青年団も建設工事に積極的に参加した。とりわけ新里村女子青年団山上分団は熱心な軍事援護活動を展開していた。昭和一四年五月からは「祈願の日」と称し、毎月一日と一五日には必ず同村山上の郷社諏訪神社を清掃して「武運長久」の祈願を実施している。同分団の『会誌』によれば、建設工事が大詰めに入った一八年一二月三〜四日の両日、同分会には一日一〇名、二日間で二〇名の勤労動員が割り当てられたという〔新里村 :398 ~ 399〕。その模様は同一二月四日付の『会誌』に記されている〔新里村 :398 ~ 399〕。

大風。当山上分団相出席にて（但し昨日の者、青年学校者を除く）**忠霊塔**敷地に勤労奉仕す。朝八時集合。団旗掲揚式後作業にかかる。此の日名物の赤城颪は荒れに荒れ、狂いに狂って吹きまくる。砂塵はさながら大陸に巻き起こるといふ黄塵のそれに似て寒気は肌に喰い入るばかりなり。目も鼻も口も耳も皆砂の入れ物となる。手の甲からは、足からは血がにじんでゐた。だが此れ位いの事で悲鳴をあげる者は一人もない。皆此処にいつきまつれる忠霊の心を心として、モッコかつぎにタコつきにと定刻迄頑張り抜く。終業時間三時半、指導者の方よりお礼を言われ、私達は烈風の中を嬉々として家路についた

年末の寒さ厳しい上州名物「空っ風」が吹き荒ぶなかで、村民総動員による重労働が実施された。同分団は一人

「史蹟武井廃寺塔阯」碑

新里村の「忠霊塔」

同上の「日露戦役紀念碑」

三〇銭ずつ、九〇名の分団員で合計二七円を忠霊塔建設寄付金として集め、本団に納入している。また児童や各大字ごとの男女青年団、婦人会などの各種団体が勤労奉仕や建設資金の寄付を行った。このように忠霊塔建設は、同村においても村民からの寄付金によって賄われていたのである〔新里村 :399〕。[61]

「大詔奉戴日」にあたる昭和一八年（紀元二千六百三年）一二月八日、多数の村民が参列するなかで新里村の「忠霊塔」落成式が挙行された。「必勝ノ国民士気昂揚」のために、意図的にこの日に合わせたものであろう。石塔の高さは二丈九尺一寸（約八・八メートル）で、「忠霊塔」の文字は、既述の見供の仲介で依頼された参謀総長元帥陸軍大将杉山元の揮毫によった。当時の納骨の状況は明らかでない。工事費の予算は、村会記録では二万円が計上されていたという。現在、同地には**「日露戦役紀念碑」**（希典書、明治三九年一一月三日〔天長節〕建立）もあり、三一七柱を祀る同塔前には「鳥居」が建立されている（表2・表7参照）〔新里村 :399、現地調査〕。[62]

事例3

顕彰会の提唱に応じて、**桐生市**では昭和一五年頃から忠霊塔建設の話が進められていたが、既述の新里村での事例と同様に本県警部長通達「忠霊塔建設ニ関スル件」によって、その建設は促進されたと考えられる。一七年一二月、左記のような「桐生市忠霊塔建設委員会規定」が制定された〔桐生市史 1961 : 180 ～ 182〕。

第一条　桐生市**忠霊塔**建設ノ為建設委員会ヲ設ク

第二条　桐生市忠霊塔建設委員会（以下委員会ト称ス）ハ市長ノ諮問ニ応ヘ忠霊塔建設ニ関スル事項ヲ調査審議スルモノトス

第三条　委員会ハ左ニ掲クル者ヲ以テ組織ス

一、市会議員

二、区長

三、帝国在郷軍人会桐生市聯合会

四、其ノ他市長ニ於テ適当ト認メ委嘱シタル者

委員会ハ委員ノ互選ニ依リ十名以内ノ特別委員ヲ設ケ調査審議ヲ委託スルコトヲ得

第四条　委員会ノ会長ハ市長之ニ当ル会長事故アルトキハ助役其ノ職務ヲ代理ス

第五条　委員会ニ左ノ職員ヲ置キ市長之ヲ命免ス

幹事　若干名　　書記　若干名

幹事ハ改置用ノ命ヲ承ケ会務ヲ掌理ス書記ハ上司ノ指揮ヲ承ケ会務ニ従事ス

第六条　本規定ニ定ムルモノノ外必要ナル事項ハ市長之ヲ定ム

付　則

本規定ハ公示ノ日ヨリ之ヲ施行ス

こうして桐生市では、市長を会長とする建設委員会が組織されて活動が開始された。そして翌一八年一〇月二五日、同市街を一望できる**雷電山**（標高二一〇メートル、水道山公園）山頂で起工式が挙行される。式には遺族を始め建設委員・各名誉職・官公衙代表・学校長が参列し、盛大な起工式であったという〔桐生市史 1961 : 182 ~ 183〕。荻野市長の「式辞」は次のような内容であった〔桐生市史 1961 : 183〕。

「国に靖国、府県に護国、市町村には忠霊塔」の標語は吾等国民の均しく感激措く能はざるものなり、我が大日本帝国は肇国以来皇統連綿として茲に三千年、（中略）就中明治維新以来国運隆々として日に進み月に栄え旭日燦として八紘を光被しつつあるは日清日露の両戦役を始め今次の大東亜戦争に至る各戦役事変に於て勇戦奮闘以て君国に殉じたる忠烈の士に負う所亦甚だ大にして吾等国民の常に景仰感謝極り無き所なり。之を以て此等忠勇義烈の士は神として永へに靖国神社に崇祀せられ畏くも、天皇陛下御親拝の光栄に浴し、府県亦護国神社を建立して祭祀の礼を厚うし市町村は忠霊塔を建設して其の英霊を奉斎し（中略）世界無比の義勇奉公を永遠に維持するの源たらしむ。

抑々本市忠霊塔に関しては畏くも、東久邇宮稔彦王殿下を総裁に奉戴する大日本忠霊顕彰会の提唱を賛し既に昭和十五年四月より之に着手し市民各位亦之が実現の要望切なるを以て昭和十六年十月資金募集を開始したる所市民各位の熱誠に由り醵出金十二万余円の巨額に達したり。時惟れ昭和十七年十二月市会の議決を経て桐生市忠霊塔建設委員会規定を設定して委員七十名を委嘱し、翌十八年一月委員会は満場一致建設の位置を当雷電山に即決し特別委員会を挙げて之が進捗を委嘱せり。爾来委員は地主との交渉に或は設計の審議に会合すること十数回、関係地主の犠牲的精神に依りて敷地寄進を快諾せられ茲に敷地総面積一万一千百二十一坪の決定を見たり。依て本月六日全委員に報告越えて同月十二日市会の議決を経て時局に即応せる第一期工事として予算金三万四千円を以て敷地並に道路及塔建設の工事を施すこととなり、茲に本日の吉辰をトし起工の式典を挙ぐるを得たるは寔に小職の欣快として市民と共に同慶措く能はざる所にして謹みて建設委員、関係地主、及び市民各位工事関係者の熱誠に依り、本工事の完成を期し忠霊奉斎の一日も速かならんことを祈念し以て式辞とす

昭和十八年十月二十五日　　桐生市長　荻野欽司

この式辞から忠霊塔建設の過程が浮き彫りになってくる。募金活動は一六年一〇月から開始され、建設資金は基本的には市民からの寄付金によって賄われた。拠出金は一二万円余に達している。「関係地主の犠牲的精神に依り」総計一万一〇〇〇余坪の敷地が寄進され、そのうち山頂の建設敷地とその周囲広場約七〇〇坪の整地作業は、起工式の翌日から直ちに開始され、遺族や市民多数の勤労奉仕により約二ヶ月後の一八年一二月二〇日に終了している。忠霊塔の竣工は年末の同二四日であった。塔建設・整地・参道の全工事を通じて、市民奉仕者は一万三七〇〇余名であったという。「忠霊塔」の題号揮毫者は、高崎連隊が所属した宇都宮第十四師団長の平田陸軍中将とあるから、平田健吉（和歌山出身、陸士19期、昭和一八年三月予備役）のことであろう。塔は「木骨人造御影石洗仕上、高さ二十尺六尺角トシ、内部周囲ニハ遺骨安置棚ガ設ケ」られ、「塔敷地ヨリ高さ三尺五寸上幅六尺トシ六尺間ニ玉伊吹ヲ植エ、斜面ハ高麗芝ヲ張リ、正面ニ幅十四尺ノ石段ヲ設ケタ」、とある。翌一九年四月二四日午前九時より、遺族を始め軍部・県官・建設委員・学校関係者等、多数の参列の下で落成式を挙行した。そして同三〇日には、桐生市と帝国在郷軍人会桐生市連合分会との共同主催で、「第一回桐生市忠霊納骨供養会」を開催し二四九柱の忠霊を奉斎したという〔桐生市史 1961 : 185 ~ 186、秦 1994 : 121〕。

とくに鉄やコンクリートは重要な国防資源とされていたから、その使用に関しては忠霊塔建設促進に大きな障害となっていた。昭和一八年四月一日には「物資統制令ニ基ヅク商工令」が公布・施行され、

大東亜戦争以来、ますます受給の逼迫を加えてゐる鉄鋼、セメント、木材等の土木建築に要する資材の有効利用を図り、真に戦力増強に資す

ことが目的とされた〔小幡 2010：28〕。なかでも「重要鉄鋼を使用する工作物は原則として築造禁止」とされ、木造建築についても「建物だけでなく、門、塀、塔、橋梁、隧道のやうな建物以外の工作物一般も統制される」ことになった。また、「木造に限らずコンクリート造、煉瓦造、石造等、すべて原則として地方長官の許可が要ること」された〔小幡 2010：28〕。この桐生の場合には「木骨人造御影石洗仕上」となっている。坂井久能によれば、現実的には次のように対応したのではないかという〔坂井 2007：62〕。

> 忠霊塔建設に鉄などの国防資源を多く使うことの課題については、無鉄筋・石造の忠霊塔を設計することで解決をはかり、陸軍は『忠霊塔建設指導要領』で石造か仮施設の建設をすすめた。大日本忠霊顕彰会も、無鉄筋の仕

再建された桐生市の「忠霊塔」（雷電山）

桐生矢ヶ崎会の「顕彰」碑（同上）

「満州緑ヶ原桐生郷開拓団　慰霊碑」（同上）

様書を作成して普及をはかった。

いずれにしても、顕彰会の方針に従って納骨が前提とされるように設計されたのである。

敗戦後は「政教分離の原則」により、桐生市の忠霊塔は「群馬県遺族の会」桐生支部（桐生共励会）に移管されたが、老朽化が進み危険な状態となった。そこで対日平和条約締結（昭和二六年九月八日）を機として昭和三〇年九月二八日、鉄筋コンクリート製の**現在の忠霊塔**（高さ八・八メートル）が再建竣工している。市民からの浄財を募集し、総工費は六五〇万円であったが、この際、納骨は改めて火葬され、仏教会の代表により懇ろに供養されて埋葬された。一一月六日には、同塔前広場にて「落成記念慰霊祭」が盛大に挙行されたという。また同地には、**桐生矢ヶ崎会**（元歩兵第百十五連隊生存者）による**「顕彰」碑**（矢ヶ崎節三書、昭和四三年春彼岸）や、**「満州緑ヶ原桐生郷開拓団　慰霊碑」**（昭和四九年三月二一日、桐生市長小山利雄）が建立されている〔桐生市史 1961：794～795、海老根 2001：156、現地調査〕。(63)

事例４

勢多郡**芳賀村**（前橋市）では、昭和一五年まで村費で戦没者の個人墓碑を建設していたというが、同村の忠霊塔（昭和一九年三月二三日除幕）は現存している〔芳賀村誌 1956：279、現地調査〕。その建設に関しては、

西南の戦以来、戦時事変或は之に准ずる公務の為献身尽忠の誠を効せる本村出身英霊全員の分骨を安置、永く**忠霊塔**を顕彰し、村民をしてその大志を相続し皇謨翼賛の臣道を完うせしむる為め此処を修養の聖地村の団結の核心にするため、昭和十八年三月忠霊塔建設特別委員十八人を挙げ、村長を中心に研究協議、同年四月十日前橋市

新町西村住三郎の請負により大字鳥取字宮西八二二に茨城県稲田産の花崗岩を以て塔の全高は二十二尺一七六、袖の全巾二十六尺一五、高さ六尺八寸、建坪四坪四三一の無鉄筋大型忠霊塔が翌十九年三月竣工した。この総工費は二万四千四百円であつた。もつとも敷地一、二四六坪は村長小林二郎氏の寄附で、整地その他は村内毎戸と各種団体の勤労奉仕であつた。三月二十三日除幕式に引続き納骨奉納を営み（後略）

と記録されている〔芳賀村誌 1956：278～279〕。

題号の揮毫者は海軍大将山本英輔（薩摩出身、山本権兵衛甥、海兵24期、横須賀鎮守府長官、軍事参議管）であるが、海軍将官の揮毫は極めて稀である。石造（無鉄筋）の同塔には現在、二四三柱（うち大東亜戦争一八四柱・満州移民一柱）

芳賀村の「忠霊塔」

同上の「征清記念碑」

同上の「日露戦役紀念碑」

が祀られ、「本村出身英霊全員の分骨を安置」しているというが、既述のように全員の分骨を安置することは全く不可能であった。忠霊塔は戦没者の納骨を前提としたから、忠霊塔建設上、「全員の分骨を安置」したというのは常套句であったのだろう。納骨に関しては、新里村忠霊塔（事例2）と同様に、何人かの戦没者の遺骨や遺品を納めることで、全戦没者を代表させることは可能であった。除幕式は「春彼岸」の時節であったから、これに続く「納骨奉納」は仏式により開催されたと推測できよう〔秦 1994 : 242、現地調査〕。

敗戦後、同地にはマッカーサー指令により、芳賀小学校北にあった**「征清記念碑」**（陸軍中将子爵川上操六書、明治三〇年九月建立）と**「日露戦役紀念碑」**（元帥侯爵山県有朋書、明治四〇年九月建立）が移転されている〔海老根 2001 : 69、現地調査〕。[64]

事例5

山田郡**矢場川村**（太田市および栃木県足利市）の忠霊塔（昭和一九年一二月二三日建設）の建立地には、「忠霊塔建設記念碑」（昭和三〇年一〇月）があり、同碑には次のように記されている〔海老根 2001 : 103〕。[65]

昭和十七年七月三十日矢場川村長秋草好作氏日清日露の役乃至日支事変大東亜戦争に従軍して貴き生命を捧げた本村出身の英霊を慰めかつは其の勲績を永遠に伝える為に**忠霊塔**を建設せんことを提唱し、村議会こぞって之を賛成したので越えて八月一日在郷軍人会長斉藤孝雄氏は前橋市なる聯隊区司令部に就いて指示を仰ぎ同月九日には早々と建設委員会の選定に当つた、敷地は婦人会長伏島アヤ氏と伏島彦兵衛氏の好意によつて決定を見たので建設委員会は壮年団、軍人分会および村民協力のもとに農閑期を待つて翌昭和十八年十一月二十七日工事に着手した。ときあたかも大東亜戦争たけなわで青壮年層の大部分は或いは戦場に又徴用せられて軍需工場に働いているため埋め立て工事は老人婦女子まで加わりまた国民学校上級生全員で東武福居駅より運搬する労役に当たつた挙村一致の協力と進藤一雄氏と佐藤宗三氏の格別な尽力によつていよいよ昭和十九年十二月二十三日ここに仰がれる塔の建設を見るに至つたのである村民勤労奉仕延べ二千余人であつた

以上本村忠霊塔建設の由来を略叙し村民協力の美挙を記念する次第である

昭和三十年十月

正六位勲五等　茂木仁一郎書

矢場川村の「忠霊塔」

同村でも県警部長からの通達を受けて、昭和一七年七月から村長が忠霊塔建設の旗振り役となっている。前橋連隊区司令部の指示により、建設委員会が設置され、農閑期を待って、翌一八年一一月から建設工事は開始された。ただし、青壮年層の労働力は不足していたため、老人や婦女子・小学生も駆り出され、挙村一致体制で建設が進められたのである。

事例6

佐波郡**境町**（伊勢崎市）でも忠霊塔建設の計画があったが、これは未完に終わっている事例である。その建設の動きは昭和一六年頃から始まるが、忠霊塔建設のための土地購入の具体的な展開は十八年頃からである。一八

年五月八日、町会で忠霊塔建設委員会が指名され、委員長には町長、副委員長には軍友会長および同分会長が選出された。建設予定地は市街中心部の長光寺（天台宗）境内に隣接し、「境町の靖国」たる、いわゆる**「瑳珂比招魂殿」**（招魂社、大正一三年に村社瑳珂比神社境内に建立、巻頭写真）にも近い田島八郎（島村）の私有地等八三〇坪余で、その資金は町民からの寄付に依っていた。寄付者は二五の個人・団体で総額七二一〇円となり、このうち町長からの寄付金が五八〇三円余となっている。町長は忠霊塔顕彰会長も兼務していたから、町内住民から住民税割当として寄付を受けて町に寄付したという。コンクリートの土台工事の後、「忠霊標」（長さ一〇尺、五寸角）と厨子などの忠霊塔の中心に位置する施設を造る計画であった〔湯浅 1997：89, 430、現地調査〕。

翌一九年一月五日付で境町長は「忠霊塔建設許可相成件申請」を県知事に提出したが、建設理由は左記のとおりである〔湯浅 1997：430〕。

明治維新以来戦時事変或ハ之ニ準ズル公務ニ献身尽忠ノ誠ヲ効セル本町ノ英霊全員分骨ヲ安置シ永ク忠霊ヲ顕彰シ本町民ヲシテ其ノ大志ヲ相続シ皇謨翼賛ノ臣道ニ完フセシムル為此処ヲ修養ノ聖地トシ町団結ノ核心ニ致サムトスルニアリ

ここでも「本町ノ英霊全員分骨ヲ安置シ」と述べられ、文全体の内容も既述の新里村や芳賀村の資料とほぼ同様である。申請では、建設予定の塔には「假納骨塔ハ文字ヲ彫刻セズ、納骨塔側方木柱ニ忠霊」とし、まず仮の納骨塔を建て、後に正式な納骨塔を建てることにしたという。敗戦間近の物資不足のためか、計画は微妙に変更されたようだ。一九年四月五日に建設委員会の常務委員会が町役場で開かれ、建物の移転・植木の移植と整地・勤労奉仕（町民から募集）・町葬などが議題となり、五月七～二〇日にかけて建設敷地内で庭師組合による植樹が行われている。しかしこれ以後の動きは明らかではない。建設は頓挫したのであろう。その予定地は現在、「境公園」（伊勢崎市境）になっている〔湯浅 1997：430～431〕。

事例7

沼田利南忠霊墓塔（十王公園）

表7に一例ある「忠霊墓塔」についても言及しておきたい。本県では「群馬県護国忠霊墓塔」なるものの建設を進めるべく、結成年月日は不詳であるが、県知事を会長とする「群馬県護国忠霊墓塔建設奉賛会」が発足している。同会会則の第二条で、「本会ハ軍ノ企画計画スル護国ノ忠霊墓塔建設事業ニ協賛シ、之レカ期威ヲ図ルヲ以テ目的トス」とされた。ここにいう軍とは陸軍省を指すものか、あるいは地元の部隊を指すものなのか定かではないが、その建設計画は軍が主導し県が協力する形で開始され、具体的には高崎市と利根郡**沼田町**（昭和二九年四月市制施行）での建設が予定された。高崎市の忠霊墓塔は県と高崎市のものとして、その建設予定地は県護国神社西隣の広さ三〇〇〇坪の土地に決定し、昭和二〇年四月段階で高崎市が買収の交渉中であったというが、その後の経緯は不詳である〔福田 1997：25〕。おそらくは完成しなかったのであろう。

他方、沼田町では「昭和十六年十二月沼田町へ東部第四十一部隊設置セラレ陸軍墓地ヲ要スルコトトナリ軍ヨリ協力ヲ要請セラレタルニ依リ」と、陸軍墓地建設が計画された。陸軍東部第四十一部隊とは、正式名称を「迫撃第一連隊」といった。もともと島根県松江市の歩兵第六十三連隊内で編成されたが、実は日本で二つしかない化学戦を想定した「毒瓦斯部隊」であって、機械化部隊としての一面もあった。建設予定の忠霊墓塔は、この部隊の陸軍墓地とされていたのである。既述のように高崎の忠霊墓塔は現存しないが、沼田の場合、表中の**「沼田利南《となみ》忠霊墓塔」**（一九年九月二五日建設、沼田市高橋場町・十王公園）がこれにあたる。建設主体は「沼田町・利南村忠霊墓塔建設奉賛会」で、一九年一〇月二〇日に竣工式と「納骨開眼大法要」を実施し、「沼田陸軍墓地」とも呼ばれている。ただし筆者の調査によれば、同塔は利根郡**利南村**（沼田市）の役場（後の利南公民館、沼田市上沼須町）に建立されていたものを敗戦後、現地に移転したものだともいう。こうした経緯に関しては不詳であるが、同塔は沼田町および利南村の忠霊塔としての役割も兼ねていたと推察できる。遺骨がどの程度納められているのか不明であるが、現在七三九柱が合祀されているという。陸軍墓地と忠霊塔を合体させた形態の典型であり、昭和一六年七月一九日の通牒（陸軍省令第二八号）に則って建設されたものであったと考えられよう。同塔の形状は、既述の新発田陸軍墓地の「忠霊塔」や**会津小田山陸軍墓地**（会津若松市花見ヶ丘）の**「小田山忠霊堂」**と酷似している（第四章参照）。現在の十王公園には、大正四年一一月に帝国在郷軍人会利南村分会建立の「忠魂碑」（御大典記念）も確認できる（表1参照）〔福田 1997：25、石原 2003：153～154、山辺 2002：617、沼田市史 2002：435～442、現地調査〕。

註

（1）当初は官軍戦没藩士を祀り、後に対外戦争戦没者を祭神とする護国神社の典型としては、高知県護国神社・佐賀県護国神社・鹿児島県護国神社などを挙げることができる〔今井 2005：167～168、今井 2013：333～334、靖国神社 2007：194〕。戊辰・己巳戦役の内戦における「王師ニ抵抗セシ者」（反政府軍、「朝敵・賊軍」）の慰霊・祭祀が公に許可されたのは、明治七年八月一八日の「太政官達第一〇八号」によってである。同年は戊辰戦役七回忌にあたり、天皇の「寛大ノ御趣旨」を以ての示達とされた〔今井 2005 : 341、今井 2013 : 43 ~ 44〕。

（2）現在、新発田城址（新潟県新発田市）には陸上自衛隊が駐屯しているが、**新発田陸軍埋葬地**（**新発田陸軍墓地**、敗戦時は五四二九坪）は五十公野（五十公野公園）に造営された。敗戦後、同墓地は自衛隊駐屯地に隣接する西公園（西園町）に移転したという。戦没者総数は一万四二八二名で、同公園には墓碑を基盤として**「忠霊塔」**（忠霊堂、納骨堂）が建設され（昭和二〇年春竣工）、納骨された。他に**「日露戦役忠霊塔」**や**「合同忠霊塔」**も確認できる。また、越後高田城址（上越市）には明治四〇年九月に第十三師団が設置されることが決定し、新発田連隊区が組み入れられるが、同城址（高田城跡公園）には「忠霊塔」（納骨堂）が建立され（昭和一八年一二月一八日）、五三〇〇余柱が祀られたという〔山辺 2003 : 677 ~ 678、小田・横山他 2006 : 9、上越市史 2004 : 239 ~ 242, 568、現地調査〕。

楫取県令は、地租改正作業のために高崎庁舎は手狭であり、作業終了後、速やかに高崎に県庁を戻すと約束したという。しかし、地租改正終了後の明治一三年、楫取は政府に「断然、前橋を本庁に定められたし」と要請し、翌年、正式に前橋に決定する。高崎住民らは「約束が違う」と抗議したが、楫取は「約束した覚えはない」と突っぱねた。その結果、千人余りの人々が県庁に押しかける騒ぎとなった。陸軍卿への報告書によれば、このとき楫取は軍による鎮圧も考え、高崎の兵営と連絡をとっていた。住民らは一旦退き裁判に訴えたが、結局敗訴することになる〔朝日新聞 2016b〕。

（3）横野村からは西南戦役でも一名出征しているが、右手の人差し指を負傷し帰還し、大正一〇年頃に七〇歳で没しているという〔横野村誌 1956 : 902〕。

（4）『上毛忠魂録』で確認できる邑楽郡出身の西南戦役戦没者は一九名であるが（異説あり）、このうち館林士族以外の平民ら一〇名の戦没者に関しては建碑の対象から除外されいる。したがってこの時点では、館林招魂社は旧藩士のためだけの慰霊施設であったのではないかと推察される。またこの一九名のうち、小林少尉を含む七名は「靖国神社非合祀」となっており、靖国神社の祭神には至っていない〔今井 2005 : 350 ~ 351、群馬県 1940 : 25 ~ 27〕。

西南戦役での屯田兵（官軍）戦没者は四八名とされているが、このうち東京招魂社の祭神になったのは八名のみである。序章で言及した札幌の「屯田兵招魂之碑」（明治一二年五月建立）は、この八名と靖国合祀から除外された二八名の「病没者」、合計三六名を祀るために建立されたものであった。しかし、それでも四八名には至っておらず、詳細は不明である〔今井 2005 : 209 ~ 210〕。なお、現在の廐橋護国神社社殿は大正一四年、皇太子（後の昭和天皇）の「成婚奉祝記念」として改築されたものである〔群馬県 1974 : 412〕。

明治一二年には、東京板橋火薬製造所（明治九年操業開始）に次いで日本で二番目の陸軍火薬製造所の建設が、本県西群馬郡岩鼻町（高崎市綿貫町）に決定し、一五年一一月から黒色火薬の製造を開始している。これが東京砲兵工廠岩鼻火薬製造所（敷地は一一万七四六八坪、後の東京第二陸軍造兵廠岩鼻製造所）であり、初代所長は鹿児島士族で陸軍砲兵大尉町田實秀であった。これにより陸軍の火薬は、板橋・岩鼻両製造所において製造することになり、後に岩鼻製造所は日本の敗戦まで、陸軍唯一のダイナマイト製造工場として稼働している〔高崎市 2004：139143、前澤 2009：28、群馬高教研 2005：62 ～ 63〕。

（5）華蔵寺公園の丘の上には、昭和一六年五月に伊勢崎市の「英霊殿」（伊勢崎英霊殿）が建立されたといい（表1）、これと共に招魂碑の移転もなされたのであろう。ただし、この英霊殿は現存しておらず、現在、華蔵寺（天台宗）参道入口には「英霊殿」碑（皇紀二千六百年記念、陸軍大将鈴木孝雄書）と、同公園入口には鳥居（皇紀二千六百年記念、帝国在郷軍人会伊勢崎連合会・同連合軍友会奉納）が建立されている（表1）。こうした経緯から、伊勢崎招魂碑の忠魂が対外戦争戦没者と共に伊勢崎英霊殿に合祀されたものと推測される。また、飯福神社に稲荷神社が併合され、大正一五年に村社伊勢崎神社（後の県社、伊勢崎市本町）が誕生している。したがって、この伊勢崎神社はごく僅かながら招魂社の系譜に連なっているともいえよう〔伊勢崎市 1991：562、近藤・丸山 1978b:64、現地調査〕。なお、伊勢崎招魂社に関しては相川之英氏（相川考古館）から、「英霊殿」碑に関しては伊勢崎市文化財保護課からもご教示いただいた。

（6）秩父事件に際し、十五連隊から第一中隊が上州藤岡へ、第二中隊が信州岩村田に派遣された。秩父困民党は、一一月四日夜の武州児玉郡金屋の戦闘で一九名の死傷者を出し中核は解体したが、同党参謀菊池貫平（長野県南佐久郡北相木村出身）に率いられた部隊約一二〇名は、上武国境の屋久峠を越え上野村から十石峠を経て信州に入り、途中農民を加えて五〇〇名以上の集団に膨れ上がった。この部隊を追撃すべく派遣されたのが、陸軍大尉古屋信近が指揮する第二中隊であった。古屋大尉には西南戦役への出征経験があった。九日未明、東馬流で、警察官を含む古屋部隊と陸軍少尉江口助六が率いる別働隊が困民党部隊を夾撃し、戦闘は数十分で終わったという。新式の十三年式村田銃を装備していた軍隊に対し、猟銃（火縄銃）や槍刀しか所持していなかった困民党部隊は歯が立たなかった。この戦闘で、困民党側の死者の他に、流れ弾にあたり死亡した女性一名（井出シャウ、三〇歳）がいた。死体はいずれも銃弾で撃ち抜かれただけでなく、銃剣・軍刀で斬られていたという。敗走した困民党はさらに憲兵・警察官に追撃され、海ノ口方面に逃れて野辺山高原で四散した。こうして一〇日間の争乱は終焉し、中隊の将兵は一四日の午後、高崎に帰営している。裁判記録によれば、有罪者は南佐久郡で五五八名、北相木・南相木の両村で各二〇〇名に近く、殆ど村を挙げての参加であったという〔前澤 2009：29 ～ 31、長野高歴研 1994：17, 41 ～ 42、現地調査〕。

取り残された困民党一三名の遺体は、東馬流の戦地を見渡せる**諏訪神社**境内の西南隅に、村人の手により二つの墓穴が掘られそこに埋葬されたという。現在同地には、高さ三メートルほどの**「秩父暴徒戦死者之墓」**（明治一七年一一月九日朝戦没、昭和八年一一月九日）が建立されている。菊池貫平の孫一同により五〇年目に建てられ、碑文は困民党軍最後の本陣（東馬流）の当主であった井出直太朗の筆による。また、同碑の近くには**「萬霊供養塔」**（昭和五〇年九月建立、北原千友）と複数の**墓碑**、および「秩父事件百周年顕彰碑」（平成六年一一月九日、東日本旅客鉄道労働組合・秩父事件顕彰実行委員会）が建立されている。さらに同社の北方には「井出シャウ供養石祠」が建っている〔長野高歴研 1994：17, 41 ~ 42、現地調査〕。

秩父事件に詳しい内田満によれば、困民党総裁の田代栄助が訊問のなかで、その衣装を「軍装」と表現し、また清泉寺の戦いで「味方二人戦死」や「下吉田ニ於テ不時ノ戦争ヲ為シタリ」などと答えているという。一方、鎮圧側も皆野村「親鼻ノ戦争中」、「信州ニテ戦争ノ始末」などと記しているという〔内田 2007：252 ~ 253〕。なお、群馬事件の詳細に関しては、岩根（2004）や石原・岩根（2016）を参照。

（7）軍旗授与の際、三浦司令官の前に制服制帽で直立不動している将兵は、何故か裸足であったという。これを見て憤慨した三浦は古川連隊長を問い詰めた。これに対し古川は、過日の北白川宮旅団長（陸軍少将北白川宮能久親王）の検閲の折にも、同じ格好であったと反論した。脚気の流行によって、軍医の指示で跣足を許しているのだという。そこで三浦は、「裸足の将兵」を見逃した責任として北白川宮旅団長に謹慎七日を命じた。これを聞いた伊藤博文（旧長州藩士、後の初代首相・初代韓国統監、ハルビンで暗殺）は皇族を処分することに苦言を呈したが、三浦は聞き入れなかったという。結局、謹慎期間を短縮することで一件落着した〔前澤 2009：35 ~ 36、新潮社 1991：180〕。

（8）旅順陥落後の明治三八年一月三〇日、本県碓氷郡後閑村（安中市）での戦没者村葬の際、仏教・キリスト教共同告別式の協定が無視され、キリスト教徒側がこれを問題視したという（後閑村事件）〔群馬県史 1992：338〕。

（9）前橋彰忠碑は太平洋戦争下の金属回収により姿を消したが、現在再建されている。敗戦後の昭和二九年以降、「昭和の大合併」といわれる町村合併が推進され、新生前橋市が誕生した。同市ではこれを記念して、同市彰忠碑建設委員会により昭和三七年三月に前橋彰忠碑を再建した。題字は靖国神社宮司筑波藤麿筆で、同市内の戦没者四六〇〇柱が祀られたという〔同碑碑文、現地調査〕。

（10）本県太田市鳥山中町の妙英寺（曹洞宗）境内に、「陸軍歩兵一等卒勲八等功七級今井佐平之墓」（明治四〇年一二月一日）が建っている。旧新田郡鳥之郷村出身の日露戦役戦没者墓碑であるが、その碑文には次のようにある〔現地調査〕。

「明治二十九年□兵役編第一師歩兵第三連隊任□賜善行書三十七年□我有□召入第七師歩兵第二十七連隊十一月二十日到青□□加旅順攻囲軍於二百三高地激戦殪敵弾年二十九実十二月一日万叙勲勲八等功七級賜金鵄章及年金百円授白色相葉章□日旅順院忠宗誠覚居士」

今井一等卒は二〇三高地での戦死者（二九歳）であったが、本来ならば、本県出身者は十五連隊に入隊するのが一般的であったろう。しかし、今井は遙々北海道の旭川第七師団管下の歩兵第二十七連隊に入営している。北海道の人口が少なかったため、旭川第七師団には本県からの出身者も多かったといわれている。例えば、本県佐波郡芝根村（佐波郡玉村町）では日露戦役に八四名が出征しているが、東京第一師団に四四名、近衛師団に二〇名、第七師団に一七名、その他三名となっている。とくに第七師団への徴集人数は出征者の約二〇%に相当している。既述の本県従軍者約一万八七〇〇名の二割とは三七四〇名となる。また芝根村の戦没者は五名と、出征者の約六%であった〔玉村町誌 1995：326～327、群馬県史 1991：376～377〕。

日露戦役の露兵捕虜収容所は全国で二九ヶ所、収容人員は七万二四〇八名であったという。高崎に収容された露兵捕虜は、連隊長ロマノフスキー大佐以下五四二名（将校二一名、異説あり）であった。明治三八年四月三日から一一月二七日に至る約八ヶ月間収容され、収容施設としては寺院や寄席・劇場があてられた。当時の捕虜取締規則には、「俘虜ハ博愛ノ心ヲ以テ之ヲ取扱ヒ、決シテ侮辱虐待ヲ加フベカラズ」とあり、所轄の高崎警察署は独自に十一ヶ条からなる「俘虜ニ対スル心得」（明治三八年三月）を作成している。興禅寺にあった第七収容所（病院）は、収容替えにより第九収容所の竜広寺（病院）に移った。捕虜死者三名のうち、二名は興禅寺にて肺炎で病没したという。その葬儀は、東京神田駿河台のニコライ堂内に設けられた東京駿河台俘虜信仰慰問会により、ロシア正教の儀式で盛大に営まれた。後の太平洋戦争中、露兵の墓は破壊されることを危惧して地中に埋没されたが、昭和五一年に竜広寺住職・日ソ親善協会高崎支部などによって墓石周辺が改装整備され、五五年には慰霊祭が執行されて、今日のような形で保存された〔手島・西村 2003：84～86、岩根 2008：147、堀田 2012：180～181、高崎市 1995：246～247、高崎市 2004：136138〕。

本康宏史によれば、例えば**金沢野田山陸軍墓地**には現在、将校二四柱・下士官三六八柱の墓碑が残されているというが、露兵捕虜の墓碑も一〇基あるという〔本康 2002:275, 279〕。実際、収容所は偏在したというが、それは輸送を瀬戸内海航路と鉄道に依存したからだという。また、監視・警護は陸軍の留守部隊に委ねたため、連隊衛戍地に近い城下町が多かったという〔堀田 2012：182〕。

（11）既述の日露戦役後の陸軍改編により、長野県松本市に歩兵第五十連隊（高田第十三師団）が置かれたため、今まで十五連隊に入営していた長野県出身者は、信州中南部出身者が五十連隊に、同北部出身者は高田歩兵第五十八連隊に、埼玉県北部出身者は宇都宮歩兵六十六連隊に入隊することになった。また、栃木県出身者は宇都宮歩兵第五十九連隊に、茨城県出身者は水戸歩兵第二連隊に入隊することになったという〔前澤 2009：195〕。

（12）『歩兵第十五連隊日露戦役史』には、軍旗授与から日露戦役後の連隊帰営までの略史が掲載されているが、その部分は「歩兵第十五連隊軍旗経歴」と題されているという。「如何に連隊軍旗の光輝を世界に発揚せしかを語」ると述べており、軍旗が「連隊歴史」の象徴として語られている〔一ノ瀬 2004：34〕。

敗戦後、群馬県護国神社および同社奉賛会・英霊にこたえる会群馬県本部・歩十五会により、高崎「英霊殿跡碑」（昭和五五年四月九日）が建立されている〔海老根 2001：52、現地調査〕。

(13) 新田義貞が越前平野で足利方と戦い、延元三（一三三八）年に義貞が戦死したとされる越前藤島（燈明寺畷）には、幕末期に福井藩主松平光通が「新田義貞戦死此所」の石碑を建て「新田塚」と称されていた。明治三年には福井藩知事松平茂昭が一祠（新田義貞祠）を建立し、同九年一一月に義貞を祭神とする藤島神社（別格官幣社、越前国吉田郡三ツ屋村）が創建されている（祭典は一二月一五日）。配祀は新田義宗（義貞三男）・脇屋義助（義貞弟）の両名であった。序列は湊川神社（祭神は楠木正成）の次ぎに位置づけられ、いわゆる「建武中興十二社」のひとつとなった。他方、「朝敵足利尊氏」の墓を鞭打つなど「寛政の三奇人」の一人とされた、新田郡細谷村（太田市細谷町）出身の近世中期の尊王家高山彦九郎（九州久留米で自刃）の御所を拝する銅像が、昭和三年一一月に京都市東山三条大橋東詰南側に建立された。三年後の六年一一月には、細谷村の彦九郎宅阯（附遺髪塚）が国指定史蹟となっている。また、彦九郎を祭神とする高山神社が、太田町内の天神山（高山）山腹に明治一二年一一月一五日完成（鎮座祭）している。「高山神社」の扁額は有栖川宮熾仁親王書であるといい、一三年には県社となった〔群馬地域文化 2003：276、河村 2016：50～51、近藤・丸山 1978b:46～49、正田 2007:3, 232～234、手島 2006：26、太田市 1994：623～624、國學院大學 1994：677、白井・土岐 1991：301〕。

金龍寺は越前宅良慈眼寺の大見禅竜の開山によるといい、寺号は義貞の法名「金龍寺殿眞山良悟大禅定門」からとったという。金山城は岩松家純が文明元（一四六二）年に築いたものであるが、戦国時代末期には同城は後北条氏が支配しており、天正年間に同氏は豊臣秀吉に滅ぼされて同城は廃城となった。これに伴い金龍寺は常陸牛久に移転したが、慶長年間に館林城主の榊原氏が再興した。義貞の木像も安置されている〔群馬地域文化 2003：80, 110、落合 1996：11〕。

(14) 中島は、早くから大艦巨砲主義では欧米に勝てず飛行機の重要性に着目していたという。米国で日本人三人目の飛行運転免許を取得し、大正二年五月には横須賀鎮守府海軍工廠工場長となり、日本海軍最初の水上飛行機を製造した。そして六年五月、海軍を辞めて郷里の尾島町に「飛行機研究所」を設立した。これが中島飛行機の起源であり、中島の予言は的中することになる。後の海軍戦闘機「ゼロ戦」の六割以上は同社で生産される〔正田 2011：8、群馬地域文化 2003：259、朝日新聞 2015e〕。

(15) 「六勇士」の遺骨は七月二三日午前一〇時に高崎駅に到着し、駅前で在郷軍人・男女青年団・中学校生および小学校生らが出迎え、一一時から営内の将校集会所裏庭で慰霊祭が執行された。慰霊祭は仏式で読経・焼香の後、祭主留守司令官・知事の弔辞、遺族・

衛戍将兵・県会議長・前橋市長・高崎市長・桐生市長・町村会長・各種団体代表者の焼香が行われた。その後、遺骨は将校集会所大広間に安置され、陸軍墓地用と遺族用に分骨され、正午に午餐となった。午後一時、分骨された遺骨は正門から元宮町を経て陸軍墓地に埋葬され、一同整列・読経・焼香、留守隊長の挨拶が行われ、二時に解散した。また、この六勇士以外の戦没者一三名の遺骨も同様に扱われたという〔手島・西村 2003 : 78 ~ 79〕。

「六勇士」の一人である竹内博（群馬郡久留間村〔高崎市〕出身）は、チチハル衛戍病院で戦病死したが、高崎兵営での慰霊祭の後、分骨を受けた遺族は家に遺骨を安置した。三月二八日、遺骨は小学生・村当局者に見送られて菩提寺の長信寺に移され、一〇月には小学校で村葬が執行されている。他の戦没者の場合も同様であったのだろう〔手島・西村 2003 : 79〕。

(16) 大演習を記念して群馬県教育会館建設の議もおこったが、資金の調達が実現せず、翌一〇年に、同館は「群馬県教育会創立五十周年記念事業」として完成している〔群馬県 1990 : 388〕。

(17) 観音山という名称は、清水寺（真言宗）の存在に依っているという。序章で言及したように同寺は大同三（八〇八）年、征夷大将軍坂上田村麻呂が蝦夷征討による戦没者の冥福を祈るために、京都清水寺（北法相宗大本山、北観音寺、本尊は十一面観音）を勧請したものと伝えられている。京都清水寺も田村麻呂により建立されたもので、真言宗と法相宗の兼学の場であった〔群馬高教研 1991 : 125、古田他 1988 : 203〕。

(18) 高崎市史編纂事業に従事されていた中村茂氏（藤岡市在住）からのご教示によれば、敗戦後、『忠霊名簿』は八幡霊園事務所（高崎市八幡町）に納められたが、現在では所在不明になっているという。また、高崎市には『忠霊名簿』の原簿が保管されており、作成者は旧高崎藩士柴山辨蔵らであるという。

(19) 美山大尉は将校団代表として大演習の現地視察を命じられたが、「集合地点も終了地点も分からない。弱りきっていたところに、陸士・陸大で机を並べた榊原主計がこっそり情報を教えてくれた。すべてが上首尾に運び、美山は大いに面目を施した」、という〔伊藤 2009 : 37〕。また美山は、「陸大教育では評価の尺度として独断専行が尊重された。満州事変の直後、将来の参謀候補生たちに満州の現場を踏ませるというカリキュラムは、『おまえたちも、いずれこの調子で威勢よくやれ』と奨励していた」、という〔伊藤 2009 : 34〕。

皇道派の中心人物は荒木や教育総監真崎甚三郎であった。昭和九年一月に荒木が病気のため陸相を辞任すると、後任に「越境将軍」の林が就任した。林は当初、皇道派と見られていたが、統制派の永田を軍務局長に任命し、ここから統制派の動きが活発化するという。やがて林は統制派に同調するようになり、大演習三ヶ月前の八月の定期異動では、陸軍次官柳川平助を第一師団長に、憲兵司令官秦真次を第二師団長に転出させるなど、皇道派排除の方向へ進み出した。さらに翌一〇年八月の異動でも皇道派の排除は続き、柳川は予備役編入、秦は待命となり、同派の巨魁である真崎も更迭された。既述のように、この人事に不満をもった皇道派の相沢中佐が永田局長を刺殺し、半年後の二・二六事件に発展する〔前澤 2011：56、秦 1994：131、笠原・安田 1999：168〕。

二・二六事件では、十五連隊に「公務死者」が発生している。同事件が勃発すると、十五連隊には二月二六日と二八日に動員下令となり、東京麹町区竹久町の東京堂書店地下室発送部には、「帝都警備のため上京した」兵士が宿営していた。三月一日早朝、同地に宿営していた兵士のうち、陸軍歩兵上等兵小野政三郎以下四名が死亡しているのが発見された。暖を取っていた炭火の炭酸ガスによる窒息死であったという。四名の告別式は東京第一衛戍病院で行われ、遺体は荼毘に付された後、遺骨は高崎に帰還した。三月二二日、営庭に祭壇が設置され「四勇士聯隊葬」が執行され、高崎陸軍埋葬地に分骨埋葬されたという。同地には「昭和十一年三月一日没」と刻まれた四基の墓碑が確認できる〔手島・西村 2003：75 ～ 77〕。

(20) 大演習最終日に、次のような「山名御警衛事件」がおきている〔高崎市 2004：247 ～ 248〕。

「昭和天皇臨場の野外統監部候補地は高崎市観音山と多野郡八幡村の山名八幡宮背後の丘陵の二か所があり、最終的に山名に決まったのは前日のことだった。しかし、県警察部の山名への警備手配が遅れ、泊まり掛けで見物に来た近郷近在の何千という民衆は、何とか八幡宮とは反対側の小高い畑地に多数詰めかけ、昭和天皇が白馬に乗って通る道路には綱も張っていなかったため、最前列の人は白馬に手で触れることができる程の状態であった。この責任を感じた山名駐在の巡査が未遂に終わったものの割腹自殺を図るという事件が起こった。政友会の県会議員は、演習後の十六日、桐生で起こった天皇の乗った車を誤導した『鹵簿誤導事件』と共にこの事件を取り上げ、県警部長に辞職勧告書を送っている」。

(21) 中島知久平は昭和二〇年一二月二〇日、A級戦犯容疑者に指定されたが、持病により巣鴨拘置所への収容を免れ自宅拘禁となった。二二年九月一日には、戦犯容疑の事実なしと宣言され、拘禁生活から解放されたが、二年後の二四年一〇月二九日、脳内出血のため没した。享年六六歳であった。法名は「知空院久遠成道居士」で、遺骨は都立多磨霊園の中島家新墓地に埋葬された。また三〇年一〇月には、郷里の中島家菩提寺である真言宗徳性寺（太田市押切町）にも分骨されている〔正田 2011：22〕。

(22) 平成二六年一〇月三日、利根招魂会（会長は横山沼田市長）は利根英霊殿で、「戦没者を慰霊する『第79回利根招魂祭』を開いた。遺族や関係者約四六〇名が冥福を祈り、戦争を繰り返さないことを誓った。参列者が玉串奉てんなどの神事を行った後、横山会長は『戦陣に散った多くの英霊が利根沼田を見守っている。自分たちはこの地を平和で繁栄ある場所にする重い責務を負っている』とあいさつした」、という〔上毛新聞 2014b〕。

上陽村「馬頭観世音」の碑背には次のように記されている〔戦争事跡 2011：19〕。

「近衛騎兵聯隊所属軍馬静歌北越号昭和九年度陸軍大演習中連日連夜奮戦シ十一月三日当地点ニ至ルヤ遂ニ斃レ是寔ニ皇軍

ノ犠牲ニシテ軍馬ノ華ト謂ウヘシ」

(23) 高崎市の主張は、第一次上海事変の「爆弾三勇士」の銅像は原隊地の久留米工兵隊内に建設されているから、富岡上等兵の銅像もこれに倣い高崎連隊の営内か営門に建設すべきである、というものであった。結局、銅像は前橋市に、彰忠碑は高崎市に建設することになったというが、高崎市の「彰忠碑」に関して、筆者は確認できていない。また、同年三月一〇日の「陸軍記念日」の催物をめぐっても、両市は対立しており、以後も軍事関連事項をめぐる両市の対立は続いた〔手島・西村 2003：90～91〕。敗戦後、両像ともGHQの命令で撤去破壊されたというが、台座も壊されたようで、現在地には何の痕跡もないという〔手島 2010：41〕。銅像建設の経緯に関しては手島（2010）を参照。

(24) 管見の限り、昭和九年に建設された忠霊塔は高崎忠霊塔以外に全国で二基確認できる。一つは、第一章で言及した札幌月寒の「忠魂納骨塔」であり、もう一つは、同年九月二〇日に竣工した兵庫県豊岡町（豊岡市）の忠霊塔である。後者の場合、当初は、中空の塔柱内に戦没者の霊璽姓名等を刻印した銅板や写真・遺品を収めるように設計されたらしいが、実際は遺骨を収納するようになったという〔大原 1984：121〕。

(25) 井上は、長男房一郎が留学先のパリから送ってきた絵葉書を見て、フランスでは功労者の銅像を公園に建設して永久に顕彰していることに刺激されたという。そして日本にも功労者の銅像が林立する公園をつくろうと「高崎観音山公園事業」を始め、その嚆矢が矢島銅像の建立であった。矢島は私財を投じて、高崎停車場（駅）や高崎連隊区司令部・憲兵分隊などの敷地を提供したという〔手島 2010：46、群馬地域文化 2003：351〕。

井上は昭和一三年一一月に急逝したが、房一郎がその遺志を継いだ。保三郎の銅像も建立されるというが、一五年三月、紀州高野山にあった慈眼院を大観音の隣に移転することが決定し、大観音は翌年二月に同院に寄付され、同院も真言宗別格本山に昇格した。四月一三日、同院で入仏式が執行された。同式は高崎市・同観光協会・慈眼院共同の主催で、高崎市長が祭主となり開催されたが、同時に「戦没英霊追悼法要」も兼ねていたという。また、高崎の呉服商山田徳蔵が、観音山と山続きの金沢山に私財を投じて建設した「洞窟観音」（山徳公園）も、一一年一一月に完成している〔高崎市 2004：326, 610、手島・西村 2003：94～95〕。

高崎国民国防義会により昭和一〇年一一月二六日、「七士殉職供養塔」が観音山山麓の片岡小学校に隣接して建立された。同塔は、同九月の記録的な風水害の折に出動し、殉職した十五連隊兵士七名の供養塔である〔手島・西村 2003：97～80〕。

(26) 南京攻略に際して百十五連隊は、「日本軍の各部隊が『南京一番乗り』を競う中、第2大隊の659人は2千人以上の中国兵が守る南京城の雨花門から突入した。詳報は『その大部を殺し、多数の武器・弾薬を遺棄せしめた』などと激しい戦闘の模様を伝えている。日々の捕虜の数のほか、奪った銃や弾薬、食糧の数量も『戦利品』欄に細かく記載している」、という〔朝日新聞

2015d〕。

また、岩根承成は次のように記している〔岩根 2008：155 ～ 156〕。

「中支那方面軍が南京戦区に入った十二月四日ごろから、日本軍による南京大虐殺が発生し、南京の治安が安定してきた翌年の三月末ごろまで続いた。この事件は、日本軍が中国の軍民に対して行った、戦時国際法と国際人道法に反した不法残虐行為の総体を指し、発生の区域は南京城内とその近郊の六県を合わせた行政区として南京特別市全域であった（『南京大虐殺六〇年東京国際シンポジウム』の笠原十九司報告）。その主な行為は捕虜の集団的殺害、『敗残兵狩り』という名の兵士や市民の処刑、女性への強姦致死を含む一般市民への残虐行為である」。

百十五連隊の『戦闘詳報』に関しては、岩根（2000）を参照。

(27)「軍馬忠魂碑」は現在、群馬県護国神社境内に建立されている。同忠魂碑脇の碑文には次のようにある〔現地調査〕。

「この碑は元高崎連隊営庭に建立されしが大東亜戦争後同兵営の解放と共に荒廃久しく顧みられざるにより県下有志と相図り講和発効記念戦没者慰霊行事の一環として當神社境内に移す即ち群馬県戦没軍馬三千有余頭の霊を此処に鎮め永く其の忠魂を讃えんとす

昭和二十七年四月廿七日

群馬県軍人軍属戦没者合同慰霊祭実施期成連盟」

横野村英霊殿の創建に関しては左記のとおりである〔横野村誌 1956：919〕。

「材料の木材は神奈川県鶴見の神社仏閣用材専門店から、全部桧材購入してトラック一台へ満載して運び、工匠は本村三原田の岩渕計治郎が請負い、石工は三原田の小山、持柏木の須田等が当つた。軍人分会員を主とし青年団、婦人会其他合せて延べ千六百人の労働奉仕があつて、材料費三八〇円、総経費八〇〇円で竣工した。当時は物価が低く大工手間一日五十銭内外であった。その時村役場周囲の石垣六十坪も同時に出来た。関係者一同の熱心な援助のあつたことは勿論だが、時の分会長都丸英内氏が主として斡旋経営の労も多大であった。かくて本村役場敷地内へ現存する英霊殿が出来て、昭和七年四月二十五日最初の慰霊祭を盛大に挙行し、其後年々継続施行しつつある」。

(28)君島の出身地である栃木県は足利尊氏の地元であり、足利氏は新田氏の分家であった。したがって君島の心情からして、義貞が「大忠臣」と評価されたのに対し、尊氏は後醍醐天皇（南朝）を追討した「逆賊」とされたから、義貞の顕彰運動には積極的になれず意図的に避けたのであろう〔手島 2006：26、群馬地域文化 2003：274、朝尾 2005：797〕。

(29)群馬県師範学校附属小学校の文集『松と桜』六四号（漢口陥落銃後後援強化特輯号）に、左記のような「我が郷土群馬県」と題する児童の作文が掲載されている〔手島 2006：31〕。

「我が郷土群馬県は首都東京の北西にある。（中略）先ず国史の上から見ると、建武中興の名臣新田義貞公がある。また徳川時代には高山彦九郎先生が出て尊王の大義を日本中に広めた。かういふ祖先を持つ現代の人々に鉄道大臣中島知久平閣下があり、東部防衛司令官川岸文三郎中将がある。海軍では我が附属小学校出身の大東中将がある」。

川岸中将は中島知久平より二歳年上で、中島と同様に地元の新田郡尾島町（太田市）出身であった。県立太田中学校卒を経て陸士15期・陸大卒。朝鮮軍第二十師団長として日中戦争に参加し、十四師団と共に第一軍に所属し北支方面で戦った。漢口陥落時は東部防衛司令官で、翌一四年には予備役となり、後に朝鮮奨学会理事長となる〔前澤 2011：102～103、群馬地域文化秦 1994：45〕。

（30）戦没六百年祭にあたり、高崎市の弁護士（元県会議長・高崎市教育会副会長）の芥川辰次郎は、「日本精神発揚せんがため、義貞公の銅像を楠公と同様宮城に建設せん」として、中島知久平らの本県出身名士に呼びかけたという。そしてこれを全国的な運動とするため、その手始めとして小学校へ銅像を建設しようと、高崎中央尋常高等小学校に義貞像を寄贈した。これが本県での義貞銅像建の契機という〔手島 2006：40〕。

新田郡世良田尋常高等小学校では、昭和一五年に皇紀二千六百年記念として義貞銅像が建立された。世良田村では新田公奉賛会が発足し、新田館址として有縁の総持寺に「新田館址碑」を、小学校には銅像を建立することになった。また、生品神社の地元の生品尋常高等小学校では、昭和一六年三月一〇日の陸軍記念日に銅像が校庭に建立されている。その資金は、職員・児童が勤労奉仕と廃品回収の収益三六〇円を充てたものであるという。この生品小の銅像は金属供出の対象から逃れ、敗戦後の昭和五八年、新田公挙兵六百五十年奉賛会により生品神社境内に移設されている〔手島 2006：42～43〕。

（31）法令上の「神社」ではないものの、護国神社は昭和六年に台湾歩兵第一連隊第三大隊（台中分屯大隊）に、同九年には靖国神社外苑の軍人会館および講談社に創建されているという〔坂井 2014：454〕。

（32）招魂社（護国神社）の創建に関して、長野県では興味深い記録を残している。昭和九年、長野県の中央部に忠霊塔建設が計画されたが、松本市に招魂社を創建することが決定した。この長野県招魂社（昭和一三年一一月鎮座祭、後の長野県護国神社）の創建に関しては、長野市と松本市の間で誘致合戦が展開され、最終的には軍（松本歩兵五十連隊）の介入により、連隊衛戍地である松本市に決着したという。その理由として松本市は、①軍隊の参拝及び精神教育上好都合である、②県の中央に位置し県下遺族並に県民の参拝に最も便利である、③英霊と軍隊とは密接な関係を有し且陸軍墓地の所在地である、ということであった。敗戦後、同社には「公務殉職者」も配祀され、現在の祭神数は六万四〇〇〇余柱である〔小林・照沼 1965：120～121、今井 2005：310～

311、白井・土岐 1991：254、靖国神社 2007：125〕。
上陽小学校校庭では軍による馬の品評会が開かれ、軍用保護馬会も組織されていた。同村の出征兵士は馬で両毛線駒形駅（ＪＲ）へ向かったという。多数の馬が軍馬として徴発されたが、同村に帰還した馬は一頭もなかったという〔戦争事跡 2011：18〕。

（33）森岡清美によれば、明治初めの府県社神官の給禄は官給され、郷村社祠官祠掌の給料は、一郷氏子中に課されていたが（明治五年二月付太政官達）、間もなく郷村社祠官祠掌給料民費課出廃止（明治六年二月付太政官布告）、府県社神官月給廃止（明治六年七月付太政官布告）となって、「人民ノ信仰ニ任セ適宜給与」されることになり、その進退は「氏子共帰依之者」に委ねられ（明治八年五月付教部省達）、さらにこれら神職の等級が廃されて身分取扱は一寺住職同様となった（明治一二年一一月付太政官達）。祭典費用すら明治一七年以降民費課出を廃止されて、神社の公共的性格はその保証を全く失うに至ったという。こうした事態に立って、府県郷村社に対する公費支出を復活させ、国家の宗祠たるの名実を明らかにすることが念願されたのである。それは、神社界の悲願ともいうべきものであった〔森岡 1987：16～17〕。

（34）岩井忠熊はノモンハン事件に関して次のように記している〔岩井 2008：137～138〕。
「関東軍はあくまで戦場掃除をおこなって二三師団の将兵の屍を収容しなければ『皇軍の光栄ある伝統』に汚点をのこし、関東軍現在の統率が収拾できなくなると主張しました」。

そこで停戦協定成立後、

「日本軍の遺体の捜索と回収、それに日本軍としては秘密のうちに焼却された軍旗の燃えのこり部分をもちかえることになり、戦場掃除の作業は一週間つづいたとされます。現にソ連が占領し、陣地を構築している場所に入るので、日本兵の作業用員は人数に将校をふくまぬこと等で、厳重に制限されましたが、実際には将校が兵隊の軍服を着て敵情視察や軍旗の一部である菊の紋のついた『御冠』を回収するなどのことがあったようです。順序は部隊指揮官、将校ついで一般の兵におよびました。土を掘りかえし、仮埋葬された将兵の死体を収容する作業は予想以上にたいへんだったようです」。

最終的に日本軍は戦場掃除により四三八六名の遺骸を収容し、ソ連軍から飛行士五五名の遺体を引き渡されたという〔秦 2010：113〕。

（35）本県関係の他の部隊は以下のとおりである。歩兵第八十五連隊（昭和一三年四月動員下令）は、連隊本部を宇都宮に置き、第一大隊が宇都宮、第二大隊が高崎、第三大隊が松本で編成された変則部隊で、中国大陸に派遣され、タイ国境に入ったところで敗戦を迎えた。歩兵第二百十五連隊（昭和一四年三月編成）は、主として群馬・新潟両県人によって編成され、泰緬国境で敗戦を迎えている。歩兵第二百三十八連隊（昭和一四年八月編成）は、朝鮮半島の龍山と平壌で編成され、本県出身の現役兵で充当された部隊であった。中国大陸を転戦したが、最後は百十五連隊と共に南方作戦に投入されている〔群馬県史 1991：724〕。

(36) 森岡清美によれば、自らも該当する「大正九（一九二〇）～一二（一九二三）年生コーホート」は、とくに戦没者が多かったという意味で「戦没世代」といえるという。また「散華の世代」ともいえるが、戦没と生き残りに運命が分かれる手前のところまでたちもどって「決死の世代」と呼びたいという〔森岡 1991：4～5〕。

(37) 親子二代で元帥になったのは、皇族を除けば寺内父子のみであるという。寺内寿一は、後のレイテ島沖決戦開始当初はフィリピンのマニラで作戦全体を総覧していたが、戦況不利と見るや、前線から遠いベトナムのサイゴンに逃亡した。同地の旧仏総督の豪邸で、日本から呼び寄せた芸者と遊びながら暮らしていたという。シンガポールの日本人墓地には寺内の遺髪・爪・参謀懸章を納めた墓がある〔別冊宝島 2016：138～139、半藤他 2010a:211〕。

早瀬晋三によれば、マレーシア各地にも日本人墓地があるという。戦前には二十数ヶ所あって、クアラルンプールの墓地は日清戦役後の明治三二年に造成された。同地に埋葬されている五〇〇余名のうち、三〇〇名弱が「からゆきさん」で、他の八割は軍人・軍属であり、とくに戦友会が建てたものが目立つという。例えば正面に「慰霊碑」、右側面に「昭和五十三年九月建立歩兵第十一連隊有志」と書かれた石碑があり、その碑背には、「われわれは太平洋戦争の戦火に倒れたわが仲間および各国軍人と住民の霊を弔うとともにマレーシア連邦国民の平和と繁栄とを祈る」、と記されている〔早瀬 2007：51〕。

(38) 昭和一六年一一月一七日、山本長官はハワイ攻撃に向かう機動部隊各級指揮官・幕僚・飛行科士官に激励の訓示を行い、翌日千島列島に向かった。そして二六日、同部隊は単冠湾から出港し東南のハワイに出撃していくことになる。作戦決行を伝える暗号電「ニイタカヤマノボレ一二〇八」が発令されたのは一二月二日であった〔吉川弘文館 2012：120、上毛新聞 2016n〕。

当時の空母乗組員（98、大阪府）は次のように語っている〔朝日新聞 2015k〕。

「海軍整備兵であった私が乗り組んだ空母『飛龍』は41年11月、大分県から太平洋に出ると一路東へ。兵には行き先も目的も知らされない。ただ、出航前の異常な量の重油積み込みは腑に落ちなかった。通常ならタンク満タンでよいが艦内至る所にドラム缶、18リットル缶を積んだ。

11月半ば過ぎ、艦は千島列島の択捉島・単冠湾に到着。夜が明けると他に空母、戦艦、巡洋艦、駆逐艦など艦船多数が集結していたので驚いた。間もなく千島出港。翌日、総員集合し艦長が日米開戦を発表。我々は今ハワイに向かっている、12月8日未明攻撃を目指し北太平洋を通過中、との訓示だった。11月下旬の北太平洋の荒れ模様のすごいこと。奇襲作戦を知られぬよう、この時期を選んだのだ。全長約２３０メートルの飛龍も木の葉のようにゆれる。

ハワイ沖に到着、真珠湾攻撃が始まった。飛龍の戦闘機、爆撃機なども次々に出撃。私は甲板にいた。機と機の間は１メートルほどしかない。命がけで大きな車輪止めを全身で引っ張って外す。数時間で戻った機に急いで給油、銃弾を込め魚雷装着。私は20歳になったばかりだった」。

日本軍潜水艦は一部を除き、択捉島に集結した主力部隊とは別に行動した。神奈川・広島・大分各県の軍港から計数十隻がハワイに向かい、主力が到着する前に見張りなどを担当したという。この作戦に特潜が参加していたことは、真珠湾攻撃から一〇日後の一二月一八日に大本営海軍部が発表した。この時、航空機だけではなく密かに海中からも攻撃が仕掛けられたことを国民は知ったのである。この発表によれば、特潜による攻撃は上層部からの命令ではなく、攻撃を実行する岩佐大尉以下数名の将校の着想に基づくもので、生還の可能性があるから作戦は了承されたという。死を強要する作戦ではなかったというのだが、信じがたい。もっとも、乗組員たちは生還など眼中になかったともいう。そして戦争とは、日本の精神と技術を世界に誇示する機会であり、特潜による作戦はその格好の事例と認識されていた。ただし、この時点で特潜がどのようなものなのかは公にされなかった〔上毛新聞 2016n、山室 2007：270～273〕。

米軍戦没者はハワイ・ホノルルの国立太平洋記念墓地（パンチボウル）に埋葬されたというが、現在、同地のハワイ日蓮宗別院には「真珠湾英霊」名簿が保管されているという。真珠湾攻撃に対する日系社会のわだかまりから名簿の保管を断る寺院が多いなか、同別院が受け入れた。日本軍戦没者は、哨戒にあたっていた一名を含む航空機搭乗員五六名と特潜乗員九名の計六五名である。また、米軍戦没者名簿も同別院に保管されているという。真珠湾攻撃七五年目の平成二八年一二月八日、同湾で初の日米合同慰霊祭が実施された〔上毛新聞 2016o、上毛新聞 2016p〕。

(39) ウェーク島攻撃に関しては、米軍の防御も固く日本海軍は駆逐艦二隻が沈められ、一回目の攻撃は失敗した。しかし一〇日後、増派部隊の支援を得た第二次攻撃で米軍は降伏した。上陸した日本軍は米軍が使用していた「ブルドーザー」という重機を見て、仰天したという〔半藤他 2011：171〕。

吉田裕によれば、「十二月十二日の『情報局発表』では、『大東亜戦争と称するは、大東亜新秩序建設を目的とする戦争なることを意味するものにして、戦争地域を大東亜のみに限定する意味にあらず』と宣言した。ここでは、戦争目的は『大東亜新秩序建設』、つまり、アジア諸民族の解放と日本を盟主とした新秩序の建設にあるとされたのである。以後、政府の掲げる戦争目的は、戦局の推移とも関連しながら、『自存自衛』と『大東亜新秩序建設』、あるいは『大東亜共栄圏建設』との間を揺れ動くことになる」、という〔吉田 2007：28～29〕。

(40) 大本営発表の当日、岩佐の実家では、「前橋市天川原に住み、中風を病む父親の直吉氏（七五歳）は、上半身を長男の竹松氏（五三歳）に助け起こされながら、取材記者に次のように語った。『海軍の人が直治の死んだ方向は、こっちだと教えてくれたから、わしは毎朝その方を拝んでいる。直治が海軍へ行ったのもあいつが行きたいというから、それなら好きなようにしろと言ってやらしたんです……。あいつがどんな死に方をしたのかも、わたしはちゃんと知っとる。別に世間に自慢することはない。あいつは、ただあたり前の御奉公をしたんです……今頃は、本望を達して喜んでいるだろう』。岩佐艇の艇付となった佐々木直吉一曹は、山陰独特の朴訥で無口な下士官であり、ただ黙々と上官の命に忠実に従い、遺書も、遺言も、残していない」、という〔牛島 1967:33〕。

大詔奉戴日とは、東條内閣によって昭和一七年一月二日に設定されたもので、「毎月八日」がこの日に当たった。「大詔奉戴日実施要項」には左記のようにある〔桐生市史 1961:44 ~ 47〕。

「一、方針

大東亜戦争完遂ノタメ必勝ノ国民士気昂揚ニ重点ヲ指向スルト共ニ健全明朗ナル積極面ヲ発揮スルコト

二、実施項目

一　詔書捧読　官公衙、学校、会社、工場等ニ於テハ詔書奉読式ヲ行フコト、捧読ノ時刻ハ業態、交通等ヲ考慮シ適宜定ムルコト

二　必勝祈願　神社、寺院、教会等ニ於テハ必勝祈願ヲ行フコト

三　国旗掲揚　各戸ニ於テハ国旗ヲ掲揚スルコト

四　職域奉公　各自職域奉公ニ精励シ殊更ニ当日ヲ休日トセザルコト

五　其ノ他ノ国民運動ノ項目ハ大政翼賛会ニ於テ本方針ニ基キ随時決定スベキコト」

昭和一七年三月七日付の『朝日新聞』は、「岩佐中佐以下九柱の功績を称へる場合は、必ず『特別攻撃隊』の名称を用ひ、例えば『特殊潜航艇』などの如き勝手な呼び方をして英霊の事跡を汚さぬやう国民は自戒すべきである」、としている〔新谷 2009:235〕。

新谷尚紀は、この奇襲作戦に関して次のように述べている〔新谷 2009:234〕。

「大尉や中尉レベルで構想発意することなど非現実的である。この真珠湾奇襲作戦は、このとき日露戦争開戦時の旅順港閉塞作戦に例えられているが、日米開戦へというこの枢要なる作戦を熟慮構想したであろう、その責任ある軍令部参謀たちの姿はいっさい見えてこないのである。そして戦後の現在に至るまでそれは隠蔽されたままなのである」。

(41) 岩佐の実家には、「甥の岩佐直衛さん（84）によれば、戦死の公表後、『軍神』の家を訪れようと、見知らぬ人も含めて毎日数十人が訪れた。その対応で家族は田畑に出られないほどだったという。こうした人々の前では気丈にふるまった大尉の母てるさん（故人）は、かげでは涙をこぼしていたという。大尉の一〇歳ほど下だった直衛さんは、志願して海軍の予科に進んだ。『たとえ死ぬ

のが嫌でも黙って死に行く。当時は国中がそう思っていた』。木瀬村（現前橋市）の国民学校二年生だった羽鳥安雄さん（77）は『成績優秀で剣道もうまかったんだって』と岩佐大尉の話に夢中になったという。戦死や海軍に憧れ、前橋が空襲に遭っても『いつか神風が吹く』と信じていた」、という〔朝日新聞 2011a〕。

新谷尚紀によれば、九軍神の一人である上田定に関しては次のとおりである〔新谷 2009：246～248〕。

「現在、広島県北広島町の上田兵曹長の生家では、弟の上田武三氏（昭和七年生）が家を継いで農業を営んでいる。家の前の国道沿いに御影石の大型の慰霊碑と遺品館が建てられている。この慰霊碑は、没後三〇年を前にして昭和四五年（一九七〇）に郡や町の遺族会の働きかけなどによって建てられたもので、遺品館の建設はそのおよそ一年後であった。それまで家の神棚の下に納めてあった遺品類を収納することになった。現在、上田家ではかつてと同じく家の中の神棚の下、仏壇の横に、遺品館に納められているのと同じ上田兵曹長の写真が飾られており、毎日の礼拝の対象とされている。そして、没後これまで欠かさず一二月八日の命日には、近くの浄土真宗寺院の住職に来てもらい念仏をあげている。それは、両親のときから変わらずに行なっていることで、今も武三さんの耳に残っているのは、母親さくさんの、『兄のことは決して忘れないで……』、という言葉だという。（中略）

上田武三氏は、兄の五十回忌を前に平成二年（一九九〇）、他の軍神の遺族たち七名とともに、ハワイ真珠湾をはじめて訪れた。沈没したアメリカ戦艦の上に建つアリゾナ記念館に献花して米兵への慰霊と追悼を念じたあと、兄が亡くなった湾内に花と米と酒を捧げた。そのとき、『骨を拾ってやりたい』という思いが湧き上がってきたという」。

(42) 昭和一七年四月八日に群馬県師範学校に入学した柳井久雄（昭和二年勢多郡富士見村〔前橋市〕生まれ、後の小学校長）によれば、入学式に参列した父親が、「まるで、軍隊の入営のようだった」と話していたという。軍事教練担当の将校の大声や寄宿舎の様子が、そう感じさせたのであろう。実際、一年生という「新兵」の入寮であった。翌九日は、「軍神岩佐中佐」の英霊が凱旋するので前橋駅まで出迎えに行った。五月八日の葬儀にも参列したが、この日は新田義貞挙兵記念日であり、高山彦九郎の誕生日でもあったので、全校生徒が講堂に集まり歴史の教員から講話があったという。一八年三月八日には師範教育令が改正され、全国の師範学校は官立となり、修業年限三年の専門学校格となった。官立群馬師範学校が発足したのは四月一三日で、新校長は、「師範学校は、国民の士官養成所たり、思想戦の要塞たり、先人を偲び、国士たるべし」、と訓示している〔柳井 1999：23, 29～30, 40, 69〕。

敗戦後に岩佐の石碑が建立されるまで、松竹院の墓地には木塔が建てられていたという。また昭和五〇年代を以て、岩佐の墓前での慰霊祭は終了しているという。三十三回忌頃を期してのことであろうか〔現地調査〕。

(43) 加藤の父は日露戦役の奉天会戦で戦死していたが、加藤は小学生の時、「父の仇を取る」という作文を書いて父のような軍人になることを決意したという。旭川中学から仙台陸軍幼年学校を経て大正一四年七月に陸士を卒業すると、飛行隊への道を志願した。日本陸軍に航空科が誕生したのは同年のことであった。所沢陸軍飛行学校で成績優秀者として恩賜の時計を受け、支那事変では戦闘機部隊を率いて華北戦線に出征し、陸軍航空部隊としては初の感状を授与されている〔秦 1994：40, 698、別冊宝島 2016：42～43〕。

加藤の葬儀に対して、政治団体(右翼団体)の大東塾塾長影山正治は、「『天皇陛下万歳』を奉唱し、固く七生勤王の誓願をこめつつ、戦死せる忠烈の英魂は、真直ぐに高天原の神座にまい上がるのであって断じて西方十万億土の極楽世界や天国に行くのではない。若し行くものありとせば、そは生ける忠臣死せる叛徒に外ならないのである。肉体は捧げるが魂は捧げぬと言うならば、そのような忠節は断じて絶対のものではないのである」、と批判し、やがて同塾は、日本国民としての葬祭は全て神式でなければならないと主張するようになるという。ただし、以後の陸軍葬も仏式が続くことになる〔粟津 2017：290〕。

(44) 四月一八日、東京の私立早稲田尋常中学校校庭に多数の焼夷弾が突き刺さり、火を噴いたという。当時の同校在学生(89)の証言によれば、機体に星印のある低空飛行する黒っぽい飛行機を目撃し、その後に「シャーッ」という音が聞こえて爆発音になった。この時、同級生が死亡したが、学校からは「空襲のことは話題にしないように」と指導された。校庭の焼夷弾はすぐに回収され、「まるで何事も無かったかのようだった」という。「秘密扱いになったのは、日本にとって不名誉なことだから、それで皆、話題にしなかった。当時はそういう空気だった」、という。また、東京尾久地区周辺にも焼夷弾が投下され、約一〇名が死亡したという。当時国民学校一年生で空襲を体験した男性(80)は、自家のはす向かいの家が爆弾で全壊するのを目撃した(家族七名死亡)。「空襲を口外することは学校で禁じられた。空襲のことを話して教師に怒られた子もいた。『当時、本土爆撃はそれほど不名誉なことだった』」、と述べている。日本軍は「敵機九機撃墜」などと言っていたが、そのようなことはなかったという。誰も「帝都」上空に爆撃機が来るとは思っていなかったし、軍の公式発表も疑わしくなってきた。ドゥーリットル爆撃隊の搭乗員三名は日本の捕虜となったが、昭和一七年一〇月一五日、この三名に死刑判決が出され、即日銃殺されている〔朝日新聞 2016c、吉川弘文館 2012：164〕。

現在の米国国立米空軍博物館のある研究者は、「真珠湾攻撃での敗北は、米市民の士気に影響を与えた。しかしドゥーリトル空襲の大胆な攻撃で局面は変わった。米市民は日本軍を打ち負かせると確信した」のである、と指摘している〔朝日新聞 2016c〕。

(45) 戦没者公葬に関しては、全国でキリスト教との摩擦も生じていた。昭和一七年七月一七日、千葉県健田村では聖公会信者の戦没軍人の公葬等をめぐり、仏式を主張する村当局と遺族・牧師が対立したという。また一〇月九日には、長崎県黒瀬村ではカトリック信者の戦没軍人の公葬に際し、同様に仏式を主張する村当局と遺族との紛議が発生したという〔高石 1990：119〕。

(46) 連合国軍は、ダンピール海峡での戦闘をビスマルク海海戦と呼んだ。この戦闘で、米軍機や豪軍機は、漂流する多数の日本兵に対して数日にわたり機銃掃射を繰り返し、出撃した魚雷艇が海上を捜索して日本兵を射殺したという。戦後の豪州では、漂流中の無抵抗の日本兵を機銃掃射で殺害したのは、戦争犯罪にあたるという批判の声が上がり、大きな論争に発展している〔吉田 2007：134～135〕。

昭和一八年六月、陸軍省は「ガ島作戦部隊ノ遺骨還送業務ニ関スル陸軍次官口演要旨」を発表しているが、その一部は左記のとおりである〔横山 2011：48～49〕。

「一、ガ島作戦ノ特質

ガ島作戦部隊ノ戦略展開ノ掩護トシテ遠ク万里ノ僻地ニ先遣セラレ至難ナル状況下長期ニ亘ル其ノ靱強ナル勇戦奮闘ノ偉業ハ凛然トシテ戦史ニ輝クモノナリ。而シテ此等部隊ハ其ノ作戦任務ニ鑑ミ撤退ニ異常ノ困難ヲ窮メ陣没将兵ノ遺骸ヲ悉ク収容シ得サリシモアルヘク又収容スルモ之ヲ火葬スル能ハスシテ埋葬シタルモノアルヘシ。尚海上、水際ニ於ケル戦闘ニ於テ海没シテ浮カハサリシモノアルヘク又粉砕シテ遂ニ収集シ得サリシモノアラン（以下略）

二、遺骨ノ取扱上注意スヘキ事項

1、前述ノ如ク作戦ノ特質上遺骨ハ必スシモ還ラサルモノアランモ英霊ハ必ス還ルヘク此英霊ヲ先ス原隊ニ還送シタル上夫々遺族ニ交付セラルルモノナリ。故ニ此ノ箱内ニハ遺骨アリト考フルヨリハ英霊ヲ収め参ラセシモノナリトノ観念ヲ十分遺族ニ理解セシムルノ要アリ

2、遺骨ナキ場合若シ万一砂、土等ヲ収容シアリトセハ夫ハ陣没シタル現場ノ砂、土ニシテ（中略）巷間往々此ノ点ヲ誤解し悪戯ヲ為シタルガ如キ疑ヲ抱クモノアルハ甚タ遺憾トスル所ニシテ之等ノ心理ヲ解セサル罪ト云フヘク又一面何故ニ代リノモノヲ収容シタリヤヲ説明セサリシコトカ此ノ誤解ヲ招キシ所以ナリ

3、（略）従来ノ如ク何等ノ説明モ指導モ行フコトナク交付シ遺族カ郷里ニ帰リ始メテ箱ヲ開キテ唖然タラシムルカ如キコトアランカ重大ナル誤解ヲ起サシメ国民ノ志気ヲ消磨シ国家国軍ヲ怨嗟セシムル因トナルモノニシテ厳ニ之ヲ戒シメサルヘカラス（以下略）」。

筆者が聞き取り調査をした（平成一四年八月）、本県勢多郡富士見村（前橋市）の奈良つや氏（本県遺族会婦人部常任委員）によれば、敗戦後の昭和二三年八月、高崎連隊に夫智美氏の遺骨を取りに行ったという。夫は陸軍曹長で、昭和二〇年八月に朝鮮海峡で「戦死（生死不明者）」している。軍の担当者から遺骨箱を受け取ったが、杉の木の箱に白布が掛けてあり、箱を振ってみるとコトコトと音がした。開けてみると、「奈良知（智）美之霊」と書かれた木の位牌が入っており、遺骨は全くなかったという。

その日の昼頃には家に戻り、夫の村葬はなかったが、区長を始め三〇名ほどが集まり、地元の村社富士原神社で焼香の儀式があった。神前には焼香台が置かれ、人々が焼香してくれたが、僧侶はいなかった。同社は夫の無事（武運長久）を願ってしばしば参拝した神社であった。それから二～三日後、自宅で仏式の葬儀を行ったという。菩提寺である竜蔵寺（天台宗、前橋市）の僧侶と親戚・村人など六〇～七〇名が集まり、賑やかであった。位牌と共に夫の靴下やシャツ、戦闘帽などを「奈良家之墓」に埋葬した。夫のための墓は直ぐには建てなかったが、靖国神社への合祀は昭和三一年一〇月一七日であったという（奈良知美命）〔歴博 2004：419～421, 436〕。

（47）山本の国葬が実施された同月、「豊橋市公葬問題」がおこっている。これは、「本市多年の慣行」として公葬の仏式執行を譲らなかった市長に対する、大東塾野村辰夫による暴力事件であった。一度は示談となったが野村は告訴され、最終的には執行猶予付の有罪判決が出されたという〔粟津 2017：290〕。

（48）「玉砕」の字義は中国の史書『北斉書』元景安伝に、「大丈夫、寧ろ玉砕すべく、何を能く瓦全せん」、とあるという〔原・安岡 1997：236〕。当時の新聞は、アッツ島の日本軍将兵が全員戦死したと米軍が発表した、と報じた。だが、実際には二六三八名が戦死し、二七名が捕虜となって生き延びていた。捕虜がいたという事実は伏せられたが、生存率一％であるから、確かに玉砕という言葉がふさわしい最期であったといえよう〔山室 2007：321〕。

（49）回天は全長約一五メートルの超大型魚雷を人間が操縦できるように改造し、乗員ごと体当たりして敵艦を沈めるとした。訓練基地は山口県平生町にあって、当時の人間魚雷は「絶対秘密の兵器」とされていた。敗戦までに乗員として訓練を受けたのは予科練出身者ら一三七五名に及んだ。回天が敵艦を沈めるたびに、隊内では祝宴が開かれ、「万歳」「万歳」と戦果を喜んだという。日本軍で回天に関わり亡くなったのは乗員・整備員ら計一四五名で、その多くが二〇歳前後であった〔上毛新聞 2015j〕。

また、海軍は二人乗りの特潜「海龍」（全長約一七メートル、幅約一メートル）を開発した。当初は魚雷を二本装着する予定であったが、資源不足から「特攻兵器」となった。本土決戦を念頭に約二二〇隻が建造されたというが、実戦には投入されなかったという〔上毛新聞 2915i〕。

震洋隊員であった岩井忠熊は左記のように記している〔岩井 2008：144～145〕。

「私自身は、毎年、水没した三月二三日になると、いつも複雑な心境になります。所属した第三九震洋隊一八七名のうち一四二人が戦没し、私はそのわずかな生還者の一人だからです。つぎの寄港予定地は那覇になっていました。水没せずに那覇に寄港できても、とても行き先の石垣島にいきつけたとは考えられません。遭難とともに船団は佐世保にむけてひき返し、私を救助してくれた護衛艦にのせられ佐世保に帰還したのが翌二四日でした。（中略）私がもし水没遭難せずに那覇にたどりついていたとしたら、沖縄本島で戦死したことは確実だったといえます。（中略）生死を分けたのはただ運だけです。（中略）どうしてもあの遭難で死んだあれこれの人を思い、追悼の念にかられます」。

（50）海軍予備学生に関連して、昭和一八年一二月には大学予科・高等学校・専門学校在学者から選考して、予備学生同様の短期特別教育の後、海軍予備少尉候補生に任ずる「海軍予備生徒」の制度が新設され、第一期一三九三名が採用された。翌一九年八～九月採用の予備学生第十五期、海軍予備生徒第二期を以てこの制度が終了するまで、入隊総数一万九三二名、うち戦没者二四三七名（二二%）、戦没者のうち特攻隊出撃による戦死（特攻戦死）六五一名の多数に上っている〔森岡 2011：50、秦 1994：736〕。

予科練とは飛行予科練習生の略で、その採用が開始されのは昭和五年六月である。募集資格は満一五歳以上一七歳未満で「高小程度の学力を有する者」とされた。経済的理由で中学に進学できない地方の優秀な少年を対象に想定されたという。支那事変後の昭和一二年八月に甲飛予科練が新設され、募集資格は中学校第四学年一学期修了程度とされた。これにより、従来の予科練は乙種飛行予科練習生（乙飛予科練）と改称された。前澤哲也によれば、昭和一八年の甲飛予科練（甲飛十三期）に採用された本県出身者は二二一名であるという。内訳は、高崎中四三名・太田中二〇名・桐生中一六名・前橋商一五名・前橋中一四名・沼田中および高崎工一三名・渋川中一二名・藤岡中一一名・富岡中一〇名などで、なかでも高崎中の合格者が目立っている。この甲飛十三期の合格者総数は約二万八〇〇〇名であるが、とくに志願者が少ない中学校に対しては、県または軍から人数の割り当てがあったという。高崎中の場合は不詳であるが、例えば愛知一中（愛知県）では、対象となった三年生以上の全員が志願を決意するという異常事態となり、結果的に八五名が入隊し、五名が戦死したという。実態は、教員が生徒に予科練への受験を積極的に奨励したのであった。平成二七年一〇月二四日付の『毎日新聞』は、「予科練『志願』ノルマ強いる旧制中学に文書」として報じている。予科練全体では二五万名が入隊し、約一万九〇〇〇名が戦没した〔大江 1981：144～145、秦 1994：735、前澤 2016：192～193〕。

朝鮮人は昭和一九年に九万名が、翌二〇年には四万五〇〇〇名が徴集・召集され、また、二〇年には台湾人八〇〇〇名が徴集されたという。一方、通信・防衛・衛生・海岸砲部隊等に女性を採用せよという主張がおこったが、家族制度の問題が絡んで反対意見が強く、結論が出なかったという。女性を事実上の軍務に使用したのは、日赤救護看護婦および陸軍看護婦、防空通信隊の一部で、看護婦の総員は昭和二〇年時点で五万五八六八名であった。ただし、女性通信隊の人数は不詳である〔大江 1981：161〕。

伊藤智永によれば、鹿児島県知覧特攻平和会館では朝鮮人特攻兵を一一名と記録しているが、現在は一九名確認できるという。彼らは「半島の軍神」などと称賛されたが、例えば、陸軍少尉金（結城）尚弼に関しては左記のようにある〔伊藤 2016b:112～117,137〕。

「韓国私学の名門、延禧専門学校（現・延世大学校）の応援団長だった金尚弼は、日本人校長らに強く促されて特別操縦見習士官に志願した。志願とは名ばかりで、事実上の『指名』だったことは想像に難くない。繰り上げ卒業の日、校門で息子を待つ母や姉の目の前を、別れのあいさつもなく憲兵隊に連れ去られたという遺族の証言が、それを裏付ける」。「日本人」として死んだ朝鮮半島出身者は、「日本に与した」として非難され、現在韓国では「反民族行為者」と見なされているという。こうした戦没者の存在を周囲に知られまいと、身内のなかには口にするのも拒む人がいる。日本人女優の黒田福美は、このような戦没者のための慰霊碑である「帰郷祈願碑」を平成二〇年五月に建立したが、現在、韓国竜仁市の寺院には同碑が倒されたまま置かれているという〔朝日新聞 2017〕。

(51) 森岡清美は次のように述べている〔森岡 2011：44 ~ 45〕。

「私は高師に入学した年の一〇月、学徒の徴兵猶予停止にかんする勅令の公布に伴い、臨時徴兵検査を受けて甲種合格となっていたから、学徒出陣の隊列に加わるべきところ、教員養成学校在学中のゆえをもって神宮球場の出陣式では見送る側となった。しかし、四五年二月八日付け陸軍省令第六号をもって、教員養成諸学校学徒の入営延期制が文系については四月一日で廃止となった。文理大入学の日と通知されたまさに四月一日付けの召集令状が、郷里の生家に届くのである」。

実際に隊列に参加した岩井忠正（94）は、「哲学を専攻する23歳の慶応大生だった。泥を跳ね上げ、ずぶぬれで行進した。出征して戦争の手伝いをしたくはなかったが、逆らえなかった。あきらめと同時に、『行くからには負けたくない』という思いも交差したという」〔朝日新聞 2015a〕。

一方、観覧席で行進を見守った井室美代子（88）は、「『勇ましさなんてありませんでした』と振り返る。当時16歳の師範学校生。学生たちはやせ細っているように見えた。学校単位で動員された外野席で雨にぬれながら、この人たちは生きて戻れないのだと思ったという。『泣かないように』という教師の伝言を、皆で泣きながら回した」、という〔朝日新聞 2015a〕。壮行会の翌月、明治神宮国民錬成大会中央大会が開催されたが、競われたのはスポーツではなく、軍事教練の成果であった〔朝日新聞 2015a〕。

入隊した学生はその後、陸軍の特操や特別甲種幹部候補生（特甲幹、昭和一九年五月創設、採用時は伍長）、海軍予備学生などに志願していく。特攻での戦死者も少なくなかった。ただし、出陣学徒の正確な召集人数や戦没者の数は不詳である。なお、森岡清美は金沢の工兵部隊を経て、二〇年五月に第二期特甲幹（伍長）として、神奈川県相模原町の陸軍通信学校幹部候補生隊に入隊し、敗戦時は東村山村の東京陸軍少年通信兵学校に移転していたという〔秦 1994：682, 684、朝日新聞 2015a、森岡 2012：49 ~ 52, 288 ~ 289〕。

江橋によれば、「あの日の答辞は1日で書き上げた。教授に添削されたが『生還を期せず』は自分で考えた言葉だった。『最大の誤りを犯しているのに、マスコミも国民も、自分も軍部の意向に乗った』。泣く泣く兵隊になった学生もいた。自分より優秀な学生もいたが、大勢が亡くなった。自分が話すことが、何も言えずに亡くなった人の供養になる。最近そう思っている」、という〔毎日新聞 2013a〕。

群馬師範学校では、一〇月からの外出はゲートル着用となり、翌月には木銃が個人持ちとなり各学生に配当された。群馬県下出陣学徒兵壮行大会の会場は人々で溢れ、知事・師団長等から激励の言葉があり、学徒代表の答辞は真に熱涙共に出るの感があったという。翌一九年四月には、黒い学生帽は廃され戦闘帽になった。学生寮では食料が少なくなり、腹が減って、話題はみな食べ物のことばかりであったという〔柳井 1999：72, 116, 125～127〕。

学徒出陣五〇年にあたる平成五年、元学徒有志によって国立競技場「マラソン門」脇に「出陣学徒壮行の地」碑が建立された。石碑には「学業半ばにして、還らなかった友の胸中を思い、若き世代にこの歴史的事実を伝え、永遠の平和を祈念する」、と記されているという。さらに出陣から七〇年となる平成二五年一〇月二一日、同碑前で戦没学徒追悼会が開催された。元学徒や遺族、見送った元女学生ら約一〇〇名が参加し、黙祷して同碑に献花した。東京五輪に向けて競技場は巨大スタジアムに建て替えようと、平成二六年から解体工事が開始され、同碑は秩父宮ラグビー場に移された。元学徒らは同碑を元の場所に戻すよう要望書を競技場に提出し、要望は叶えられる予定である〔毎日新聞 2013b、朝日新聞 2013a、朝日新聞 2013b、朝日新聞 2015a〕。その意図は、「碑には全国の元学徒らの思いが込められている。壮行会が開かれた場所に碑を残すことで戦争の悲惨さと平和の尊さを伝えたい」、というものであった〔朝日新聞 2013a〕。

現在、本郷の東京大学正門向かいの路傍に「東京大学戦没同窓生之碑　天上大風」（平成一一年五月二七日、医学部戦没同窓生追悼基金）が建っている。「天上大風」とは良寛の言葉で、二〇世紀最後の東大五月祭初日に建立されたものである。戦没学徒の実数は二五〇〇名としている〔現地調査〕。

(52) サイパン島などでは、米軍は日本軍兵士の遺体に関して、手をつけずにおくか、もしくは大きな墓穴を掘って埋めるか、洞窟に押し込めるかして、放置しておくという対応をとったという。そのため膨大な数の遺骨が島々に散在することになった〔キース 2016：172〕。

ペリリュー島では、日本軍は五〇〇の洞窟に立てこもり頑強に抵抗したという。米軍はサイパン島やテニアン島のように、直ちに「バンザイ突撃」が実施されると予測していたが、その予測は空振りとなった。日本軍は約七〇日間持ちこたえた〔上毛新聞 2016l〕。

平成二七年三月、米国人により水深約一〇〇〇メートルで、戦艦武蔵の船体らしいものが発見されたが、現在の前橋市富士見町時沢の私有地には、本県出身の武蔵戦没乗員一〇四名の「戦艦武蔵慰霊碑」（高さ約二メートル）があるという。昭和五八年、「一片の遺骨も戻らない戦友を悼み、平和を願って」、自宅敷地内に自費で「慰霊碑を建立したのは前橋市出身の元乗員、横堀安儀さん（故人）」で、武蔵の主砲後部射撃指揮所補助員長であった。同碑背には、「乗員が高齢となり靖国神社の慰霊祭に参加できなくなるため群馬の中心に近い赤城山道沿いに建てたなどと記されている。協賛者には武蔵最後の副長、加藤憲吉さんを含む元乗員らの名前」が並んでいる。「近所の人によると、かつては東北地方や四国など各地から遺族や元乗員が訪れ、慰霊碑の前でしのぶ会が開かれた。ただ十数年前に横堀さんが亡くなってから会は開かれず、近年足を運ぶ人はほとんど見られないという」。遺族の一人は、横堀さんは「戦友への思いが強い人で、それが立派な慰霊碑の形に表れていると思う」と振り返り、「語る人も少なくなった武蔵に再び光が当たった。亡くなった人を思うとともに、あらためて平和のありがたみを感じている」、という〔上毛新聞 2015m〕。

レイテ島沖海戦の半年前、ビアク島で陸軍飛行第五戦隊の陸軍少佐高田勝重率いる二式複座戦闘機四機が米輸送船団に体当たりしており、ルソン島でも海軍少将有馬正文（死後中将）が敵艦に突入しているが、組織的な特攻ではなかった。森岡清美によれば、特攻隊が広く宣伝されまた記憶されているのは、レイテ島沖海戦以降のものであるという。特攻隊は正規の軍隊編成として認知されることなく、第一線指揮官が臨機に定めた部隊編成というかたちをとった。作戦の破綻からうまれた残酷きわまる必死の戦法を、天皇の名で命令することは不適当と軍の上層部が考えた結果である。表面的には一般の軍隊のように隊名・隊長などが定められているが、厳密に言えばリーダーを有する殉国の同志集団であって、隊長には人事・教育・賞罰などについて中途半端な統率権しか与えられていなかった〔森岡 2011 : 6、寺田 1992 : 66、秦 1994 : 164〕。

また、森岡は次のように述べている〔森岡 1993 : 80〕。

「三重師範二年生のとき誠之寮（一寮六室）で同室だった山崎節夫君は、第一三期飛行科予備学生として海軍に入隊し、一九四四年年末、小笠原諸島方面で戦死した。私は彼の墓参りをしたい思いにかられ、昨年（一九九二）三月まず鈴鹿市役所市民課の遺族係を訪ねて彼の生家の所在を聞いたところ、若い女性職員がそんな人のことは知らないという。彼の両親はすでに故人になっておられるため、遺族係の所管業務の対象でなくなっていることは了解できるが、だからといって遺族係すら知らないとはどうしたことかと、半ば呆れ、半ば憤慨したのだった。

在学当時の生徒名簿を頼りとして、柳という集落の山崎君の生家にやっと辿り着いたけれど、（中略）山崎家には彼を直接知っている人はもはや一人もなく、戦死した伯父がいるという言い伝えのなかにしか、彼の足跡は残っていない。彼の名を刻んだ墓碑もなく、今や彼の事績はことごとく忘却の淵に投じられようとしているのである。国のために戦って僅か二一歳で散った山崎が、あまりにも哀れに思えてならなかった。

人は死ぬ。死ねば早晩忘れられる。それが人の世の常、それでよいではないかと言えるのは、天寿を全うした人の場合である。二十そこその若さで戦死した学友のことは、我々が生きて世に在るかぎり、忘れてはならぬし、忘れさせてはならぬ。それが、我々に代わって死んだ彼らにたいする、生き残った者の責務ではないかと思うのである」。

(53) 平成二六年一二月一日付の『上毛新聞』には、本県神流町在住の宮前進氏（95）から左記のような寄稿が掲載された〔上毛新聞2014c〕。

「10月の視点で、今井昭彦さんの『多くの遺骨が帰らず』を読んで、ニューギニアに向かう時の、輸送船とルソン島のことを思い出した。

私たちは完全軍装、救命胴衣着用で乗船。船室は上下二段に仕切ってあり、中腰歩行で奥から詰めて満杯です。船室は所々に円窓があり、海中が見える。隅に直立した幅40センチくらいの鐵ばしごがあり、甲板と階下に通じる。水兵はこの船を『ボカチン』と笑う。魚雷1発で沈没するというのです。救命胴衣を着用していても、救助されなければ助からない。

それにも増して残酷なのが、私が体験した『ルソン島』の日本兵です。山と言わず谷と言わず、至る所に死がいがあります。ある日気がついたのですが、死がいはみな言い合わせたように、北東の日本に向いていました。動けなくなりこの方向が日本だと決め、万感の思いの中で息絶えたのです。土に返るのはいつの日か。

補給を考慮に入れることなくすすめた先の戦争でニューギニア、ガダルカナル、インパールなどはみな、最後は餓死との戦いです。大岡昇平の『野火』に見られるように、極限の飢餓は人間性をも失わしめる。戦争は2度と起こしてはならない。その思いは戦後何年たっても、何歳になっても変わらない」。

藤原彰によれば、フィリピン戦がガダルカナルやニューギニアの場合と大きく異なっているのは、戦場に多数の住民が生活していたこと、すなわち人口周密地域であったことであるという。このため住民を巻き込んだ戦闘が行われただけではなく、飢えた日本軍が住民の食糧を奪い、さらにその生命までも奪うという大規模な住民虐殺が多発したことが、この戦場の特徴であったという〔藤原 2001：111〕。

群馬県護国神社には昭和四六年三月二一日、フィリッピン方面戦没者慰霊顕彰碑建立委員会により、**「フィリッピン方面戦没者慰霊顕彰碑」**が建立された。同碑には「郷土出身陸海軍所属各部隊従軍比方面戦没将兵等六四二九柱」と記されている〔現地調査〕。

(54) 海軍は、志願兵で充足できなかった定員の不足分だけを徴兵によっていたので、平時には徴兵を重視していなかったという。徴兵にあたっては、海軍大臣が陸軍大臣に協議し、協議不成立の場合には海軍は徴兵できなかった。そこで海軍は志願兵の年齢を引き下げることによって、兵員を確保しようとした。海軍では陸軍に先駆け、既述の予科練を入隊させ、一六年には採用枠を水兵・

機関兵・整備兵などにも広げた。翌年には年齢を一四歳以上一六歳未満とし練習兵と呼称した。したがって僅か一四歳の少年が、練習兵や海軍少年水兵として戦場に駆り立てられたのである。陸軍でも昭和八年四月の勅令公布により少年飛行兵（少飛・少年航空兵）が誕生し、少年戦車兵や少年通信兵などの特技を要する分野で採用された〔大江 1981：144～145、秦 1994：708, 735、上毛新聞 2015n〕。

(55) 福田による実際の計算では、「建設完了五六、建設許可済一二〇、敷地決定一八六であり、他に敷地が決定していない町村が八ある。またこの表には高崎市、沼田市、利南村は記載されていない」、という〔福田 1997：19〕。

(56) 東京大空襲に関して、大本営は「盲爆により都内各所に火災を生じたるも（中略）八時頃までに鎮火せり」、と素っ気ないものだったという。また、名古屋城が炎上した五月一四日の空襲の際、ある病院の周りで、積み上げられた遺体を野犬がむさぼっていたという。本県下での空襲被害は昭和二〇年二月一〇日以降、八月一四日まで五〇市町村に及んだ。空襲回数では太田が最も多く、罹災人口率では前橋の六五％が最も高く、次いで伊勢崎二一・三％、高崎四・六％となっている。想定外だったのは、日本の消防能力があまりにも低かったことである。米軍の目標は「可能な限り早く、効果的に敗北させる」ことにあった〔朝日新聞 2016m、朝日新聞 2016n、群馬県史 1991：750〕。

中島飛行機太田製作所を空襲したB29のうち、二機が上空で接触し、本県邑楽郡邑楽町の田んぼに墜落し炎上したという。住民への被害はなかったが、乗員二三名は全員死亡した。米兵の遺体は地元住民らによって埋葬され、敗戦後に米国の遺族に引き渡された。当時を知る地元関係者は、「戦争中で『鬼畜米英』と教えられた時代。当初は『招かれざる客』のために心から祈るという雰囲気ではなかった」、と振り返る。墜落現場近くの清岩寺（邑楽町）境内には、平成二五年三月に米兵の慰霊碑が建立され、二年後の二七年三月二一日（春彼岸）には、同寺で東京横田基地の米兵四六名（鎮魂曲を演奏）も参列し、日米合同追悼式典が開かれた。また当日は、高射砲で撃墜された艦載機グラマンの米兵三名の慰霊碑も公開されている〔朝日新聞 2015i、上毛新聞 2015l〕。

(57) 陸軍は、新たに編成した第六航空軍五二五機（後に二一〇機を増加）を九州方面から、第八飛行師団四四〇機（後に二一五機を増加）を台湾方面から作戦させる計画であったという。合計一三九〇機のうち、七四〇機が特攻機であり、海軍の航空兵力運用もこれと大同小異であった。知覧の部隊は第六航空軍に所属していた〔生田 1987：224～226〕。

戦艦大和沈没から七〇年にあたる平成二七年四月七日、大和が建造された広島県呉市に元乗組員や遺族約三〇〇名が集まり、呉海軍墓地内の「戦艦大和戦死者之碑」前で追悼式が開催された。新聞は次のように伝えている〔朝日新聞 2015b〕。

「大和の元乗組員で、昨年に活動を再開した『戦艦大和会』の広一志会長（91）が『乗組員の慰霊と偉勲の顕彰をしようという先人の遺志を継いでいくことは、現在を生きる我々の使命です』と式辞を読み上げた。

参列した荒堀かおるさん（83）＝和歌山県串本町＝は兄を亡くした。『残された私たちは戦後70年、つらい思いで生きてきました。3千人が亡くなったのに、大和は美化されていないでしょうか。戦争は絶対にしてはいけない』と話した」。

（58）横田曹長は工兵学校での生活を日誌（大学ノート二冊）に残しているが、現在、大泉町に住む横田の姪の一人は、「亡くなった母から、出兵の時は町中でにぎやかに見送られたが、遺品が返って来たときは寂しかったと聞いています。心を寄せていた女性もいたらしい。戦争はダメですね」、と話し、その日誌を横田の父母や兄弟の仏前に供え、手を合わせたという〔朝日新聞 2015j〕。

義号作戦の最高指揮官であった陸軍中将菅原道大は、参謀から特攻出撃を要請されても残務整理を口実にこれを拒否したという。そして敗戦から六年後、元義烈空挺隊の山田満寿小隊長が菅原と面会し、同隊出撃命令の真意を確かめようとした。山田が迫ると、菅原は返答に窮していたが、「赤穂浪士は切腹させられたから後世に語り伝えられた。義烈空挺隊は陸軍随一の精鋭部隊であったから死に場所を与えた」、と語ったという。部下には死に場所を与えたが、菅原は昭和五八年一二月まで生き延びて満九五歳で没している〔前澤 2016：221 ～ 222〕。

陸軍は下士官を補充する目的で、その速成コースとして昭和一八年一二月一四日、勅令第九二二号で特別幹部候補生（特幹）制度を創設した。一五歳以上二〇歳未満の男子志願者のなかから選抜された。一年半の教育の後、現役伍長となり、入隊より二年後に予備役少尉とすることとし、飛行・船舶・兵技・航技・通信などの兵種に分かれた。翌一九年四月に入隊した第一期生から、ほぼ四ヶ月ごとに入隊し、第四期生まであった。例えば、船舶特別幹部候補生の場合は約八〇〇〇名以上を数えたという。彼らは戦隊に配属されると、爆弾を積載した特攻艇「マルレ」に乗り、敵軍の上陸部隊や輸送船を爆弾や体当たりで攻撃した。一期生の約一四〇〇名は体当たり攻撃による特攻や、沖縄戦で戦没しているという〔秦 1994：684、上毛新聞 2015p〕。

（59）**「ひめゆりの塔」**は、戦火が止んだ後、当時真和志村長であった金城和信夫婦が村民の協力を得て学徒たちの遺骨を埋葬し、**沖縄陸軍病院第三外科壕跡**に塔を建てたのが最初であるという。同塔には沖縄師範学校女子部および沖縄県立第一高等女学校の教職員一六名・生徒二二一名（幼児一名を含む）が祀られている。「ひめゆり」とは、両校の校歌および校友雑誌『白百合』『乙姫』に由来している〔大田 2007：110 ～ 111〕。また、その他の学徒隊の慰霊碑等は左記のとおりである〔大田 2007：104 ～ 114〕。

「沖縄師範健児之塔」「平和の像（沖縄師範）」「一中健児之塔」「二中健児の塔」「南燈慰霊之塔（第三中・第三高女）」「三中学徒之碑」「沖縄工業健児之塔」「農林健児之塔」「和魂（那覇市立商工学校）」「海南健児之塔（私立海南中学）」「翔洋碑（県立水産学校）」「白梅之塔（第二高女）」「ずゐせんの塔（首里高女）」「積徳高等女学校慰霊之碑」「梯梧之塔（私立昭和高女）」。

現在、摩文仁にある三二県の慰霊碑（塔）のうち、「沖縄戦」と書かれているものは二基のみで全体の八割に上る慰霊碑は、より広い意味での戦争を視野に入れているという。さらにその碑文の多くが、「殉国者」や「愛国者」を讃美する文体で貫かれているため、靖国との近似性が議論されている〔北村 2009：292 ～ 294〕。
沖縄のユタによれば、戦死したら靖国神社の神になれると思っているが、しかし戦死したからといって神にはなれないという。戦死した人たちの骨玉《くちたま》（骨魂）は、戦死した土地に集骨され祭祀されている。「〔戦死者の〕亡骨もここにあって、こっちの神様が、ちゃんとすくいあげて、各自親兄弟のところにあるのに、なんで〔戦死者が〕靖国神社にいくのか」、と疑問を投げかけている。これは北村によれば、沖縄戦で家族を失った多くの沖縄の遺族においても、共有される感覚であろうという〔北村 2009：270〕
賜姓華族となった元皇族出身の戦没者は、太平洋戦争末期に二名出ている。伯爵伏見博英（伏見宮博英王）と侯爵音羽正彦（朝香宮正彦王）で、両者は「華族の戦死者」として靖国合祀された。また、準皇族待遇である朝鮮公族の陸軍軍人李鍝は広島で被爆死したが、靖国合祀されたという〔小田部 2009：50 ～ 52〕。

(60) 顕彰会は、各市町村の忠霊塔のために、陸軍墓地規則に定められたものと同規格の骨壺（英霊納骨用壺あるいは忠霊塔奉安分骨壺）を配布しようとしていたという〔小幡 2010：32〕。昭和一三年八月五日制定の「陸軍墓地規則」（昭和一六年七月一九日改正）には、次のようにある〔小幡 2010：32〕。

「第十条　分骨又は分髪を納付する為には白色陶器製の円壔形納骨壺（寸法形状付図の如し）に収納し表面に死亡者の官、勲、功、爵及氏名を、裏面に其の死亡年月を記入するものとす
前項の納骨壺は所管長官より遺族に之を交付す　」

このように分骨壺には、各人の階級・位勲功・氏名（氏名の下に「霊」を付す）・死亡年月日・死亡地を記すこととされていた。例えば高知県高岡郡北岡村（土佐市）では、同村の銃後奉公会（会長は村長）によって忠霊塔建設が進められるが（竣工は昭和二〇年一〇月）、忠霊塔内に納める分骨壺四二個を顕彰会の指定工場（愛知県）に発注して、二ヶ月足らずで骨壺が届けられている。また、顕彰会は「竣工祭に於ける御供物」を配布する事業も展開させようとしていたらしいという〔小幡 2010：31 ～ 34〕。

(61) 高知県高岡郡北岡村に配布された「忠霊塔建設明細表一覧表」には、「労力奉仕ノ状況」の項目に、細目として動員人数を記入する部分があったという。その細目とは「郷軍・青年団・国婦・愛婦・女青・中等学・女学・国民小学・一般市民村民」であった〔小幡 2010：35〕。

(62) 敗戦後の昭和三四年四月には、皇太子成婚を記念して遺族会が桜の木を植樹したが、忠霊塔脇に建つ「記念碑」には左記のようにある〔句読点は筆者、現地調査〕。

「この忠霊塔は、過去数度の戦役に散華した本村出身の多数の勇士のみたまを一つの塔に祭り、長くそのいさおを顕彰し、深く冥福を祈るため、昭和十八年十二月に建てられたものである。

本村では毎年四月慰霊祭を挙行して、みたまを慰め、その加護を祈っている。遺族会、その他の団体は、この塔の護持のため微力を尽してきたのであるが、たまたま本年が明治百年の年にあたるので記念碑を建てて長く後生に伝えるものである。

昭和四十三年十月　　　新里村遺族会」

鳥居は「終戦三十三回忌記念」として昭和五三年四月吉日、新里村社会福祉協議会・同村軍恩連盟・同村遺族会・同村傷痍軍人会により建立されている。管見の限り、忠霊塔前に鳥居が建てられている事例は極めて少ないが、鳥居があれば神社ということになり、戦没者はホトケではなくカミということになろう。ただし、三十三回忌を期しての建立であるから、村民の意識は神仏習合的と考えられる〔現地調査〕。

現在、忠霊塔内には骨壺が置かれ、戦没者の氏名が記されているという。既述の陸軍墓地規則に従っての措置であった。ただし、遺骨は殆どないという。遺骨に代わるものとして、写真・遺髪・爪などが納められ、年に二回ほど、納骨室の扉が開けられ掃除等が行われている。とくに八月一五日の「終戦記念日」には遺族会が慰霊祭を実施しているが、僧侶や神職の出席はないという〔今井 2009：19〕。

（63）桐生郷開拓団の「慰霊碑」の碑文は次のとおりである〔現地調査〕。

「満洲緑ヶ原桐生郷開拓団は高度国防と食糧増産の国策に協力する目的を持って昭和十八年一月十四日結成順序出発して挺身にてこの荒野に入植した。二十年八月二十三日暴徒侵入続いてソ連軍の襲撃を受け防衛と避難中八十余名はついに悲惨な最後を遂げ、国難に殉じた。誠に痛恨の極みである。本市は殉難団員を追悼し、慰霊碑を建てその勲績を永く後世に伝える次第である」

同開拓団は正式には「第十二次緑ヶ原桐生郷開拓団」と称し、同市から満州に入植した数は最終的に七八戸・二六五名で、五部落に分植した。敗戦時の混乱のなかで、碑文にあるように八〇余名の戦死者・戦病死者などの犠牲者を出している〔桐生市史 1961：148 ～ 160〕。

群馬県護国神社には昭和四二年五月、群馬県出身元満州開拓青少年義勇軍生存者一同により、**「義勇軍之碑」**（加藤完治書）が建立された。同軍の「群馬県出身者は昭和十三年の第一次より昭和二十年の第八次まで総計七阡有余名」と記されている〔現地調査〕。平成二七年九月二八日付『上毛新聞』は「満蒙開拓団冥福祈る」として、仏式による「合祀慰霊祭」を次のように報じている〔上毛新聞 2015q〕。

「本県から開拓団や義勇軍として旧満州（現在の中国東北部）に赴き、現地や帰国後に亡くなった人を弔う第42回合祀慰霊祭が27日、長野原町北軽井沢の群馬満蒙拓魂之塔で開かれ、参列した遺族ら約１００人が冥福を祈った。

戦時中に本県から8780人が旧満州に渡ったとされる。同塔は現地で亡くなった本県出身者のみ霊を弔うため、1974年9月に建立され、同塔奉賛会（石井二郎会長）が毎年9月の最終日曜日に慰霊祭を開いている。塔にはこの1年間に亡くなった関係者3人を加え。計3303人が合祀されている。

会場では、石井会長が『合祀された諸霊の在りし日を追慕しつつ、永遠の冥福をご祈念申し上げます』とあいさつし、参列者が順番に焼香した。

式典後には参列者が懇談し、故人をしのびながら思い出話に花を咲かせていた」。

なお、渡辺雅子によれば、大分県の盛徳大鶴開拓団は、一人の残留孤児も残留婦人も出さず引揚げを達成した希有な開拓団であったという〔渡辺 2011：14〕。渡辺氏からもいろいろとご教示をいただいた。

（64）同塔建設以来、芳賀村では毎年春彼岸に法要を実施していたというが、現在、同塔前での慰霊祭は実施されていない。また、同塔内に納骨はされているが、その量は少なく、遺骨に代わって戦場の石・砂や遺髪などが納められているという〔今井 2015d:53、現地調査〕。

欧米では、例えば「アメリカのアーリントン国立墓地の無名戦士の墓には一戦争につき誰とも特定できない一遺体のみが戦争のすべての無名戦士を代表するものとして選ばれて埋葬されている。粟津賢太氏によれば、そのアーリントン国立墓地には約二五〇万平方メートルに二〇万人以上の戦没者が埋葬されているが、戦場から数体の遺体が集められ、その中から一体だけが選ばれてその戦争におけるすべての無名戦士を代表するものとされるという。現在、第一次大戦、第二次大戦、朝鮮戦争、ベトナム戦争の無名戦士が埋葬されており、墓碑には次のような刻印がある。『神のみぞその名を知る兵士、名誉と栄光に包まれてここに眠る』」〔新谷 2010：211〕。

（65）矢場川村は四大字を村域とする純農村であったが、昭和三五年七月に同村の二地区が太田市に、他の地区が栃木県足利市に分村合併されている〔太田市 1994：871 ～ 875〕。

第四章　結語——戦没者はカミかホトケか

1　忠霊塔と陸軍墓地

戦没者慰霊の問題は、実に広範囲かつ複雑・多岐にわたる問題であり、また時代により変化し、地域による特色もあって、容易に語り尽くすことは到底困難である。本県での事例に関していえば、戦時下の厳しい状況下にありながら、政府の方針とは全く正反対に、本県はひたすら忠霊塔を建設し続けようとしたのである。その要因は何であったのか。おそらくは「群馬の桜井徳太郎」なる人物が介在したと思われるが、ただし、その人物の特定は全くなされていないのが現状である。本県は、結果的には顕彰会の当初の建設方針に則る形で多くの忠霊塔を建設したことになり、いわば模範的な県であった。その根底には、戦没者の慰霊・顕彰と共に戦没者の遺骨に拘り、宗教的に戦没者（死者）を「カミ」ではなく、伝統的な「ホトケ」として位置づけようとした意図があったからと推測できよう。残念ながら今のところ、とくに本県での陸軍・仏教界の動向についての手がかりは殆ど掴めていない。実際、忠霊塔に関する文献資料は思った以上に乏しく、その建設に関して充分に掘り下げることはできなかったのである。

一方、本県高崎市街の西方に位置する高崎観音山は、本県における「軍都の慰霊空間」を形成することになった。そこには大忠霊塔と大観音、そして護国神社が創建され（忠魂墓塔は未完であった）、さらに高野山から寺院が移設されて「関東の高野山」たるべく、戦没者を中核とした死者慰霊祭祀の聖域として形作られていった。同地にはカミと

合葬墓碑三基（高崎陸軍墓地）

「納骨供養塔」（同上）

ホトケが共存することになった。ただし、この観音山には陸軍墓地は存在せず、**高崎陸軍墓地**は、観音山からすると烏川を挟んだ東対岸の連隊兵営と高崎英霊殿に隣接する地に造営されている。

忠霊塔について語る場合、陸軍墓地との関係は不可分であった。現在、竜広寺の境内に残る高崎陸軍墓地に関しては、既述のように手島・西村（2003）によってその全貌が明らかとなった。同墓地は敗戦後の昭和二七年に竜広寺が大蔵省から払い下げた際、その敷地は四分の一に縮小されていたという。現在は戦前の**合葬墓碑三基**（「明治二十七八年戦役　明治三十七八年戦役　戦死病没者之碑」「満州事変　忠霊之碑」「支那事変　大東亜戦争　忠霊碑」）と「元ロシア人兵士之墓」および個人墓碑二五七基が確認できる。また、群馬県パラオ会により「**納骨供養塔**」（昭和四八年四月一九日）も建立されている（手島・西村 2003：68 ~ 70、現地調査）[1]。

とりわけ興味深いのは、同墓地には戦没者はそれほど埋葬されていないという事実であった。明治期に建立された個人墓碑は、全て平時の病死者のものであり、昭和期に建立された個人墓碑三二基のうち、一九基だけが満州事変における戦病死・公務死の兵士の墓であるという〔手島・西村 2003：96〕。つまり遺骨が内地に送還された場合でも、陸軍墓地には殆ど納骨されず、遺骨は個人の家の墓に埋葬されたということになろうか。陸軍墓地から遠隔の地の居住者であればあるほど、同墓地に分骨埋葬することは大変手間のかかる作業であり、かつ資金も要することであった。したがって、遺族としては先祖が埋葬されている、あるいは先祖が祀られている身近なムラの墓に墓碑を建て納骨することで、何よりも安堵したのである。同時に人々は、戦没者の「荒魂」も祖霊に取り囲まれ、そして取り込まれていくことで、「和魂」となり満足すると考えたのではなかろうか。「村内の英霊は村内に之を祀り身近でその祭祀をしたい」という、本県横野村での英霊殿創建に関しての村民の思いが、これを象徴的かつ端的に示しているといえよう。こうした状況は、全国の陸軍墓地においても同様であったと推測できる。もっとも、そもそも当初の陸軍埋葬地の設営が戦没者の埋葬目的ではなかったから、それからすれば戦没者の遺体・遺骨が少ないとしても、何ら不思議なことではなかった。したがって、陸軍墓地と戦没者とがどのように関係づけられるかという研究は、自ずから「戦没者の墓」とされた忠霊塔の研究へと発展することになるのである。(2)

2　靖国ピラミッド

すでに拙著（2005）でも言及しているが、満州事変後の昭和九年一〇月、民間の神社関係者の一人である葦津耕次郎（長男は後の神社新報社主筆の葦津珍彦）は、靖国神社において仏教各宗派の参加する「仏教供養」を執行すること、そしてそのための組織として「靖国会」を結成することを提案している。葦津によれば、神仏融合こそ日本の本来の姿であり、明治維新の廃仏毀釈は誤った政策にほかならなかった。靖国神社における神職の祭事には「英霊に感謝しその勲功を賛美」する面、つまり顕彰に力点があり、「その魂を慰め安堵」させる「仏教の回向、又は供養」は施されていないという。したがってこの回向を施してこそ、「死んでも死に切れない」思いの戦没者の霊も浮かばれる、と考えたのである。つまり靖国神社〔神道〕は顕彰施設であり、寺院〔仏教〕は慰霊施設ということになろう。しかしこの葦津の提案は、神社界主流から強い反発を受けることになる。国家的レベルで、戦没者慰霊顕彰の主流たる靖国〔国家〕祭祀の根幹を支えている神社界にとって、その自負と意義を否定する考えは毛頭受け入れられるものではなかった。仏教の供養を加えねばその魂が安んずることができぬとする魂があるとしたら、その英霊と遺族は、「陛下に対し奉つて不忠不義の至りである」と痛烈に批判し、葦津の主張は神社界から完全に抹殺されることになった〔今井 2005：406、赤澤 1985：203 ～ 204、新潮社 1991：47〕。

やがてこの後に忠霊塔建設運動が展開し、その祭祀形態をめぐって「陸軍省・仏教界」と「内務省・神社界」との対立が激化していくが、神社界から葦津のような提案がなされたことは実に特記すべきことであろう。神社界の人間であるにもかかわらず、死者の回向は仏教に依るべきであるという葦津の主張は、いわば国民一般の本音を代弁したものではないかと考えられる。なぜならその当時、靖国神社当局が社前で念仏や題目を唱え、仏式の参拝をしていく多くの遺族等の姿を記録しているからである〔大原 1984：138〕。

これは、昔から戦没者はカミでなくホトケとして祀るのだという、大多数の国民の根強い信仰を証明するものと考えられよう。民俗学の佐野賢治によれば、現在でも多くの遺族は「忠霊塔にお参りすると、ほっとする」と答えているという。それは戦没者の魂だけを祀り、かつ居住地から遠隔の地にある「巨大な忠魂碑」たる靖国神社とは異なって、戦没者の氏名が明確に刻まれ、あるいは遺骨〔遺品〕が納められた「共同祭祀の場」である忠霊塔は、日常の生活圏であるムラ社会のなかに建設された。忠霊塔においては、戦没者の魂は遥か遠い「イエ〔家〕」の先祖まで繋がっていくと考えられ、同時に記憶に新たな戦没者の魂と肉体の双方を祀った「ムラの墓地・聖地」として、人々に認識されていたからであろう。既述のように、村人の本心は何よりも戦没者の「身近での祭祀」を望んでいたのである。

近代日本において、国家権力は戦没者を家族（遺族）の手から離し、強制的に靖国・護国神社にカミとして祀り、とりわけ顕彰の対象としていった。その結果、近代国家のなかで戦没者は重層的に祀られ、図のような「**靖国ピラミッド**」が構築されていったのである。しかしこの祭祀体系の土台であるイエにおいては、既述のように伝統的な先祖祭祀を基盤として、戦没者は一般的にカミではなくホトケとして祀られたのである。とくに忠霊塔は墳墓とされたから、必然的にイエでの祭祀と関係が深く、

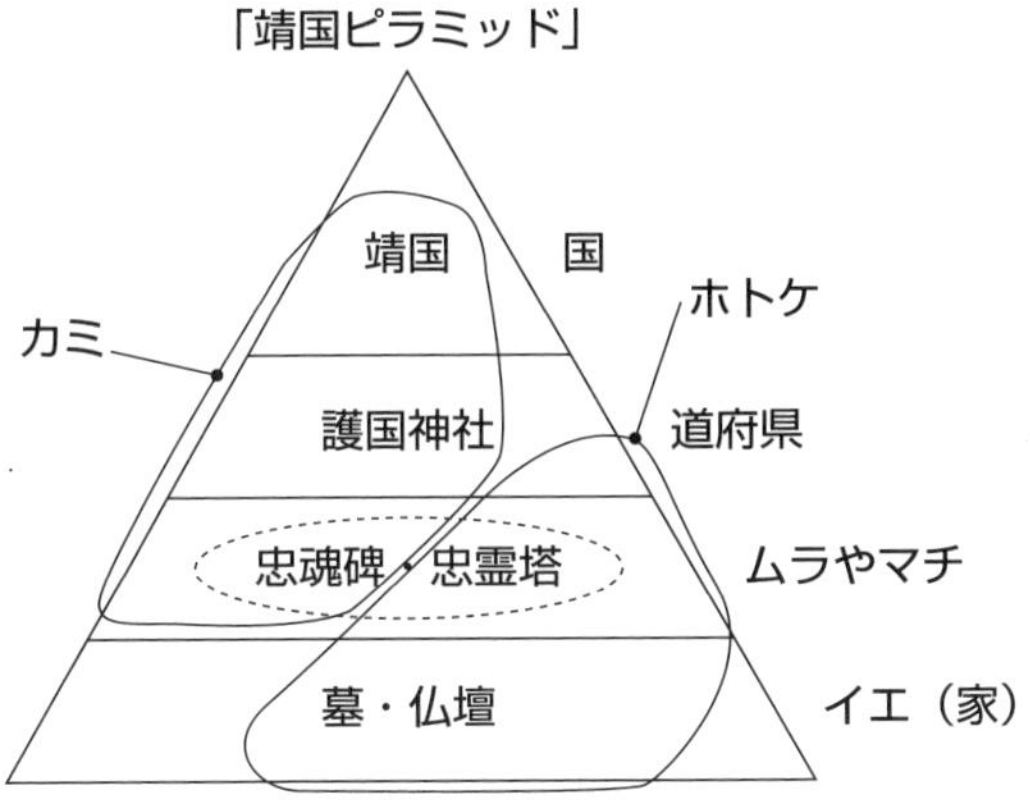

地域社会においては仏式による戦没者の町村葬も営まれ、ホトケとして認識されていった。つまり国家はあくまでカミとして、人々（国民）はあくまでホトケとして戦没者を位置づけようとしたことになる。ここに宗教・祭祀上の対立や矛盾・ねじれ等が生じていった。こうして天皇教に従属する臣民の戦没者をカミとして祀ろうとした靖国祭祀の限界が、明治以降、多種多様な形態で露呈していくことになった。そもそも戦没者をカミとして祀り、神道・神式により特化させようとしたところに無理があったと筆者は考えている。
こうした経緯を勘案すれば、一般的に戦没者の魂のみを祀った忠魂碑（遺骨なし）は、明らかに靖国・護国神社の系譜に繋がる慰霊顕彰施設である。一方、墳墓とされた忠霊塔はこの系譜ではなく、現在でも遺骨を収容し続けている、靖国神社に近い**千鳥ヶ淵戦没者墓苑**（当初は「無名戦没者の墓」、昭和三四年三月創設、千代田区三番町）に連なる系譜なのではなかろうか。当初、その遺骨は「象徴遺骨」とされたが、常民レベルでは、忠魂碑と忠霊塔の区分につい

ては曖昧さを残しているものの、このように戦没者慰霊に関しては、結果としてダブルスタンダードが生み出されていったのである〔今井 2008a:54、大谷 2004：138 ~ 140〕。

千鳥ヶ淵戦没者墓苑（東京千代田区）

3　英霊供養と興亜観音

昭和期の日本の中国占領地政策において、文部省および陸軍の意向により設置された興亜院の政策として、「日支親善」を名目とした「宣撫工作」が展開された。とくに「大陸布教」に関する管理監督は軍当局から興亜院が引き継いだというが、両者は一体であった。宣撫工作は最前線の軍隊が直接行うこともあったが、主に特務機関に所属する宣撫班（五名程度で編成）が担当した。その実態は殆ど知られていないが、武装した同班は軍隊が鎮圧した村や町に入り、いわゆる「思想戦」「民衆獲得戦」や「帰来工作」を展開したのである。その活動は宣撫班員の裁量に任されていたという〔山田 2014b:193、新野 2014 : 183, 191 ~ 192、秦 1994 : 134〕。

例えば、天津の観音寺（曹洞宗）には、陸軍の要請により英霊の遺骨を一時保管する「英霊奉安所」が建立された。建設資金は全て陸軍が負担している。昭和一四年四月一二日には日中仏教からなる天津仏教連合会による「興亜祭」に合わせて、落慶法要が営まれた。興亜祭とは、釈迦の降誕を祝う四月八日の「花まつり」を改称したものであり、同法要や英霊を奉安する際には中国人も参拝させている。「日中親善」の演出である。一方、南京大虐殺事件の際に中支那方面軍司令官であった陸軍大将松井石根は、乃木希典を尊敬していたというが、それは乃木が納骨祠等の建立に関わっていたことと関連があった。松井は復員後の昭和一五年、自邸があった静岡県熱海の伊豆山に「興亜観音」（高さ八尺・台座の高さ二尺五寸、後の礼拝山興亜観音）を建立している。その目的は、観音力により東亜の平和と繁栄を祈念しようとする点にあったという。観音（観世音菩薩）とは、世間の衆生の救いを求める音声を観じると直ちに救済する、という意味である。あるいは、観音は人々を救うために三三種に自己変身するともいう。これは仏教の怨親平等思想に基づいて日中双方の戦没者の慰霊・供養をしようとするものであったが、他方で人々を戦争に向かわせる推進力にもなっていた。興亜観音の「建立縁起」では、「怨親平等」が明示されており、観音菩薩の慈悲によって亡くなった人々の菩提を弔うと共に、「東亜民族」の救済を念じている。露座の興亜観音は常滑の柴山清風の作で、戦場（南京）の土で造ったという陶製の合掌像であった。それは旧来の観音像の形態とは異なり、伸ばした五本の指は五族協和、合わせた掌は東洋と西洋の一致を表し、眼下の太平洋と中国大陸（南京）の方向に向けて建立されたという〔新野 2014 : 233 ~ 234、山田 2014a : 169 ~ 170、山田 2014b:194 ~ 196、古田他 1988 : 165、朝日新聞 2009〕。その台座には左記の「建立縁起」が刻まれた〔山田 2014a:170〕。

茲に此等の霊を弔ふ為に、彼我の戦血に染みたる江南地方各戦場の土を獲り、施無畏者慈眼視衆生の観音菩薩の像を建立し、此の功徳を以て永く怨親平等に回向し、諸人と倶に彼の観音力を念じ、東亜の大光明を仰がん事を祈る

また、東條英機の後任として昭和一九年七月に組閣する陸軍大将小磯国昭は、かつて満州事変後、関東軍参謀長兼特務部長の任にあり、一七年に発行された『観世音』という雑誌に「日本精神と観音信仰」と題する一文を寄せている。そこでは、おそらく数年間は、「支那人」は永く日本に対して恨みを構えるであろうから、何とかしてこの怨念を消す方法はないだろうかと思案した。その結果、南京で発見された観音像を本尊とし、日中両軍の戦没者を合祀して「日支親善」のために観音堂を建立したい旨を記しているという。これは戦略的には、同胞を殺されたことにより巻きおこる中国人の恨みを鎮めるための手段と考えられ、戦争を正当化する論理とされていったのである。そして、広く東アジアに浸透している慈悲深い観音菩薩をもって「興亜」の象徴とすべく、東京浅草寺（通称「浅草観音」、後の聖観音宗総本山）に「観音世界運動本部」が設置された。こうして浄仏国土を建設し、皇国の進運に寄与するための観音世界運動が推進された。さらに、一九年には「大東亜観音讃仰会」が発足し、「大東亜諸地域ニ於テ観音信仰ヲ鼓吹」することにより、「興亜大業」を完遂させることを目的としたのである。そのためには、観音霊場の顕彰や大東亜諸地域での観音三十三霊場の設定と共に、興亜観音堂または供養塔建立を助成する方針が打ち出されたという。つまり大東亜共栄圏の建設にあたっては、官民挙げて、観音菩薩による威光を敷衍して日本支配のさらなる拡大をめ

ざし、他方では怨親平等思想によって敵味方戦没者の鎮魂を実施して、とくに敵軍生者の怨念が噴出・拡散していくことを鎮めようとしたのである。その結果、三重・富山・奈良などの各県の他、海外にも観音像が建立されていったという〔山田 2014b : 193、新野 2014b : 183, 191、秦 1994 : 58、古田他 1988 : 165, 571 ~ 572、朝尾他 2005 : 353〕[3]。

以上のような展開は、大陸での国策・宣撫工作の一環として仏教の「戦時教学」の一側面を表出したものでもあり、仏教の純粋な理念に基づいた宗教活動とは全くかけ離れていようが、注目すべきはここでも戦没者をホトケとして位置づけようとしている点である。外地でのこうした陸軍と仏教界との共同作業では、戦没者を靖国祭祀に従ってカミとするのはあまり意味がなく便宜的であって、大陸での植民地支配を実行する上では、遺骨・遺体に固執し戦没者をホトケとして祀る手法が最も合理的ではなかろうか、という強い意志が伝わってくる。これは政策実施上の方便ではあったが、少なくとも日中両国の人々の心を捉えたことも確かであったのだろう。これに関連して、外地における「海外神社」と慰霊施設との関係も別途に検証されなければならない課題であろう。[4]

会津「小田山忠霊堂」（会津若松市花見ヶ丘・小田山陸軍墓地）

鹿児島永吉陸軍墓地（鹿児島戦没者墓地、鹿児島市永吉）

4　その他の課題

敗戦後、国内の忠霊塔等の慰霊施設は撤去されたり再建されたりと、時代の流れによって新たな位置づけを与えられることになった。こうした敗戦後の展開については拙著（2005）で多少言及しているが、さらに本格的に検討されなければならないだろう。福田博美によれば地域社会の人々は現在、こうした慰霊施設を混同して認識しているという。つまり「忠霊塔」といわれて訪ねたところ、実は「忠魂碑」であったり、あるいは「戦没者顕彰碑」であったり、といった具合である。これは一つには、既述の神奈川県から発せられた、忠魂碑から忠霊塔への転用許可に代表され

旭川の「忠霊塔（堂）」（北海道戦没者慰霊堂、旭川市花咲町）

玉村町八幡宮（本県佐波郡玉村町）の「国魂神社」（旧奉安殿）

本県佐波郡玉村町の「藤川忠霊塔」（旧奉安殿）

る方針等の影響によるものと考えられるが、その常民文化の基底には何よりもカミとホトケが混在していたことに起因していよう。また、学校敷地内に建てられていた天皇教の象徴たる「**奉安殿**」は、敗戦後撤去されたものの、現在は「ムラやマチの靖国」として転用されている事例が徐々に明らかとなってきた〔福田 1997 : 18、今井 2005 : 328、今井 2015d:50、戦争事跡 2011 : 23 ~ 24、現地調査〕[5]。

敗戦後の紆余曲折はあったにしても、基本的には戦前に構築された戦没者慰霊顕彰体制が、現在まで存続していることは明白な事実であろう。そればかりか島薗進によれば、その基幹であり解体したはずの「国家神道」は依然として存続しているという。とりわけ靖国神社は敗戦後、春秋の彼岸行事を念頭に置いて新たな例大祭の日程を決定した。また、七月の盆の時期には「みたままつり」を創始している。仏教との習合をより強く推進することで、表向きには極力神道色を排除し、国民一般からの支持を得て靖国祭祀の存続を図ろうとしたのである。こうしてみると既述の葦津の提案は、奇しくも敗戦後に神社界で息を吹き返しているのではないかと思われる。ただし、現今の「墓じまい」の潮流のなかで、「靖国ピラミッド」の土台たるイエでの先祖祭祀は大きく揺らぎ始め、戦没者の無縁化は益々加速していることも事実である。こうした状況のなかで、イエにおける戦没者慰霊・祭祀に関しても検証の必要性が迫られているのである〔島薗 2010 : 213、靖国神社 1999 : 171 ~ 174、今井 2015d:50 ~ 51〕[6]。

註

（1）群馬県パラオ会は、十五連隊の生還者を中心に昭和四〇年に発足したが、平成二七年四月五日に高崎市の竜広寺で慰霊祭を開いた。これに関しては左記のように報道された〔上毛新聞 2015〕。

「約70名が参列し、日本から3千キロ以上離れた南国で戦死した人たちの冥福を祈った。続く総会で解散が正式に決まり、発足から50年の歴史に幕を閉じた。（中略）

戦没者墓地の一角に納骨供養塔を73年に建立して以来、同寺で4月の慰霊祭を続けてきた。2月に解散を表明していた。（中略）

5日に解散した県パラオ会は10年前に約１４００人いた会員が約２７０人に減少。慰霊祭にはここ数年、15人ほどしか参加していなかった。事務局長の小菅忠さん（75）は『子や孫と一緒に慰霊祭に来る人はほとんどいなくなった』と関心の薄らぎを嘆く。

広島、長崎の被爆者や遺族でつくる県原爆被災者の会（群友会）も高齢化で数年前から活動していない。須藤叔彦会長（85）は『われわれのような会がなくなると、平和を願う声も消えてしまうのでは』と危惧する。８月に慰霊の会を開く考えだが、それが最後の活動になる見通しという」。

原爆死者慰霊を視野に入れた一冊としては、西村（2006）がある。西村明氏にはかつてご厄介をおかけした。

（２）横山篤夫によれば、大阪真田山陸軍墓地の場合、葬法の実態はよくわかっていないという。同陸軍墓地では、「土葬に始まり、日清戦争期から火葬の場合が加わり、日露戦争期からは火葬による埋葬が原則となる。また、日露戦争以後は、戦死者の個人墓ではなく戦争・事変ごとに合葬墓で葬ることが原則となった（図１・２）。ただ、平時の兵役従事者の死には個人墓碑が建てられた。また、遺族からの願い出によって、満州事変以後にも個人墓碑の建立が許可された」、という〔小田・横山他 2006：28～29〕。さらに「大阪ゆかりの戦没軍人のうち、陸軍墓地に埋葬・分骨されているのは三二・八パーセント、ほぼ三分の一程度となる。ということは、残りの三分の二は一般墓地に埋葬されたことになる。（中略）東京で陸・海軍墓地（筆者注・音羽陸軍墓地と白金海軍葬儀場）に埋葬されたのは、合計しても二九九五人でしかない。この地に東京忠霊塔を建設し、分骨を収納する計画が進められたが、戦争が激しくなり実現は見なかった。従って、東京ゆかりの戦没者軍人と、兵役従事中の平時の戦死者の大多数は、一般墓地に埋葬されていることになる」、という〔横山 2005：57〕。

（３）熱海の興亜観音の脇に「七士之碑」（吉田茂書）が建っているという。敗戦後の昭和二三年一二月二三日、処刑された東條や松井らのA級戦犯七名の遺体は横浜で火葬されたが、彼らが殉教者になることを恐れた米軍は遺灰を持ち去った。しかし三日後、火葬場長と、終身刑となった小磯の弁護人を務めた三文字正平は、骨捨て場で残った灰を密かに集めた。翌年、同観音の住職は遺灰を預かり、それを一〇年間隠し続けた後に既述の石碑を建て、その下に遺灰を埋葬したという。同碑を「もう一つの靖国」と呼ぶ人もいる〔朝日新聞 2009〕。このように、A級戦犯もホトケとして祀られているのである。

森岡清美によれば、東京の世田谷観音（観音寺、天台宗、世田谷区下馬、昭和二五年創建）にも「特攻平和観音」が安置されており、毎年秋分の日の午後に年次法要が執行されているという〔知覧パンフレット、森岡 2011：1、東京都歴教研 1993：118〕。森岡は平成五年の年次法要の様子を左記のように記している〔森岡 2011：1〕。

「鬱蒼と生い茂る木立に囲まれた境内は、雨にもかかわらず多数の参詣者で埋められている。浅草寺一山式衆による読経、遺族代表・戦友代表による追悼の辞、戦没者辞世の献吟、ラッパによる『国の鎮め』献奏が、本堂左手の特攻平和観音堂の前でくりひろげられていく。参列者はもちろん、受け付けに座っている人びとにも高齢者が多いことに、この年次法要が経てきた時の流れを思わせられた」。

（4）海外神社に関しては、中島三千男の一連の研究が参考になる。

（5）小柴可信氏（本県佐波郡玉村町教育委員会）のご教示によれば、本県玉村町下新田の**玉村八幡宮**にある戦没者慰霊施設の「**国魂**《くにたま》**神社**」（祭神数は三〇六柱）は、玉村町国民学校にあった奉安殿（明治四三年一〇月建設）を敗戦直後に同社に移転し、昭和四五年に社殿として転用したものであるという。また、同町藤川の「**藤川忠霊塔**」（建立年月日不詳）は、上陽村国民学校にあった奉安殿を転用したものであるという。入口には鳥居が設置されており、鳥居には「奉納昭和二十八年九月吉日上陽村」と記されているから、忠霊塔と共に建設されたものと推測できる〔戦争事跡 2011：14～15, 19, 23～24、現地調査〕。奉安殿に関しては、長志珠絵の研究（2013）が参考になる。

（6）靖国信仰の核となる靖国神社崇敬奉賛会の会員数は、現在減り続けているという。同会員は、「定期的に参拝し、寄付をする遺族や戦友らだ。現在はピーク時の3分の2の約6万2千人。減少について神社の社報には『会員の高齢化に伴い、逝去などの理由による退会者が多い』と記されている。1年間の参拝者数の詳細は明らかにされていないが、02年は約600万人で、03年以降は約500万人という」状況である。近年、靖国神社では従来の「慰霊」に加えて、境内外苑の桜を植え替えるなどして散歩道を整備し「憩い」の空間も演出している。そこでは、一般の人々に繰り返し訪れてもらう「いざない」を狙っているという〔朝日新聞 2016g〕。

〔参考文献〕

赤澤史朗、1985『近代日本の思想動員と宗教統制』校倉書房。

赤澤史朗、2005『靖国神社――せめぎあう〈戦没者追悼〉のゆくえ――』岩波書店。

赤澤史朗、2013「靖国神社における戦没者の合祀基準の形成――明治期に関して――」國學院大學研究開発推進センター編『招魂と慰霊の系譜――「靖国」の思想を問う――』錦正社、3～31.

赤澤史朗、2015『戦没者合祀と靖国神社』吉川弘文館。

朝尾直弘他編、2005『角川　新版　日本史辞典』角川書店。

旭川屯田会一〇〇年史編集委員会編、1991『旭川屯田一〇〇年史』旭川屯田会会長小山仂。

朝日新聞、1999「『陸の軍神』教育者の側面」（八月三〇日付）。

朝日新聞、2007「歴史と向き合う　『肉弾三勇士』物語」（六月一三日付）。

朝日新聞、2009「A級戦犯　遺灰眠る観音の寺」（八月二七日付）。

朝日新聞、2011 a「前橋の『軍神』　母は泣いた」（一月二五日付）。

朝日新聞、2011 b「80年前の第1回『論壇時評』を読む」（一一月八日付）。

朝日新聞、2011 c「真珠湾　見つめ直す」（一二月六日付）。

朝日新聞、2013 a「国立競技場　学徒出陣の記憶」（一〇月一九日付夕刊）。

朝日新聞、2013 b「学徒出陣70年　追悼式」（一〇月二二日付）。

朝日新聞、2015 a「街プレーバック　出陣学徒壮行会」（二月一三日付夕刊）。

朝日新聞、2015 b「3千人犠牲　戦争いけない」（四月七日付夕刊）。

朝日新聞、2015 c「ノモンハン事件をたどって5」（五月一一日付夕刊）。

朝日新聞、2015 d「戦後70年　群馬の戦争1　『軍都』高崎　派兵の歴史」（八月一日付）。

朝日新聞、2015 e「戦後70年　群馬の戦争2　中島飛行機　軍需で拡大」（八月二日付）。

朝日新聞、2015 f「南方からの視線　戦後70年　5」（八月一日付）。

朝日新聞、2015 g「戦後70年　群馬の戦争5　米爆撃『工場より住宅』」（八月六日付）。

朝日新聞、2015 h「戦後70年　遺品が伝えるパラオの激戦」（七月二九日付）。

朝日新聞、2015ｉ「戦後70年　米軍機３人の鎮魂碑」（三月二〇日付）。

朝日新聞、2015ｊ「戦後70年　特攻前の学生日誌　21歳の素顔伝える」（九月一日付）。

朝日新聞、2015ｋ「声　語りつぐ戦争　オピニオン」（一一月一六日付）。

朝日新聞、2016ａ「生き地獄と言われた戦地」（一月二〇日付）。

朝日新聞、2016ｂ「民主主義の先進県　群馬」（三月二六日付）。

朝日新聞、2016ｃ「本土初空襲　埋もれさせない」（四月一四日付）。

朝日新聞、2016ｄ「声　語りつぐ戦争　オピニオン」（四月一八日付）。

朝日新聞、2016ｅ「前橋出身兵の戦死　市民団体調査」（八月一五日付）。

朝日新聞、2016ｆ「前橋出身兵の戦死調査」（八月一九日付）。

朝日新聞、2016ｇ「靖国　参拝者確保手探り」（九月一四日付夕刊）。

朝日新聞、2016ｈ「古都さんぽ　山折哲雄が歩く　３」（一一月二〇日付）。

朝日新聞、2016ｉ「戦火の残響」（一一月二〇日付）。

朝日新聞、2016ｊ「首相　真珠湾訪問へ」（一二月六日付）。

朝日新聞、2016ｋ「パールハーバーを見た」（一二月七日付）。

朝日新聞、2016ｌ「耕論　日米開戦から75年」（一二月七日付）。

朝日新聞、2016ｍ「救われず71年　空襲、見捨てられた民２」（一二月一九日付）。

朝日新聞、2016ｎ「救われず71年　空襲、見捨てられた民３」（一二月二〇日付）。

朝日新聞、2016ｏ「救われず71年　空襲、見捨てられた民４」（一二月二一日付）。

朝日新聞、2017「朝鮮出身の旧日本兵弔いを」（八月二五日付）。

新井勝紘・一ノ瀬俊也編、2003『国立歴史民俗博物館研究報告――慰霊と墓――』一〇二号、国立歴史民俗博物館（歴博）。

荒川章二、2007『日本史リブレット95　軍用地と都市・民衆』山川出版社。

荒川章二編、2015『地域のなかの軍隊２　関東　軍都としての帝都』吉川弘文館。

粟津賢太、2003「忠霊塔をめぐる言説と宗教社会学的アプローチ」歴博編『近現代の戦争に関する記念碑』歴博、27～31.

粟津賢太、2017『記憶と追悼の宗教社会学――戦没者祭祀の成立と変容――』北海道大学出版会。

生田　惇、1987『日本陸軍史』教育社。

池上良正、2008「靖國信仰の個人性」國學院大學研究開発推進センター編『慰霊と顕彰の間――近現代日本の戦死者観をめぐって――』

錦正社、184～216.

〔参考文献〕

石井研堂、1997a『明治事物起源3』ちくま学芸文庫。

石井研堂、1997b『明治事物起源6』ちくま学芸文庫。

石上善應、2001『浄土宗小事典』法藏館。

石原征明、2003『ぐんまの昭和史（上）』みやま文庫。

石原征明・岩根承成、2016『ぐんまの自由民権運動』みやま文庫。

伊勢崎市編、1991『伊勢崎市史　通史編3　近現代』伊勢崎市。

伊勢崎市編、1993『伊勢崎市史　通史編2　近世』伊勢崎市。

伊勢崎市赤堀歴史民俗資料館、2010「企画展　解説シートNo.1　日露戦争の兵士たち」赤堀歴史民俗資料館。

一ノ瀬俊也、2004『近代日本の徴兵制と社会』吉川弘文館。

一戸富士雄・佐藤雅也他、2011「『満州事変』の『陣中日誌』について──野砲兵第二連隊第一大隊本部『陣中日誌』より（中間報告一）──」仙台市歴史民俗資料館編『足元からみる民俗19　調査報告書第29集』仙台市教育委員会、138～354.

伊藤純郎、2008a『増補　郷土教育運動の研究』思文閣出版。

伊藤純郎編著、2008b『フィールドワーク　茨城県の戦争遺跡』平和文化。

伊藤純郎、2015「予科練と特攻隊の原風景──霞ヶ浦・筑波山──」荒川編『地域のなかの軍隊2』吉川弘文館、165～188.

伊藤智永、2009『奇をてらわず──陸軍省高級副官美山要蔵の昭和──』講談社。

伊藤智永、2016a『靖国と千鳥ヶ淵──A級戦犯合祀の黒幕にされた男──』講談社。

伊藤智永、2016b『忘却された支配──日本のなかの植民地朝鮮──』岩波書店。

井上章一、1995『戦時下日本の建築家──アート・キッシュ・ジャパネスク──』朝日新聞社。

猪熊敬一郎、2010『日露戦争戦記文学シリーズ（一）　鉄血』雄山閣（解題・前澤哲也）。

今井昭彦、2002「銃後の人々の想い」『みて学ぶ埼玉の歴史』編集委員会編『みて学ぶ埼玉の歴史』山川出版社、134～135.

今井昭彦、2003a「日露戦争と戦争碑──山田郡大間々町の事例から──」『群馬評論』九四号、群馬評論社、88～91.

今井昭彦、2003b「近代日本における戦死者祭祀──忠霊塔建設運動をめぐって──」『近代仏教』一〇号、日本近代仏教史研究会、93～107.

今井昭彦、2004a「忠霊塔に関する一考察──その意匠と祭祀形態をめぐって──」『歴史と民俗』二〇号、（神奈川大学日本常民文化研究所論集二〇）、平凡社、117～139.

今井昭彦、2004 b「国家が祀らなかった戦死者――白虎隊士の事例から――」国際宗教研究所編『新しい追悼施設は必要か』ぺりかん社、178 ~ 197.
今井昭彦、2005『近代日本と戦死者祭祀』東洋書林。
今井昭彦、2008 a「群馬県における忠霊塔建設――靖国問題によせて――」『群馬文化』二九五号、群馬県地域文化研究協議会、41 ~ 57.
今井昭彦、2008 b「忠霊塔建設に関する考察――その敗戦までの経緯――」関沢編『国立歴史民俗博物館研究報告――戦争体験の記録と語りに関する資料論的研究――』一四七集、歴博、375 ~ 416.
今井昭彦、2009「慰霊から読む近代桐生の精神史」『桐生史苑』四八号、桐生文化史談会、8 ~ 19.
今井昭彦、2013『反政府軍戦没者の慰霊』御茶の水書房。
今井昭彦、2014「軍都高崎と戦没者慰霊」群馬県立女子大学群馬学センター編『群馬県立女子大学　第二期群馬学リサーチフェロー研究報告集』群馬県立女子大学群馬学センター、45 ~ 52.
今井昭彦、2015 a「人神信仰と戦没者慰霊の成立」島薗進他編『シリーズ日本人と宗教３　生と死』春秋社、201 ~ 225.
今井昭彦、2015 b「コラム１　軍都高崎と歩兵第一五連隊」「コラム３　宇都宮第一四師団」荒川編『地域のなかの軍隊２』吉川弘文館、82 ~ 87,126 ~ 132.
今井昭彦、2015 c「群馬県における戦没者慰霊」『旧真田山陸軍墓地研究年報』三号、特定非営利活動法人旧真田山陸軍墓地とその保存を考える会、14 ~ 26.
今井昭彦、2015 d「戦没者慰霊の現状と課題――群馬県の事例をもとに――」『群馬文化』三二三号、群馬県地域文化研究協議会、37 ~ 54.
今井昭彦、2017「軍都高崎と戦没者慰霊」群馬県立女子大学編『群馬学リサーチフェロー論集　群馬学の確立にむけて　別巻１』上毛新聞社、61 ~ 72.
岩井忠熊、2008『「靖国」と日本の戦争』新日本出版社。
岩波書店編集部編、1991『近代日本総合年表　第三版』岩波書店。
岩根承成、2000「高崎百十五連隊の『戦闘詳報』――日中戦争下の南京攻略戦――」『高崎市史研究』一二号、高崎市市史編さん委員会、65 ~ 118.
岩根承成、2004『群馬事件の構造――上毛の自由民権運動――』上毛新聞社。
岩根承成編著、2008『群馬と戦争――古代~近代の群馬と民衆――』みやま文庫。

〔参考文献〕

丑木幸男、2008『群馬県兵士のみた日露戦争』みやま文庫。

牛島秀彦、1967『九軍神は語らず』講談社。

内田　満、2007「秩父困民党と武器（得物）」森田武教授退官記念会編『近世・近代日本社会の展開と社会諸科学の現在』新泉社、225～278.

内田　満、2017『一揆の作法と竹槍席旗』埼玉新聞社。

梅田正己、2010『これだけは知っておきたい　近代日本の戦争』高文研。

瓜生津隆真・細川行信編、2012『真宗小事典』法藏館。

海野福寿、2001『日清・日露戦争』集英社。

海老根功調査編修、2001『群馬県の忠霊塔等』群馬県護国神社（非売品）。

大江志乃夫、1976『日露戦争の軍事史的研究』岩波書店。

大江志乃夫、1980『国民教育と軍隊』新日本出版社。

大江志乃夫、1981『徴兵制』岩波新書。

大江志乃夫、1984『靖国神社』岩波新書。

大江志乃夫、1990『日本の参謀本部』中公新書。

大阪府の歴史散歩編集委員会編、2007『大阪府の歴史散歩　上』山川出版社。

太田市編、1992『太田市史　通史編　近世』太田市。

太田市編、1994『太田市史　通史編　近現代』太田市。

太田市教育史編さん委員会編、1995『太田市教育史　上巻』太田市教育委員会。

大田昌秀、2007『沖縄の「慰霊の塔」――沖縄戦の教訓と慰霊――』那覇出版社。

大谷栄一、2001『近代日本の日蓮主義』法藏館。

大谷栄一、2004「靖国神社と千鳥ヶ淵戦没者墓苑の歴史――戦没者の位置づけをめぐって――」国際宗教研究所編『新しい追悼施設は必要か』ぺりかん社、130～152.

大谷栄一、2012『近代仏教という視座――戦争・アジア・社会主義――』ぺりかん社。

大濱徹也、1981『天皇の軍隊』教育社。

大濱徹也・吉原健一郎編、1993『江戸東京年表』小学館。

大原康男、1984『忠魂碑の研究』暁書房。

大間々町誌編さん室編、2001『大間々町誌　通史編　下巻』大間々町誌刊行委員会。

小川原正道、2010『近代日本の戦争と宗教』講談社。

沖縄歴史研究会編、2002『沖縄県の歴史散歩』山川出版社。

長志珠絵、2013『占領期・占領空間と戦争の記憶』有志舎。

尾島町誌専門委員会編、1993『尾島町誌　通史編　下巻』尾島町。

小田康徳・横山篤夫・堀田暁生・西川寿勝編著、2006『陸軍墓地がかたる日本の戦争』ミネルヴァ書房。

小田部雄次、2009『皇族』中公新書。

小田部雄次、2016a『大元帥と皇族軍人　明治編』吉川弘文館。

小田部雄次、2016b『大元帥と皇族軍人　大正・昭和編』吉川弘文館。

落合延孝、1996『猫絵の殿様――領主のフォークロア――』吉川弘文館。

落合延孝、2006『幕末民衆の情報世界――風説留が語るもの――』有志舎。

小野泰博他編、1985『日本宗教事典』弘文堂。

小野泰博他編、1986『日本宗教ポケット辞典』弘文堂。

小幡　尚、2006「高知市による戦死者慰霊――忠霊塔の建設（一九四一年）を中心に――」『海南史学』四四号、海南史学会、47～78.

小幡　尚、2010「高知県高岡郡北原村における戦没者慰霊――忠霊墓地の設置から忠霊塔の建設まで――」『海南史学会』四八号、海南史学会、15～45.

籠谷次郎、1994『近代日本における教育と国家の思想』阿吽社。

笠原十九司、2015『海軍の日中戦争――アジア太平洋戦争への自滅のシナリオ――』平凡社。

笠原英彦、2006『明治天皇』中公新書。

笠原英彦、2012『歴代天皇総覧』中公新書。

粕川村誌編纂委員会編、1972『粕川村誌』群馬県勢多郡粕川村役場。

粕川村百年史編さん委員会編、1994『粕川村百年史』粕川村。

加藤陽子、1996『徴兵制と近代日本』吉川弘文館。

加藤陽子、2007『シリーズ日本近現代史⑤　満州事変から日中戦争へ』岩波新書。

上川淵村編、1977『上川淵村誌』上川淵村。

神島二郎、1980『近代日本の精神構造』岩波書店。

〔参考文献〕

亀井茲明、1994『日清戦争従軍写真帖――伯爵亀井茲明の日記――』柏書房。

川島智生、2006「仮忠霊堂の建設位相」小田・横山他編著『陸軍墓地がかたる日本の戦争』ミネルヴァ書房、217～234.

川田　稔、2011『昭和陸軍の軌跡』中公新書。

川村邦光、1996『民俗空間の近代――若者・戦争・災厄・他界のフォークロア――』情況出版。

川村邦光、2007『越境する近代1　聖戦のイコノグラフィ――天皇と兵士・戦死者の図像・表象――』青弓社。

河村忠伸、2016「御祭神に関する神社制度――別格官幣社配祀神　殉難戦没之将士を例として――」國學院大學研究開発推進センター編『研究紀要』一〇号、國學院大學研究開発推進センター、41～70.

企画調整課町誌編さん係、1990『新田町誌　第一巻　通史編』新田町誌刊行委員会・新田町。

菊池　実、2005『近代日本の戦争遺跡――戦跡考古学の調査と研究――』青木書店。

菊池　実、2015『近代日本の戦争遺跡研究――地域史研究の新視点――』雄山閣。

キース・L・カマチョ（西村　明・町　泰樹訳）、2016『戦禍を記念する――グアム・サイパンの歴史と記憶――』岩波書店。

北村　毅、2009『死者たちの戦後誌――沖縄戦跡をめぐる人びとの記憶――』御茶の水書房。

桐生市史刊行委員会編、1961『桐生市史　下巻』桐生市。

近現代史編纂会編、2000『陸軍師団総覧』新人物往来社。

黒田俊雄編、1988『村と戦争――兵事係の証言――』桂書房。

桑島節郎、1992『満州武装移民』教育社。

群馬県編、1940『上毛忠魂録』群馬県。

群馬県教育史研究編さん委員会編、1973『群馬県教育史　第二巻（明治編下巻）』群馬県教育委員会。

群馬県県民生活部世話課編、1974『群馬県復員援護史』群馬県。

群馬県高等学校教育研究会歴史部会編、1991『新版　群馬県の歴史散歩』山川出版社。

群馬県高等学校教育研究会歴史部会編、2005『群馬県の歴史散歩』山川出版社。

群馬県史編さん委員会編、1990『群馬県史　通史編9』群馬県。

群馬県史編さん委員会編、1991『群馬県史　通史編7』群馬県。

群馬県史編さん委員会編、1992『群馬県史　通史編10　年表・索引』群馬県。

群馬地域文化振興会編、2003『新世紀　ぐんま郷土史辞典』群馬県文化事業振興会。

孝本　貢、2001『現代日本における先祖祭祀』御茶の水書房。

國學院大學研究開発推進センター編、2008『慰霊と顕彰の間――近現代日本の戦死者観をめぐって――』錦正社。
國學院大學研究開発推進センター編、2010『霊魂・慰霊・顕彰――死者への記憶装置――』錦正社。
國學院大學研究開発推進センター編、2013『招魂と慰霊の系譜――「靖國」の思想を問う――』錦正社。
国際宗教研究所編（井上順孝・島薗　進監修）、2004『新しい追悼施設は必要か』ぺりかん社。
国立歴史民俗博物館編、2003『近現代の戦争に関する記念碑』歴博。
国立歴史民俗博物館編、2004『戦争体験の記録と語りに関する資料調査1　国立歴史民俗博物館資料調査報告書14』歴博。
小林健三・照沼好文、1969『招魂社成立史の研究』錦正社。
近藤義雄・丸山知良編著、1978 a『上州のお宮とお寺　寺院篇』上毛新聞社。
近藤義雄・丸山知良編著、1978 b『上州のお宮とお寺　神社篇』上毛新聞社。
坂井久能、2007「忠霊塔の建設とその促進」関沢編『基幹共同研究「戦争体験の記録と語りに関する資料論的研究」』歴博、49～63.
坂井久能、2013「靖國神社と白金海軍墓地」國學院大學研究開発推進センター編『招魂と慰霊の系譜――「靖國」の思想を問う――』錦正社、62～114.
坂井久能、2014「護國神社と賀茂百樹」明治聖徳記念学会編『明治聖徳記念学会紀要』復刊五一号、明治聖徳記念学会、446～456.
坂井久能、2016「軍学校における校内神社の創建とその役割」國學院大學研究開発推進センター編・阪本是丸責任編集『昭和前期の神道と社会』弘文堂、557～584.
坂井久能編著、2006『名誉の戦死――陸軍上等兵黒川梅吉の戦死資料――』岩田書院。
佐々木信夫、2003『市町村合併』ちくま新書。
佐藤雅也、1998「戦争の民俗――仙台地方にみる戦争と庶民のくらし――」仙台市歴史民俗資料館編『足元からみる民俗7　調査報告書第17集』仙台市歴史民俗資料館、89～106.
佐藤雅也、2006「近代仙台における庶民生活暦」仙台市歴史民俗資料館編『足元からみる民俗14　調査報告書第24集』仙台市教育委員会、55～196.
佐藤雅也、2008「近代仙台における庶民生活歴（3）」仙台市歴史民俗資料館編『足元からみる民俗16　調査報告書第26集』仙台市教育委員会、20～157.
佐藤雅也、2013「誰が戦死者を祀るのか――戊辰戦争・西南戦争・対外戦争（戦闘）の戦死者供養と祭祀――」鈴木岩弓・田中則和編『講座　東北の歴史　第六巻　生と死』清文堂。
佐藤雅也、2014「戦争と庶民のくらし（1）――仙台市歴史民俗資料館の所蔵資料を中心に――」仙台市歴史民俗資料館編『足元からみる民俗22　調査報告書第32集』仙台市教育委員会、34～72.

佐藤雅也、2017「近代仙台の慰霊と招魂（2）――誰が戦死者を祀るのか――」仙台市歴史民俗資料館編『足元からみる民俗25　調査報告書第35集』仙台市教育委員会、1～62.

後田多　敦、2014「史窓6　台湾出兵から百四十年」『月刊琉球』一八号、琉球館。

後田多　敦、2015a「二つの和親条約」『月刊琉球』二三号、琉球館。

後田多　敦、2015b『琉球救国運動』出版舎Mugen。

後田多　敦、2015c「歴史問題としての『辺野古』」『神奈川大学評論』八二号、神奈川大学広報委員会、118～127.

後田多　敦、2016『「海邦小国」をめざして――「史軸」批判による沖縄「現在史」――』出版舎Mugen。

島薗　進、2010『国家神道と日本人』岩波新書。

島薗　進、2016「国家神道の形成と靖国神社・軍人勅諭――皇道思想と天皇崇敬の担い手としての軍隊――」明治維新史学会編『講座明治維新11　明治維新と宗教・文化』有志舎。

島薗　進・高埜利彦・林　淳・若尾政希編、2015『シリーズ日本人と宗教3　生と死』春秋社。

下中彌三郎編、1996『神道大辞典（縮刷版）』臨川書店。

上越市史編さん委員会編、2004『上越市史　通史編5　近代』上越市。

正田喜久、2007『明治維新の先導者　高山彦九郎』みやま文庫。

正田喜久、2011『中島飛行機と学徒動員』みやま文庫。

上毛新聞、1934「部隊長陣頭に奮戦　遂に壮烈な最期」（三月一四日付）。

上毛新聞、2011「きょうの歴史　11月24日」（一一月二四日付）。

上毛新聞、2014a「きょうの歴史　9月9日」（九月九日付）。

上毛新聞、2014b「沼田でも不戦誓う」（一〇月八日付）。

上毛新聞、2014c「ひろば　友よいつの日帰る」（一二月一日）。

上毛新聞、2015a「きょうの歴史　2月7日」（二月七日付）。

上毛新聞、2015b「きょうの歴史　2月11日」（二月一一日付）。

上毛新聞、2015c「ニュースなぜなに？　戦艦武蔵」（「週刊　風っ子」、三月一五日付）。

上毛新聞、2015d「きょうの歴史　3月27日」（三月二七日付）。

上毛新聞、2015e「きょうの歴史　4月7日」（四月七日付）。

上毛新聞、2015f「きょうの歴史　5月31日」（五月三一日付）。

上毛新聞、2015g「きょうの歴史　6月5日」（六月五日付）。

上毛新聞、2015h「きょうの歴史　6月7日」（六月七日付）。

上毛新聞、2015i「海底に特攻潜水艦」（八月一一日付）。

上毛新聞、2015j「戦後70年　未来への証言　12」（六月二一日付）。

上毛新聞、2015k「戦後70年　激戦伝える文書原本」（六月二六日付）。

上毛新聞、2015l「戦後70年　米兵み霊に友好誓う」（三月一八日付）。

上毛新聞、2015m「戦艦武蔵　富士見に慰霊碑」（四月二五日付）。

上毛新聞、2015n「戦後70年　未来への証言　19」（八月三〇日付）。

上毛新聞、2015o「戦後70年　県パラオ会　50年の歴史に幕」（四月六日付）。

上毛新聞、2015p「戦後70年　未来への証言　22」（九月二一日付）。

上毛新聞、2015q「満蒙開拓団　冥福祈る」（九月二八日付）。

上毛新聞、2015r「きょうの歴史　12月10日」（一二月一〇日付）。

上毛新聞、2016a「きょうの歴史　2月19日」（二月一九日付）。

上毛新聞、2016b「二・二六事件80年」（二月二七日付）。

上毛新聞、2016c「きょうの歴史　日本本土初空襲」（四月一八日付）。

上毛新聞、2016d「きょうの歴史　独軍が毒ガス使用」（四月二二日付）。

上毛新聞、2016e「きょうの歴史　米軍がサイパン上陸」（六月一五日付）。

上毛新聞、2016f「きょうの歴史　明治天皇が死去」（七月三〇日付）

上毛新聞、2016g「2度死なせない　1　楢崎修一郎」（八月二四日付）。

上毛新聞、2016h「2度死なせない　2　楢崎修一郎」（八月二五日付）。

上毛新聞、2016i「2度死なせない　3　楢崎修一郎」（八月二六日付）。

上毛新聞、2016j「2度死なせない　4　楢崎修一郎」（八月二七日付）。

上毛新聞、2016k「2度死なせない　5　楢崎修一郎」（八月二九日付）。

上毛新聞、2016l「2度死なせない　6　楢崎修一郎」（八月三〇日付）。

上毛新聞、2016m「白衣大観音　80年の感謝」（一〇月二一日付）。

上毛新聞、2016n「真珠湾攻撃の日誌発見」（一二月五日付）。

上毛新聞、2016o「真珠湾戦死の日本兵　ハワイの寺に名簿」（一二月一一日付）。

上毛新聞、2016p「鳩山、岸首相も真珠湾を訪問」（一二月二四日付）。

上毛新聞、2017a「創刊130周年　上毛新聞プレーバック　小戦士　出征勇士の如く」（昭和一六年四月二日付）

上毛新聞、2017b「群馬の美術１３０年　14細谷而落楽のトビ」（四月一二日付）。

上毛新聞、2017c「創刊130周年　上毛新聞プレーバック　『赤城』艦長が赤城神社参拝」（昭和一四年六月八日付）。

上毛新聞、2017d「創刊130周年　上毛新聞プレーバック　群馬會館建設　資金の寄附募集」（昭和三年六月一八日付）。

上毛新聞、2017e「戦没者追悼で政教分離論議」（「週刊　風っ子」、八月二七日付）。

上毛新聞タカタイ、2014「戦死者の木造初展示」（七月二五日付）。

白井永二・土岐昌訓編、1991『神社辞典』東京堂出版。

白川哲夫、2006「日清・日露戦争期の戦死者追弔行事と仏教界――浄土宗を中心に――」『洛北史学』八号、洛北史学会、29～54.

白川哲夫、2008「大正・昭和期における戦死者追弔行事――『戦没者慰霊』と仏教界――」『ヒストリア』二〇九号、大阪歴史学会、58～80.

白川哲夫、2015『「戦没者慰霊」と近代日本――殉難者と護国神社の成立史――』勉誠出版。

白沢村誌編纂委員会編、2003『新編白沢村誌』白沢村。

新宮譲治、2000『戦争碑を読む』光陽出版社。

新人物往来社編、1990『別冊歴史読本　特別増刊　地域別　日本陸軍連隊総覧　歩兵編』新人物往来社。

新谷尚紀、1992『日本人の葬儀』紀伊國屋書店。

新谷尚紀、2005『柳田民俗学の継承と発展――その視点と方法――』吉川弘文館。

新谷尚紀、2009『お葬式――死と慰霊の日本史――』吉川弘文館。

新谷尚紀、2010「戦死者記念と文化差」関沢まゆみ編『戦争記憶論――忘却、変容そして継承――』昭和堂、203～225.

新谷尚紀、2015『葬式は誰がするのか――葬儀の変遷史――』吉川弘文館。

新谷尚紀、2016「書評　今井昭彦著『反政府軍戦没者の慰霊』」『日本民俗学』二七九号、日本民俗学会、87～91.

新潮社辞典編集部編、1991『新潮日本人名辞典』新潮社。

人文社観光と旅編集部編、1991『県別シリーズ８　郷土資料事典　群馬県・観光と旅』人文社。

辻子　実、2003『侵略神社』新幹社。

関沢まゆみ編、2007『基幹共同研究「戦争体験の記録と語りに関する資料論的研究」平成18年度　第2回研究会　報告・討論要旨集』歴博（非売品）。

関沢まゆみ編、2008『国立歴史民俗博物館研究報告――戦争体験の記録と語りに関する資料論的研究――』一四七集、歴博。

仙台市史編さん委員会編、2008『仙台市史　通史編6』仙台市。

仙台市史編さん委員会編、2009『仙台市史　通史編7』仙台市。

仙台市博物館市史編さん室、2014『せんだい市史通信』三三号、仙台市博物館市史編さん室。

仙台市歴史民俗資料館編、2001『企画展図録　戦争と庶民のくらし』仙台市歴史民俗資料館。

仙台市歴史民俗資料館編、2002『企画展図録　戦争と庶民のくらし2』仙台市歴史民俗資料館。

仙台市歴史民俗資料館編、2008ａ『ガイドブック　仙台の戦争遺跡』仙台市教育委員会。

仙台市歴史民俗資料館編、2008ｂ『企画展図録　戦争と庶民のくらし3』仙台市教育委員会。

仙台市歴史民俗資料館編、2014『企画展図録　戦争と庶民のくらし4』仙台市教育委員会。

薗田　稔・橋本政宣編、2004『神道史大辞典』吉川弘文館。

第10回戦争遺跡保存全国シンポジウム群馬県実行委員会編、2007『フィールドワーク群馬の戦争遺跡』平和文化。

高木大祐、2014『動植物供養と現世利益の信仰論』慶友社。

高木博志、2006『近代天皇制と古都』岩波書店。

高橋憲一、1993『札幌歩兵第二十五聯隊誌』大昭和興産株式会社出版部。

高橋哲哉、2005『靖国神社』ちくま新書。

高橋典幸・山田邦明・保谷　徹・一ノ瀬俊也、2006『日本軍事史』吉川弘文館。

高橋文雄、1990『日本陸軍の精鋭　第十四師団史』下野新聞社。

高崎市編、1935『昭和九年陸軍特別大演習竝地方行幸高崎市記録』高崎市。

高崎市教育史研究編さん委員会編、1978『高崎市教育史　上巻』高崎市教育委員会。

高崎市市史編さん委員会編、1995『新編高崎市史　資料編9』高崎市。

高崎市市史編さん委員会編、1998『新編高崎市史　資料編10』高崎市。

高崎市市史編さん委員会編、2004『新編高崎市史　通史編4』高崎市。

武田幸也、2016「神宮教・神宮奉斎会における神道教説」國學院大學研究開発推進センター編『研究紀要』一〇号、國學院大學研究開発推進センター、71～114.

〔参考文献〕

竹橋事件百周年記念出版編集委員会編、1982『竹橋事件の兵士たち』現代史出版会。
橘　神社、パンフレット「橘のかおり」（発行年月日不詳）。
橘　尚彦、2007「『京都忠霊塔』の計画と展開」『京都民俗』二四号、京都民俗学会、45～59.
橘　尚彦、2011「京都忠霊塔と霊山観音――東山・霊山山麓における戦死者祭祀をめぐって――」『京都民俗』二八号、京都民俗学会、149～171.
館林市教育委員会・館林市立図書館編、1999『戊辰騒擾　旧館林藩士戦争履歴　館林双書第二十七巻』館林市教育委員会・館林市立図書館。
田中克彦、2010『ノモンハン戦争――モンゴルと満洲国――』岩波新書。
谷口眞子、2013『赤穂浪士と吉良邸討入り』吉川弘文館。
知覧特攻平和会館、パンフレット「知覧特攻平和会館」（発行年月日不詳）。
津田良樹・渡邊奈津子編著、2015『海外神社とは？　史料と写真が語るもの』神奈川大学日本常民文化研究所非文学資料研究センター。
手島　仁、2006「新田義貞公挙兵六百年祭の史的考察」『群馬県立歴史博物館紀要』二七号、群馬県立歴史博物館、17～49.
手島　仁、2007「近代群馬の観光立県構想」『群馬県立歴史博物館紀要』二八号、群馬県立歴史博物館、1～44.
手島　仁、2010「鋳金工芸家・森村酉三とその時代」『群馬県立歴史博物館紀要』三一号、群馬県立歴史博物館、17～48.
手島　仁・西村幹夫、2003「軍事都市高崎の陸軍墓地」『群馬県立歴史博物館紀要』二四号、群馬県立歴史博物館、63～118.
寺田近雄、1992『日本軍隊用語集』立風書房。
寺田近雄、1995『続・日本軍隊用語集』立風書房。
東京都歴史教育研究会編、1993『新版　東京都の歴史散歩　中』山川出版社。
東京都歴史教育研究会編、1994『新版　東京都の歴史散歩　上』山川出版社。
時枝　務、2010「招魂碑をめぐる時空――群馬県高崎市頼政神社境内の招魂碑の場合――」國學院大學研究開発推進センター『研究紀要』四号、國學院大學研究開発推進センター、1～23.
戸部良一、1998『日本の近代９　逆説の軍隊』中央公論社。
外山三郎、2013『日本海軍史』吉川弘文館。
中内敏夫、1991『軍国美談と教科書』岩波新書。
長崎県高等学校教育研究会社会科部会編、1993『新版　長崎県の歴史散歩』山川出版社。
長崎県高等学校教育研究会地歴公民部会歴史分科会編、2005『長崎県の歴史散歩』山川出版社。

中島三千男、2000「『海外神社』研究序説」『歴史評論』六〇二号、校倉書房、55～68.

中島三千男、2002「『靖国問題』に見る戦争の『記憶』」『歴史学研究　増刊号』青木書店、181～188.

中島三千男、2013『海外神社跡地の景観変容――さまざまな現在――』御茶の水書房。

中島三千男、2014「歴史伝統の三度の創り替え――台湾　明延平郡王祠、開山神社を素材に――」海外神社跡地から見た景観の持続と変容研究班編『海外神社跡地から見た景観の持続と変容』神奈川大学日本常民文化研究所非文字資料研究センター、1～12.

長野県高等学校歴史研究会編、1994『新版　長野県の歴史散歩』山川出版社。

長野県歴史教育者協議会編、2001『満蒙開拓青少年義勇軍と信濃教育会』大月書店。

中山　郁、2016「陸軍における戦場慰霊と『英霊』観」國學院大學研究開発推進センター編・阪本是丸責任編集『昭和前期の神道と社会』弘文堂、585～611.

波平恵美子、2004『日本人の死のかたち――伝統儀礼から靖国まで――』朝日選書。

成田龍一、2013『シリーズ日本近現代史④　大正デモクラシー』岩波新書。

新里村、『新里村百年史』新里村（発行年月日不詳）。

新野和暢、2014『皇道仏教と大陸布教――十五年戦争期の宗教と国家――』社会評論社。

二木謙一監修、2004『藩と城下町の事典』東京堂出版。

西村　明、2006『戦後日本と戦争死者慰霊――シズメとフルイのダイナミズム――』有志舎。

西山　茂、2016『近現代日本の法華運動』春秋社。

日蓮宗東京都北部宗務所、2017「上野彰義隊第百五十回忌墓前法要パンフレット」日蓮宗東京都北部宗務所。

日本史広辞典編集委員会編、1997『日本史広辞典』山川出版社。

沼田市史編さん委員会編、2002『沼田市史　通史編３』沼田市。

根岸省三、1968『高崎市の明治百年史』高崎市社会教育振興会。

羽賀祥二、2010「戦争・災害の死者の〈慰霊〉〈供養〉――一八九〇年代の東海地方を中心として――」國學院大學研究開発推進センター編『霊魂・慰霊・顕彰――死者への記憶装置――』錦正社、214～237.

芳賀村誌編纂委員会編、1956『芳賀村誌』前橋市芳賀出張所。

博報堂監修、1975『新聞記事で綴る明治史　上巻』亜土。

秦　郁彦、2010『靖国神社の祭神たち』新潮選書。

秦　郁彦編、1994『日本陸海軍総合事典』東京大学出版会。

〔参考文献〕

浜島書店編集部編、2004『新詳日本史』浜島書店。

早瀬晋三、2007『戦争の記憶を歩く　東南アジアのいま』岩波書店。

原田敬一、2001『国民軍の神話――兵士になるということ――』吉川弘文館。

原田敬一、2003「陸海軍墓地制度史」新井・一ノ瀬編『国立歴史民俗博物館研究報告――慰霊と墓――』一〇二集、歴博、97～159.

原田敬一、2007『シリーズ日本近現代史③　日清・日露戦争』岩波新書。

原田敬一、2008『日清戦争』吉川弘文館。

原田敬一、2013『兵士はどこへ行った――軍用墓地と国民国家――』有志舎。

原田敬一、2017「書評　今井昭彦著『反政府軍戦没者の慰霊』」『比較家族史研究』三一号、比較家族史学会、93～96.

原　剛・安岡昭男編、1997『日本陸海軍事典』新人物往来社。

原　武史・吉田　裕編、2005『岩波天皇・皇室辞典』岩波書店。

伴雄三郎・市川與一郎編、1935『樺太忠魂史』県社豊原神社社務所。

半藤一利他、2009『歴代陸軍大将全覧　明治篇』中公新書ラクレ。

半藤一利他、2010 a『歴代陸軍大将全覧　昭和篇　満州事変・支那事変期』中公新書ラクレ。

半藤一利他、2010 b『歴代陸軍大将全覧　昭和篇　太平洋戦争期』中公新書ラクレ。

半藤一利他、2011『昭和陸海軍の失敗』文春新書。

半藤一利・保阪正康、2015『賊軍の昭和史』東洋経済新報社。

樋口浩造・弓谷　葵、2009「史料紹介：小倉山善光寺所蔵『日露戦役野戦第九師團戦歴』」『愛知県立大学文学部論集』五七号、愛知県立大学、107～167.

樋口雄彦、2012『敗者の日本史17　箱館戦争と榎本武揚』吉川弘文館。

檜山幸夫、2011 a「日台戦争論――台湾接収時における台湾での戦争呼称問題を中心に――」檜山幸夫編著『帝国日本の展開と台湾』創泉堂出版、3～87.

檜山幸夫、2011 b「帝国日本の戦歿者慰霊と靖国神社（上）――日本統治下台湾における台湾人の靖国合祀を事例として――」『社会科学研究』三一巻一号、中京大学社会科学研究所、37～171.

檜山幸夫編著、2001『近代日本の形成と日清戦争――戦争の社会史――』雄山閣。

平塚柾緒、1999『図説　日露戦争』河出書房新社。

広瀬神社、「広瀬神社由緒記」（発行年月日不詳）。

福川秀樹、2000『日本海軍将官辞典』芙蓉書房出版。

福川秀樹、2001『日本陸軍将官辞典』芙蓉書房出版。

福田博美、1997「群馬県における忠霊塔の建設と市町村」『群馬文化』二五二号、群馬県地域文化研究協議会、17～30.

藤井忠俊、2010『在郷軍人会――良兵良民から赤紙・玉砕へ――』岩波書店。

藤田大誠、2007「国家神道と靖國神社に関する一考察――神社行政統一の挫折と賀茂百樹の言説をめぐって――」國學院大學研究開発推進センター編『研究紀要』一号、國學院大學研究開発推進センター、199～254.

藤田大誠、2010「日清日露戦争後の神仏合同招魂祭に関する一考察」國學院大學研究開発推進センター編『研究紀要』四号、國學院大學研究開発推進センター、67～102.

藤田大誠、2016「戦時下の戦歿者・追悼・顕彰と神仏関係――神仏抗争前夜における通奏低音としての英霊公葬問題――」國學院大學研究開発推進センター編『研究紀要』一〇号、國學院大學研究開発推進センター、1～39.

藤田大誠、2017「靖國神社の祭神合祀に関する一考察――人霊祭祀の展開と『賊軍』合祀問題を軸として――」國學院大學研究開発推進センター『研究紀要』一一号、國學院大學研究開発推進センター、1～90.

藤原　彰、2001『餓死した英霊たち』青木書店。

古田紹欽他監修、1988『佛教大事典』小学館。

別冊宝島編集部編、2016『日本の軍人１００人』宝島社。

宝泉村誌編さん委員会編、1976『宝泉村誌』宝泉村誌編さん委員会。

細野雲外、1932『不滅の墳墓』巖末堂書店。

細野甲孔、2015『銀翼――激動の時代を生き抜いて――』朝日印刷工業（非売品）。

北海道新聞、2010「忠霊塔、忠魂碑『守れない』」（八月一四日付夕刊）。

堀田暁生、2012「コラム４　日露戦争のロシア兵俘虜――大阪の俘虜収容所を中心に――」横山・西川編著『兵士たちがみた日露戦争』雄山閣、179～194.

毎日新聞「靖国」取材班、2007『靖国戦後秘史――A級戦犯を合祀した男――』毎日新聞社。

毎日新聞 2013ａ「学徒出陣70年　答辞の江橋さん」（一〇月二一日付）。

毎日新聞 2013ｂ「学徒出陣70年　国立競技場で追悼式」（一〇月二二日付）。

前澤哲也、2004『日露戦争と群馬県民』煥乎堂。

前澤哲也、2009『帝国陸軍　高崎連隊の近代史　上巻　明治大正編』雄山閣。

〔参考文献〕

前澤哲也、2011『帝国陸軍　高崎連隊の近代史　下巻　昭和編』雄山閣。

前澤哲也、2016『古来征戦幾人カ回ル――いくさに出れば、帰れないのだ――』あさを社。

前田俊一郎、2010『墓制の民俗学――死者儀礼の近代――』岩田書院。

前橋市史編さん委員会編、1984『前橋市史　第五巻』前橋市。

巻島　隆、2006「幕末維新期の『新田家旧臣』による新田神社創建について――新居喜左衛門日記を読む――」『ぐんま史料研究』二四号、群馬県立文書館、55～96.

松崎憲三、2004『現代供養論考――ヒト・モノ・動植物の慰霊――』慶友社。

松崎憲三編、1998『近代庶民生活の展開――くにの政策と民俗――』三一書房。

三國一朗、1995『戦中用語集』岩波新書。

宮城県高等学校社会科教育研究会歴史部会編、1995『新版　宮城県の歴史散歩』山川出版社。

宮﨑俊弥、2017『近代まえばし史話』一般社団法人前橋法人会。

宮崎十三八・安岡昭男編、1994『幕末維新人名辞典』新人物往来社。

宮間純一、2015『国葬の成立――明治国家と「功臣」の死』勉誠出版。

宮元健次、2006『神社の系譜――なぜそこにあるのか――』光文社新書。

村上興匡・西村　明編、2013『慰霊の系譜――死者を記憶する共同体――』森話社。

村上重良、1970『国家神道』岩波新書。

村上重良、1974『慰霊と招魂――靖国の思想――』岩波新書。

村上重良、1980『天皇の祭祀』岩波新書。

村上泰賢、2010『小栗上野介――忘れられた悲劇の幕臣――』平凡社新書。

村瀬隆彦、2002 a「静岡陸軍墓地個人墓について」『東海の路』刊行会編『考古学論文集　東海の路――平野吾郎先生還暦記念――』同刊行会、449～465.

村瀬隆彦、2002 b「丸尾勉のふたつの墓――静岡陸軍墓地と浜岡の墓所――」『静岡県近代史研究』二八号、静岡県近代史研究会、95～98.

村瀬隆彦、2008「志太郡関係日露戦争死没者について」『藤枝市史研究』九号、藤枝市、25～49.

毛利敏彦、1996『台湾出兵――大日本帝国の開幕劇――』中公新書。

本康宏史、2002『軍都の慰霊空間――国民統合と戦死者たち――』吉川弘文館。

本康宏史、2003「慰霊のモニュメントと『銃後』社会」新井・一ノ瀬編『国立歴史民俗博物館研究報告――慰霊と墓――』一〇二集、歴博、515～549.

森　謙二、1993『墓と葬送の社会史』講談社現代新書。

森岡清美、1978『真宗教団と「家」制度　増補版』創文社。

森岡清美、1984『家の変貌と先祖の祭』日本基督教団出版局。

森岡清美、1991『決死の世代と遺書』新地書房。

森岡清美、1993『私の歩んだ道』〔私家版〕。

森岡清美、2002『華族社会の「家」戦略』吉川弘文館。

森岡清美、2005『明治キリスト教会形成の社会史』東京大学出版会。

森岡清美、2011『若き特攻隊員と太平洋戦争』吉川弘文館。

森岡清美、2012 a『ある社会学者の自己形成――幾たびか嵐を越えて――』ミネルヴァ書房。

森岡清美、2012 b『「無縁社会」に高齢期を生きる』アーユスの森新書。

森岡清美、2016 a『真宗大谷派の革新運動――白川党・井上豊忠のライフヒストリー――』吉川弘文館。

森岡清美、2016 b『年譜・著作目録　再訂版』森岡清美。

森岡清美・今井昭彦、1982「国事殉難戦没者、とくに反政府軍戦死者の慰霊実態（調査報告）」『成城文藝』一〇二号、成城大学文芸学部、1～37.

森下　徹、2006「個人墓碑から忠霊塔へ」小田・横山他編著『陸軍墓地がかたる日本の戦争』ミネルヴァ書房、191～214.

諸橋轍次、2001『大漢和辞典　第六巻』大修館書店。

靖国顕彰会編、1964『靖国』靖国顕彰会。

靖国神社やすくにの祈り編集委員会編著、1999『やすくにの祈り』産経新聞社。

靖国神社監修、2000『ようこそ靖国神社へ』近代出版社。

靖国神社編、2007『故郷の護国神社と靖国神社』展転社。

柳井久雄、1999『師範学校――太平洋戦争下の教育――』上毛新聞社。

矢野敬一、2006『慰霊・追悼・顕彰の近代』吉川弘文館。

山折哲雄監修、2004『日本宗教史年表』河出書房新社。

山折哲雄監修、2007『京都の寺社５０５を歩く　上』ＰＨＰ新書。

山田雄司、2014 a『怨霊・怪異・伊勢神宮』思文閣出版。
山田雄司、2014 b『怨霊とは何か』中公新書。
山辺昌彦、2003「全国陸海軍墓地一覧」新井・一ノ瀬編『国立歴史民俗博物館研究報告――慰霊と墓――』一〇二集、歴博、611～696.
山室建徳、2007『軍神』中公新書。
山本四郎、1995a『新版　京都府の歴史散歩　上』山川出版社。
山本四郎、1995b『新版　京都府の歴史散歩　中』山川出版社。
湯浅正彦編、1997『境町史　第三巻　歴史編下』境町。
横野村誌編纂委員会編、1956『群馬県勢多郡　横野村誌』横野村誌編纂委員会。
横山篤夫、2005「陸軍墓地と一般墓地内の軍人墓」『多摩の歩み』一一七号、財団法人たましん地域文化財団、54～71.
横山篤夫、2006「軍隊と兵士――さまざまな死の姿――」小田・横山他編著『陸軍基地がかたる日本の戦争』ミネルヴァ書房、25～56.
横山篤夫、2007 a「大阪の忠霊塔建設」『戦争と平和』一六号、大阪国際平和研究所、3～27.
横山篤夫、2007 b「『満州』に建てられた忠霊塔」『東アジア研究』四八号、大阪経済法科大学アジア研究所、125～137.
横山篤夫、2011「戦没者・兵役従事者の慰霊追悼と陸軍墓地――真田山陸軍墓地の事例を中心に――」『軍事史学』四七巻三号、軍事史学会、35～55.
横山篤夫、2014「日本軍が中国に建設した十三基の忠霊塔」『日本研究』四九集、国際日本文化研究センター、57～116.
横山篤夫・西川寿勝編著、2012『兵士たちがみた日露戦争――従軍日記の新資料が語る坂の上の雲――』雄山閣。
吉川弘文館編集部編、2012『日本軍事史年表――昭和・平成――』吉川弘文館。
吉田敏浩、2011『赤紙と徴兵――１０５歳　最後の兵事係の証言から――』彩流社。
吉田　裕、2002『日本の軍隊――兵士たちの近代史――』岩波新書。
吉田　裕、2007『シリーズ日本近現代史⑥　アジア・太平洋戦争』岩波新書。
吉田　裕、2011『兵士たちの戦後史』岩波書店。
吉田　裕、2017『日本軍兵士――アジア・太平洋戦争の現実――』中公新書。
吉田裕他編、2015『アジア・太平洋戦争辞典』吉川弘文館。

人名索引

あ

い

う

え

お

か

き

く

た

ち

つ

て

と

な

に

事項索引

お

か

き

く

け

こ

さ

し

す

せ

そ

た

館林招魂祠（館林招魂社·邑楽護国神社）　297

ち

つ

て

と

な

へ

ほ

ま

み

む

め

も

や

ゆ

よ

り

る

れ

ろ

わ

著者紹介

今井昭彦（いまい・あきひこ）

1955年　群馬県太田市生まれ
1983年　成城大学文芸学部文芸学科を経て
同大学大学院文学研究科日本常民文化専攻修士課程修了
埼玉の県立高等学校社会科教員となり、熊谷女子高等学校などに勤務
2005年　博士（文学）（総合研究大学院大学）
専門は近代日本宗教史・軍事史・歴史社会学
成城大学民俗学研究所研究員、国立歴史民俗博物館共同研究員、
筑波大学・群馬大学非常勤講師等を歴任
単著は『近代日本と戦死者祭祀』（東洋書林、2005年）、『反政府軍戦没者の慰霊』（御茶の水書房、2013年）
現　在　歴史家、神奈川大学外国語学部非常勤講師
（2018年10月から群馬県大学にも出講予定）

130頁と139頁の写真は「近現代フォトライブラリー」
より提供を受けました。

対外戦争戦没者《たいがいせんそうせんぼつしゃ》の慰霊《いれい》——敗戦《はいせん》までの展開《てんかい》——

2018年５月25日　第１版第１刷発行

著　者——今　井　昭　彦
発行者——橋　本　盛　作
発行所——株式会社 御茶の水書房
〒113-0033 東京都文京区本郷5-30-20
電話 03-5684-0751

Printed in Japan　　組版・印刷／製本・東港出版印刷株式会社

ISBN978-4-275-02072-7 C3021